Josef-Thomas Göller
GEORGE WASHINGTON

Erster im Krieg,
Erster im Frieden,
Erster im Herzen seiner Landsleute.

Henry „Light Horse Harry" Lee

Josef-Thomas Göller

GEORGE WASHINGTON

**Vom Waldläufer zum Staatsmann –
der erste Präsident**

Biographie

Mit 55 Abbildungen und Karten

edition q

Die Deutsche Bibliothek – CIP-Einheitsaufnahme:

Göller, Josef-Thomas:
George Washington : vom Waldläufer zum Staatsmann – der erste
Präsident / Josef-Thomas Göller. – Berlin : Ed. q, 1998
ISBN 3-86124-355-5

Copyright © 1998 by edition q
in der Quintessenz Verlags-GmbH, Berlin

Lektorat: Dr. Jürgen Schebera
Umschlaggestaltung: Claudia Maas
Umschlagabbildung: Archiv Göller

Bildnachweis:
Archiv Göller, Bonn: 30
Library of Congress, Washington: 20
Mount Vernon Ladies' Association, Mount Vernon: 4
Archiv für Kunst und Geschichte, Berlin: 1

Druck und Bindearbeiten: Ebner Ulm
Printed in Germany

ISBN 3-86124-355-5

Für/to
Cecilia und Douglas Porter

Inhalt

1 Der kleine George   **9**
Das Geburtsjahr: Amerika um 1732   9
Wessyngton: Die Vorfahren waren Normannen   17
Am Potomac geboren   26
Im Schatten des großen Bruders   36
Landvermesser statt Matrose   42

2 Der jugendliche Waldläufer   **49**
Kein Unterschied: Indianer und Deutsche   49
„Daß ich mein Liebesglühn verschweigen muß"   60
Botschafter und Spion: Vorstoß zum Ohio   78
Lederstrumpf: Im Angesicht des Todes   104

3 Der ehrgeizige Oberst   **111**
„Ich hörte die Kugeln pfeifen": Mord an einem Franzosen?   111
Reingelegt: Eine Kapitulation mit Folgen   119
Abschied vom Militär: der erste   124
Braddock: Wie man die Briten besiegt   128
Wieder Grenzkommandant – über Obdachlose   138
Flirt in New York   145
Eine Witwe zur Frau, eine verbotene Liebe bleibt   150

4 Der reiche Plantagenbesitzer   **167**
Sklaven und Sklavinnen: *Neger* fliehen vor Washington   167
Tabak, Pferde, großes Geld: Kolonialleben in Virginia   176
Loge Nr. 4: Der Freimaurer   194
Die indianische Weissagung   198

5 Der zaudernde Rebell   **207**
Das Massaker von Boston   207
Der Weg in die Politik   216
Minutenmänner: Der Mitternachtsritt des Paul Revere   222
General der Freiheitskämpfer   226

6 Der geschickte Feldherr   **231**
Yankee Doodle: Die Lumpenarmee   231
Erster Erfolg: Boston wird frei   242
Independence Day: „Wenn es nöthig wird, Bande zu trennen"   246
Es war in der Weihnachtsnacht: Sein größter Coup   254
Blutspuren im Schnee: Valley Forge   260
Kabale und Liebe   270
Preußens Gloria: Steuben   278
Verrat   285
Yorktown: England kapituliert   294

7 Der erste Präsident   **307**
„Ich werde sanft den Strom des Lebens hinabgleiten"   307
Kenmore: Die Washingtons in Fredericksburg   318
Wahl zum Präsidenten   326
Washington, D. C.   338
Er allein hält Nord und Süd zusammen   345
Farewell   354
„Die glücklichsten Augenblicke meines Lebens"   357
Sonnenuntergang: 1799   362

Ausklang   **369**
Washington im Gedächtnis der Nation   369

Quellennachweis   **379**

Danksagung   **391**

1
Der kleine George

Er war der beste Reiter seiner Zeit.
THOMAS JEFFERSON

Er schien wie ein Zentaur, eins mit dem Tier.
GEORGE WASHINGTON PARKE CUSTIS,
ADOPTIVENKEL

Das Geburtsjahr: Amerika um 1732

Es war in jener Nacht zum Freitag, dem 12. Oktober 1492, als der Spanier Rodrigo de Tirana vom Mastkorb der Karavelle *Pinta* herunter „Tierra! Tierra! – Land! Land!" rief. Christoph Columbus hatte einen neuen Kontinent entdeckt. Doch benannt wurde er nach seinem Landsmann Amerigo Vespucci, der im Auftrag der Portugiesen wenige Jahre später ebenfalls gen Westen segelte. Verantwortlich für diesen Irrtum zeichnete der deutsche Kartograph Martin Waldseemüller, der 1507 bei der Erstellung einer Weltkarte annahm, Kolumbus habe nur irgendwelche neuen Inseln, Vespucci aber den vierten Kontinent entdeckt. Deshalb schrieb er in großen Buchstaben AMERICA in jenes Teilstück seiner Karte, das Südamerika darstellt. „Ich benannte es nach Americus", erläuterte er, „seinem Entdecker, einem Mann von klugem Geist."[1]

Obwohl zur Entdeckungszeit und auch später weitere Bezeichnungen wie *Die Indien, Neue Welt* oder *Neu-Spanien* hinzukamen, setzte sich ausgerechnet Waldseemüllers Namensgebung durch, so daß sich am 4. Juli 1776 die unabhängig erklärten britischen Kolonien *Vereinigte Staaten von Amerika* nannten.

Die eurozentristische Geschichte wurde im Zeitalter der Entdeckungen schlagartig zur Weltgeschichte ausgeweitet. Der Schwerpunkt der Geschehnisse verlagerte sich aus dem Mittelmeerraum auf die Anrainerstaaten des Atlantik. Als erste waren Portugal und Spanien, dann Holland und Frankreich in die Weiten der Meere zu neuen Gestaden vorgestoßen. Großbritannien hingegen brauchte noch ein Jahrhundert,

9

bis es den Erzählungen über die sagenhaften Goldreichtümer in Amerika Glauben schenkte. Vor allen Dingen aber war die englische Flotte erst seit der Vernichtung der spanischen Armada am 8. August 1588 in der Lage, auf den Seewegen der Entdeckernationen mitzukreuzen.

„England war damals eben erst im Begriff, eine europäische Großmacht zu werden. Es war ein Land der Farmer und Schafhirten, die sich gegen den Zehnten wehrten, welchen sie den Großgrundbesitzern zu entrichten hatten, und es war ein Land der Handwerker und kleinen Kaufleute, festgehalten in engen Städten und Slums."[2]

Was die Engländer bisher von ihrer atlantischen Gegenküste wußten, war nicht sehr ermutigend. Der Genuese Giovanni Caboto, von den Engländern John Cabot genannt, unternahm 1497 in deren Auftrag eine Erkundungsfahrt entlang der Ostküste. Angesichts der Trostlosigkeit Labradors kehrte er nach London zurück und berichtete seinen Auftraggebern in der damaligen Seefahrersprache Spanisch: „Aca nada! – Dort ist nichts!" Auf diesen Ausspruch soll der Name Canada zurückgehen.

Spätere Seefahrer, wie Francis Drake, der als „Pirat der Königin" Spanisch-Amerika ausplünderte, sowie Sir Walter Raleigh, haben vor der nordamerikanischen Küste gekreuzt und den Reichtum in Form riesiger Ländereien erahnt. Raleigh nannte das Land zu Ehren der angeblich jungfräulichen Königin Elisabeth I. *Virginia*, Jungfrauenland. Zwischen 1585 und 1590 scheiterten erste Siedlungsversuche in Virginia. In der Zwischenzeit wurden in London rechtliche Fragen geklärt. Da alles neuentdeckte Land automatisch der Krone gehörte, mußten sich diejenigen, die sich dafür interessierten, vom neuen König, James I. (Jakob I.), zuerst eine Handelsberechtigung einholen. Denn in erster Linie waren es Handelskompanien, die sich die Kolonisierung von Überseegebieten leisten konnten. Solche, nach holländischem Vorbild gestaltete Aktiengesellschaften, wurden – im Gegensatz zu den staatsmonopolistischen Kolonialgründungen der Portugiesen, Spanier und Franzosen – von wohlhabenden privaten Kaufleuten auf eigenes Risiko getragen. Ihre Schiffe waren lediglich mit einem königlichen Freibrief ausgestattet, in dem sie für ihre Kolonialunternehmen das englische Recht anerkennen mußten – eine Art königliches überseeisches Lehen.

Die *London Company of Virginia*, die 1606 drei Schiffe mit den ersten hundert Siedlern über den Atlantik schickte, wurde schwer enttäuscht. Neununddreißig von den hundertvierzig Auswanderern hatten das Abenteuer bereits auf dem Seeweg mit dem Leben bezahlt, als die Schiffe im April 1607 in der Chesapeake Bay landeten. Sie fuhren einen Fluß hoch, den sie nach ihrem König *James River* nannten. Auf einer bewaldeten Insel, unweit einer ehemaligen spanischen Mission, gründeten sie am 4. Mai 1607 eine mit Palisaden befestigte Siedlung namens *Jamestown*. Doch sowohl die sporadisch auftauchenden, wild aussehenden indianischen Späher aus den endlos erscheinenden Wäldern als auch die fieberträchtigen Sümpfe ernüchterten die Ankömmlinge in der Neuen Welt derart, daß es nur dem draufgängerischen Wesen des Abenteurers John Smith zu verdanken ist, daß die junge Kolonie am Ende mit fünfzig Engländern überlebte. Smith, der während der Überfahrt an einer Meuterei beteiligt war, entpuppte sich als der richtige Mann zur rechten Zeit am rechten Ort. Nachdem die Auswanderer weder Gold noch gewinnbringende Gewürze gefunden und sämtliche mitgebrachten Vorräte aufgebraucht hatten, die Indianer bestahlen, ihre Energie in verlustreichen Scharmützeln verschwendeten und mit dem nächsten Schiff in die Heimat zurückkehren wollten, verstand es der Outlaw Smith, dem Häuflein Desperados klar zu machen, daß die Hand, die bereit war, das Gewehr zu halten, auch den Pflug führen mußte. „Wer nicht arbeiten will, der soll auch nicht essen", war sein Wahlspruch. Ob heruntergekommener Adeliger oder ehemaliger Sträfling, Smith zwang durch natürliche Autorität und Überlebenswillen jeden, hart zu arbeiten, und sicherte sich zudem die Hilfe der benachbarten Indianer vom Stamm der Powahtan. Captain Smith, wie er alsbald genannt wurde, unternahm ausgedehnte Erkundungsfahrten, sowohl auf den Flüssen in das Landesinnere als auch entlang der Küste nach Norden. 1608 zeichnete er die erste Karte von Virginia und sprach in seiner 1612 veröffentlichten „Beschreibung" der Atlantikküste Nordamerikas erstmals von Neu-England. Auch das Indianerwort Chesapeake, das „Bucht der großen Schalentiere" heißt, führte er in die Geographie Nordamerikas ein.[3]

Nach und nach landeten weitere Schiffe der Londoner Handelsgesellschaft in Virginia. Sie brachten neue Vorräte und immer wieder junge Kolonisten mit. Denn in der Kolonie starben die Menschen wie die Fliegen. Laut einer zeitgenössischen Schätzung wurden zwischen 1619 und 1621 3.560 Siedler aus England nach Virginia gebracht. Davon starben rund 3.000 innerhalb dieser drei Jahre.[4]

Die Überlebenschancen im damaligen Virginia waren niedriger als bei einem russischen Roulette. Neben dem fremdartigen Klima, auf das sich die englischen Siedler nur mit größten Schwierigkeiten einzustellen vermochten und das häufig schwere Epidemien verursachte, trat vor allem in den Ballungssiedlungen immer wieder Nahrungsmittelknappheit ein. Alle Siedler, die nicht vom Lande kamen, hatten auf viele Jahre hinaus größte Probleme, für ihren eigenen Unterhalt zu sorgen. Von einem der ersten englischen Siedler ist der Ausspruch überliefert: „Ich habe zu Hause am Tag mehr gegessen als hier in einer Woche."[5]

Von Hunger und Krankheiten geschwächt, waren diese ersten Virginier außerdem den aggressiven Indianern nicht gewachsen. Während die ausgemergelten Körper in den andauernden Auseinandersetzungen Schutz hinter schweren Eisenrüstungen suchten und mit unhandlichen Waffen, wie etwa der ungemein schweren Matchlock-Muskete mit langer Ladedauer, ausgerüstet waren, erkannten die Ureinwohner rasch, daß sie mit den weißen Eindringlingen, die ihnen ständig Nahrungsmittel stahlen, leichtes Spiel hatten. Es kam, wie es kommen mußte. Am 22. März 1622 führte der Kriegshäuptling Opechancanough eine Rotte Indianer auf den Kriegspfad und richtete unter den Weißen ein Massaker an. Der Aufstand begann in der Siedlung *Martin's Hundred* (das spätere Carter's Grove), rund zehn Meilen von Jamestown gelegen. Einer der Überlebenden berichtet: „Sie kamen unbewaffnet in unsere Häuser (...); mancherorts setzten sie sich zu uns zum Frühstück." Plötzlich ergriffen sie die Werkzeuge und Waffen der Siedler und „ermordeten barbarisch jeden, ob Mann, Frau oder Kind."[6] Insgesamt starben bei dem Aufstand 350 Weiße, einige wurden verschleppt.

Daß die Kolonie trotz solcher massiven Rückschläge und all der Unbilden bestehen blieb, zeigt, daß die Auswanderer letztlich mit dem Rücken zur Wand standen. Eine Rückkehr in die Heimat war nahezu ausgeschlossen. Dazu mangelte es an Geld, aber wohl auch an entsprechenden Chancen in England. Doch allmählich lernten die Virginier, sich auf die völlig neuen Herausforderungen in Amerika einzustellen und die Unbilden ihrer neuen Heimat mit Willenskraft und Härte zu bewältigen. „Dieser Pragmatismus wurde zu einem wesentlichen Charakterzug der Amerikaner."[7]

Etwa zur gleichen Zeit wie die ersten Siedler in Virginia, setzten sich die Franzosen in Kanada am St. Lorenz-Strom fest. Sie gründeten ihre Kolonie in erster Linie, um in enger Zusammenarbeit mit den Indianern Pelzhandel zu treiben. Ihre Coureurs de boi, ihre Waldläufer, stießen zu diesem Zweck über das weitverzweigte Flüssesystem in das Innere Nordamerikas vor und schoben sich dabei für die englischen Siedler nahezu unbemerkt in deren Rücken. Im Süden war die englische Landnahme

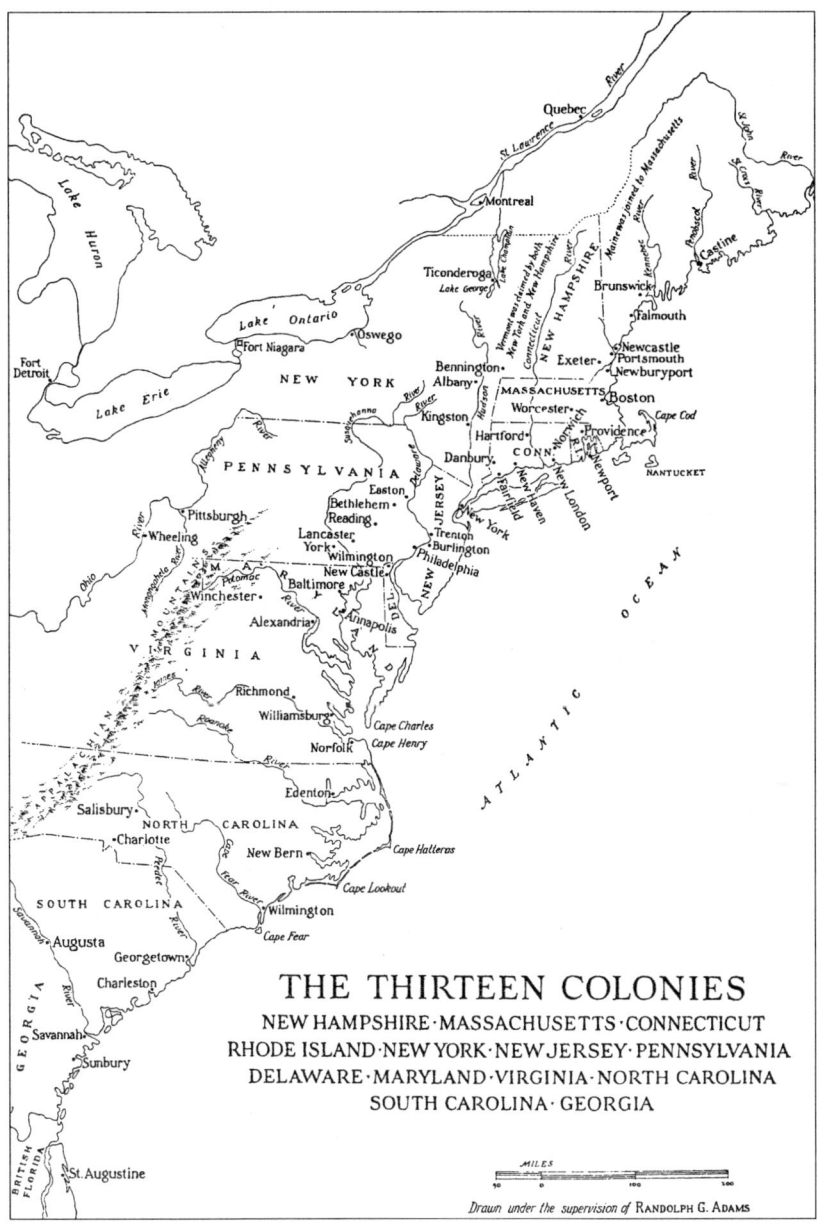

THE THIRTEEN COLONIES

NEW HAMPSHIRE·MASSACHUSETTS·CONNECTICUT
RHODE ISLAND·NEW YORK·NEW JERSEY·PENNSYLVANIA
DELAWARE·MARYLAND·VIRGINIA·NORTH CAROLINA
SOUTH CAROLINA· GEORGIA

Drawn under the supervision of RANDOLPH G. ADAMS

Die Bildung von 13 britischen Kolonien an der Ostküste Nordamerikas war
1733 abgeschlossen. Jamestown lag einst in unmittelbarer Nähe von Williamsburg, Virginia.

13

durch die spanische Hoheit über Florida sowie durch die französischen Gründungen im Deltabereich des Mississippi begrenzt, so daß den englischen Spätankömmlingen im kolonialen Reigen nur ein breiter Küstenstreifen der riesigen Landmasse Nordamerikas blieb.

Den ersten englischen Siedlern Virginias folgten 1620 im Norden, unterhalb der französischen Siedlung Quebec, die *Pilgerväter* in Neu-England. Sie und ihre Nachfolger gehörten zur strengen protestantischen Glaubensgemeinschaft der Puritaner, eine radikale calvinistische Gruppierung, die sich der Kirche von England widersetzte. Die Separatisten flohen zunächst nach Holland, blieben aber weiterhin geschäftlich mit ihrer Heimat in Verbindung. Die Virginia Company verschaffte ihnen schließlich einen Schutzbrief, der es ihnen erlaubte, sich in gebührendem Abstand von den Anglikanern Virginias niederzulassen: zweihundert Kilometer nördlich von Jamestown. Virginia erstreckte sich damals bis hinauf nach New Jersey. Weil aber ein unsicherer Navigator an Bord war, verfehlte ihr Schiff *Mayflower* sogar die Nordgrenze von Virginia um fast dreihundertfünfzig Kilometer. Die Mayflower ankerte vielmehr vor einer langen Halbinsel, deren Ende aussieht wie ein Angelhaken – Cape Cod, im späteren Staate Massachusetts. Bevor sie ihr kleines Schiff verließen, schlossen 41 der 101 Passagiere am 11. November 1620 einen Gesellschaftsvertrag, in dem sie eine demokratische Selbstverwaltungsstruktur festlegten. Denn als Calvinisten lehnten sie die hierarchische Ordnung der anglikanischen Episcopalkirche ab. Die gewählten Spitzen ihrer Gemeinden trafen sowohl religiöse als auch politische Entscheidungen, da zwischen beiden nicht unterschieden wurde. Das als *Mayflower Compact* bekannte Grundlagendokument, in dem das Zusammenleben der Kolonisten durch „gerechte und billige Gesetze" geregelt wurde, war das erste verfassungsähnliche Schriftstück Amerikas.[8]

Da sie ursprünglich zum Verwaltungsbereich von Virginia gehören sollten, aber das eigentliche Virginia verfehlten, verdankten die Pilgerväter ihre Freiheit und eigene Verwaltung einem Zufall, der für England folgenschwer sein sollte. Sie legten mit ihrem Gesellschaftspakt und ihrer religiösen separatistischen Gesinnung in ihrem Siedlungsbereich bereits bei ihrer Ankunft einen Grundstein für die hundertfünfzig Jahre später erfolgende amerikanische Revolution.

Auch in Virginia waren ein Jahr zuvor, 1619, Selbstverwaltungsorgane eingerichtet worden, in denen ein Gouverneur gemeinsam mit zunächst bestimmten, dann gewählten Ratsherren beriet. Denn die Londoner Virgina Company war inzwischen nahezu bankrott, so daß König Jakob I. unter dem Vorwand des Schutzes seiner Untertanen in Übersee die Handelsgesellschaft auflöste und dadurch wieder eine direkte Bindung der Kolonie an England erreichte. Virginia wurde Kronkolonie. König James I. entsandte einen Gouverneur, der am 30. Juli 1619 aus jeder Gemeinde zwei Männer seines Vertrauens in die Kirche von Jamestown beorderte, um einen Verwaltungsrat zu bilden. Als das Gremium von zweiundzwanzig Männern nach sechs Tagen auseinander ging, nannte es sich fortan House of Burgesses, Abgeordnetenhaus, und hatte eine Reihe von Gesetzen mit lokaler Wirkung sowie die erste Besteuerung Amerikas festgelegt.

Historiker verweisen darauf, „daß es sich hier um den Ursprung des amerikanischen Systems einer Volksversammlung mit zwei Häusern handelte, anfänglich nach dem englischen Vorbild des Ober- und Unterhauses. Es war die erste Körperschaft der Selbstverwaltung in Amerika – wenngleich verantwortlich noch immer der britischen Krone – und die Basis (...) des Kongresses der Vereinigten Staaten."[9]

Von Anfang an zeichneten sich also gewisse Gegensätze innerhalb der jungen britischen Kolonie ab: Das Klima Neu-Englands ist kühlgemäßigt. Die hiesigen Siedler konnten die ihnen aus der Heimat vertraute Landwirtschaft und Fischerei betreiben und sogar mit Bergbau beginnen. Dem fleißigen Bauer, bürgerlichen Handwerker und strenggläubigen Kaufmann des Nordens stand im Süden ein völlig konträrer Menschenschlag gegenüber, binnen kurzem geprägt vom subtropisch-feuchten Klima Virginias und den daraus resultierenden begrenzten landwirtschaftlichen Betriebsformen, allen voran die Plantage.

Schon während der ersten Reise des Kolumbus lernten die Spanier auf Kuba das unter nahezu allen Indianern Amerikas verbreitete Tabakrauchen kennen: „Die Männer immer mit einem Feuerbrand in ihren Händen (...) in der Art der Musketen aus Papier, wie sie die Jungen zu Pfingsten machen (...). Diese Musketen, oder wie immer wir diese Sache auch bezeichnen mögen, nennen sie tabacos."[10] Um 1588 von dem französischen Arzt Jean Nicot als Medizin am Pariser Hof eingeführt (nach ihm hat man das Nikotin benannt), wurde Tabak in Europa als Genußmittel zunächst hauptsächlich von Matrosen konsumiert.

Im feucht-warmen Virginia hatten die ersten Bauern große Probleme mit der Aussaat der bekannten Feldfrüchte der Alten Welt. Nur eine Pflanze gedieh überall wie Unkraut – Tabak. Es war einer der Siedler von Jamestown, John Rolfe, der schließlich der Legende nach den Wohlstand der vor sich hinvegetierenden Kolonie begründete. Als er 1614 die blutjunge Häuptlingstochter Pocahontas aus dem Stamm der benachbarten Powhatan heiratete, erhielt er von seinem Schwiegervater eine wohlbereitete Probe des würzigen Rauchwerks. „Rolfe schickte das Präsent unverzüglich nach England, wo just der spanische Tabak in Mode gekommen war – dies ungeachtet des Umstandes, daß König Jakob, anders als die meisten Engländer damals, im Tabak weder ein Genußmittel noch eine Medizin erkennen und von seiner Einführung daher nichts wissen wollte."[11]

Aber für die Investoren und Siedler Virginias, die endlich aus ihrem Kolonialabenteuer Profit schlagen wollten, kam Rolfes Geschäftsidee gerade recht. Sie negierten den königlichen Vorbehalt und legten schleunigst Tabakpflanzungen an. Binnen kurzem fanden sie heraus, daß man den Geschmack der Blätter verbessern kann, wenn man diese räuchert, statt sie einfach nur trocknen zu lassen. Da die Kolonisten überdies die Stauden sorgsam nur nach den besten Exemplaren aussuchten, erreichte das neue Produkt aus Virginia rasch die Reinheit des spanischen Tabaks, und dem König blieb nichts anderes übrig, als den neuen Überseeimport im nachhinein zu sanktionieren. Dieser Tabakanbau war es, der die Gesellschaft Virginias entscheidend prägte. Zu Beginn wurden alle Arbeiten auf den großen und kleinen Bauernhöfen, die meist an einem der zahlreichen Flüsse lagen, von den Siedlern selbst besorgt. Aber für den Tabakanbau auf riesigen Flächen bedurfte man ganzer Bataillone von robusten Arbeitern. Als die Virginier diesen Sachverhalt begriffen hatten, führten sie umgehend die Sklaverei ein und importierten Jahr für Jahr Tausende von Afrikanern. Auf diese Weise entwickelte sich binnen eines Jahrhunderts in den Südstaaten der britischen Kolonie die Plantage, deren Besitzer alsbald imstande waren, nach dem Vorbild der englischen Landedelleute aristokratisch und saturiert aufzutreten. Sie hatten Zeit und Gelegenheit, sich geistig zu bilden. Und sie hatten durch ihre auf Export ins Mutterland ausgerichteten Erzeugnisse – dem Tabak folgten alsbald Indigo und Baumwolle – genügend Geld, sich mit Importartikeln aus England luxuriös auszustatten, sowohl was die Einrichtung ihrer Herrschaftssitze als auch ihre Kleidung anbelangte.

Neben und zwischen diesen beiden ungleichen Kulturen Neu-Englands und Virginias bildeten sich bis 1733 entlang der Atlantikküste dreizehn Kolonien, „deren einzige Gemeinsamkeit die englische Sprache und das englische Zivilrecht waren und der Antrieb, einen Neubeginn zu wagen".[12]

Diese Kolonien entstanden teils willkürlich, teils geplant. Zur Gründung Pennsylvanias beispielsweise kam es, weil König Karl III. einem Admiral sechzehntausend Pfund schuldete. Als der Mann starb, erklärte sich sein Sohn, William Penn, der der Sekte der Quäker anhing, damit einverstanden, die königlichen Schulden in Form von Land in Amerika abgegolten zu bekommen. Maryland wiederum wurde von dem katholischen Sir George Calvet gegründet, den König Karl I. zum Lord Baltimor erhoben hatte. Dieser gab seiner neuen Provinz, in die überwiegend katholische Siedler strömten, den Namen Maryland, übersetzt Marienland, vielleicht zu Ehren der Mutter Gottes, vielleicht als Huldigung für die Gemahlin des Königs, Henrietta-Maria. Das Neu-England der Pilgerväter, Massachusetts, wurde erweitert um New York, Connecticut und Rhode Island. Delaware und New Jersey folgten als kleine Zwischenkolonien. Der Süden dehnte sich aus auf Nord- und Südcarolina sowie Georgia. Jede dieser Kolonien hatte ihre eigenen religiösen Gepflogenheiten, ihre eigene Verwaltung, eigene Handelsabkommen mit dem Mutterland und sogar eine eigene Währung. Ihre Beziehungen untereinander waren äußerst unterschiedlich – von dicker Freundschaft bis kühler Abneigung.

In diese homogene Welt hinein wurde am 22. Februar 1732 George Washington geboren, ein Virginier, der wenige Jahrzehnte später aufbrach, diese Welt grundlegend zu verändern.

Wessyngton: Die Vorfahren waren Normannen

Die ersten Vorfahren, die es nach Amerika verschlug, waren die Brüder John und Lawrence Washington. Von John wissen wir, daß er als Steuermann des kleinen Zweimasters *Seepferd von London* im Jahr 1657 an der Küste Virginias vor Anker ging. Er war um die 25 Jahre alt und Sohn eines Geistlichen, der 1643 von strenggläubigen Puritanern aus seiner Heimatgemeinde vertrieben worden war. Dieser Geistliche, ebenfalls namens Lawrence Washington, entstammte einer uralten Landadelfamilie, die ihren Ursprung auf die normannische Eroberung und Besiedelung Englands zurückführen konnte. William de Hertburn, 1183 in einer Chronik genannt, ist der erste namentlich bekannte Vorfahr. Er lebte in Durham, in der gleichnamigen Grafschaft Nordenglands. Erwähnung findet William, als er seinen Landsitz Hertburn gegen das Gut und Dorf mit dem Namen Wessyngton tauscht. De Wessyngton nennt sich fortan die Familie.

„Einige Jahrzehnte sind die streitbaren reichen Bischöfe von Durham Feudalherren der Familie, darüber der englische König, in dessen Feldzügen gegen Schotten und Franzosen die ältesten Wessyngtons als bäuerliche Ritter oder ritterliche Bauern mitfochten. Wenig Familien in Amerika lassen sich in eine so ferne Vergangenheit zurückverfolgen, eine Vergangenheit übrigens, die George Washington nicht bewußt war, sondern erst später erforscht worden ist, als seine Berühmtheit Anlaß gegeben hatte, sich mit seinen Vorfahren zu befassen."[13]

Für George Washington selbst hatte Ahnenforschung nur „geringe Bedeutung", wie er 1798 seinem Neffen William Augustine schrieb.[14]

Dem obersten englischen Heraldik-Hüter, Sir Isaac Heard, konnte er im Alter von sechzig Jahren, im Jahr 1792, auf Anfrage lediglich mitteilen, daß er als Kind in der Familie des öfteren habe sagen hören, daß die englischen Vorfahren „irgendwo aus dem Norden Englands stammten, von Lancashire oder Yorkshire oder sogar noch nördlicher. Ich kann mich nicht mehr genau erinnern."[15] Um 1500 wurde der erste uns bekannte *Lawrence* Washington geboren, ein Vorname, der sich in der Familie offenbar großer Beliebtheit erfreute. Dieser erste Lawrence Wasshington, wie er sich damals schrieb, brachte es als erfolgreicher Wollhändler zum Bürgermeister von Northampton und erwirkte von König Heinrich VIII. die Besitzübertragung des Gutes Sulgrove Manor, wo er sich einen Herrensitz im elisabethanischen Stil errichtete. Er starb 1584. Sein Sohn Robert sowie sein Enkel, wiederum mit dem Namen Lawrence, unterzeichneten 1601 ein in lateinischer Sprache abgefaßtes Pergament, das den Anspruch der beiden auf Sulgrove Manor zum Ausdruck bringt. Dieses älteste erhaltene Familienpapier der Washingtons wird heute in Mount Vernon aufbewahrt. Ein weiterer eindrucksvoller Nachweis der englischen Herkunft der Washingtons ist eine Buntfenstertafel, die Robert Wasshington zu Ehren der Hochzeit seines Sohnes Lawrence mit Margaret Butler im Jahr 1588 im Küchenfenster von Sulgrove Manor anbringen ließ. Sie zeigt das Familienwappen, die Jahreszahl und die Namen des Hochzeitspaares.

Die Wessyngtons/Wasshingtons sind und bleiben königstreue Untertanen, auch unter den Stuarts, als dies nicht mehr selbstverständlich ist. Genau diese Loyalität zum Königshaus ist es, die dem Geistlichen Lawrence Washington unter der Gewaltherrschaft des fanatischen Puritaners Oliver Cromwell Amt und Würden kosten und seine Söhne hinaus aufs Meer treiben. Er starb 1652.

Als Ironie der Geschichte ist hier noch festzuhalten, daß im Jahr 1646 zwei Kontrahenten einander gegenüberstanden, deren Nachfahren dereinst in Amerika zueinander finden sollten: Es war das Jahr, in dem Cromwells Armeen die Stadt Worcester belagerten. Der kommandierende General der Angreifer hieß Sir Thomas Fairfax. Der erfolgreiche Verteidiger Worcesters hieß Sir Henry Washington, ein Onkel des Emigranten John Washington.[16] Hundert Jahre später freundete sich der junge George Washington mit einem gleichnamigen Sir Thomas Fairfax an!

Als John Washington Ende 1657 mit einer Ladung Virginia-Tabak im Bauch seines Zweimasters zurück nach England segeln will, läuft das *Seepferd* auf dem Potomac, der in die Chesapeake-Bay mündet, auf Grund. Ein Wintersturm tut sein übriges. Das Schiff geht unter und der Tabak ist verdorben. In mühevoller Arbeit, die Monate dauert, hilft John das Schiff zu bergen. In dieser Zeit schließt er neue Freundschaften, verliebt sich in eine Frau unbekannten Namens und heiratete sie. Ob aus diesem Grund oder weil der junge Mann die vielversprechenden Möglichkeiten der prosperierenden Kolonie erkennt, John setzt jedenfalls beim Eigentümer seines Schiffes durch, in Virginia bleiben zu dürfen. Eine andere Quelle nennt als Grund eine Auseinandersetzung zwischen John und dem Schiffseigentümer, der von ihm Geld einklagen wollte. John wiederum verklagte den Kapitän seines Schiffes, eine Frau auf der Überfahrt nach Amerika zu Unrecht als Hexe gehängt zu haben. In diesem Streit vermittelt der wohlsituierte Marylander Nathaniel Pope zugunsten John Washingtons.[17] Doch dessen Start in seiner neuen Heimat beginnt mit einer persönlichen Niederlage: Sowohl seine Frau als auch seine beiden Kinder aus dieser Ehe sterben rasch nacheinander. Es ist erneut Nathaniel Pope, der John weiterhilft. Er macht ihn auf seine Tochter Anne aufmerksam, eine junge Frau im heiratsfähigen Alter. John zeigt sich interessiert und – sowohl Anne Pope als auch ihr Vater heißen ihn willkommen. Nathaniel Pope, der den jungen Washington offenbar sehr mochte, ist über die Zuneigung der beiden jungen Menschen so glücklich, daß er seiner Tochter siebenhundert Acres (Morgen) Land als Mitgift überschreibt und dem jungen Paar zudem achtzig Pfund Sterling als Starthilfe leiht.

Der Grundbesitz lag am unteren Potomac im *Westmoreland County*. Johns Bruder Lawrence zog 1665 nach. Auch seine Schwester Martha folgte den Brüdern in die Neue Welt. Lawrence brachte etwas Vermögen aus dem Erbe seines Paten mit. Beide ließen sich ebenfalls im *Nor-*

them Neck, wie der Landstrich zwischen den Flüssen Potomac und Rappahanock genannt wird, nieder. Die Brüder John und Lawrence mühten sich redlich, zu den „alteingesessenen" Familien von teils höherer Herkunft, wie den Masons, den Byrds und den Lees, aufzuschließen. Daß sie sich ebenfalls zur Gentry, zur bevorzugten Klasse, gehörig fühlten, brachten die Washington-Brüder durch ihr Familienwappen zum Ausdruck, das sie aus der alten Heimat mitbrachten: drei Sterne und zwei rote Balken auf silbernem Grund – die Ähnlichkeit zur späteren amerikanischen Flagge ist unverkennbar, wenngleich sich kein direkter Bezug herstellen läßt. Viel besagt auch der Wappenspruch: Exitus Acta Probat – Der Ausgang erweist die Sache. Sie *hat* sich erwiesen.

Das Familienwappen der Washingtons weist mit seinen drei Sternen und zwei roten Balken auf silbernem Grund eine unverkennbare Ähnlichkeit zur späteren amerikanischen Flagge auf.

Im Herbst 1659 kam das erste Kind von John und Anne zur Welt, ein Sohn, nach dem Bruder Lawrence genannt. Kaum hatte der alte Nathaniel Pope seinen Enkel in den Armen gehalten, starb er schon im darauffolgenden Frühjahr. In seinem Testament erließ er seinem Schwiegersohn alle Schulden und prompt erwarb dieser weiteren Grund und Boden, so daß John elf Jahre nach seiner Ankunft in Amerika mehr als fünftausend Morgen sein Eigen nennen konnte.

Wie erwirbt man eigentlich Grundbesitz in einem Land, in dem es keine Grenzen und Rechtsansprüche gibt? Die englische Krone übernahm die Praxis der Virginia Company, die aus ihrem Kolonialunternehmen möglichst viel Geld herausschlagen wollte, also auch mit der Landverteilung. So verkaufte zunächst besagte Handelskompanie, dann die Krone sogenannte *Headrights*, Kopfrechte. Pro Person konnten die Siedler fünfzig Morgen Land erwerben. Da nicht jeder Kolonist oder jede Familie die ihr zustehende Fläche bewirtschaften wollte oder konnte, verkauften diese oftmals wiederum ihre Landrechte an betuchte Siedler. Zudem wurde in den ersten hundert Jahren mit der Landvermessung recht großzügig umgegangen. Wer prüfte schon das Maß von fünfzig Morgen, vor allem in entlegenen Gebieten? Oft waren es auch siebzig oder gar hundert Morgen, die pro „Headright" abgesteckt wurden – nach dem Motto: wo kein Kläger, da kein Richter. Und wenn sich bei späteren Landvermessungen herausstellte, daß die Flächenmaße falsch berechnet waren – wer wollte es dem Besitzer, der dort gesiedelt und die Wildnis urbar gemacht hatte, wieder streitig machen?

John Washington muß sich binnen kurzem einen namhaften Ruf als tüchtiger Siedler erworben haben, denn 1674 wurde ihm von höchster Regierungsstelle ein riesiges Landstück zur Urbarmachung zugeteilt. Thomas Lord Culpeper, durch die Gnaden seiner Majestät König Karl II. Eigentümer des gesamten Northern Neck, übertrug ihm sowie einem anderen Pionier namens Nicolas Spencer die gesamte Nutzung von fünftausend Morgen Land am oberen Potomac, zwischen den Rinnsalen Dogue Creek und Little Hunting Creek gelegen. Die andere Seite des Potomac war schon von Indianern besiedelt, deren Dorf Piscatawaya hieß; heute befindet sich dort der Piscatawaya Park. Die Auflagen des Lords lauteten: eine jährliche Tilgungsrate in Form einer lebenslänglichen Rente für ihn sowie die Verpflichtung, das Land innerhalb von drei Jahren mit Feldfrüchten zu bestellen. Siebzig Jahre später wurde hier *Mount Vernon* erbaut, der Herrensitz George Washingtons.[18]

Neben seinen skrupellosen Landspekulationen, die auch die brutale Enteignung von Indianern beinhalteten, trachtete John zudem nach einer Reihe von profitablen Ämtern, zeichnete sich als „Oberst Washington" in Kämpfen gegen die Seneca-Indianer aus – da starb 1668 überraschend seine Frau Anne, die ihm inzwischen fünf Kinder geboren hatte. Doch dies war weder das Land noch die Zeit, lange zu trauern. John Washington vermählte sich alsbald mit einer neuen Anne, die zuvor schon zweimal Witwe gewesen war. Diese Ehe war pikant, hatte John seine neue Frau doch vor den Schranken des Gerichts kennengelernt: Sie, angeklagt wegen Betreibens eines Bordells; er, Friedensrichter, der sie offenbar zur Ehe mit ihm begnadigte!

Doch diese feurige Anne war ihm nicht lange vergönnt. Unmittelbar nach ihrem Tod suchte und fand er Trost bei ihrer Schwester, die dem Gouverneur von Virginia lange als Maitresse gedient hatte. Sie überlebte ihn schließlich, als er im Januar 1677 verschied. Aus diesen beiden Liaisons sind keine Angaben über Kinder überliefert.[19]

Die amerikanischen Naturgewalten würdigten indes den weltlichen Abschied des Washington-Gründervaters wagneropernhaft dramatisch: Ein gewaltiger Orkan suchte Virginia heim und zerstörte an die zehntausend Häuser.

Die Geschichte berichtet nichts Wesentliches über die übrigen Washingtons. Erst mit dem Ableben Johns im Jahr 1677 tritt der Haupterbe und erstgeborene Sohn des Gründerpaares, Lawrence, in den Vordergrund. Allen Anschein nach hatte er seine Jugend in einer Schule in England verbracht, ein deutlicher Hinweis auf den relativen Wohlstand der Eltern. Erst der Tod des Vaters zwang ihn, mit achtzehn Jahren in die Neue Welt zurückzukehren, um einen Teil der öffentlichen Pflichten John Washingtons übernehmen zu können. Lawrence wurde noch vor Erreichen der damaligen Volljährigkeit Friedensrichter, mit fünfundzwanzig Jahren wurde er *Burgess*, Abgeordneter im Abgeordnetenhaus von Virginia in Jamestown. Außerdem übte er eine zeitlang das Amt des Sheriffs aus, des Vollzugsbeamten der Krone im Westmoreland Country, und vertrat die Londoner Kaufmannschaft in Virginia.

Lawrence heiratete relativ spät, mit siebenundzwanzig Jahren. In Mildred Warner fand er dann eine wohlsituierte Frau mit Charakter. Mildreds Vater war der angesehene Augustine Warner of Gloucester, Sprecher des Abgeordnetenhauses und Mitglied der Ratsversammlung.

Wirtschaftlich gesehen begann Lawrence Washington auf einem bedeutend höheren Niveau als sein Vater; auch gesellschaftlich gesehen entwickelte er sich beträchtlich weiter – alles jedoch nur für ein paar Jahre. Mit achtunddreißig Jahren, 1698, war das Leben von Lawrence zu Ende. Er hinterließ drei Kinder: John war sieben Jahre alt, Augustine drei und Mildred noch ein Baby. Ihr Auskommen für die Zukunft war nicht gerade üppig, da Lawrence in seinem Testament verfügt hatte, daß sein Erbe in vier gleichen Teilen an seine Frau und seine drei Kinder aufgeteilt werden sollte. Dies war indes zunächst blanke Theorie, da die Mutter für die Kinder das volle Sorgerecht hatte, deren Erbe verwaltete und mit dem erzielten Gewinn aus der Bewirtschaftung der Ländereien deren Unterhalt und Ausbildung bezahlte.

1698 war noch in anderer Hinsicht ein schwarzes Jahr – nicht nur für die Washingtons. Die erste Siedlung Virginias, Jamestown, brannte zum zweiten Mal nieder und wurde innerhalb der nächsten Jahre aufgegeben. Das nahe Williamsburg übernahm jetzt die Rolle der Verwaltungsmetropole der Kolonie. Mildred Washington blieb länger Witwe als dies damals üblich war. Sie heiratete dann doch erneut im Frühjahr 1700 einen Mann namens George Gale, der mit ihr, den Kindern und einem Teil der Habe zurück nach England zog. Für Mildred war die neue Ehe eine folgenschwere Entscheidung. Sie wurde erneut schwanger, und kaum in White Haven, Cumberland, angekommen, erkrankte sie schwer. Ein paar Tage nach der Geburt ihres vierten Kindes setzte sie ihren letzten Willen auf und verstarb am 26. Januar 1701. Sage und schreibe eintausend Pfund vermachte sie ihrem Mann Gale. Den amerikanischen Grundbesitz teilte sie unter ihm und den Kindern auf. Das Sorgerecht über die drei Washington-Kinder erhielt ebenfalls George Gale. Auf den Wunsch seiner verstorbenen Frau hin schickte dieser die beiden Jungs John und Augustine auf die Appleby Schule in der englischen Grafschaft Westmoreland. Hier, wo John und Augustine zu echten Engländern erzogen wurden, hätte womöglich die Geschichte eine dramatische Wende genommen, wenn nicht plötzlich von der Verwandtschaft jenseits des Atlantik rechtliche Fragen aufgeworfen worden wären.

Ein Verwandter aus Chotank namens John Washington – Sohn des Einwanderers Lawrence Washington aus Chotank im Stafford County, also ein Cousin des verstorbenen Lawrence – focht Mildreds Testament an. Er insistierte darauf, daß Lawrence seinen drei Kindern Grundbesitz in Virginia hinterlassen habe, auf den Mr. Gale keinen Rechtsanspruch erheben könne, gleichgültig, was Mildred in ihrem letzten Willen festgelegt habe. John Washington brachte die Erbschaftsangelegenheit vor Gericht und setzte sich durch.

Der toten Mildred war es somit nicht gestattet gewesen, das Eigentum, Einkommen oder Sorgerecht für ihre Kinder aus erster Ehe ihrem zweiten Ehemann zu vermachen, beziehungsweise zu übertragen. Innerhalb von zwei Jahren waren die Kinder zurück in Amerika, unter der Vormundschaft des Verwandten John Washington, dem auch gerichtlich die Verwaltung ihres Vermögens anvertraut worden war. Dem energischen Eingreifen dieses Washington ist es also zu verdanken, daß die

Das Geburtshaus Washingtons, Pope's Creek, wurde später in Wakefield umbenannt und als Gedenkstätte völlig neu aufgebaut. Zeitgenössische Lithographie.

dritte Generation des ersten virginischen Washington weiterhin im amerikanischen statt im englischen Westmoreland County aufwuchs.

Es ist dann der zweite von Lawrences Söhnen, Augustine – meist Gus genannt –, der die Familienchronik fortschreibt. Im Jahr 1715 oder 1716, er war gerade zwanzig oder einundzwanzig Jahre alt, heiratete der hochgewachsene blonde Gus Washington[20] die Tochter eines Pflanzers aus dem Westmoreland County, Jane Butler. Zusammen mit ihrer Mitgift hatte Augustine zu Beginn seiner Ehe einen Besitz von fast zweitausend Morgen Land vorzuweisen – gemessen am virginischen Durchschnitt immer noch wenig. Als Friedensrichter trat er zudem bald schon in die Fußstapfen seines Vaters und Großvaters und nahm auch deren Sitz im County-Gericht wieder wahr. Ganz genauso wie seine beiden Vorfahren, versuchte Gus seine Ländereien tatkräftig zu vergrößern. Erstes Interesse dafür zeigte er 1717, indem er Land, das an die erste Farm seines Großvaters John grenzte, aufkaufte. Fünf Jahre später war er in der Lage, das alte Farmhaus am Pope's Creek abzureißen und dort ein neues Wohngebäude zu errichten, in das die junge Familie um 1726 einzog. Bezeichnenderweise war dieses Plantagenhaus, das später den Namen *Wakefield* erhielt, in sehr einfacher Pionierbauweise gehalten. Ein zeitgenössischer Bericht spricht von einem Holzbau mit Backsteinfundamenten und von vier Räumen im Erdgeschoß. (Das Haus ist heute – nicht original – rekonstruiert und über die State 3 östlich von Fredericksburg zu erreichen.) Gus bezahlte dafür den Wert von fünftausend Pfund Tabak, eine moderate Summe.[21] Denn er trachtete danach, sein Geld in lukrative Projekte zu investieren und nicht gerade in eine extravagante Plantagen-Residenz.

Als nächstes bahnte sich der Kauf von jenen zweitausendfünfhundert Morgen Land am rechten Ufer des Potomac an, die einst sein Großvater John von Lord Culpeper auf Rentenbasis übertragen bekommen hatte. Es handelte sich somit gewissermaßen um Familienbesitz, denn das Recht auf diesen attraktiven Landstrich, der damals *Little Hunting Creek* genannt wurde, war 1690 zunächst auf Vater Lawrence übergegangen und nach dem Tod der Mutter seiner Schwester Mildred als Erbe zugefallen. Mildred nun war bereit, die Rechte an Little Hunting Creek für hundertachtzig Pfund Sterling an ihren Bruder Gus zu verkaufen. Gus verfügte somit ab 1726 über einen zusammenhängenden Grundbesitz, der sich vierundzwanzig Meilen entlang des Potomac erstreckte.

Neben immer weiterem Landkauf – meist mittels „Headright-Erwerb" –, interessierte sich Gus außerdem für die aufkommende Metallindustrie in der Kolonie. England, das sich gerade mit seinem Erzlieferanten Schweden überworfen hatte, ermutigte jegliche Bestrebungen in den amerikanischen Besitzungen, eine eigene Hüttenindustrie aufzubauen. So kaufte Gus nicht nur Farm- und Plantagenland, sondern auch erzhaltige Böden entlang des Accokeek Creek, rund acht Meilen nördlich von Fredericksburg, die er im Tausch für eine Beteiligung an einem Eisenwerk mit einem Schmelzofen in Accokeek Creek ausbeuten ließ.

Alles in allem hatte Augustine Washington allen Grund, zufrieden zu sein. Zwar zählte er nicht zu den Reichsten Virginias, aber er hatte ein sehr gutes finanzielles Auskommen, war in mehrerer Hinsicht gut abgesichert. Er pflegte mit Nachbarn auf die Jagd zu gehen, Karten zu spielen, nahm mehrere öffentliche Ämter wahr und mischte in der Politik der Kolonie mit. Seine Frau hatte ihm drei Söhne geboren, Butler, der

bei der Geburt starb, Lawrence, benannt nach dem Großvater, der dritte hieß,wie er selbst, Augustine, dazu das Töchterchen Jane, benannt
nach der Mutter. Und dennoch trieb es ihn rastlos zu neuen Unternehmungen. Weil er mit seinen Geschäftspartnern in der Eisengewin-
nungsindustrie Virginias und Marylands unzufrieden war, reiste er im
Sommer 1729 nach England, um dort mit den Abnehmern des Erzes direkt zu verhandeln. Als er am 26. Mai 1730 nach Pope's Creek zurückkehrte, bekam er den Schock seines Lebens. Seine Frau war im vorangegangenen November gestorben. Dieser ständig wiederkehrende frühe
Tod der Frauen war beileibe kein Phänomen, das sich auf die amerikanischen Kolonien beschränkte. Es war vielmehr symptomatisch für die
damalige Zeit, diesseits und jenseits des Atlantik, hervorgerufen durch
unzulängliche hygienische Verhältnisse, mangelnde medizinische
Kenntnisse sowie Unwissen über Zusammenhänge von Ursachen und
Wirkung. Gus ließ seine Frau, mit der er vierzehn Jahre lang verheiratet war, in der Familiengruft in Bridges Creek beisetzen, „auch das ein
kleiner Beweis dafür, daß die Familie etwas auf Stand, Wohlleben, ja
sogar auf Tradition, seltener Begriff in Amerika, hält. Eine Familiengruft in solch primitiver kolonialer Umgebung!"[22]

Am Potomac geboren

Wie schon sein Großvater John, so war auch Augustine Washington offensichtlich nicht der Typ für lange Trauer. Zugegeben, er war erst
Sechsunddreißig, die Kinder klein, die Zeiten rauh. Schließlich heiratete man damals nicht nur aus romantischen, sondern auch aus praktischen Gründen. Es bedurfte auf jeden Fall mehr als einer Person, um erfolgreich Heim und Herd und die Bewirtschaftung der Felder zu
managen, die Sklaven produktiv einzusetzen und die Kinder zu erzie-
hen. Sicherlich galt er außerdem für die jungen unverheirateten Frauen
der Nachbarschaft als attraktive Partie. So fiel es ihm nicht schwer, einen
neuen Lebenspartner zu finden. Nicht ganz ein Jahr nach seiner Rückkehr aus England heiratete er am 6. März 1731 in zweiter Ehe die betuchte Vollwaise Mary Ball, Tochter eines Obersts. Neben dem hoch-
gewachsenen Augustine wirkte sie mit ihrer mittleren, etwas rundlichen
Statur relativ klein. Wahrscheinlich spielte neben ihrem Vermögen, das
sie mit in die Ehe brachte, vor allem ihr Alter für Augustine eine Rolle;

sie war dreizehn Jahre jünger als er. Im übrigen aber war sie eine Frau mit wenig Hintergrund, naiv und autoritär, eine Neigung, die bei ihr Jahr für Jahr deutlicher zum Ausdruck kam.

Schon wenige Monate nachdem er sie in ihr neues Heim Pope's Creek eingeführt hatte, wußte Mary, daß sie sich bald um ein eigenes Kind würde kümmern müssen. Am 22. Februar 1732 um zehn Uhr vormittags gebar Mary Ball Washington ihr erstes Kind, das sie auf den Namen George taufen ließ.

Während drunten am Potomac-Fluß die Austernfischer mit der heraufkommenden Flut ihren Fang nach Hause segelten und regenfeuchtes Tauwetter die winterlichen Eisschollen vom Ufer brach, wurde hoch oben am Uferrücken in dem anspruchslosen Plantagenbesitz Pope's Creek der künftige Präsident der Vereinigten Staaten von Amerika in die Arme seiner Mutter gelegt. Ansonsten war es kein besonderer Tag in Virginia, kein besonderes Jahr. Der Tabak gedieh, die Pflanzer mehrten stetig ihr Vermögen. Sie führten jährlich mehr als fünf Millionen Pfund Tabak aus. Allein der Chesapeake-Tabak machte in dieser Zeit vier Fünftel des gesamten Exports der amerikanischen Kolonien in Nordamerika aus.

Als George dem Babyalter entwachsen war und anfing, hinter den Haushunden herzulaufen, wurde ihm am 20. Juli 1733 ein Schwesterchen namens Betty geboren, zu der er zeitlebens ein inniges Verhältnis unterhielt. Rasch hintereinander brachte die gebärfreudige Mary Ball dann vier weitere Kinder zur Welt: Samuel, John Augustine, Charles und Mildred. Die genauen Geburtsdaten eines jeden ihrer Kinder hielt die Mutter fein säuberlich auf einem Stück Papier fest, das sie in ihre Bibel klebte. Diese ist heute im Washington Masonic National Memorial in Alexandria einsehbar. Alles in allem war Augustine Washington Vater von zehn Kindern, wovon drei, Jane und Butler aus erster Ehe und Mildred aus zweiter Ehe, noch im Kindesalter starben, sicherlich eine ungewöhnlich niedrige Sterberate für die damalige Zeit, in der Geburt und Tod so häufig nah beieinander lagen.

Um 1735 veränderte sich für den kleinen George erstmals seine vertraute Welt. Der Vater hatte von seiner Schwester Mildred noch einmal stromaufwärts zweitausendfünfhundert Morgen unberührten fruchtbaren Landes neben dem Little Hunting Creek gekauft, das *Epsewasson* (Teil des späteren Mount Vernon) genannt wurde. Vielleicht beeinflußt durch seine junge Frau, der die Hütte Pope's Creek zu klein und schäbig wurde, entschloß sich Augustine, in Epsewasson an der Stel-

le eines alten Gebäudes seines Vaters einen neuen Familiensitz zu errichten. In dieser ländlichen Abgeschiedenheit, die nur von gelegentlichen Verwandtenbesuchen oder einer Fahrt zum nächstgelegenen Sklavenmarkt unterbrochen wurde, verbrachte George die nächsten drei
Jahre.

Die Welt von Epsewasson blieb für George klein und überschaubar.
Seine beiden beträchtlich älteren Halbbrüder Lawrence und Augustine,
der im Unterschied zum Vater in der Familie Austin gerufen wurde,
kannte er nicht. Sie weilten, wie einst der Vater, zur Schulausbildung im
fernen England. So war George der Älteste, der mit seinen jüngeren Ge-
schwistern durch Wiesen und Wälder streifte, am Fluß kleine Dämme
baute, um mit der Hand glitschige Fische zu fangen. Sonntags strebte
die Familie geschlossen zum Gottesdienst, denn der Vater übte in dem
Kirchspiel Truro, zu dem Epsewasson zählte, das Ehrenamt des Küsters
aus. Heiß-feuchte Sommer wechselten ereignislos mit strengen, schnee-
reichen Wintern, bis eines Tages ein erneuter, diesmal tiefgreifender
Einschnitt in das junge Leben George Washingtons erfolgte: Sein Halbbruder Lawrence kehrte im Frühjahr 1738 an den Potomac zurück. Aufgrund seiner langen und breitgefächerten Schulausbildung in England
brachte der junge zwanzigjährige Gentleman weltläufigen Glanz in das
hinterwäldlerische Epsewasson. Lawrences Auftreten, seine gepflegten
Manieren, seine freundliche, jugendliche Aufgeschlossenheit der Familie gegenüber sowie seine aristokratische Haltung in geschäftlichen und
gesellschaftlichen Dingen machten einen tiefen Eindruck auf George.
Er konnte ihn sofort gut leiden. Denn Lawrence war und blieb frei von
Arroganz und Dünkel – ein Charakterzug, der sich angesichts der elter-
lichen Verhältnisse bei ihm leicht hätte einstellen können. Für Lawrence war alles neu. Zunächst einmal suchte er das Grab seiner Mutter auf,
eine Frau, die er nie richtig gekannt, von deren Tod er in der Ferne erfahren hatte. Jetzt, nach so vielen Jahren endlich wieder zuhause, kannte er weder sein neues Heim, noch seine Stiefmutter oder deren Kinder.
Und dennoch fand er Gefallen an dem aufgeweckten George, an dessen
bewundernder Anhänglichkeit und naiven Zuneigung. Denn der Vater
hatte immer nur geschäftlich zu tun, war häufig abwesend und hatte bisher die Erziehung seiner kleinen Kinder ganz der von vielem Babyge-
schrei entnervten Mary Ball sowie den schwarzen Sklaven überlassen.
Augustine Washington hatte seinen Ältesten von der Appleby Schule
zurückgerufen, damit dieser ihm bei seinen Geschäften zur Hand gehen
konnte. Denn Gus wuchsen allmählich seine ehrgeizigen und vielfälti-

Das einzige erhaltene Gebäude der Ferry Farm. Hierher soll sich Washington zum Selbststudium für seine Landvermessertätigkeit zurückgezogen haben.

gen Projekte über den Kopf. Zunächst beauftragte er Lawrence mit der teilweisen Leitung der Farm und Plantage von Epsewasson, ab 1740 dann ganz, um dem jungen Mann Gelegenheit zu geben, praktische Erfahrungen in der Landwirtschaft und dem Management einer Plantage zu sammeln; natürlich auch, um sich selbst die Bürde zu erleichtern. George dürfte sich über diese Entscheidung gefreut haben, denn auf diese Weise blieb ihm sein neuer Held erhalten.

Kaum von der einen Verantwortung befreit, halste sich der von überdurchschnittlichem Betätigungsdrang beseelte Vater eine neue Verpflichtung auf. In der *Virginia Gazette* wurde am 21. April 1738 eine Farm mit 260 Morgen Land auf der linken Seite des Rappahannock im King George County angeboten.[23]

Dieses Anwesen erschien Augustine aus zwei Gründen sehr verlockend: Zum einen lag es in relativ naher Reitentfernung zum Eisenwerk in Accokeek. Zum anderen erstreckte sich zwei Meilen entfernt auf dem gegenüberliegenden Ufer das Städtchen Fredericksburg, das eine Schule zu bieten hatte, auf die Augustine künftig seine Kinder

29

schicken konnte. Offenbar hatte er zu diesem Zeitpunkt nicht mehr vor, seinen Kindern aus zweiter Ehe die gleiche teure Ausbildung in England angedeihen zu lassen wie den beiden Erstgeborenen. Gesagt, getan. Am 1. Dezember 1738 zog die Familie zum dritten Mal um. *Ferry Farm* hieß das neue Heim, benannt nach der Fähre, die hier den Fluß überquerte. Genau 124 Jahre später, im Dezember 1862, richteten hier Unionstruppen für die Schlacht um Fredericksburg eine Artillerie-Stellung ein. Damals schon war jedoch nichts mehr übrig von jenem Originalgebäude des Jahres 1738, einem Steinhaus mit acht Wohnräumen, umgeben von weitläufigen Wiesen, die zum Rappahannock hin steil abfallen. Zum damals dahinter liegenden Wald erstreckten sich weitere Farmgebäude. Heute reckt dort nur noch einsam eine verfallene Hütte ihren steinernen Kamin in den Himmel, flankiert von einigen Bäumen. Ein romantischer Anblick, sonst nichts.

Der größte Unterschied für George dürfte darin bestanden haben, daß der Rappahannock im Vergleich zum Potomac wie ein Bach wirkt. So wird heute noch Besuchern der Reste der Ferry Farm vom Park Ranger erzählt, daß der junge George in der Lage war, von hier aus eine Münze über den Fluß zu werfen. Zweifellos eine starke Leistung des kräftigen George – angesichts des schmalen Flusses aber gut vorstellbar.

In diese Zeit fällt auch eine andere Anekdote, die vom ersten Biographen Washingtons, Mason Locke Weems, überliefert ist und als „Kirschbaum-Geschichte" bekannt wurde. Weems erläutert: „Die folgende Anekdote ist zu wertvoll, um nicht festgehalten und zu glaubwürdig, um angezweifelt zu werden." Er habe die Geschichte von einer ehrenwerten Frau – wahrscheinlich handelte es sich dabei um Washingtons Gattin Martha, die ihm folgendes berichtete:

Als George ungefähr sechs Jahre alt war, erhielt er ein kleines Beil geschenkt – neben dem Gewehr das wichtigste Alltagswerkzeug der amerikanischen Pioniere. Voller Stolz, wie alle kleinen Jungs, schleppte er tagelang das Beil mit sich herum und probierte natürlich ständig die Schärfe der Klinge aus, indem er alles umhackte, was ihm auf seinen kindlichen Streifzügen so in den Weg kam. Im Garten der Mutter zerhackte er beispielsweise die Stangen für die Erbsenschößlinge. Eines Morgens entdeckte Gus Washington, daß der Stamm seines jungen englischen Kirschbaums, für dessen Import er ein kleines Vermögen ausgegeben hatte, übel zugerichtet war. Er war nahezu vollständig entrindet; andere Quellen sprechen davon, daß der Stamm tief eingekerbt gewesen sei. Außer sich, stellte er die ganze Farm zur Rede. Doch niemand

30

Die Weems-Legende: „George, weißt Du, wer meinen wunderbaren Kirschbaum ruiniert hat?" – „Ich kann nicht lügen, Pa! Ich war's, mit meinem Beil."

wußte etwas. Plötzlich tauchte George mit seinem Beil in der Hand auf.
„George", fragte der Vater böse, „weißt Du, wer meinen wunderbaren
Kirschbaum im Garten ruiniert hat?" George zögerte einen Augenblick.
Dem Vater war der Zorn ins Gesicht geschrieben. Doch dann rief er:
„Ich kann nicht lügen, Pa! Ich war's, mit meinem Beil." Gerührt von
dem Mut des Kleinen, sich bereitwillig und ungeachtet der sich daraus
ergebenden Strafe zur Untat zu bekennen, reagierte der Vater überraschend: „Komm in meine Arme, mein Junge. Dein Mut ist mir mehr
wert als tausend Bäume voller Silber und Gold."[24]
    Mit dem Umzug auf die Ferry Farm gewann George nun aber auch
einen beträchtlichen Einblick in das Alltagsleben der Kolonie. Das Leben

31

auf der Farm war alles andere als ruhig. So hörte er täglich mehrfach das Horn des Fährmanns, der einheimische und fremde Passagiere zum Aufbruch rief. Er sah schwer beladene Fuhrwerke, gezogen von keuchenden Pferdegespannen, die sich die steile Fährstraße vom Ufer hinauf quälten, und hörte die Flüche der Wagenlenker. Ein tägliches buntes Treiben. Der Fluß bot dem Jungen Gelegenheit zum Angeln (wie dies heute noch geschieht), Rudern und Schwimmen. Er konnte sich in das nahe Fredericksburg davonstehlen, durch die Gassen der Holzhäuser schweifen, beim Bau der Kirche zusehen, am Sklavenblock die Versteigerung schwarzer Neuankömmlinge aus Afrika erleben – eine willkommene Abwechslung im kolonialen Alltag. Doch die größten Attraktionen im damaligen Fredericksburg waren sicherlich das Tabak-Magazin, wo die Plantagenbesitzer aus nah und fern den Preis für ihre Ware aushandelten, sowie ein Gericht und das steinerne Gefängnis – Gebäude, wo sich menschliche Schicksale offenbarten, willkommener Klatsch in einer gemächlichen Welt.

Und natürlich gab es einen Hafen, in dem ständig englische Schiffe mit rauhen, fremdartigen Seeleuten vor Anker lagen. Groß war die Zahl an Schonern und Kriegsschiffen; die einen für den Handel, die anderen auf Piratenjagd. George konnte bei seinem Bummel auf den Quais sehen, wie teure Waren aus dem Mutterland über die schmalen Planken balanciert wurden. Ein anderes Schiff wiederum verstaute große würzige Tabakballen in seinem riesigen Bauch. Dabei sangen klotzige Stauer mit rauher Kehle rhythmische Kehrreime, damit ihnen die schwere Ladearbeit leichter von der Hand ging: „... Yoh-ho-ho, and a bottle of rum!"

Auf einem anderen Schiff schwebten verwegene Gestalten über dem Kopf des Jungen in der Takelage, die von der Quaimauer aus wie dünne Spinnweben wirkte – das Schiff machte sich fertig zum Auslaufen.

Strenger Geruch vom Teer der Holzplanken, von modernden Algen und Muscheln am Rumpf der Schiffe durchzog die Hafenluft. Grob aussehendes Gelichter mit einem schweren Goldring im Ohr, mit geringelten Backenbärten und geteertem Haarzopf im Nacken schwankten im schwerfälligen Seemannsgang auf den Quaimauern entlang – genau die richtige Abenteuer- und Gruselmischung für einen Jungen in Georges Alter, um Fredericksburg als den aufregendsten Ort der Welt zu empfinden.

Doch der Vater versuchte, den kleinen George so gut wie möglich von dieser anrüchigen Welt fern zu halten. Wenige Wochen nach der Übersiedelung auf die Ferry Farm wurde dieser sieben Jahre alt, höchste Zeit, um mit den „three Rs" zu beginnen, wie der Elementarunterricht in manchen Landstrichen Amerikas heute noch genannt wird: „Reading, 'riting, 'rithmetics". Der Unterricht gestaltete sich sehr unkonventionell, mal an der Landschule in Fredericksburg, mal mittels eines Privatlehrers, der zugleich einer der zahlreichen Pächter der Washingtons war. Ein anders Mal wiederum nahm sich der große Bruder seiner an. Dazwischen wurde der junge George immer wieder zu landwirtschaftlichen Hilfsdiensten herangezogen. Das Praktische stand deutlich im Vordergrund der Erziehung, je mehr Plantagen und Höfe der Vater betrieb.

George war noch keine acht Jahre alt, da wurde die gesamte Kolonie Virginia von patriotischer Begeisterung heimgesucht. Die Lokalzeitung „Virginia Gazette" berichtete am 11. Januar 1740 von einem „großen Sieg" der britischen Navy gegen die Spanier.[25] An sich ging es um irgendwelche unbedeutenden Schiffahrtsstreitigkeiten. Aber wie so oft entwickeln manche politischen Kleinigkeiten eine Eigendynamik von ungeahnter Tragweite. Aus einem monatelangen Scharmützel zwischen britischen Kriegsschiffen unter dem Kommando von Admiral Vernon und spanischen Schiffen im Golf von Darien entwickelte sich allmählich ein richtiger Krieg, der am 19. Oktober 1739 seitens Großbritannien offiziell erklärt wurde. Binnen vierundzwanzig Stunden zwang Admiral Vernon die Küstenfestung Portobello im heutigen Panama zur Kapitulation. Dieser leichte Triumph über eine vermeintlich starke Festung verstellte den Briten den Blick für die Realität. Vor allem aber ermutigte Vernons Husarenstreich die Weltmachtstrategen in London zu kühnen Eroberungsplänen. Sie beschlossen, ein Expeditionsheer zu entsenden, für das die amerikanischen Kolonien insgesamt dreitausend Mann stellen mußten. Die vage Begründung dafür lautete, schließlich gehe es bei der ganzen Auseinandersetzung um eine amerikanische Angelegenheit. Virginia hatte für diese militärische Operation vierhundert Mann bereitzustellen. Mit Ausnahme von je einem Berufsoffizier pro Kompanie, wurden alle anderen Offiziere für die Kolonialtruppen seitens der örtlichen Gouverneure ernannt. In einem weitverbreiteten Enthusiasmus trachtete jeder halbwegs begüterte junge Pflanzersohn mit militärischen Ambitionen danach, von Gouverneur William Gooch eine solche Ernennung zu ergattern. Einer der begeistertsten Kriegsfreiwilligen war Lawrence Washington. Er strebte, völlig unbescheiden, gleich nach einem der vier zu vergebenden Posten des Kompaniechefs. Doch dafür hatte er eine Reihe von namhaften Rivalen. Um sich ein Hauptmannspatent zu sichern, rüstete beispielsweise der junge Nachbarssohn Richard Bushrod aus dem Westmoreland County auf eigene Kosten eine Kompanie aus. Für solche Extravaganzen reichte bei Lawrence das Geld nicht. In seinem Fall scheint dies indes gar nicht nötig gewesen zu sein. Vielmehr unterhielt die Familie Washington offenbar einflußreiche Beziehungen innerhalb der Kolonialverwaltung. Denn als Gouverneur Gooch am 17. Juni 1740 die Namen der Kompanieführer aus Virginia bekanntgab, wurde Lawrence Washington als erster genannt. Auf der Ferry Farm brach Jubel aus. Doch Lawrence mußte sich noch bis Oktober gedulden, ehe die Truppen aufgestellt und eingeschifft waren.

Nachdem der strahlende Held in den Krieg gezogen war, kehrte wieder jene provinzielle Normalität am Rappahannock ein, die Jahre zuvor das abgeschiedene Leben Georges bestimmt hatte. Seine kleine Schwester Mildred starb im Oktober 1740 ohne großes Aufsehen. Die Erntezeit war vorüber, der virginische Indianersommer verfärbte die Blätter der Flußauen und Wälder in kräftiges Rot und Gelb. George war wieder mehr Zeit gegeben, sich den Schulbüchern zu widmen, während Vater Gus immer häufiger nur noch im Eisenwerk von Accokeek zu finden war. Dort lief nicht alles zum Besten.

Hin und wieder erreichten Gerüchte vom Kriegsschauplatz die Ufer des Rappahannock. Ein Schiffer, der den Fluß herauffuhr, wußte angeblich etwas. Negersklaven klatschten plantagenübergreifend über das Schicksal ihrer jungen weißen Herren in der Ferne. Abenteuer wurden erfunden und der nächste trug sie als wahre Begebenheiten weiter. Die Pflanzerfamilien Virginias wurden ob des Schicksals ihrer Söhne von Monat zu Monat unruhiger. Weihnachten ging stiller vorüber als sonst, auch Neujahr. Dann trafen erste Briefe ein. Lawrence vor allem schrieb ständig an seine Familie, doch war die Zustellung der Post unregelmäßig und unsicher. Es war schon Sommer 1741, als Lawrence gerade erst Jamaica erreichte, die Ausgangsbasis für die britischen Militäroperationen an der Nordküste Südamerikas. Von hier aus ging es gegen Cartagena, einer mächtigen spanischen Festung am Golf von Darien. Wenig später grassierten die ersten Katastrophengerüchte. Die Stimmung in vielen Familien wurde gedrückt und gereizt. Dann kam Gewißheit: Die britische Armee war vor Cartagena vernichtend und schmachvoll geschlagen worden. Das gesamte Unternehmen war von Anfang an töricht und selbstüberheblich gewesen. So starben die britisch-amerikanischen Truppen nicht nur im unterschätzten Kugelhagel der spanischen Verteidiger, auch Tropenkrankheiten und sogar Hunger rafften viele Pflanzersöhne dahin.

Die Admiralität hatte nicht genügend Proviant auf den Schiffen mitgeführt, da sie von einem raschen Sieg ausgegangen war.

Die Familie Washington hatte Glück. Ihr Frontsoldat Lawrence überlebte, denn er war überhaupt nicht zum Einsatz gelangt. Statt dessen nahm er die ehrenvolle Aufgabe des Hauptmanns der Marinesoldaten auf dem Flaggschiff Admiral Vernons wahr. In einem Brief an die Familie beschrieb Lawrence das Desaster ungeschminkt: „Der Feind tötete sechshundert der Unsrigen, einige sind verwundet; auch das Klima tötete uns in großer Zahl."[26]

Weil der General-Adjutant von Virginia gefallen war, bewarb sich der völlig unerfahrene Lawrence, noch von See aus, kühn für diesen Posten beim Kolonialrat von Virginia. Als er schließlich mit seinem Häuflein Überlebender Williamsburg erreichte, gab es für die Geschlagenen weder einen ehrenvollen Empfang, noch realisierten sich die militärischen Karrierepläne von Lawrence: kein General-Adjutant – nicht jetzt. Zuhause auf der Ferry Farm sah die Welt hingegen ganz anders aus. „Die Familie Washington war mit ganzem Herzen bei der Sache, auch der junge George, dessen Schule die Kämpfe auf dem Spielplatz nachfocht. Die begüterten Klassen in der amerikanischen Provinz fühlten sich noch in jeder Faser mit dem Mutterland verbunden, jenem fernen Mutterland, das Washington nie betreten sollte."[27]

Zudem wurde Lawrence eine freudige Überraschung zuteil. Sein Bruder Austin, mit dem er seine Jugend auf der Appleby Schule in England verbracht hatte, war im Juni 1742 ebenfalls auf der Ferry Farm eingetroffen und warf sich dem jungen Kriegsveteran an die Brust. George lernte auch diesen Bruder lieben und schätzen. Aber Lawrence, der mit reichlich Material für Erzählungen über Kanonendonner und Schlachtengetümmel an den heimatlichen Winter-Herd zurückgekehrt war, blieb sein Idol.

Zum ersten Mal war die gesamte Washington-Familie beisammen! Zum ersten Mal – ein Familienglück von kurzer Dauer. Es war nun eng geworden auf der kleinen Ferry Farm. Doch die beiden großen Brüder machten sich nützlich. Lawrence kümmerte sich wieder um Epsewasson, Austin ging dem Vater zur Hand und George war erneut dazu verurteilt, sich während der Wintermonate 1742/43 über die Schulbücher zu beugen. Als Belohnung winkten Osterferien bei seinen Verwandten im Chotank-Distrikt am Potomac. Die trat der kleine George aufgeregt an. Doch dann: Er erfreut sich gerade an der Kameradschaft seiner lange vermißten Cousins und Cousinen, als ein reitender Bote auf dampfenden Roß bei Onkel und Tante eintrifft. Er hat den Auftrag, George sofort nach Hause zu holen. Der Vater sei ernsthaft an seinem langjährigen Magenleiden erkrankt. Als George das Elternhaus erreicht, liegt der Vater im Sterben. Gus Washington setzte sein Testament auf und verschied unter großen Schmerzen am 12. April anno 1743, im neunundvierzigsten Lebensjahr. Bei der Verteilung des Nachlasses zeigte sich, daß der Unglückliche sein Magenleiden wohl selbst herbeigeführt hatte. Es offenbarten sich eine Reihe von kostspieligen Fehlspekulationen, die Gus seit längerer Zeit schon bedrückt haben mußten. Besonders die Eisenmine mit dem Schmelzofen hatte beträchtliche Verluste eingefahren. Lawrence, jetzt vorübergehend Oberhaupt der Familie, überführte gemeinsam mit Verwandten den Leichnam in die Familiengruft am Bridges Creek, wo Augustine Washington neben seiner ersten Frau Jane beigesetzt wurde. George hatte seinen Vater kaum je intensiv wahrgenommen. Später erinnerte er sich nur, daß sein *Sire* ein blonder Riese mit bleicher Gesichtsfarbe gewesen war, wohlgebaut und stolz auf seinen reichen Kindersegen. Wie stolz wäre Gus wohl auf diesen von ihm so vernachlässigten Sohn gewesen, wenn er die nächsten vierzig Jahre noch hätte erleben können?

Im Schatten des großen Bruders

Alle Verantwortung für das verbliebene Vermögen des Gus Washington sowie für die Testamentsvollstreckung lag nun, nach dem letzten Willen des Vaters, in der Hand des Ältesten, Lawrence Washington, der am 6. Mai 1743 das Testament eröffnete. Er erhielt den Löwenanteil von den insgesamt zehntausend Morgen Land und den 49 Negersklaven, darunter die hübsch gelegene Plantage Epsewasson am Little Hunting Creek am oberen Potomac. Austin, der zweite Sohn, erbte das alte Familiengut Pope's Creek in Westmoreland. George sollte mit einundzwanzig, dem Jahr seiner Volljährigkeit, die Ferry Farm übertragen bekommen. Die Sklaven, das Vieh und die persönlichen Habseligkeiten von Gus wurden unter den Kindern und der Mutter aufgeteilt. Auch den kleinen Söhnen Samuel, John Augustin und Charles vermachte der Vater Farmland. Georges Schwester Betty erbte Geld. Gemäß Testament wurde der Mutter das Recht zugesprochen, bis zur Volljährigkeit aller Kinder die Plantagen und Farmen weiter zu bewirtschaften. Im Falle einer Wiederheirat sollte dieses Recht indes entfallen. Vielleicht war das der Hauptgrund dafür, daß Mary Ball Washington nicht mehr heiratete, obwohl sie noch eine junge Frau im gebärfähigen Alter war. Auch sie hatte natürlich ihren Anteil an der Erbschaft erhalten, aber nachdem Lawrence so eindeutig begünstigt worden war, hieß es für sie, die verbliebenen Erbteile ihrer Kinder erst einmal zusammenzuhalten. Es war offenkundig, daß Gus im Testament dafür gesorgt hatte, daß jedes seiner Kinder einmal sein Auskommen haben sollte. Doch reichte es für keines der Kinder aus zweiter Ehe, um allein aufgrund des Erbes den Lebensstil der oberen virginischen Klasse führen zu können.

Was den elfjährigen George anbelangte, so bedeutete das Erbe der Ferry Farm für ihn zunächst gar nichts, weil die Mutter weiter wirtschaftete wie bisher. Und selbst nach seiner Volljährigkeit mußte George dann weitere achtzehn Jahre darauf warten, bis seine Mutter sich bequemte, in ein von ihrem Sohn gekauftes Haus umzuziehen, obwohl sie mit der Leitung der Farm eindeutig überfordert war. Die Ackerböden waren nicht besonders ertragreich und hätten eine andere Bewirtschaftung erfordert. Mary Ball Washington bügelte diesen Mißerfolg aus, indem sie in späteren Jahren ihre Kinder ständig um Hilfe und Unterstützung anging. Zudem entwickelte sie einen ausgeprägten Hang zur Nörgelei und Verdrießlichkeit und bekundete später nicht den geringsten Stolz auf ihren erfolgreichen ältesten Sohn. Im Gegenteil. Sie setzte die Leistungen von George sogar in der Öffentlichkeit herab, lehnte Einladungen zu Empfängen, auf denen George Washington geehrt wurde, schroff ab, besaß aber dessen ungeachtet die Stirn, die hohe Stellung ihres Sohnes zum eigenen Vorteil auszunutzen. Obwohl gerade George ihren Geldforderungen immer großzügig nachkam, wandte sie sich auf dem Höhepunkt der Revolutionswirren, alle politischen Ereignisse mißachtend, dreist an das Parlament von Virginia, um egoistisch „als Mutter des Kommandierenden Generals" um finanzielle Unterstützung nachzusuchen – sehr zum Verdruß des kämpfenden Sohnes.

George Washington hatte zeit seines Lebens ein gespanntes Verhältnis zu seiner Mutter, was in einem gegenseitigen Mißverständnis begründet sein mag. Ein nicht zu unterschätzender Grund für Mary Ball Washingtons übertriebene Bemutterung ihrer Kinder liegt offenbar in ihrer eigenen Kindheit begründet. Schließlich hatte sie bereits als dreijähriges Kleinkind ihren Vater verloren, mit zwölf die dreimal verheiratete Mutter. Von der für Kinder so wichtigen Nestwärme einer Familie hatte sie, bei sich ständig ändernden Bezugspersonen, kaum etwas erfahren. Als Vollwaise wurde sie dann weitergereicht an Verwandte, die froh waren, als sie mit dreiundzwanzig Jahren endlich heiratete und aus dem Haus ging. Verwundert es dann, daß sie ihren Kindern genau das geben wollte, was sie selbst so schmerzlich vermißt hatte? Während sie also ihren Sohn George als Kind und Jugendlichen ständig an sich zu binden suchte, empfand George diese Bemutterung als unerträglich und suchte sich ihr ständig zu entziehen. Wahrscheinlich resultiert aus dieser schwierigen Sohn-/Mutterbeziehung der ersten Jahre die spätere (neidvolle?) Mißachtung der Leistungen des Sohnes, klagte die Mutter doch beständig darüber, daß George sie vernachlässigen würde wie kein anderes Kind seine Mutter. Mary Ball Washington war eine echte Matrone, voller innerer und äußerer Kraft, die sie jedoch voll auf sich selbst konzentrierte. Alles, was der junge George versuchte und ihr nicht zum Nutzen war, lehnte sie ab oder versuchte es bis in seine späten Jahre hinein zu hintertreiben. Ein Spielgefährte aus Georges Jugend erinnert sich: „Ich fürchtete mich vor ihr zehnmal mehr als je vor meinen eigenen Eltern (...) und wir waren alle immer mucksmäuschenstill."[28]

Lawrence Washington trat unmittelbar nach dem Tod des Vaters sein Erbe als neuer Herr von Epsewasson/Little Hunting Creek an. Als erstes benannte er sein neues Heim hoch über dem Potomac in *Mount Vernon* um, in romantischer Verehrung für Admiral Edward Vernon, der die kläglich gescheiterte Expedition vor Cartagena zu verantworten hatte. Zwei Monate später schon, am 19. Juli 1743, heiratete er. Seine junge, attraktive Frau heißt Anne Fairfax und ist die Tochter seines Nachbarn. Doch die Fairfax sind nicht irgendwer! Der zweiundfünfzig Jahre alte Schwiegervater Oberst William Fairfax ist einer der einflußreichsten Männer Nord-Virginias. Er regiert als Statthalter seines englischen Cousins Thomas Lord Fairfax über das Northern Neck, das sind rund eineinhalb Millionen Morgen Land zwischen dem Potomac und dem Rappahannock. Er ist Richter, Abgeordneter Virginias sowie Zolleintreiber für den Süd-Potomac. Seit einigen Jahren erst wohnen die Fairfax neben dem alten Washington-Besitz. Oberst Fairfax hat auf seinem Gut eine zweigeschossige Herrschaftsvilla erbauen lassen, die, wie alle Landsitze am Potomac, einen weiten Blick hinunter auf den Strom bietet – dem Zeitgeist des 18. Jahrhunderts entsprechend vornehm Französisch *Belvoir* genannt.

Zahlreiche Gäste drängen sich an jenem heißen, feuchten 19. Juli auf dem weiten Platz vor dem Mansion und in dem nach französischem Vorbild angelegten Garten dahinter. Der Verwalter des Northern Neck hat die Edlen und Bedeutenden der Kolonie geladen, um mit ihm die Hochzeit seiner Tochter zu feiern. Die Dienerschaft ist wie eine Garde aufgezogen, reicht unermüdlich kühlen Trank in der schwülen Hitze, es gibt Unmengen von Wildbret aus der nahegelegenen Wildnis, dazu Austern, Langusten, Krabben, Shrimps, Pfahlmuscheln, Meeresschildkröten und Fische aus den Tiefen der Chesapeake Bay.

Am Spätnachmittag, wenn die Schatten länger werden, wechselt die sich aristokratisch gebende Hochzeitsgesellschaft zum beschwingten Teil des Festes über, zum Tanz. Punschselig verklärte Gesichter lächeln sich zu, während zur Gavotte und Sarabande halbnackte Frauenarme anmutig in die Höhe gehoben, männliche Kniebundhosen zum Tanzschritt gespreizt werden. Das junge Hochzeitspaar mittendrin. Gesichtsausdruck und Körperhaltung des Bräutigams strahlen Selbstbewußtsein und Zufriedenheit aus, während die tief dekolletierte Braut ihren spitzen Mund schelmisch zum Kuß darbietet. Wippende Satinröcke rauschen, von trippelnden Füßchen getragen, über den Tanzboden. Fröhliches Gelächter mischt sich unter das Zirpen von Querflöten, die sich einen Wettstreit mit trillernden Violinen und dem Stakkato des Spinetts liefern. Ars vivendi am Potomac!

Den Washingtons erscheint die glanzvolle Hochzeit wie ein Traum. Für Lawrence bedeutete die eheliche Verbindung zu den Fairfax' einen überraschenden sozialen Aufstieg in die höchsten und einflußreichsten Kreise der virginischen Gesellschaft. Aber es sollte sich in den nächsten Jahren erweisen, daß diese neuen Verwandtschaftsbande vor allem für George von entscheidendem Nutzen waren.

Lawrence war durch die großzügige Mitgift seiner Frau Anne über Nacht ein reicher Großgrundbesitzer geworden. Die Fairfax-Familie wiederum sah auch in Lawrence eine imponierende Partie für ihre Tochter. Denn was dem jungen Washington an Geld und Herkunft mangelte, konnte er an Wissen und Auftreten wettmachen. Er unterschied sich von den meisten Männern seines Alters in der Kolonie durch seine hervorragende Bildung, gepaart mit elegantem Auftreten und einem energischem, selbstbewußten Willen zum Erfolg. Er besaß eine überdurchschnittliche Begabung für geschäftliche Angelegenheiten, ein sicheres Gespür für Politik und gab sich gleichzeitig den Anstrich eines kultivierten Intellektuellen, obwohl er den Umgang mit Pferden und Waffen den Büchern vorzog. Offenbar verstand er es zudem, seine Umgebung des öfteren erfolgreich zu blenden und gab gelegentlich mehr vor, als er tatsächlich konnte oder wußte.[29]

Seinen jüngeren Lieblingsbruder George ließ er nach wie vor gönnerhaft an seinem gesellschaftlichen Aufstieg teilhaben. Dankbar ergriff dieser die Gelegenheit, der provinziellen Welt der Ferry Farm und dem Zugriff der Mutter zu entfliehen und war ein häufiger Gast auf Mount Vernon. Auch zur mondänen Welt der Fairfax', die gestern noch unerreichbar schien, fand so der junge George schlagartig Zutritt. *Fairfax* und *Mount Vernon* – für George zwei Namen von größter Bedeutung bis an sein Lebensende: „Fairfax, das wird ihm zum Symbol aristokratischer Lebenshaltung, Verfeinerung; Fairfaix, das bedeutet junge hübsche Frauen, Romantik, Liebe. Mount Vernon bedeutet Reichtum, Glanz, gefestigtes Leben auf den Höhen der Menschheit. Es vergehen nicht mehr viele Jahre, und wir sehen Washington dort als Herrn.“[30]

Was George an Manieren und Wissen im Umgang mit der neuen Verwandtschaft fehlte, holte Lawrence rasch nach und unterrichtete seinen Bruder in Etikette und Konversation. George Washingtons späterer Aufstieg und seine Anerkennung in gesellschaftlich hohen Kreisen war nur durch diese Zuwendung seines Halbbruders überhaupt möglich.

Unmittelbar nach Lawrences Hochzeit geht George indes vorerst zu seinem Bruder Austin auf die alte Familienplantage Pope's Creek im Westmoreland County. Dort in der Nachbarschaft besucht er den Schulunterricht eines Mr. Williams. Der Unterricht für George ist und bleibt Stückwerk. Der Junge wird seine ganze Jugend lang herumgereicht. Mal unterrichten ihn halbgebildete Dorfgeistliche, mal Sonntagsschullehrer oder die älteren Brüder, zu deren englischer Bildung George nie aufschließen konnte. So gesehen verwundert es sogar, was er am Ende seines „Kraut-und Rüben-Unterrichts" alles beherrschte. Einer der Gründungsväter der Vereinigten Staaten, John Adams, urteilte noch in späteren Jahren: „Daß Washington kein Gebildeter war, war ganz offenkundig. Daß er eigentlich zu ungebildet, zu unfertig und ungelernt für seinen Stand und sein Ansehen war, steht außer jedem Zweifel."[31] Gegen solche Anwürfe verteidigte sich Washington später einmal: „Einige Leute sammeln im Laufe von nur drei oder vier Jahren genauso viele Erfahrungen wie andere in zehn oder zwölf."[32]

Praktische Erfahrung wird oft als der beste Lehrmeister bezeichnet. So gesehen hatte der junge Washington allerdings eine Topausbildung genossen. Denn sowohl bei seinem Bruder Austin – der sich inzwischen ebenfalls mit der Tochter eines Obersts, Anne Aylett, vermählt hatte –

40

als auch auf der Ferry Farm verbrachte der junge George einen Großteil seiner Tage im Sattel. Er lernte die Sklaven und Landarbeiter zu beaufsichtigen und mußte zu diesem Zweck täglich Dutzende von Kilometern zu Pferd zurücklegen. Auch galt es, die Verwaltung der Plantagen zu erlernen und wie die Produkte gewinnbringend zu verwerten waren. Ergebnis dieser praxisorientierten Ausbildung: George Washington wurde „der beste Reiter seiner Zeit"; so zumindest rühmte ihn Thomas Jefferson.[33] Und er entwickelte eine Leidenschaft für Zahlen. Seine Schulhefte, die er sorgsam aufgehoben hat, offenbaren eine ständige Kombination von theoretischen Rechenaufgaben, gepaart mit praktischer Anwendung. So stehen die Lösungen von arithmetischen und geometrischen Problemen neben Aufgaben der Buchführung, Abschätzung von Ernteeinträgen, dem Umgang mit dem Jahreskalender und den Tierkreiszeichen. Der junge Washington mußte beispielsweise immer wieder ausrechnen, in welchem Jahr Ostern auf welches Datum fällt. Seine Schulbücher sind voll mit solchen „nützlichen" Aufgaben. Sie weisen jedoch auch auf eine sinnvolle Grundausbildung in rechtlichen Fragen hin. So schrieb sich George verschiedene typische Formen eines Testaments auf, auch wie man Land pachtet und Verträge verschiedenster Art gestaltet. Aber auch geographische Grundkenntnisse wurden ihm vermittelt: wie sich ein Kontinent definiert, was ein Ozean ist und wieviele „Provinzen" Nordamerika hat. Als Lesestoff drückte man ihm neben der Bibel die Bücher *Tom Jones* und *The Spectator* in die Hand. Unter allen Schulschriften sticht jedoch eine dicke Kladde hervor, in der George – nicht ohne Rechtschreibfehler – hundertzehn Regeln des Anstandes und der guten Sitten aufgeschrieben hat; ob freiwillig oder als Hausaufgabe, wissen wir nicht.

Es handelt sich dabei höchstwahrscheinlich um Auszüge aus einem in Virginia kursierenden Buch mit dem Titel „Verhalten der Jugend" von Francis Hawkins. Der Inhalt der Anstandsregeln verweist indes auch auf den Geist französischer Jesuitenschulen des 16. Jahrhunderts, auf calvinistische Moralvorstellungen sowie auf Benimmregeln des damals hochgeschätzten englischen Staatsmannes Philip Earl of Chesterfield. George nun hatte in sauberer und genauer Handschrift Regeln aufgeschrieben wie:

„In Gesellschaft ziemt es sich nicht, die Zähne mit dem Tischtuch zu reinigen. Auch ist darauf zu achten, niemandem so nahe zu kommen, daß man ihm beim Sprechen Speichel ins Gesicht spuckt. Beim Kartenspiel und in Gesellschaft am Kamin ziemt es sich, dem zuletzt Gekommenen einen Platz anzubieten." Dazwischen mischen sich eine Reihe von sogenannten gesellschaftlichen Faustformeln: „Besser alleine als in schlechter Gesellschaft. Schlaf nicht, wenn andere sprechen. Sitz nicht, wenn andere stehen. Argumentiere nicht mit deinen Vorgesetzten."

Die Bedeutung dieser Anstandsregeln liegt eigentlich nicht darin, daß George Washington sie mit dreizehn Jahren aufgeschrieben hat. Sie liegt vielmehr darin, daß er sie sein Leben lang aufbewahrt hat und wohl auch bemüht war, sich im Großen und Ganzen danach zu richten. Wenn er allerdings tatsächlich alle hundertzehn Regeln beherzigt hätte, wäre er nie zum Rebell gegen die englische Krone geworden, geschweige denn Präsident der Vereinigten Staaten.

Obwohl man aus den frühen handschriftlichen Aufzeichnungen Washingtons nichts über seine eigenen Gedanken und Vorstellungen erfährt, offenbaren sie dennoch bereits seinen späteren Hang zur gelegentlichen Kleinkrämerei, der in einem anderen Umfeld sicherlich stärker zum Tragen gekommen wäre. So ist sein gesamtes Leben durch peinliche Genauigkeit in geschäftlichen Angelegenheiten gekennzeichnet. Er ergötzt sich an seinen gewissenhaft niedergelegten Buchungen von Einnahmen und Ausgaben bis hin zu kleinen Trinkgeldern und Spielgewinnen beziehungsweise -verlusten.

Landvermesser statt Matrose

Es ist kaum zu glauben, aber das Anlegen und Führen von Zahlenlisten und Zahlenkolonnen erweckte bereits in dem Teenager George eine Leidenschaft, die natürlich auch seinen Lehrern auffiel. So verstanden sie es, sein hohes Interesse an Zahlen und Berechnungen zu kanalisieren und auf ein damals bedeutendes Gebiet hinzuleiten: die Landvermessung. Sie stand als Beruf im jungen Amerika, das permanent mit der Erschließung von Landstrichen beschäftigt war, in hohem Ansehen, da damit ein großes Stück lokaler Macht verbunden war. Diese praktische Tätigkeit in freier Natur, gepaart mit theoretischen Mathematikkenntnissen, ist George wie auf dem Leib geschneidert. Als er mit fünfzehn Jahren den Schulunterricht beendet, hat er kein Interesse an schöngeistigen Dingen gewonnen, und die Rechtschreibung läßt zeit seines Lebens zu wünschen übrig; so geschieht es beispielsweise, daß er den

Namen Philadelphia, der doch für ihn eine große Bedeutung erlangte, auch ihn späteren Jahren schreibt, wie es ihm beliebt, selten richtig. Aber rechnen kann er! Mit der ihm eigenen Gründlichkeit erlernt er das Landvermessen, übt sich an Mutters Gemüsegarten ebenso wie am Rübenfeld seines Bruders Lawrence, das er, mit einer riesigen Windrose versehen, akkurat auf einen Plan umzeichnet, unterschrieben mit den Worten: „Vermessen von mir am 27. Tag des Januar 1747 GW".

In jenen Jahren 1746/47 lebte er nahezu vollständig bei Lawrence auf Mount Vernon, der sich um die Zukunft seines hochgeschossenen, schlaksigen Bruders Gedanken macht.

Lawrence mißfällt die Idee mit dem Landvermessen. Dieser bodenständige, ja bürokratische Beruf hat so gar nichts Aufregendes an sich. Nichts für einen Jungen, der an der Schwelle zum Mann steht. Lawrence entwickelt andere Pläne für George. Bei den Fairfax' verkehren viele britische Offiziere in eindrucksvollen, bunten Uniformen. Schiffe der königlichen Marine schaukeln oft auf dem Fluß und legen vor Belvoir an. Geschichten von glorreichen Seeschlachten, fernen Abenteuern unter Wilden und reichlich Seemannsgarn sind in der Glamour-Welt von Belvoir keine Seltenheit. Selbst Lawrence, der es hätte besser wissen können, fällt allzugerne auf das Geschwätz der Marineoffiziere herein. Erst recht der naive George – wie wohl jeder andere Junge seines Alters heute noch. Im September 1746 fädelt Lawrence gemeinsam mit seinem Schwiegervater alles ein. George soll als Oberfähnrich zur See in die englische Flotte eintreten. Ein Kriegsschiff liegt auf dem Potomac vor Mount Vernon bereit, ihn aufzunehmen. Die Sache hat nur einen Haken. Der Vierzehnjährige braucht die Einwilligung seiner Mutter. Und mit der, das weiß Lawrence aus der Erfahrung der vergangenen Jahre, ist nicht immer leicht Kirschen essen. Mary Ball Washington nimmt Lawrences Vorschlag mit gemischten Gefühlen auf. Sie ist hin- und hergerissen, stimmt zu und widerruft binnen Stunden ihre Entscheidung. Das Schiff kann nicht länger warten. Die Entscheidung gegen eine Karriere auf See ist gefallen – vorerst zumindest. Doch wenige Monate später, im Dezember 1746, greift die Mutter das Thema überraschend selbst noch einmal auf. Sie beschließt, ihren Bruder in England zu konsultieren, den sie außerdem – wie jedes Familienmitglied – um materielle Unterstützung angeht. Am 19. Mai 1747 antwortet Joseph Ball seiner Schwester sarkastisch:

„Man hat Dir also geraten, Deinen Sohn George zur See zu schicken. Ich denke, es wäre besser, ihn zu einem Kesselflicker in die Lehre zu geben. Denn ein gewöhnlicher Seemann verliert auf jeden Fall die allgemeinen bürgerlichen Freiheiten. (...) Außerdem bekommt er nicht mehr als 50 Schillinge im Monat und man macht ihn zum Neger oder schlimmer noch zu einem Hund. (...) Ein Pflanzer in Virginia hingegen, der drei- oder vierhundert Morgen Land und drei oder vier Sklaven besitzt, und sich ein wenig anstrengt, lebt angenehmer und kann für seine Familie besser sorgen als ein Schiffskapitän. (...) Laß ihn mit etwas Kleinem anfangen, zum Beispiel Tabak gegen Waren tauschen, um diese dann zu verkaufen."[34]

Mit diesem niederschmetternden Rat seines Onkels Joseph waren Georges Marine-Pläne ein für allemal ausgeträumt. Als Anerkennung dafür, daß er nicht gegen die Entscheidung seiner Mutter rebellierte, soll einer Anekdote zufolge George von Mary Ball Washington ein Taschenmesser geschenkt bekommen haben, mit dem Kommentar: „Immer gehorchen!" Dieses Messer trug George Washington noch bei sich, als er bereits General war. (Es wird heute in der Masonic Lodge Hall von Alexandria aufbewahrt.[35]) Was er wohl wirklich damit verbunden haben mag?

Auch Lawrence unternahm keinen weiteren Vorstoß in diese Richtung. Denn auf Belvoir und Mount Vernon richtete sich das ganze Interesse über Nacht auf einen Neuankömmling: Thomas Lord Fairfax, der Feudalherr des Northern Neck, war eingetroffen. Er zeigte plötzlich Interesse an seinen amerikanischen Länderein und beabsichtigte, sich nun höchstpersönlich darum zu kümmern. Nicht, daß er seinem Verwalter und Vetter William Fairfax mißtraut hätte. Nein, den Lord hatten tiefergehende Gründe bewogen, England den Rücken zu kehren. Die Dame seines Herzens hatte ihn am Hochzeitstag schamlos fallen lassen, um einen Herzog zu heiraten. Weil er diese Erniedrigung sowie den darauf einsetzenden Spott und Hohn der Londoner Gesellschaft nicht länger ertragen wollte, floh er nun auf seine Überseebesitzungen.

Hier gilt er alles, hier ist er Herr. Und auf Belvoir hält er Hof, auf teils skurrile Art und Weise. Und George ist dabei, wenn der Lord zu seinem Lieblingszeitvertreib einlädt, der Fuchsjagd. Der Aristokrat findet rasch Gefallen an dem eifrigen, unerschrockenen jungen Reiter, der die unbändigsten Pferde meistert. Lord Fairfax ist von George angetan – und wird alsbald neben Lawrence und William Fairfax ein weiterer Gönner. Umgekehrt ist auch George von dem kantigen vierundfünfzigjährigen Aristokraten beeindruckt, „ein grollender Löwe mit Bullenbeißermanier, aber mit guter Bildung".[36]

Er imponiert George zudem mit seinen eigenwilligen Ansichten und dem exzentrischen Gebaren. Einer Masche des herrschaftlichen Sonderlings steht der Teenager indes völlig perplex gegenüber: Lord Fairfax verachtet – völlig unstandesgemäß – feine Brokatgewänder, gepuderte Perücken und all den Rokoko-Schnickschnack des ausschweifenden 18. Jahrhunderts. Und dennoch kauft er ständig den besten Zwirn, die neueste Mode, die teuersten Schuhe – um sie nie zu tragen. Jahr für Jahr wächst diese nutzlose Garderobe ins Unermeßliche, während der Herr tagein, tagaus im einfachen Landwams daherschreitet. Ganz anders William Fairfax und seine jungen Töchter, die sich in höfischen Kleidern bewegen als wären sie damit geboren worden.

Eine verwirrende Welt, dieses Belvoir. Der hochgeschossene George mit seiner rustikalen Herkunft und unzureichenden Halbbildung dürfte sich meist eher zurückhaltend und linkisch – wenngleich hochinteressiert und gelegentlich geschmeichelt – zwischen diesen Gegensätzen bewegt haben. Mit der Ankunft des Lords nun rückte auf Mount Vernon und Belvoir wieder ein Thema der vergangenen Jahre in den Vordergrund: Landspekulation jenseits der *Blue Ridge Mountains*, im ertragreichen Shenandoah-Tal.

Die langen Winterabende des Jahreswechsels 1747 auf 1748 waren an den Kaminen beider Häuser oftmals ausgefüllt mit heftigen Diskussionen über die vielversprechenden Möglichkeiten, die die Wildnis jenseits des aus damaliger Sicht „dichtbesiedelten" *Tidewater* – wie das östliche Virginia von den Einheimischen genannt wird – zu bieten hatte. Im Vertrag von Albany aus dem Jahr 1722 hatten sich die Virginier mit den Indianern darauf geeinigt, daß das Land westlich der Bergkämme der Blue Ridge Mountains und der Alleghenies den sogenannten Fünf zivilisierten Nationen – Choctaw, Creek, Chickasaw, Cherokee und Shawnee – gehören sollte, daß an dieser Berglinie also die Welt der Weißen endete.

Landbesitz als formaler Begriff war den Indianern völlig fremd. Nach ihrer Ansicht konnte man Land und Erde genauso wenig teilen wie Luft und Wasser. Wohl aber kannten sie die Vorstellung, über ein bestimmtes Gebiet vorübergehend Waffengewalt auszuüben, vergleichbar einer Flotte, die zeitweilig ein bestimmtes Seegebiet beherrscht. Doch für die von den weißen Spekulanten so heiß begehrten Landbesitzrechte fehlte den Indianern jegliches Verständnis. Es waren ausgerechnet die weißen Siedler, die sie in der Richtigkeit ihrer Haltung bestärkten. Denn durch den unerbittlichen Druck der Besiedelung wurden die Grenzvereinbarungen, kaum geschlossen, schon wieder gebrochen. Wozu also überhaupt Besitzrechte übertragen, für ein Gebiet, das Indianer und Trapper gleichermaßen durchstreiften „gleich Wölfen", wie George Washington es einmal ausdrückte, „denn Raubtiere sind sie alle, Weiße wie Rote".[37]

Im Juni und Juli 1744 verhandelten Vertreter Virginias und Marylands erneut mit dem Indianerbund der Fünf Nationen und schwatzten ihnen das fruchtbare *Shenandoah Valley* sowie die westlich davon liegende, von Norden nach Süden verlaufende Bergkette – *Alleghenies* genannt – ab. Diese neue Vereinbarung führte diesmal zu Streit unter den Kolonisten: Der neue Grenzverlauf zwischen Virginia und Maryland war unklar. In diese Auseinandersetzung wurde auch das Northern Neck miteinbezogen, dessen präzise Ausdehnung nun zur Disposition stand. War es, so die bisherige Annahme, auf das Gebiet zwischen dem Rappahannock und dem Potomac beschränkt? Dann umfaßte es nur 1,5 Millionen Morgen. Oder reichte es nun im Westen bis zum Zusammenfluß des Shenandoah River und des Potomac? Diese Annahme schloß schon 2,05 Millionen Morgen ein. Oder erstreckte sich das Northern Neck gar bis weit westlich in die Alleghenies hinein? Dann würde der Fairfax-Besitz sage und schreibe 5,28 Millionen Morgen umfassen. Bei solchen Dimensionen verwundert es nicht, daß die Angelegenheit vor Gericht kam. Sie endete im April 1745 mit einem Kompromiß. Der Lord erhielt das gesamte Gebiet zugesprochen, jedoch mit einer Reihe von komplizierten rechtlichen Auflagen, die ihn vor allem in der Vergabe der Headrights und den daraus folgenden Einnahmen gegenüber der Kolonialverwaltung und der Krone verpflichteten. Kaum waren die Grenzen des Northern Neck festgelegt, brachten Trapper und Kundschafter, die über die Berge bis zum Mississippi vorgestoßen waren, neue Kunde von noch reicheren und fruchtbareren Gebieten. Und schon begann der Run auf das sich westlich des Northern Neck anschließende Ohio-Tal, das niemandem gehörte und das sich diesmal einige wagemutige Siedler sichern wollten, ohne an irgendeinen Herrn dafür Kopfgelder beziehungsweise „Erschließungsgebühren" bezahlen zu müssen. Daß dort Indianer zu Hause waren und französische Fallensteller herumstreiften, interessierte weder in Virginia, noch in Maryland oder Pennsylvania.

So also standen die Dinge, als Lord Fairfax auf Belvoir ankam. Sein neu hinzugekommenes Gebiet jenseits des Blue Ridge-Bergkammes war selbst Einheimischen kaum bekannt. Es herrschte Unruhe an der Westgrenze Virginias. Aus dem Northern Neck und aus Pennsylvania verschwanden zahlreiche junge Leute, lediglich mit einer Axt und einem Gewehr in der Hand, und schufen sich jenseits der Blauen Berge eine neue Heimat. Sie fragten niemanden nach Recht und Gesetz. Sie handelten ganz einfach. Doch der Ärger blieb nicht aus. Lord Fairfax wollte keine unberechtigten Siedler in seinem Gebiet dulden, junge Kolonisten, die sich zudem in den besten Tälern und an den fischreichsten Flüssen niederließen. Die Lösung war schnell zur Hand.

Das Neuland soll vermessen, die Eindringlinge ausgewiesen oder zum Bezahlen für Grund und Boden veranlaßt werden. Der Lord stellt eine kleine Expedition zusammen. Geleitet wird sie vom amtlichen Landvermesser eines Nachbar-Countys, James Genn. Als seinen persönlichen Stellvertreter benennt Lord Fairfax den ältesten Sohn seines Vetters, George William Fairfax, der mit dreiundzwanzig Jahren bereits County-Richter und Abgeordneter Virginias ist. Und er fragt den ernsten, frühreifen George Washington, ob er dem Landvermesser bei der Arbeit zur Hand gehen wolle. Dieses Unternehmen ist ganz nach dem Geschmack des Sechzehnjährigen. Auf diese Arbeit hat er sich lange und systematisch vorbereitet. Es fehlt nur noch die Erlaubnis der Mutter, die diesmal, mürrisch zwar, ihren Sohn ziehen läßt. Im März 1748 geht George auf seine erste große Reise, nicht, wie so lange erträumt, als *Sailor* (Matrose), sondern als *Surveyor*, als Landvermesser. Westwärts, der untergehenden Sonne nach, ins Unbekannte.

2
Der jugendliche Waldläufer

Er hat versucht,
Indianer wie seine Sklaven herumzukommandieren.
Irokesen-Häuptling Tanacharisson (Half-King)

Kein Unterschied: Indianer und Deutsche

„Freitag, 11. März 1748. Begann meine Reise in Begleitung von Esquire George Fairfax; wir legten an diesem Tag 40 Meilen bis zu Mr. George Neavels im Prince William County zurück.

Samstag, 12. März. An diesem Morgen stieß Mr. James Genn, der Landvermesser, zu uns. Wir reisten über den Blue Ridge bis zu Cpt. Ashby am Shenandoah-Fluß. Keine besonderen Vorkommnisse."[1]

Nach nur zwei Tagesritten ist die kleine Reisegesellschaft schon mitten in der Wildnis, bei den letzten vorgeschobenen Posten der Zivilisation, im Grenzland zum Schweifgebiet von roten Skalpjägern und weißen Fallenstellern. George Washington hält fast jeden Tag seines abenteuerlichen Ritts in die westliche Bergwelt in einem Tagebuch fest. Er offenbart damit früh eine hohe Selbstdisziplin, die ihm später immer wieder sehr zustatten kommt. Er offenbart aber auch, daß sein Augenmerk mit sechzehn Jahren noch überwiegend auf „technische" Daten und Fakten gelenkt ist: Vierzig Meilen hierhin oder sechzehn Meilen dorthin geritten, das zu vermerken, ist ihm wichtig. Er macht Angaben über Weg- und Wetterverhältnisse, über Boden- und Waldbeschaffenheit und ein paar oberflächliche, überhebliche Äußerungen über Begegnungen mit Menschen in der Wildnis. Aber er hat noch kein Auge für die atemberaubende Schönheit der Natur – es sei denn unter merkantilen Gesichtspunkten: „Wir kamen durch wunderbare Gehölze von Zuckerbäumen [Ahorn] und verbrachten den schönsten Teil des Tages damit, die Bäume und den Reichtum des Landes zu bestaunen. (...) Das Land entlang des Weges ist überaus reich und fruchtbar und bringt eine Überfülle an Getreide, Hanf, Tabak hervor."[2]

Der Shenandoah kurz vor dem Zusammenfluß mit dem Potomac bei Harpers Ferry, West Virginia.

Tagebücher stellen für einen Biographen eigentlich die idealste Quelle dar, aus der er in der Regel auch etwas über seelische Dinge seines Helden erfährt. Nicht so bei Washington. Auf den jugendlichen George hätten die dichtbewaldeten „blauen Berge" und das dahinterliegende Tal, das selbst die Indianer romantisch-verklärt *Shenandoah – Tochter der Sterne* nennen, einen tiefen Eindruck machen müssen, der zudem in irgendeiner schwärmerischen Äußerung seinen Niederschlag hätte finden müssen – möchte man meinen. Doch George hält sich an Fakten und notiert auffallend oft „Keine besonderen Vorkommnisse", obwohl der Unterschied zum Tidewater-Gebiet am Potomac gravierend ist. Während dort die Belaubung der Wälder, hervorgerufen durch die Beäsung des Wildes, erst in Übermannshöhe beginnt, so daß der Blick am Boden sehr weit schweifen kann, tat sich damals in der Bergwelt des Blue Ridge und des gegenüberliegenden Gebirgszugs der Alleghenies noch echter Urwald auf, der sich bis hin zum Mississippi erstreckte. Vereinzeltes Marschland und kleine Prärien dazwischen betonten dazu die immense Ausdehnung. Weite, ineinander verwachsene Lorbeerbäume und mit Rhododendren bewachsene Flächen säumten die hochaufragenden Gebirgszüge. Mächtige Fichten und Hemlocktannen bedecken bis heute die höchsten Gipfel der Alleghenies, während in den Blauen Bergen überwiegend riesige Stämme von Ahorn, aber auch Eichen und Kastanien gedeihen. „An manchen Stellen bildete das Unterholz ein solches Dickicht, daß ein Mensch schon aus sechs Meter Entfernung nicht mehr auszumachen war. Nur wenige Singvögel lebten in den dunklen Tiefen des Waldes. Meist herrschte eine unheimliche Stille."[3]

Und hinter jedem dieser Millionen Bäume lauerte Gefahr. Wobei die Indianer längst nicht die einzige Bedrohung für die weißen Eindringlinge darstellten. Es gab große Mengen an Bären, Wildkatzen, Pumas, giftigen Schlangen und Wölfen, die sich oft genug vom Geschützfeuer nicht beeindrucken ließen. Dieser Wald konnte einen Unerfahrenen zugrunde richten. Die riesigen Laubkronen verbreiten im Sommer jenes dämmrige Licht, das sonst nur romanischen Basiliken zu eigen ist. Sakrale Stille ist es auch, die in den Baumhallen des Blue Ridge, im Shenandoah-Tal und den dahinterliegenden Alleghenies vorherrscht. Hier ruht die amerikanische Seele – wenn es so etwas gibt!

Schwermütige Einsamkeit lag und liegt nach wie vor über dieser Bergwelt am Rande der urbanisierten Ostküste. Ob im Winter, wenn dicker, sanfter Pulverschnee über Nacht junge Tannenwälder in Indianertipis verwandelt. Ob im Frühjahr, wenn aus winterdunklen Kuppen Millionen exotischer Blumen hervorbrechen, umgaukelt von seltenen Schmetterlingen. Ob im Sommer, wenn die Sonne sticht und nach einem krachenden Augustgewitter sich Regenbogen von Hügelkette zu Hügelkette spannen. Für die meisten ist das Shenandoah-Tal jedoch im Herbst am schönsten, wenn die Bergketten im Westen und Osten in gold-gelb-roten Farben glühen – hierzulande Indianersommer genannt. Wer indes den Spätherbst bevorzugt, wenn die Bäume entlaubt sind, tiefhängende Regenwolken die hellblauen Bergspitzen vernebeln, das Gras und die Baumstämme eine schwärzliche Färbung angenommen haben, der wird am ehesten im windumheulten knorrigen Geäst uralter Bäume noch einmal längst vergangenen indianischen Zauber verspüren.

In den Genuß seiner ersten leibhaftigen Begegnung mit einer grellbunten Indianerhorde gelangte George Washington am elften Tag seiner Vermessungsexpedition. Die kleine Reisegruppe war über die junge, erst 1744 von Lord Fairfax genehmigte Ortschaft *Frederick Town* – dem späteren *Winchester* – in das neue Fairfax-Land vorgedrungen, wurde aber durch heftige Regenfälle am Weitermarsch gehindert. Als Ziel war der Südarm des Potomac-Oberlaufs angepeilt, doch der gerade Weg durch die unwegsame Bergwelt mit ihren reißenden Bächen und sumpfigen Tälern erschien ihnen zu gefährlich. Obwohl man nach seinen Aufzeichnungen George Washington für den Leiter der Gruppe halten könnte, war es der erfahrene Landvermesser Genn, der entschied, einen umständlicheren aber sichereren Weitermarsch entlang des Potomac zu unternehmen, um so den Südarm in einem großen Bogen zu erreichen. Das ständig steigende Hochwasser des Flusses erschwerte ihr Fortkommen beträchtlich. Dennoch erreichten sie nach 25 Meilen stromaufwärts *Warm Springs*, einen Quellort am oberen Potomac, der später *Berkeley Springs* genannt wurde und den Lord Fairfax 1756 „zum Wohle leidender Menschen und für immer zugänglich für jedermann" dem Staate Virginia schenkte. Genn versprach sich auf der anderen Uferseite, die zu Maryland gehört, ein besseres Fortkommen und riskierte trotz Hochwassers das Übersetzen. Die Männer benutzten ein Kanu und ließen die Pferde am langen Zügel hinüberschwimmen. Von hier aus ging es bei strömendem Regen weiter gen Westen. George beschreibt ihren matschigen Pfad etwas pathetisch als „den schlechtesten Weg, der je von Mensch oder Tier beschritten wurde". Am 21. März erreichten sie den Handelsposten eines Grenzers namens Thomas Cresap. Das Warenmagazin für Trapper und Neuankömmlinge, die sich in der Wildnis niederlassen wollten, war in der damals typischen Holzbauweise halb zum Fort ausgebaut und bot auch anderen abgelegen wohnenden Grenzerfamilien Zuflucht bei Indianerangriffen. Diese Blockhäuser waren für Angreifer praktisch uneinnehmbar, denn entsprechend angelegte Schießscharten erlaubten es den Verteidigern, Angreifer mit konzentriertem Feuer zu empfangen. „Das Obergeschoß, das über die Wände des unteren hinaus vorragte, war mit überhängenden Schießscharten versehen, durch die die Belagerten jeden Angreifer aufs Korn nehmen konnten, der an der Wand unterhalb der Schießscharten im Erdgeschoß Deckung suchte."[4]

Ein Zeitgenosse George Washingtons, Joseph Doddridge, der an der damaligen amerikanischen Westgrenze aufwuchs, schrieb im Alter, als die Indianer bereits in die westlichen Prärien abgedrängt waren: „Ich entsinne mich noch gut, wie die Familie mitten in der Nacht von einem Boten mit der Nachricht hochgeschreckt wurde, daß Indianer im Anmarsch waren. Der Bote kam leise an die Tür oder ans Hinterfenster und weckte die Familie durch sanftes Klopfen. Sofort waren alle in Bewegung. Mein Vater griff nach seiner Büchse. Meine Stiefmutter weckte die Kinder und zog sie an, so gut sie es in der Eile vermochte, und da ich das älteste Kind war, bekam ich einen Teil der Sachen zu tragen, die es ins Fort zu bringen galt. Es war ausgeschlossen, in der Nacht an ein Pferd zu gelangen, das uns bei der Übersiedelung ins Fort hätte helfen können. Wir packten alles an Kleidern und Lebensmitteln zusammen, was wir im Dunkeln erwischen konnten, denn wir wagten nicht, das Feuer zu schüren oder gar eine Kerze anzuzünden. Alles wurde in größter Hast und Lautlosigkeit verrichtet. Wir bemühten uns, das jüngste Kind nicht zu wecken. Bei den anderen genügte es, das Wort ‚Indianer' zu flüstern, und schon war kein Sterbenswörtchen mehr zu hören.“[5]

Daß solche Warnungen vor schweifenden Indianerbanden nicht immer rechtzeitig eintrafen, erlebte George am Nachmittag des 22. März. Sie waren bei Cresap über Nacht geblieben, und der anhaltende Regen hinderte sie auch an diesem Tag am Weiterziehen. Da tauchten plötzlich vor dem Handelsposten wie aus dem Nichts dreißig Indianer auf, die sich auf dem Kriegspfad befanden. Aber die drei Virginier hatten Glück. Die Indianer betrachteten Cresap als Freund und waren außerdem niedergeschlagen, daß sie bisher nur einen Skalp erbeutet hatten. Das miese Wetter trug sein Übriges dazu bei, ihre Kriegslust zu hemmen. Und so verlief die erste Begegnung George Washingtons mit den Ureinwohnern Amerikas friedlich. Später allerdings sollte er noch oft Gelegenheit haben, sie von einer anderen Seite kennenzulernen.

Der Landvermesser Genn beugte einer eventuellen Verschärfung der Lage vor und bot den „Wilden" einen kräftigen Schluck Schnaps aus der Provianttasche an, der deren Laune sichtlich hob und sie beflügelte, den Weißen ein Gegengeschenk zu bieten: einen Kriegstanz. Wie George, der von den Rothäuten sichtlich beeindruckt war, ausführlich in seinem Tagebuch festhielt, füllten einige Indianer mehrere Töpfe, die sie sich von Cresap liehen, halb mit Wasser. Dann bespannten sie diese mit Wildleder und schon waren die Trommeln fertig. Ein anderer nahm einen trockenen Kürbis zur Hand, band einen abgeschnittenen Pferdeschweif daran und schoß solange hinein, bis eine Rassel entstand. Die übrigen Indianer säuberten eine kleine Fläche und suchten Feuerholz zusammen. Aufgrund der Feuchtigkeit entwickelte das Feuer eine riesige beißende Rauchwolke, um die sich die Kriegsbande alsbald im Kreis scharte. Einer der Anführer schwang sich zu einer Rede auf, von deren Inhalt George nichts überliefert hat. Dann begannen die geschmeidigen

Wilden mit ihrer Vorführung, begleitet von dumpfem Trommeln und rhythmischem Rasseln ...

Auch den ganzen darauffolgenden Tag verbrachten die Landvermesser mit den Indianern in Cresaps Blockhütte, nur daß George diesmal notierte: „Keine besonderen Vorkommnisse". Erst am nächsten Morgen ritt unsere kleine Reisegruppe weiter, bis sie zu einer Stelle gelangte, an der auf virginischer Seite der Patterson Creek in den Potomac mündet. Hier setzten die drei erneut über den Fluß und zogen entlang des Bachs ihrem Ziel, dem südlichen Seitenarm des Potomac, entgegen. Wegen des anhaltend schlechten Wetters verzichteten sie darauf, ihr mitgeführtes Zelt aufzuschlagen, sondern bevorzugten die Übernachtung in den Blockhütten von *Squattern*, einsamen Waldsiedlerfamilien. Doch statt Dankbarkeit für die freie, trockene Unterkunft zu empfinden, beschwerte sich der „kultivierte" Pflanzersohn an einer Stelle in seinen Aufzeichnungen nachhaltig über die primitiven Wohnverhältnisse der Grenzer:

„Nach dem Abendessen leuchtete man mir zu einem Raum. Denn ich bin kein so guter Waldläufer wie die anderen. Ich zog mich also ganz ordentlich aus und ging zu Bett, so nennen sie das hier zumindest. Zu meiner Überraschung stellte ich fest, daß es lediglich aus ein wenig Stroh ohne Bettuch bestand, von nichts weiter zusammengehalten als einer abgetragenen Bärenfell-Decke, deren Gewicht durch Ungeziefer wie Läuse und Flöhe etc. verdoppelt wurde. Sobald das Licht wieder fortgetragen war, stand ich auf, zog mich wieder an und legte mich, wie meine beiden Begleiter [auf den Boden]. Ich bin mir sicher, wenn wir nicht so müde gewesen wären, hätten wir diese Nacht nicht viel geschlafen. Ich schwor mir, von jetzt an lieber im Freien am Feuer zu schlafen als so etwas noch einmal mitzumachen."[6]

Dieses Versprechen hat Washington natürlich nicht gehalten. Seine Beschwerde offenbart allerdings, daß er in hygienischer Hinsicht und was Komfort angeht, Ansprüche stellte, die über dem Durchschnitt der damaligen Kolonisten lagen.

Daß auch das von ihm gepriesene Kampieren im Freien seine Tücken haben konnte, erfuhr George wenig später. In einer Sturmnacht, in der Regengüsse heftig gegen das Zelt peitschten, fing das Stroh, auf dem sie lagen, Feuer. Durch Zufall wurde der Schwelbrand entdeckt und gelöscht. Das nächtliche Zelt war häufig von rauchgeschwängerter Luft des glimmenden Lagerfeuers, das den Schlafenden Wärme spenden sollte, erfüllt, so daß ein Schwelbrand leicht unbemerkt bleiben konnte.

Dann aber auch dies: „Die vergangene Nacht war so unerträglich rauchig", schreibt George an einer Stelle, „daß wir das Zelt verlassen mußten." Ein andermal nörgelt er, daß ihre Gastgeber ihnen kein Abendessen vorsetzten, fügt aber dann hinzu: „Ein Glück, daß wir selbst Proviant dabei hatten." Seine Schießkunst ließ wohl zeitlebens zu wünschen übrig, obwohl er genug Gelegenheit zur Übung hatte. Sein Tagebuch vermerkt: „Diesen Morgen schoß ich zweimal auf wilde Truthähne, erwischte aber keinen."[7] James Genn und der junge Fairfax hingegen waren bessere Jäger und versorgten die Gruppe immer wieder mit frischem Fleisch.

Am 27. März bog der kleine Trupp vom Patterson Creek ab und erreichte endlich in der Nähe des Postens eines Indianerhändlers den südlichen Seitenarm des Potomac – den eigentlichen Bestimmungsort ihrer Reise. Obwohl Genn unterwegs eine Reihe von Helfern unter den Grenzsiedlern angeheuert hatte, war er mit der Vielzahl an Parzellen, die er im Auftrag des Lords und dessen Freunden zu vermessen hatte, überfordert. Deshalb übertrug er George erstmals eine Reihe von selbständigen Aufgaben. Und somit wuchs George über das Vermessen des mütterlichen Gemüsegartens und der Felder seiner Brüder hinaus und zog erstmals Grenzen in der Wildnis der Alleghenies.

Ein Landvermesser kommt in der Regel alleine nicht zurecht. Damals brauchte er zwei Meßkettenträger, die kleine Entfernungen von fünf bis zehn Meter ausmaßen, einen Landmarkierer, der Bäume auffällig anritzte oder Felsen mit Markierungen versah, sowie einen „Spion", der mit dem Gewehr für Proviant sorgte und ein scharfes Auge auf umherschweifende Indianer hielt. Der Vermesser nahm an leicht wiederzuerkennenden Stellen, wie Bachläufen, Felsformationen oder auffälligen Bäumen, Kompaßpeilungen vor, indem er seinen Standort auf der Kompaßscheibe fixierte und ein weiter entferntes Wegzeichen anvisierte. Er notierte die Entfernungen in Maßeinheiten von je fünf Metern, die man Pole nannte. Dann rechnete er diese Pole auf Acres um. Mit den zehn Meter langen, schmiedeeisernen Gliederketten konnte bei einer Vermessung die genaue Entfernung zwischen zwei Festpunkten, beziehungsweise die Zahl der Pole, leicht festgestellt werden. Im Gegensatz zu einem Maßband aus Stoff gab es bei dieser Meßkette keine Verzerrungen.[8]

War der Landvermesser dann zum Sitz der zuständigen Behörde zurückgekehrt, registrierte er jedes von den Erwerbern beanspruchte

Washington vermißt das Land von Lord Fairfax in der Wildnis der Alleghenies.

Stück Land und fertigte Pläne oder Karten an, aus welchen die Lage der Parzellen hervorging. Dabei bevorteilte das in Virginia geläufige System der Berechtigungsscheine (Headrights) jene, die das Terrain kannten, in erster Linie also die Landvermesser, die sich entweder ihre Tips von den Siedlern teuer bezahlen ließen oder selbst die besten Parzellen erwarben. Denn der Gesetzgeber hatte festgelegt, daß zuerst das ganze Gebiet vermessen werden mußte – erst dann durften sich die Siedler anhand der Pläne und anhand ihrer erworbenen Berechtigungsscheine Parzellen aussuchen. Doch wie wir schon aus den Anfängen der Familie Washington in Virginia wissen, blieb dies an manchen Orten blanke Theorie. Oft lief die Landvergabe mittels Beziehungen unter der Hand und es wurde erst nachträglich vermessen, während arme Bauern und sprachunkundige Neuankömmlinge geprellt wurden und ein weniger fruchtbares Stück Land zum gleichen Preis erhielten wie jene, die sich zuvor beim Landvermesser „erkundigt" hatten.

In der darauffolgenden Woche, am 3. April 1748, machte der junge Washington eine weitere Bekanntschaft neuer Art. Eine Gruppe deutscher Pennsylvania-Bauern, Auswanderer mit Weib und Kindern, die unerschrocken in den Wäldern eine neue Heimat suchten, näherte sich neugierig dem Camp der Landvermesser. Wahrscheinlich gehörten sie zu jenen Squattern, die Lord Fairfax als nichtregistrierte, wilde Eindringlinge auf seinem Land ansah. Der Eindruck, den die Deutschen auf Washington, den Verwöhnten, machten, war vernichtend: „Ich glaube wirklich, daß diese Leute genauso ungebildet sind wie die Indianer. Sie können überhaupt kein Englisch und wenn man sie anspricht, antworten sie alle auf Deutsch."[9]

Die Invasion Amerikas mit Auswanderern wurde in der alten Welt ausgelöst: durch die Armut der Deutschen in der Rheinpfalz, hervorgerufen durch Mißernten und den lähmenden Pachtzins, durch Unterdrückung religiöser Minderheiten in der deutschsprachigen Schweiz und dem Elsaß sowie in der nordirischen Provinz Ulster, wo schottische Tiefländer und Engländer seit hundert Jahren siedelten. „Die Bodenspekulanten in den Kolonien als auch die britische Krone waren nur allzugern bereit, die Hoffnungen dieser Protestanten auf ein besseres Leben jenseits des Ozeans zu nähren. Als kein gutes Land mehr verfügbar war, schwappte diese Flut nach Pennsylvania über und drang in die Waldgebiete ein."[10]

Daß sich so viele Untertanen Mitte des 18. Jahrhunderts dem Feudaljoch entzogen, paßte dem Pfälzer Landesvater gar nicht. Am 21. Juni

1752 erließ die pfälzische Regierung in Mannheim ein Edikt, in dem sehr heftig vor der Auswanderung gewarnt wurde.

Die meisten deutschen Auswanderer zeigten einen deutlichen Hang zur raschen Seßhaftigkeit in ihrer neuen Heimat. Viele von ihnen mieden die Prärien und hackten ihre Farmen lieber aus den Wäldern heraus, in der irrigen Annahme, baumloser Boden sei unfruchtbar. Sie schnitten die Stämme vierkantig zu und bauten solide Blockhäuser. Als die Deutschen, die sich in Pennsylvania niedergelassen hatten, von den reichen Wäldern im Süden sowie dem fruchtbaren Boden des breiten Shenandoah-Tals hörten, brachen viele von ihnen erneut auf, um sich dort für immer niederzulassen. Denn – so wird berichtet – im Sommer stand dort das fette Gras so hoch, daß man es über dem Sattel eines Pferdes zusammenbinden konnte.[11]

Eine Reihe von Häusern der ersten deutschen Siedler im Shenandoah-Tal, beispielsweise bei Luray das *Weiße Haus* sowie etwas abgelegener in Frederick das *Schifferstadt-Anwesen*, sind bis heute massive Zeugen dieser Urbarmachung der Wildnis.

Ganz offensichtlich hat Washington in dem deutschen Siedlerschlag, der ihm da mitten im Urwald gegenübertrat, solcherart Leistungsvermögen nicht erblicken können. Er erkannte auch nicht, daß alle Siedler an der Grenze zum Indianerterritorium in Landvermessern grundsätzlich Feinde, zumindest aber Vorboten allen Übels sahen. Sie hatten Angst, alsbald von ihren Rodungen wieder vertrieben zu werden, und so waren diese Deutschen aus Pennsylvania sicherlich nicht gerade freundlich gestimmt.

Es ist außerdem unwahrscheinlich, daß das Bildungsniveau der deutschen Siedler jener Zeit unter dem der englischsprachigen Grenzer, die sich meist aus Iren und Schotten zusammensetzten, lag. Viel eher ist anzunehmen, daß der junge Washington, der selbst nie eine Fremdsprache beherrschte, hier aus Arroganz zu diesem harten Urteil kam. Er wird allerdings in späteren Jahren noch oft Gelegenheit haben, Deutsche kennen- und schätzen zu lernen!

George William Fairfax, den Washington erstaunlicherweise kaum in seinem Tagebuch erwähnt, verläßt am 4. April für mehrere Tage das Basis-Camp, wahrscheinlich um sich um Verpflegung zu kümmern. Erst jetzt spürt man, daß sich George mit dem jungen Fairfax auf ihrer Reise durch die Wildnis dick angefreundet hat, denn er vermißt ihn nun schmerzlich. Denn der ältere Genn, der zweifellos den jungen Männern gegenüber klar als Chef des Unternehmens auftrat, war nicht gerade gesellig und das anhaltende regnerische und stürmische Wetter tat sein übriges, die Stimmung von George zu trüben. Am 6. April war ein Großteil der Vermessungsarbeiten getan, das Camp wurde abgebrochen und die Rückreise zum Posten des Indianerhändlers angetreten. Dort wurden sie bis Mittag des darauffolgenden Tages von heftigen Stürmen und Regenfällen festgehalten.

Kurz nachdem der Wind sich gelegt hat, erfährt George, daß der junge Fairfax zurückgekehrt ist und auf einer zwei Meilen entfernten Farm Unterschlupf gefunden hat. Da ist er nicht mehr zu halten und reitet dem Freund entgegen. Auch wenn es so nicht geschrieben steht – aber die beiden haben sich offensichtlich eine Menge unter vier Augen zu erzählen. Denn weshalb sonst entscheiden sie sich, zu Fuß zu dem Handelsposten zurückzulaufen? Sie bleiben dort lediglich zwei Stunden und kehren dann zu dem Farmer Cassey zurück. Beide jungen Männer vermeiden es, mit Genn länger als nötig zusammen zu sein. „Ich schlief in Casseys Haus. Dies war die erste Nacht, die ich wieder in einem Haus geschlafen habe, seit ich den Seitenarm [des Potomac] erreicht habe", schreibt George stolz. Keine Frage, er fühlt sich nun zunehmend als Pionier. Wie weit er sich doch in wenigen Tagen von seinem Versprechen, lieber im Freien zu übernachten, entfernt hat!

Für den weiteren Rückmarsch finden sie sich zunächst wieder mit Genn zusammen. Als jedoch wenig später Proviantschwierigkeiten auftreten und die beiden alleine im Zelt hungrig darauf warten müssen, bis die anderen ein Wild geschossen haben, ist ihnen die Laune an weiteren Abenteuern in der Wildnis vergangen. Die Jagdgesellschaft kehrt zudem unverrichteter Dinge zurück und man muß mit einem benachbarten Siedler verhandeln, der ihnen erst am Spätnachmittag einige Lebensmittel bringt. Wohl auch unter dem Eindruck, daß ihre Aufgabe erledigt ist, entschließen sich die beiden jungen Männer, dem Chef-Landvermesser am darauffolgenden Morgen Lebewohl zu sagen, und reiten eilig von dannen. Sie wollen jetzt nur noch eines: so schnell wie möglich nach Hause.

Wahrscheinlich wegen dieser Hast verirren sie sich unterwegs und müssen einen Umweg in Kauf nehmen. So kommt George noch zu einem abschließenden Naturerlebnis: Eine Klapperschlange kreuzt ihren Weg, „die erste, die ich auf unserer ganzen Reise gesehen habe", bemerkt er. Mit dem unmittelbar folgenden nächsten Eintrag endet dieses Reisetagebuch: „Mittwoch, 13. April 1748. Mr. Fairfax gelangte sicher nach Hause und ich selbst erreichte wohlbehalten meinen Bruder [auf Mount Vernon], womit mein Journal beendet ist."[12]

Der schrullige Lord Fairfax ist mit dem Ergebnis der Expedition zufrieden. „Eine Doublone für den Tag, für einige besondere Tage drei Doublonen sind Washingtons Lohn. Eine Doublone sind 7,20 Dollar, eine nach damaligen Begriffen fürstliche Bezahlung für den Sechzehnjährigen. Er hat immer eine geschickte Hand im Geldverdienen bewiesen. Aber er hatte guten Lohn für gute Arbeit verdient: die von ihm gezeichneten Pläne und Karten erwiesen sich als so genau, daß sie für alle späteren Vermessungen als sichere Grundlage benutzt werden konnten. Sie trugen ihm, auf Veranlassung von Lord Fairfax, die Ernennung zum öffentlichen Landvermesser ein."[13]

Diese dreiunddreißig Tage in den westlichen Wäldern dürften die aufregendsten und nützlichsten seines bisherigen Lebens gewesen sein. Mit dem langen Ritt wurde er gewissermaßen täglich erwachsener. Er vollendete seine Ausbildung als Landvermesser unter schwierigen praktischen Bedingungen, sowohl was das Gelände als auch die extreme Witterung anbelangte. Er war mit einer Region und ihren Bewohnern vertraut geworden, die nur ganz wenige Menschen in Virginia kannten. Er hatte mit eigenen Augen den Reichtum gesehen, den die westliche Natur hervorbrachte. Er hatte die Grenze „erlebt" und wußte durch Augenschein, wovon andere in seiner Umgebung nur sprachen. Am Ende der Reise war George zum Mann gereift – in jeder Beziehung!

„Daß ich mein Liebesglühn verschweigen muß"

„Die Liebe zu meinem Land wird mich bei meinem Verhalten allzeit entscheidend leiten", schrieb George Washington in späteren Jahren. Doch die Liebe zu Frauen war mindestens ebenso stark. Zumindest gibt es zahlreiche Anhaltspunkte in Korrespondenzen wie auch Legenden, die diese Annahme nahelegen. Selbst wenn einige Affären erfunden sind, bleiben dennoch genügend Frauenherzen übrig, die Washington „höchstwahrscheinlich" zu Füßen lagen, so daß ein moderner englischer Biograph die Frage aufwirft, wie George unter solchen Umständen überhaupt Zeit gefunden hat, die Briten zu bekämpfen und eine Nation zu gründen.[14]

Washingtons Interesse am anderen Geschlecht war bereits vor seiner großen Reise geweckt worden. Schon mit fünfzehn hatte er sich völlig vernarrt in Frances Alexander aus Fredericksburg. Ihr Alter ist nicht bekannt. Er widmete ihr einige schwülstige Gedichte in einem seiner Hefte. Darin beklagt er zum Beispiel sein

> *„Poor restless heart,*
> *Wounded by Cupid's dart"*
> (Armes, ruheloses Herz,
> Von Amors Pfeil getroffen voller Schmerz)

Der Schüchterne, Schweigsame und Unglückliche hat es aber nicht fertiggebracht, ihr seine Liebe zu gestehen:

> *„Ah, woe to me, that I should love and conceal*
> *Long have I wished and never dare reveal ... "*
> (Weh über mich und ewiger Verdruß
> Daß ich mein Liebesglühn verschweigen muß ...)[15]

Es scheint, daß Frances diese Knabenliebe nicht erwiderte oder Washington Gründe hatte anzunehmen, daß er von ihr verlacht werden würde. Im reizvollen Shenandoah-Tal hat er sich dann allem Anschein nach über den ersten Liebeskummer hinweggetröstet. Seinem Tagebuch, das ja weitgehend frei von Emotionen ist, hat er davon nichts anvertraut. Wir wissen es vielmehr aus einem Brief an einen heute unbekannten Freund mit dem Vornamen Robin. Aus diesen Zeilen – geschrieben im Jahr 1749, als sich Washington wieder in genau der gleichen Gegend aufhielt, wie das Jahr zuvor – geht eindeutig hervor, daß es da zuvor eine *Low Land Beauty*, eine Schönheit im Unterland (Shenandoah), gegeben hat, für die er nun gerade seine „Leidenschaft erneuert", und die er offenbar mit dem ominösen Robin teilt.[16]

Obwohl er auf die Hinterwäldler an der Grenze als ein „Pack von Barbaren, (...) einen ungehobelten Menschenschlag"[17] herabsah, ihre primitiven Wohn- und Lebensverhältnisse verachtete, blieb dem jungen Virginier die natürliche Schönheit der robusten Waldsiedler natürlich nicht verborgen. Denn gerade die heranwachsenden Mädchen und jungen Frauen geizten nicht mit ihren Reizen. Der anglikanische Wanderprediger Charles Woodmason hat ein von klerikalen Vorurteilen geprägtes, aber aufschlußreiches Bild der damaligen Zeit an der amerikanischen Grenze hinterlassen. In seinem Tagebuch beschwert er sich: „Schlaff und ungeknüpft flattern die Bande der Gemeinschaft hier, wo jedermann tut, was ihm beliebt. In Flatt Creek wurde nach dem Gottesdienst geschmaust und getrunken, getanzt und gehurt, und noch bevor ich mich fortbegeben hatte, waren die meisten schon völlig betrunken. Ihr Betragen war grob und unverschämt, und sie unterschieden sich kaum von gewöhnlichen Wilden." An anderer Stelle wird er noch deutlicher: „Die feinen Leute in London würden Augen machen, wenn sie sehen könnten, wie die Frauen (viele recht hübsch) nur mit einem Unterhemd und einem kurzen Rock bekleidet, barfuß und ohne Strümpfe zum Gottesdienst kommen. (...) Die jungen Frauen haben eine sehr befremdende Manier, die ich ihnen nicht abgewöhnen kann. Sie ziehen ihre Hemden so eng wie möglich an den Körper und stecken sie fest, um die Rundungen ihrer Brüste und ihre schlanken Taillen zu zeigen (denn sie sind für gewöhnlich gut gebaut), und drücken ihre Unterröcke dicht an die Hüften, um die Vortrefflichkeiten ihrer Glieder hervorzuheben – genauso gut könnten sie in *puri naturalibus* dastehen. Blöße erscheint ihnen hier weder tadelnswert noch anstößig, und sie zeigen sich oft auch ganz nackt."[18]

Angesichts solcher Freizügigkeit ist wohl auch Washington schwach geworden und hat eine „Tiefland-Schöne" kennen- und lieben gelernt. Obwohl ihre Identität nicht zweifelsfrei feststeht, gibt es Hinweise darauf, daß es sich bei der ersten Frau, mit der Washington ein Verhältnis hatte, um eine gewisse Lucy Gryme oder Grimes gehandelt hat[19], die später einen Sproß der namhaften virginischen Lee-Familie, Henry Lee, heiratete. Ihr gleichnamiger Sohn machte während des Unabhängigkeitskrieges – auffallend wohlwollend von Washington gefördert! – eine steile Karriere bis zum General. In die Annalen der Revolutionsgeschichte ging der schneidige Kavallerie-Offizier als *Light Horse Harry* ein. Sein Sohn wiederum war der berühmte Konföderierten-General Robert E. Lee.

Noch einmal zurück ins Schicksalsjahr 1748: Während George nach seiner Reise romantischen Träumen nachhängt, ist die übrige Familie der Spekulation mit Grund und Boden verfallen. Wohl aufgrund der Erzählungen von George erwirbt beispielsweise Bruder Lawrence im August 1748 dreizehnhundert Morgen im Shenandoah-Tal. Gemeinsam mit seinem älteren Bruder Austin betreibt Lawrence zudem den Plan, die Hauptstadt Virginias vom feuchten Williamsburg, das häufig von

Epidemien heimgesucht wird, in einen Landstrich zu verlegen, wo die Washingtons und ihre Geschäftsfreunde große Gebietsanteile besitzen.

Diese Spekulationen interessieren George überhaupt nicht. Seit seiner Rückkehr aus den westlichen Wäldern ist er ein anderer geworden, ohne sich dessen bewußt zu sein. Für nahezu ein Jahr läßt er sich ziellos treiben, ohne besondere Aufgaben und Herausforderungen. Seinen Bauernhof, die Ferry Farm, meidet er weitgehend, denn dort sitzt nach wie vor die Mutter mit ihren vielen kleinkarierten Sorgen. Er ist hingegen gerne bereit, für sie Einkäufe in Yorktown zu tätigen. Im übrigen streunt er herum. Mal ist er Gast bei Lawrence auf Mount Vernon, mal bei Austin am Pope's Creek oder bei den Verwandten in Chotank und besucht mit diesen gemeinsam benachbarte Plantagen.

Er sucht Geselligkeit, legt plötzlich Wert auf vornehme Kleidung und gutes Aussehen und gewinnt Freude am Tanzen und Kartenspielen. Er taucht, ganz altersgemäß, ein in die Welt der schönen, reichen, trink-, tanz- und liebesfrohen Upperclass Virginias, die mit ihrer vom südlichen Klima unterstützten Laszivität damals tonangebend in den amerikanischen Kolonien war.

Der letzte Monat des Jahres 1748 brachte zwei Ereignisse, die George Washington mit gemischten Gefühlen aufnahm. Seit vier Jahren war Lawrence schon Mitglied des Abgeordnetenhauses von Virginia, sein Ansehen und Einfluß hatten erheblich zugenommen, da mußte er Anfang Dezember um Ruhen seines Mandates nachsuchen. Lawrence hatte sich eine ernsthafte Lungenkrankheit, wahrscheinlich Tuberkulose, zugezogen. Er bat George deshalb, ihm auf Mount Vernon zur Hand zu gehen.

Die benachbarten Fairfax' hingegen hatten Grund zur Freude. Ihr Ältester, George William Fairfax, hatte die Zeit nach seiner Reise in die Wildnis genutzt und das ganze Jahr über der hübschen, eleganten Sarah Cary den Hof gemacht. Obwohl George William eigentlich eine hervorragende Partie war, hing ihm der Ruch an, ein Mulatte zu sein. Denn seine verstorbene Mutter stammte von den Westindischen Inseln und soll aus einer Liaison zwischen einem britischen Offizier und einer schwarzen Sklavin hervorgegangen sein.[20]

Das war für die damalige Gesellschaft Virginias ein nicht zu unterschätzender Makel – unabhängig davon, ob es nun stimmte oder nicht. Daß George William Fairfax dennoch eine vornehme Braut fand, zeigt, welch bedeutenden Einfluß seine Familie damals im Northern Neck besaß.

Seine junge Frau *Sarah Cary* oder *Sally*, wie sie allgemein genannt wurde, stammte aus sehr gutem virginischen Hause, von einer florierenden Plantage am James River. Ihr Vater war, wie viele führende Kolonisten, ein ehemaliger britischer Oberst. Sie selbst verkörperte die typische Tochter des Südens: sanft und kokett zugleich, gesellig, lebensfroh, hübsch. Eine echte „Belle". Unmittelbar nach der glanzvollen, feierlichen Hochzeit am 17. Dezember 1748 brachte der junge Fairfax seine Braut nach Belvoir, wo das diesjährige Weihnachtsfest nun um ein glückliches junges Paar bereichert wurde. Stolz luden die Fairfax' ihre Nachbarn ein, um die aufgeweckte, schöne Braut in die örtliche Gesellschaft einzuführen. Auch George war darunter – und verfiel bereits bei der ersten Begegnung dem Charme dieser achtzehnjährigen Lady. Für immer! Verbotene Liebe auf den ersten Blick. Sally blieb indes, vielleicht weil sie für ihn unerreichbar war, seine Traumfrau bis zum Tod.

George war von seinen neuen Gefühlen dermaßen überwältigt, daß er anfing, sein eigenes Heim, die Ferry Farm, die ihm nun noch provinzieller denn je erschien, zu verachten. Auch seine bisherigen gesellschaftlichen Vergnügungen erschienen ihm plötzlich leer und bedeutungslos. Der junge Mann wurde über Nacht von Weltschmerz und Liebeskummer geplagt und von Eifersucht auf seinen Freund George William Fairfax zerfressen. In solchen Situationen bringt oft nur die Flucht vor der Angebeteten eine Linderung. Und so stürzte sich der lange untätig Dahingetriebene in eine Aufgabe, die räumliche Trennung von Belvoir bedeutete: Er widmete sich die nächsten drei Jahre, abgesehen von Hilfestellungen für seinen Bruder, intensiv seiner Tätigkeit als offiziell bestellter Landvermesser des Culpeper County. In den westlichen Wäldern, wo er im Auftrag verschiedener reicher Tidewater-Virginier Parzellen absteckte, war er völlig sein eigener Herr, lernte die Kolonie in ihrer ganzen damaligen Ausdehnung kennen und begann, seine guten Einkünfte aus dem Vermessungsgeschäft zielstrebig in vorteilhaften Grund und Boden anzulegen. Noch bei seinen späteren Landkäufen als Plantagenbesitzer kam ihm seine Kenntnis Virginias aus dieser Zeit gewinnbringend zustatten.

Einen großen Prestige-Gewinn für George bedeutete der Mai 1749. Ein lange diskutierter Plan der Pflanzer am Potomac wurde endlich in die Tat umgesetzt. Der Tabakanbau und -export florierte dermaßen, daß die vorhandenen Anlege- und Umschlageplätze für die Frachtschiffe nach England nicht mehr ausreichten. Ein neuer Hafen mußte her. Bei

Belhaven, wenige Meilen flußaufwärts von Mount Vernon, glaubte man die richtige Stelle für ein solches Projekt gefunden zu haben. Die Generalversammlung von Virginia in Williamsburg genehmigte die Gründung einer neuen Stadt in einem Umfang von sechzig Morgen. Der größte Teil der infrage kommenden Grundstücke gehörte einem John Alexander, weshalb die neue Stadt *Alexandria* genannt wurde. Er war übrigens der Vater jener Frances Alexander, in die sich George Washington als Fünfzehnjähriger hoffnungslos verliebt hatte. Mit der Leitung der Vermessung der Stadtparzellen wurde der erfahrene Landvermesser John West, jr. betraut, der wiederum George einen Teil der Arbeiten übertrug. Der junge Washington stürzte sich ehrgeizig in das Projekt und hatte seine Aufgabe bereits am 17. Juli erledigt und zudem einen Gesamtplan Alexandrias angefertigt. George legte damit gewissermaßen sein Meisterstück als Landvermesser vor, und einer stetigen Karriere auf diesem Gebiet stand nun nichts mehr im Wege – sofern er dies selbst wollte. Die Einkünfte aus dieser Tätigkeit waren zudem so gut, daß er finanziell gesehen zufrieden in die Zukunft blicken konnte. Er hatte den Einstieg ins Berufsleben geschafft und war nicht mehr auf die spärlichen Einkünfte seiner kleinen Farm, die ohnehin die Mutter überwiegend für sich beanspruchte, angewiesen.

Bei aller Ablenkung durch geschäftliche Dinge bleibt George indes rastlos. Sein Liebesschmerz gewinnt immer wieder die Oberhand und drängt ihn, die Nähe zu den Fairfax' zu suchen. Mal ist es nur ein Besuch bei seinem einflußreichen Gönner und väterlichen Freund, Lord Fairfax, der sich in eine Einsiedelei, *Greenway Court*, in den Blauen Bergen zurückgezogen hat. Damit folgte der schrullige Lord einer Mode der europäischen Fürstenhöfe, die dem überreizten Rokoko-Geist der Versailler Sonnenkönige entsprungen war und, wie man sieht, selbst in den entlegenen Hinterwäldern der amerikanischen Kolonien ihre Nachahmung fand. Dort also, so wird angenommen[21], hat der siebzehnjährige George dem verständnisvollen Lord sein Herz ausgeschüttet, war dieser doch selbst bekanntermaßen unglücklich verliebt gewesen und fühlte sich von dem „schwachen Geschlecht" betrogen. Beide fanden in solchen Zeiten Ablenkung in einer anderen gemeinsamen Leidenschaft: der Fuchsjagd, im scharfen Ritt durch die Wälder, immer dicht hinter der Hundemeute.

Ein andermal war es aber die Welt von Belvoir selbst, die George unwiderstehlich anzog. Die „Fairfax-Frauen" – denn es gab nicht nur Sally, sondern auch deren jüngere Schwester Mary Cary, die häufig zu Besuch auf Belvoir weilte, sowie eine Schwester von George William Fairfax – vertrieben sich die Zeit mit romantischen Lesezirkeln und führten so auch den halbgebildeten George an die englische Literatur heran. Unmerklich trugen sie dazu bei, das innere Wesen des Jünglings zu formen. Unbewußt handelte George nach der alten Weisheit, die Goethe in seinem Drama „Iphigenie auf Tauris" Arkas in den Mund gelegt hat: „Ein edler Mann wird durch ein gutes Wort der Frauen weit geführt."

Weil Sally als Frau seines Freundes für ihn unantastbar blieb, scheint George in einer Art Ersatzhandlung seine Zuneigung zeitweilig auf ihre Schwester Mary übertragen zu haben. Auch sie war bildhübsch, aber George plagten offenbar widerstreitende Gefühle und er hatte Angst vor einem Korb. In dem bereits erwähnten Brief an den unbekannten Freund seiner Jugendzeit, Robin, offenbart er seine komplizierten Empfindungen für eine Reihe von Frauen, mit denen er damals Umgang pflegte: Seine bereits angesprochene „Leidenschaft" für die „Low Land Beauty", seine Zuneigung für Mary und – verdeckt – seinen Liebeskummer wegen Sally. Obwohl er, in Anspielung auf Sally, schreibt, daß sein „Herz wieder frei" sei, deutet er auch an, daß eine andere „angenehme Lady, die im gleichen Haus wohnt (die Schwester der Frau von Oberst George Fairfax) wieder Öl ins Feuer gießt. Dies beunruhigt mich aufs Höchste, denn ich bin häufig unvermeidbar mit ihr zusammen", schreibt George. Offensichtlich in einer starken Gefühlskrise, fährt er pathetisch fort, daß er sich eigentlich „von jungen Frauen zurückziehen" wolle, um seine „Kummer und Schwierigkeiten bereitenden Leidenschaft in der ewigen Vergessenheit zu begraben". Am Ende offenbart er, was ihn wirklich quält: „Denn ich bin wirklich überzeugt, sollte ich jemals etwas versuchen [eine Liebeserklärung], dann werde ich doch nur eine Absage erhalten, die meiner aufgewühlten Stimmung nur weiteren Schmerz hinzufügt."[22]

Warum war George Washington in Liebesdingen so wenig selbstbewußt, zumindest in seiner Jugend? Eine eindeutige Erklärung hierfür gibt es nicht, nur eine Kombination aus verschiedenen Anhaltspunkten: Das gestörte Verhältnis zu seiner Mutter hat bei dem Teenager möglicherweise Hemmungen gegenüber Frauen ausgelöst, obwohl er für das andere Geschlecht schon früh ganz normale Empfindungen hegte. In der Zeit zwischen Fünfzehn und Zwanzig, als er körperlich zum Manne reifte, hatte er wohl einige Probleme auf dem gesellschaftlichen Parkett mit seiner physischen Erscheinung. Er war für seine Epoche ungewöhnlich groß: 1,88 Meter. Das gab ihm in späteren Jahren ein eindrucksvolles Auftreten und verfehlte gerade im militärischen und politischen Umfeld nicht seine Wirkung. Als Jugendlicher wirkte er mit dieser außergewöhnlichen Länge jedoch schlaksig und unreif. Die Körpergröße sowie ungewöhnlich große Füße und Hände verursachten ein linkisches Auftreten, wofür er hin und wieder von Verwandten und Bekannten gehänselt wurde. Es scheint, daß Washington in jenen frühen Jahren leicht von Frauen unterschiedlichster Herkunft, Alter und Rasse zu beeindrucken war. Nachdem er körperlich ausgereift war, verfehlte allerdings sein Auftreten auch nicht mehr die Wirkung auf jugendliche Mädchen und junge Frauen. Er war groß, blond, blauäugig – ein deutliches Indiz für seine normannische Abstammung.

Außerdem war er sportlich und um ein aristokratisches Erscheinungsbild bemüht. Damit entsprach er als junger Mann Schönheitsidealen, die bis heute gelten, und verstand es, viele Frauen stark für sich einzunehmen.

Er war indes offensichtlich nicht in der Lage, diese Vorteile im gewünschten Maße zu nutzen. In der Beurteilung seines Umganges mit dem schönen Geschlecht muß deutlich differenziert werden: Mit Frauen, die in der sozialen Schichtung unter seinem Niveau standen, unterhielt er zahlreiche amouröse Kontakte, offensichtlich ließen sich diese Frauen auch bereitwillig auf ihn ein. Bei ihnen brauchte Washington keine Etikette und umständliches Werbegebaren einzuhalten.

Auch ist viel darüber spekuliert worden, daß Washington gerne der Sinnlichkeit schwarzer Sklavinnen und der Direktheit offenherziger Indianerinnen erlegen sei. Warum eigentlich nicht? Schließlich beanspruchten im damaligen Süden die Männer der Oberschicht ganz selbstverständlich völlige Freizügigkeit mit Sklavinnen oder Dienstmägden jeglicher Art. Und was Vergnügungen und Lustbarkeiten angeht, ist aus zahlreichen Quellen überliefert, daß sich Washington so verhielt, wie die meisten seiner Standesgenossen Virginias. Warum hätte er, der schon früh so leidenschaftliche Gefühle für Frauen entwickelte, ausgerechnet in diesem Punkt die Ausnahme machen sollen?

Im Umgang mit weißen Frauen aus der gleichen oder aus einer höheren sozialen Schicht zeigte er sich hingegen gehemmt und schüchtern – ein seltsamer Gegensatz zu seinem männlichen Auftreten. Obwohl er als junger Mann die Geselligkeit liebte, ein ausgezeichneter und unermüdlicher Tänzer war, schildern ihn die Damen der Gesellschaft als ungewöhnlich ernsten und stillen Ballpartner.[23]

Er war kein „homme à femmes", obwohl die ganze Atmosphäre der damaligen Rokoko-Epoche von freizügiger Erotik und Pikanterie geprägt war. Die in vornehmer Gesellschaft gezeigte Zurückhaltung Washingtons ist nach seinem Tode von dem nüchtern und prüde werdenden Amerika der späteren Zeit als vorbildlich gepriesen worden und verlieh Washington nachhaltig das Image eines verstaubten, trockenen Übervaters, ein emotionsloses Neutrum gewissermaßen, das auf die Gegenwart uninteressant und langweilig wirkt.

Doch das genaue Gegenteil entspricht der Realität, wissen wir doch, daß er ein leidenschaftlicher Mensch voller Gefühle und Empfindungen war.

Die Ursache für seine Hemmungen gegenüber Frauen der gehobenen Gesellschaft ist sicherlich in einer Kombination aus mehreren Faktoren zu suchen:

Sie beginnt mit dem verkorksten Verhältnis zur Mutter, setzt sich fort mit einigen „Körben" in der Jugendzeit und gipfelt in seiner unglücklichen Liebe zu Sally Fairfax. Als Nebeneffekt mag hier noch hinzukommen, daß Washington aufgrund seiner mangelnden Bildung nicht in der Lage war, eine witzige, galante Konversation zu führen. Die Kunst der unterhaltsamen Diskussion beherrschte er zeit seines Lebens nicht. Er tritt vielmehr als großer Schweiger auf, wo andere durch Intellektualität glänzen. Kein Wunder, daß ihm eine solche Einstellung die Annäherung an die Damen beträchtlich erschwerte. Schon nach den ersten wenigen amourösen Mißerfolgen hielt er sich selbst im Umgang mit vornehmen Frauen für eine Niete. Wer erst einmal einen solchen Komplex entwickelt hat, ist meist nicht mehr in der Lage, ihn loszuwerden. Washington ist ein bedauernswertes Beispiel für diese Art Verhaltensstörung.

Zu dem Wechselbad seiner Gefühle gegenüber der Frauenwelt gesellten sich ab Frühjahr 1749 ernste Sorgen um die Familie. Der Gesundheitszustand von Lawrence verschlechterte sich dramatisch. Im Sommer 1749 reiste dieser nach England und konsultierte dort einen Arzt – vergeblich. Über Mount Vernon hing ein dunkler Schatten. Nicht nur, daß Lawrence anfing, um sein Leben zu bangen; seine Kinder starben eines nach dem anderen, kaum daß sie geboren waren. Lawrence und seiner verzweifelten Frau gelang es nicht, auch nur eines ihrer Kinder länger als ein paar Monate am Leben zu halten. Ein Drama. Dicht neben dem Tod lagen Freuden für andere. Georges sechzehnjährige Schwester Betty heiratete wenige Wochen nach dessen achtzehntem Geburtstag den angesehenen und wohlhabenden Fredericksburger Fielding

Lewis. George hatte plötzlich mit der Familie alle Hände voll zu tun. Neben seinen vielfältigen und einträglichen Aufgaben als Landvermesser mußte er immer häufiger Lawrence zur Hand gehen; auf Mount Vernon, in dessen Bewirtschaftung er eingeführt wurde, ebenso wie bei anderen alltäglichen Dingen seines älteren Bruders. So begleitete er Lawrence als dessen Krankenhelfer zweimal zur Kur nach den warmen Heilquellen von Berkeley Springs, die er ja von seiner ersten Reise her kannte. Berkeley gewann damals an Reputation als Kur- und Badeort. Doch die Unterkünfte und Kurbedingungen vor Ort spotteten jeder Vorstellung von einem solchen Erholungsort. Die Quellen lagen eben in der Wildnis – und so war es auch.

Während die Kuren keine nennenswerten Erfolge zeigten, erwachten in Lawrence in Berkeley Springs angesichts des Naturreichtums des nahen Shenandoah-Tals seine Instinkte als Landspekulant. Er beauftragte George, ihm mehrere Parzellen, die ihm gefielen, zu vermessen. Ein andermal schwärmte Lawrence deutschen Siedlern von der Schönheit des Ohio-Tals vor – obwohl er es gar nicht kannte.[24]

Denn der älteste Washington hatte im Februar 1749 mit gleichgesinnten Spekulanten eine „Ohio Company" gegründet und warb nun wo er ging und stand für die Besiedelung der zu erschließenden Region jenseits der Appalachies. Mit Hilfe einflußreicher Freunde war es ihm und seinen Kumpanen gelungen, von König George die Rechte für 200.000 Morgen Land am Ohio zu erlangen; dazu eine Option auf 300.000 weitere. Lawrence war ein typischer Virginier seiner Zeit. Man machte damals Geschäfte mit zwei Dingen: Tabak und Neuland.

Politisch machten die skrupellosen Landspekulanten der Ohio Company ihr Ansinnen der Krone schmackhaft, indem sie durch ihre Londoner Mittelsmänner, darunter der Herzog von Bedford, mitteilen ließen, sie würden durch die gestreute Besiedelung des Ohio-Tales – das übrigens keiner von ihnen durch Augenschein kannte – einer französischen Landnahme aus Canada zuvorkommen und auf diese Weise dazu beitragen, die britische Westgrenze zu sichern. Lawrences Profitstreben ging aber über den Verkauf von Siedlungsrechten an landhungrige Einwanderer hinaus. Er erkannte nämlich auch den Pelzreichtum der Ohio-Region und plante ein Fort sowie einen Handelsposten für Indianer. Er glaubte, daß das Ohio-Tal für die Briten vom oberen Potomac aus leichter unter Kontrolle zu bringen sei, als dies die Franzosen vom St.-Lorenz-Strom und den Oberen Seen aus vermochten. Obwohl hinter Lawrences Ohio-Plänen rein persönliche wirtschaftliche Interessen steckten, erwiesen sie sich wenige Jahre später auch auf politischer Ebene als richtig. Nur sollte es ihm nicht mehr vergönnt sein, diesen Triumph zu erleben. Bei aller Weitsicht hatte er allerdings das Ausmaß der französischen Gefahr genauso unterschätzt wie die Londoner Regierung. Die Folgen sollte George mit auszubaden haben.

Unterschätzt hatten die Mitglieder der Ohio Company vor allem aber die Ureinwohner. Wütend schrieb der Mitbegründer Thomas Lee 1749: „Die Indianer, die uns zunächst Anlaß zur Ermutigung [das Projekt betreffend] gegeben haben, sind nun davon überzeugt worden, daß es unser Ziel war, nicht mit ihnen Handel zu treiben, sondern sie auszulöschen."[25] Der hohe Gewinne versprechende Pelzhandel mit den Indianern war plötzlich in weite Ferne gerückt. Einen weiteren Tiefschlag erhielt die Ohio Company durch Konkurrenz-Gesellschaften. In Virginia selbst genehmigten Gouverneur und Rat einer weiteren Company die Rechte an 800.000 Morgen Ohio-Land, und auch in Pennsylvania regten sich ähnliche Unternehmungen. Die Ohio Company von Lawrence geriet ins Straucheln.

Der älteste Washington war in geschäftlichen Dingen offenbar ganz der Vater. Gus hatte sich im neuen Wirtschaftszweig der Eisenverhüttung engagiert, Lawrence in der Landspekulation. Beide waren rastlose Gesellen, mit einem wachen Blick fürs schnelle Geld. Doch dem regen Geist setzte der zunehmend schwächere Körper rigoros Grenzen. Die hilflosen Ärzte der Kolonie konfrontierten Lawrence im Sommer 1751 mit der Prognose, daß er den nächsten Winter in Virginia nicht überleben werde. Sie rieten ihm dringend zu einem Aufenthalt in einem milderen Klima.

Die westindische Insel *Barbados* stand damals im Ruf, ein ideales Umfeld für Lungenkranke zu bieten, warm und staubfrei. Gerne hätte Lawrence die Reise gemeinsam mit seiner Frau Ann unternommen. Doch diese wollte das jüngste Baby weder der Obhut von Ammen überlassen noch den Risiken einer Reise aussetzen, in Sorge um die Gesundheit des einzigen ihnen verbliebenen Kindes.

Der geschwächte Lawrence bedurfte indes einer Reisebegleitung. Das hatte schon der Aufenthalt in Berkeley Springs offenbart. Unter diesen Umständen war es für beide Brüder eine Selbstverständlichkeit, daß der junge George erneut die Fürsorge für Lawrence übernahm. Soweit die herkömmliche Version, die George wiederum im Licht des selbstlosen, heroischen Bruders erscheinen läßt: der edle George, der immer die übergeordneten Familieninteressen vor seine eigenen stellt!

Schön und gut, wären da nicht zwei Vorfälle aus dem Sommer 1751, die die Bereitwilligkeit, mit der George seinen Bruder nach Barbados begleitet, in die Nähe einer Flucht rückten. Denn in der heißfeuchten Sommerglut Virginias, wenn die Menschen in Haltung und Kleidung nachlässig und lasziv werden, hatte offenbar auch der junge George Washington seine Triebe nicht unter Kontrolle. Zunächst einmal gab es da den Vorfall mit den beiden Diebinnen:

Während des Besuches bei seiner Mutter auf der Ferry Farm ging George im Rappahannock schwimmen. Als er ans Ufer zurückkehrte, waren seine Kleider verschwunden. Nach kurzen Ermittlungen stellte sich heraus, daß zwei einheimische Frauen, die George heimlich beim Baden beobachteten, dessen Kleider entwendet hatten. Die beiden Diebinnen wurden verhaftet. Eine zeigte sich rasch geständig und trat gegen die andere als Zeugin auf. So ist uns lediglich der Name der Verurteilten überliefert: Mary McDaniel. Sie wurde mit fünfzehn Peitschenhieben bestraft – auf den nackten Rücken.

Eine seltsame Begebenheit, wirft diese Randgeschichte in Washingtons Leben doch zahlreiche Fragen auf: Kannte er diese beiden Frauen? Wie war ihre gesellschaftliche Stellung? Warum wird der junge George von ihnen beim Baden beobachtet? Waren sie etwa neugierig zu erfahren, ob das Gerücht zutreffe, wenn ein Mann große Füße und große Hände habe, verfüge er auch über ein großes Geschlechtsteil?[26] Warum letztendlich nahmen beide Frauen seine Kleider an sich? Aus fetischistischen oder aus materiellen Gründen? Warum wird eine der Frauen so ungewöhnlich hart bestraft? Die verfügbaren Quellen schweigen zu diesen Fragen. Dennoch oder gerade deshalb haftet der Episode etwas Pikantes an.

Zur gleichen Zeit wird George eine Affäre mit der jungen Frau eines seiner Nachbarn, Captain John Posey, nachgesagt. Posey war bei Washington hoch verschuldet. Es gibt Anhaltspunkte, daß George die finanzielle Abhängigkeit bei Mrs. Posey sexuell ausgenutzt hat. Fest steht, daß Mrs. Poseys erstes Kind, ein Sohn, als Erwachsener später seine Zeitgenossen um Haupteslänge überragte. Außerdem wurde er während des Unabhängigkeitskrieges von Washington außerordentlich rasch befördert.[27]

Nun – all diese ruchbar gewordenen Frauengeschichten um George im Sommer 1751 mögen dessen Entscheidung, sich nach Barbados einzuschiffen, beträchtlich beschleunigt haben. So segeln Lawrence und George – der eine um dem Winter, der andere um den Frauen zu entgehen – also im September in die Karibik. Auf diese Weise lernt George doch noch das Meer und die abenteuerliche Atmosphäre eines Schiffes kennen. Lawrence, in maritimen Dingen erfahren, nimmt die Gelegenheit wahr, dem jüngeren Bruder anschaulich Grundkenntnisse der Seefahrt zu vermitteln. Für George bleibt diese Auslandsreise gleichzeitig die letzte. In einer Zeit, in der nahezu jeder Kolonist vom Format der Washingtons im Laufe seines Lebens mehrere Reisen nach England unternimmt, ist es eine Merkwürdigkeit der Geschichte, daß der spätere erste Präsident der Vereinigten Staaten voll und ganz auf sein Land fixiert ist, ja selbst der Ausflug nach Barbados keine echte Auslandsreise darstellt, da er den Machtbereich des Union Jack in der amerikanischen Sphäre nicht verläßt.

George ist überwältigt von der Schönheit der tropischen Landschaft. Er notiert in sein Tagebuch die Namen exotischer Früchte und Blumen, die er bewundert. Er staunt über Plantagen von Zuckerrohr und anderen Gewächsen, die er noch nie gesehen hat. Typischer virginischer Pflanzersohn, interessiert er sich auch für deren wirtschaftlichen Wert und beschreibt schließlich in der ihm trockenen Art die Landwirtschaft des kleinen Inselreiches.

Das wichtigste aber ist: Der Lungenspezialist auf Barbados, Dr. William Hilary, untersucht Lawrence und kommt zu dem Schluß, daß für ihn durchaus Grund zur Hoffnung auf Genesung bestehe. Ausgelassen und euphorisch stürzen sich beide Brüder in die gesellschaftlichen Lustbarkeiten der britischen Kolonie, auch wenn es Lawrence im Stillen nicht so recht gelingen will, an eine völlige Wende seines Zustandes zu glauben, schließlich kennt er sein körperliches Befinden am besten.

Dennoch ist Lawrence nichts zu teuer, wenn es nur einen Hauch Besserung verspricht. Er weiß, daß es hier um Leben oder Tod geht. Deshalb zaudert er auch nicht, sich und George im Hause von Captain Crofton, dem Kommandanten der örtlichen Forts, für fünfzehn Pfund im Monat einzuquartieren – ein halsabschneiderisch hoher Logis-Preis, den Crofton nur verlangen kann, weil es auf Barbados kein Hotel gibt.

Um solche Dinge schert sich George indes nicht. Er ist begeistert von der Lage des Hauses: auf der einen Seite nur eine Meile bis zur Stadt, auf der anderen das Meer, dessen Wellen rhythmisch gegen die Klippen schlagen. „Von hier aus", schreibt George, „kann kein Schiff den Hafen ansteuern oder verlassen, ohne daß wir es beobachten können."[28]

Mit Ausnahme des Gouverneurs, der erstaunlicherweise alle gesellschaftlichen Aktivitäten der Insel meidet, sind die übrigen Honoratioren von Barbados peinlich bemüht, die beiden Virginier bestens zu unterhalten. Es werden Einladungen für sie organisiert. Da gibt es zum Beispiel einen originellen Sybaritenklub mit dem bezeichnenden Namen „The Beefsteak and Tripe Club". Da gibt es ein Theater – für George bis dahin nur vom Hörensagen ein Begriff. Dort wird die Tragödie *George Barnwell* aufgeführt. Darüber schreibt er: „Man sagt, daß der Charakter Barnwells und der einiger anderer gut dargestellt war."[29]

Diese Art der indirekten Bewertung offenbart hier schon eine Haltung Washingtons, die bis weit in seine politische Karriere hinein für ihn bezeichnend bleiben sollte. Er ließ sich nie zu einer eigenen Meinungsäußerung über ein Thema oder Gebiet hinreißen, für das er sich nicht kompetent fühlte.

Zwei Tage später, am Morgen des 17. November 1751, schwebt George plötzlich selbst in Lebensgefahr. Ihn überfällt ein heftiges Frösteln, dann starkes Fieber. Er muß nach einem Arzt schicken, kann nicht mehr aufstehen. Er, der sich um seinen Bruder kümmern soll, braucht nun selbst einen Pfleger. Am Abend wird er von heftigen Kopfschmerzen befallen, hinzu kommen Rücken- und Lendenbeschwerden. Zwei Tage später zeigen sich auf der Stirn und am Haaransatz rote Flecken. Innerhalb weniger Stunden vergrößern sie sich zu dicken Bläschen. George hat die Pocken! Bis zum 28. November kämpft er heftig mit dem Fieber, steht sein Schicksal auf des Messers Schneide. Es dauert bis zum 12. Dezember, ehe er Gewißheit hat: Sein Körper ist widerstandsfähig genug, mit jener gefährlichen Krankheit, die jährlich Tausende von Opfern fordert, fertig zu werden.

Sein Gesicht bleibt weitgehend von den typisch verunstaltenden Pockennarben verschont. Er behält nur ein paar leichte Male an der Nase zurück. Bei gesellschaftlichen Anlässen geht George künftig dazu über, sein Gesicht zu pudern. Für andere Zeitgenossen, die von den Pocken stärker entstellt waren, hatte beispielsweise der Fredericksburger Arzt und Freund Washingtons, Dr. Hugh Mercer, ein anderes Mittel parat. Wie heute noch vor Ort im „Hugh Mercer Apothecary Shop" berichtet wird, bot der findige Arzt den Betroffenen kleine Wachsteilchen an, mittels derer das zerfurchte Gesicht „ausgestopft" und geglättet werden konnte. Nach dieser Schönheitskorrektur wurde das Gesicht dann ebenfalls gepudert. Einziger Nachteil: Im Winter durfte man dem Kamin nicht zu nahe kommen und im Sommer mußte man direkte Sonneneinstrahlung meiden, weil sonst die Wachströpfchen zerflossen.

Nun – diese Probleme bleiben George erspart. Dafür zahlt er einen anderen, sehr hohen Preis: Die Krankheit hat ihn wahrscheinlich zeugungsunfähig werden lassen. Doch diese schmerzliche Erkenntnis sollte er erst später gewinnen. Trost über diesen Schicksalsschlag fand er dann allerdings während der entscheidenden Jahre seines Lebens. Er war nämlich immun geworden gegen Pocken, die Haupttodesursache während der Amerikanischen Revolution unter den Soldaten auf beiden Seiten!

Kaum von schwerer Krankheit genesen, konfrontiert ihn Lawrence mit neuen Plänen. Der Bruder spürt, daß ihm Barbados keinen Erfolg verspricht. Er ist depressiv und möchte seine Frau und sein Kind um sich haben. Bevor er jedoch nach Hause zurückkehrt, will er noch das trockene Klima von Bermuda ausprobieren. Beide kommen zu dem Schluß, daß George dem Bruder keine echte Hilfe mehr sein kann. Die beiden trennen sich. Während Lawrence nach Bermuda segelt, tritt George am 22. Dezember 1751 die Rückreise an. Sechs Wochen dauert die Fahrt. Am eiskalten Vormittag des 29. Januar 1752 läuft das Schiff in die Mündung des York Rivers ein, von wo aus ein Lotsenboot die Überseefahrer flußaufwärts nach Yorktown geleitet.

Nach der Landung mietet George ein Pferd und reitet – nicht nach Mount Vernon, wie man vermuten sollte. Nein, ihm war wichtige Post aus Barbados anvertraut worden, die er dem Gouverneur von Virginia in Williamsburg überbringen soll. Dieser Auftrag bietet George die seltene Chance, sich mit dem Regierungsoberhaupt der Kolonie persönlich bekannt zu machen. Gouverneur Robert Dinwiddie lädt ihn sogar zum Abendessen ein. Es entspinnt sich ein herzliches Gespräch, das für beide Männer zu einem Schlüsselerlebnis mit weitreichenden Konsequenzen werden sollte. Denn mit jugendlicher Verve und Keckheit läßt George durchblicken, daß er am Posten des General-Adjutanten von Virginia Interesse hat. Obwohl sein Bruder Lawrence diesen Posten bekleidet, hat George die Stirn, Gouverneur Dinwiddie dieses Ansinnen vorzutragen, wohl verbunden mit dem Hinweis auf Lawrences Krankheit. Der ältere Bruder ist noch nicht im Grab, da greift der jüngere schon gierig nach dessen Posten!

Erst um den 6. Februar trifft George endlich in Mount Vernon ein, um Lawrences Frau Ann über dessen Zustand und weitere Pläne zu unterrichten. Alles in allem bleibt die Washington-Familie indes im Unklaren über ihre Zukunft. Nur eines steht fest: Während des Aufenthaltes auf Barbados hat George an Selbstbewußtsein gewonnen. Die

Dinner-Dances und andere Einladungen auf der Insel haben Georges Zweifel beseitigt, er sei nicht gewandt genug, sich in gesellschaftlich höher stehenden Kreisen richtig zu bewegen. Die Akzeptierung durch Gouverneur Dinwiddie tat ihr übriges. George ist zwanzig Jahre alt, strotzt vor Selbstsicherheit und Lebenslust – und wird übermütig. Es ist Frühling! Er verliebt sich aufs Neue. Diesmal ist es ein um vier Jahre jüngeres Mädchen der virginischen Oberschicht: Betsy Fauntleroy aus Naylor's Hole im Richmond County, Tochter eines sehr reichen Plantagenbesitzers und Schiffseigners.

George ist zunächst nicht überrascht, daß sich Betsy abweisend verhält. Er ist ja an Körbe gewöhnt und scheint inzwischen ein dickes Fell entwickelt zu haben, denn unbekümmert macht er ihr weiterhin den Hof, gleichermaßen fasziniert von Betsy und ihrer angesehenen Familie. Doch in den Augen der Fauntleroys ist George Washington mit seiner kleinen Ferry Farm und seinem Wanderleben als Landvermesser, den jedermann für ein paar Pfund mieten kann, nicht standesgemäß. Da hilft ihm auch die Nähe zu den Fairfax' nichts. Außerdem hat sich herumgesprochen, daß sein Bruder Lawrence lebensgefährlich an Tuberkulose erkrankt ist und dessen Kinder allesamt wie die Fliegen sterben, kaum daß sie geboren sind. Da ist ein Urteil der Leute schnell gefällt: Die gesamten Washingtons gelten als schwächlich und kränkelnd. Es ist anzunehmen, daß Betsy Fauntleroy die Vorbehalte ihrer Familie gegenüber George angedeutet hat. Nur so ist zu erklären, warum sich George plötzlich mit einem Brief an Betsys Vater wendet, „in der Hoffnung auf eine Widerrufung des früheren, grausamen Urteils (...) Ich habe einen Brief an sie [Betsy] beigelegt. Ich wäre Ihnen sehr verbunden, wenn Sie ihn an sie weiterleiten würden."[30]

Ein Hilfeschrei. Doch armer George! Die junge Fauntleroy ist wiederum die Falsche. Die Familie hat anders entschieden. Eines Tages Anfang Juni 1752 wird Betsy unmißverständlich deutlich. Zwei Wochen später ist sie schon mit einem wohlhabenden Pflanzersohn verheiratet.

Aber bevor sich George wieder seinem Katzenjammer über sein Pech in der Liebe hingeben kann, wird seine Aufmerksamkeit ganz von einer anderen Person in Anspruch genommen. Es ist Lawrence, zum letzten Mal. In vorauseilenden Briefen hat er bereits seine Rückkehr angekündigt. Er fühle sich wie ein verurteilter Verbrecher, der seinem Schicksal nicht entgehen könne: „Ich werde jetzt nach Hause eilen, nach Hause in mein Grab." Vom Tode gezeichnet, erreicht Lawrence am 16. Juni 1752 Virginia. Wenige Wochen später liegt er auf dem Sterbebett. Am

20. Juli setzt er sein Testament auf und stirbt sechs Tage später in aller Stille, tief betrauert von George.

Diesem fällt die Organisation der Beerdigung sowie die Ordnung des Nachlasses zu, den Frau und Tochter erben. Lawrence hat verfügt, daß seine Frau Ann den uralten Familienbesitz Mount Vernon erbt. Anderen Grundbesitz überträgt er seinem Baby Sarah. Im Todesfall einer der beiden ist der jeweils andere Nacherbe. Sollten hingegen beide sterben und George noch leben, hat Lawrence seinen Halbbruder als Gesamterben vorgesehen. Außerdem übertrug er mit seinem Ableben die Verwaltung Mount Vernons an George, da er wußte, daß seine Witwe dieser Aufgabe nicht gewachsen war. Sicherlich spielte bei Lawrences Überlegungen auf dem Sterbebett auch eine Rolle, daß George auf seiner eigenen kümmerlichen Farm dank seiner Mutter nichts zu sagen hatte. Auf dem Herrensitz Mount Vernon hingegen würde sich George als Pflanzer und Gutsverwalter entfalten können. Ein letzter Gefallen des Mentors Lawrence über den Tod hinaus.

Bald darauf stirbt auch Sarah, das letzte Kind von Lawrence. Die Witwe fühlt sich nun mit dem wesentlich jüngeren Schwager auf Mount Vernon fehl am Platz. Sie heiratet schon ein halbes Jahr nach dem Tod ihres Mannes und zieht auf den Besitz des neuen Gatten. George übernimmt daraufhin Mount Vernon auf eigene Rechnung gegen eine Jahresleistung an Ann von 15.000 Pfund Tabak, dem Hauptprodukt seiner neuen Ländereien. Aus dem umherschweifenden Landvermesser wird binnen kurzem der typische Großgrundbesitzer des Südens. George ist mit zwanzig Jahren ein gemachter Mann der kolonialen Oberschicht. Aber er steht sehr einsam da: ohne Vater und Lieblingsbruder, ohne Frau, ohne Partner an seiner Seite – ein über seine Jahre hinaus ernster Mensch.

Lawrence hinterläßt nicht nur Ländereien und Vermögen. Mit seinem Tod werden auch eine Reihe von Posten und Positionen vakant: Er war einer der Treuhänder für den Trust zur Finanzierung des Aufbaus von Alexandria, Vorstandsmitglied der Ohio Company, Abgeordneter im Parlament von Virginia sowie Generaladjutant der Kolonie. Für die Geschäfte und politischen Bestrebungen seines Bruders hatte sich George nie sonderlich interessiert. Die militärische Karriere hingegen hatte ihn schon von Kindheit an fasziniert, schließlich hatte er als Elfjähriger vom Offiziersleben bei der Königlichen Kriegsmarine geträumt. Um die Neubesetzung der Adjutantenstelle war schon seit geraumer Zeit in den tonangebenden Kreisen der Kolonie spekuliert worden. Die Erfahrung mit Lawrence hatte dem Gouverneur gezeigt, daß eine Person alleine diese Aufgabe nicht mehr bewältigen konnte. Dazu war Virginia inzwischen zu groß geworden, ohne festgelegte Westgrenze, die ins Unendliche zu reichen schien. Es zeichnete sich aber gerade seit Mitte der vierziger Jahre immer deutlicher ab, daß Virginia ein organisiertes und effizientes Militärsystem brauchte, vor allem im Auftreten gegenüber den Indianern und Franzosen jenseits der Appalachies.

Deshalb waren sich der Rat von Virginia und der Gouverneur schon zwei Tage nach dem Tode Lawrences einig, die Adjutanz in vier Distrikte aufzuteilen: den (wilden) Westen, das Northern Neck, das Middle Neck und den Süden. Das Gespräch, das George nach der Rückkehr aus Barbados geführt hatte, zeigte nun Folgen: George wurde zu einem der vier Adjutanten Virginias ernannt.

Doch statt sich über diesen Erfolg zu freuen, war er gekränkt. Denn er hatte nicht – wie kühn gehofft – den attraktivsten Distrikt, das Northern Neck, zugeteilt bekommen, wo er selbst wohnte, sondern den Süden, der die gesamte Region zwischen dem James River und der Grenze zu North Carolina umschloß. Dieser Distrikt galt als der unbedeutendste und war George zudem zu weit entfernt von Mount Vernon. Doch was dachte sich der junge Schnösel eigentlich! möchte man meinen. Schließlich war er erst zwanzig Jahre alt – mit Abstand der Jüngste unter den Adjutanten und außerdem in militärischen Dingen völlig unerfahren. Am 1. Februar 1753 ließ er sich dann doch auf seinen Adjutanten-Posten vereidigen. Gewissermaßen als vorgezogenes Geschenk zu seinem in wenigen Tagen anstehenden 21. Geburtstag erhielt er zudem das Patent als Major, mit dem ein Jahressalär von 100 Pfund verbunden war.

Doch sein Groll über die Zuteilung des bedeutungslosen Süddistrikts blieb. Es gibt keinerlei Anzeichen dafür, daß er auch nur eines seiner Counties, die ihm unterstellt waren, inspiziert oder irgendwelche Männer für die Miliz interessiert hat. George betrieb vielmehr weiterhin die Änderung seiner Zuständigkeit. Er rannte unermüdlich allen notwendigen Stellen solange die Tür ein, bis er erreichte, was er wollte: Der Rat von Virginia ließ sich – wohl auch unter dem mächtigen Einfluß der Fairfax', die sich nach wie vor als Gönner Washingtons gerierten – tatsächlich umstimmen. George Washington wurde Adjutant des Northern Neck.

In der Zwischenzeit tat er alles, um seine Qualifikation für diesen Kolonialposten zu verbessern. Im Frühjahr und Sommer 1753 las er in jeder freien Minute Bücher über Taktik und militärische Führung, ein kompliziertes und sehr theoretisches Studium für einen jungen Mann, der selbst noch nie eine militärische Ausbildung erlebt hatte. Hier offenbart sich allerdings Washingtons Fähigkeit als Autodidakt, eine Fähigkeit, die in den nächsten Jahren noch oft von ihm verlangt wird und die er zur Perfektion entwickelt. Oder anders gesagt: Er wuchs an seinen Aufgaben. Bisher hatte er sich so gut wie gar nicht um die öffentlichen Belange und die Politik der Kolonie gekümmert. Jetzt, als Major Washington, mußte er sich mit militärischen, politischen und strategischen Zusammenhängen auseinandersetzen: allen voran der drohenden Gefahr an der Westgrenze Virginias, wo sich die Franzosen anschickten, die britischen Siedler ein für alle Mal von den Naturschätzen und den unendlichen Weiten jenseits der Appalachies abzuschneiden.

Botschafter und Spion: Vorstoß zum Ohio

Schon seit mindestens tausend Jahren ist das Ohio-Gebiet von Menschen besiedelt. Für die Nachwelt beeindruckend ist die Kultur der *Mound Builder*, die mehr als sechstausend deutlich sichtbare Grabhügel, Verteidigungsanlagen und andere Gebilde in Form von Schlangen oder Vögeln aus Erde aufschütteten. Auf diese untergegangene, bis heute mysteriös gebliebene Kultur folgten die Stammes- und Clangebilde von Waldlandindianern, die zur Zeit Washingtons materiell gesehen noch weitgehend in ihrer traditionellen Weise lebten, so wie es hundertdreißig Jahre zuvor die ersten Siedler von Jamestown noch an der Küste Virginias angetroffen hatten. Einige Namen der hiesigen Indianerstämme sind im „Lederstrumpf" des James Fenimore Cooper legendär verewigt worden. Die Stämme der Waldlandindianer teilten sich in Gruppen ein, die in drei verschiedenen Regionen die Wildnis zwischen den Appalachies und dem Mississippi beherrschten. Die Irokesen, die seit etwa 1540 eine Konföderation aus fünf, später sechs Stämmen bildeten, bewohnten das Gebiet südlich des Lake Ontario und Lake Erie bis hinab nach Pennsylvania. Die etwas stärker aufgelockerten Algonkin – bestehend aus Shawnee, Delaware, Miami, Potowatomie, Ottawa, Mohikanern und mehreren Kleinstämmen – bevölkerten das Land von Tennessee und Virginia bis nach Canada hoch. In den Appalachies bis hinab nach Florida hatte sich eine weitere Stammeskonföderation gebildet, die von den englischen Siedlern aufgrund ihrer geringen kriegerischen Neigung die „Fünf zivilisierten Nationen" genannt wurde. Es handelte sie dabei um die Creek, Cherokee, Choctaw, Chickasaw sowie die Seminolen.

Alle diese Gruppen waren ausgeprägte Landwirte, die verschiedene Mais- und Kürbisarten, Bohnen, Reis und Melonen anbauten. Waldfrüchte sowie die Jagd ergänzten den reichhaltigen Speisezettel dieser Indianer. Hunger war unbekannt. Die Wälder und Seen boten unerschöpfliche Nahrungsquellen. Ein Paradies – möchte man meinen. Ohne daß die europäischen Siedler es ahnten, hatte ihre Ankunft zu Beginn des 16. Jahrhunderts indes bereits tiefgreifende Umwälzungen auch in den tiefen Wäldern jenseits der Appalachies bewirkt.

Denn kaum waren die ersten Franzosen in Canada gelandet, wußten die Indianer, welche Stunde ihnen geschlagen hatte:

Jacques Cartier erforschte 1534/35 den Lorenzstrom und die angrenzenden Gebiete und nahm sie 1540 kühn für Frankreich „in Besitz". Daraufhin verbündeten sich die fünf Irokesenstämme noch im gleichen Jahr zu einer straffen Liga und organisierten massiven Widerstand gegen die französischen Eindringlinge und alle Indianerstämme, die sich mit den Bleichgesichtern einließen. Denn es war vor allem die vernichtende Feuerkraft der französischen Donnerbüchsen, die die Irokesen zu der Überlegung brachte, diesem neuen Feind nur geballt entgegentreten zu können – oder unterzugehen.

Obwohl sie den Siegeszug der weißen Soldaten, Missionare und Pelzjäger nicht aufhalten konnten – 1608 gründeten die Franzosen Quebec, um noch tiefer in das Innere Nordamerikas vorstoßen zu können –, entwickelten die Irokesenstämme eine erstaunliche Widerstandsfähigkeit: Sie wurden selbst zu gefürchteten Eroberern, zum Schrecken der Wildnis, zur Geißel nicht nur der weißen Eindringlinge, sondern aller Indianervölker zwischen den Oberen Seen und den Appalachies. Sie waren ständig auf dem Kriegspfad! Ihr Haß auf die Franzosen wurde latent. Denn diese unterstützten ihre uralten Gegner, die Huronen. Und ihr Haß auf diese wiederum wurde grenzenlos, denn sie sahen in den Huronen Verräter an der roten Rasse.

Auf diese Weise hatten die Franzosen erfolgreich einen tiefen Keil in das politische Gefüge der Waldlandstämme getrieben, das binnen zweihundert Jahren die Indianer in zwei Lager teilte: ein französisches und ein englisches. Während die Franzosen in der Lage waren, „ihre" Indianer, allen voran die Huronen, weitgehend als sichere Bündnisgenossen auf sich einzuschwören, gelang es den wesentlich später auf den Plan tretenden Briten aus zweierlei Gründen nicht, treue Verbündete unter den Indianer zu gewinnen. Sie waren vornehmlich auf die Irokesen als Partner und Kampfgefährten angewiesen – wohl wissend, daß diese gefürchteten Krieger die Engländer ebenfalls nicht mochten, die Franzosen lediglich mehr haßten. So waren und blieben die englischen Verbündeten unter den Indianern stets unsichere Kantonisten. Mitunter schwenkten tatsächlich einige Stämme der Irokesenliga ganz plötzlich für eine zeitlang ins andere Lager über, besonders die wilden Seneca. Am englandtreusten waren die Mohawk, besser bekannt als Mingos.

Die katholischen Franzosen sahen in den Indianern zwar Heiden, aber doch zunächst Menschen, die man verstehen und würdigen lernen, auf deren Art man sich einstellen müsse. Die ethnographischen Werke der französischen Jesuiten legen von dieser hohen Auffassung ein beredtes Zeugnis ab. Selbst für die Irokesen, um deren Gegenliebe sie lange vergeblich geworben hatten, finden sie anerkennende Worte. Schließlich war es auch ein Franzose, Rousseau, der die Indianer romantisch verklärte und den „edlen Wilden" erfand.

Die Nachfahren der Pilgerväter, die protestantischen Großgrundbesitzer des Südens sowie die hartgesottenen Grenzsiedler, konnten in den grellbunt bemalten, halbnackten Indianern meist nur den leibhaftigen Beelzebub, den grausamen Kindermörder und Frauenschänder erkennen. Ein typisches Beispiel für das völlige Unverständnis der Engländer gegenüber den amerikanischen Ureinwohnern ist von einem Zeitgenossen Washingtons überliefert, General Sir Jeffrey Amherst. Die Indianer waren für ihn das „erbärmlichste Geschlecht von Wesen, die je die Erde unsicher gemacht", ein „niedriges Gewürm".[31] Die englische Besiedlung war stets gekennzeichnet von einer ausschließlichen Landnahme durch die Weißen. Die Indianer wurden erst militärisch besiegt, dann vertrieben. Damals entstand das geflügelte Wort: „Nur ein toter Indianer ist ein guter Indianer".

Die Franzosen hingegen beließen den Ureinwohnern ihre Jagdgründe, viele Pelzjäger und Soldaten auf vorgeschobenem Posten nahmen sich Indianer-Squaws zur Frau, adaptierten stellenweise gar die Lebensweise der „Wilden" und drangen auf kleinen Kanus über das weitverzweigte Wassergebiet tief in die Weiten des amerikanischen Westens vor. Doch auch mittels offizieller Expeditionen erkundeten sie, im Gegensatz zu den Engländern, das Land. So fuhr Robert Sieur de la Salle als erster Weißer 1670 von Canada aus den Ohio und Mississippi hinab und gründete an dessen achthundert Meilen südlich gelegener Mündung in den Golf von Mexiko eine neue Kolonie: Louisiana. Aus dieser Entdeckungsfahrt begründete die französische Krone rasch ihren Anspruch auf das gesamte Gebiet jenseits der Appalachies. De facto fühlte sich Frankreich als rechtmäßiger Herr über ganz Nordamerika, ausgenommen den schmalen Streifen britischer Kolonien an der Atlantikküste. Kartenmaterial aus der damaligen Zeit belegt indes, daß die Engländer, lange bevor ein einziger von ihnen die ersten Bergkämme der Alleghenies überstiegen hatte, die französischen Gebietsansprüche schlicht ignorierten: Die Grenzen der englischen Kolonien verliefen im 18. Jahrhundert nach Westen hin alle ins Unendliche. Beide Hegemonialmächte gingen schon lange keinem Konflikt mehr aus dem Weg. Der erste Kolonialkrieg, in Amerika „König Wilhelms Krieg" genannt, tobte bereits von 1688 bis 1697 mit aller Grausamkcit. 1689 machten die Irokesen als britische Verbündete Montreal nieder und schlachteten buchstäblich 1.000 Franzosen ab.

Doch der Ringkampf beider Mächte konzentrierte sich hauptsächlich auf die Vormachtstellung in Europa. Nordamerika blieb lange nur ein Nebenkriegsschauplatz. Erstmals neigte sich die Waagschale zugunsten Englands im spanischen Erbfolgekrieg – in Amerika „Königin Annes Krieg" genannt: Frankrcich mußte 1713 im Frieden von Utrecht Acadia, Neufundland, Neuschottland und die Hudsonbay-Länder abtreten; ein schwerer Schlag.

Auch der österreichische Erbfolgekrieg von 1740-1748 – in Amerika als „König Georges Krieg" bekannt – wird in Nordamerika ausgetragen, bringt aber mit dem Friedensvertrag von Aachen noch nicht die erwartete Klärung. Im Gegenteil. Frankreich schickt sich jetzt erst recht an, seine dünn besiedelten amerikanischen Gebiete aufzurüsten und zu sichern. Es verstärkt die vorhandenen kleinen Pelzhandelsforts und Missionsstationen, die immer auch politische Machtzentren waren. Denn Frankreich fürchtet um den Verlust des Pelzhandels, der für das Europa des 18. Jahrhunderts größte Bedeutung hatte. Nahezu alle Hutarten, ob militärischer Dreispitz, modischer Pfarrershut , Zylinder oder „Pariser Beau", wurden aus Biberfellen gefertigt, nicht zu reden von den weithin verbreiteten Pelzmänteln und Handschuhen. Der sich aufschaukelnde Konflikt zwischen England und Frankreich war – primitiv gesprochen – ein reiner Wirtschaftskampf um Sicherung oder Verlust des Pelzhandelmonopols.

Den ersten Schritt zur Eskalation unternahm Frankreich im Jahre

1749. Es sandte eine mächtige Expedition von dreiunddreißig Kanus unter der Leitung hochrangiger Emissäre in das Ohio-Tal. Sie führten einen bis dato nicht dagewesenen Propagandafeldzug gegen die Briten. Von alledem wußte man in den englischen Kolonien zunächst nichts. Erst als Jäger, Fallensteller und Händler aus Pennsylvania, Virginia und North Carolina überall auf französisches Militär, Missionare und französische Parolen stießen, reagierten die am Ohio-Tal interessierten Virginier und Pennsylvanier. Beide schickten offizielle Kundschafter gen Westen, um Genaueres zu erfahren. Im Falle Virginias beauftragte die Ohio-Company von Lawrence Washington mit Rückendeckung des Gouverneurs Dinwiddie, der hohe privat-finanzielle Interessen mit dem Erfolg der Company verband, den deutschstämmigen Waldläufer Christopher Gist. Seine Instruktion lautete: „Erkundung des Westens bis zu den Fällen des Ohio, Auswahl eines großen, zur Ansiedlung geeigneten Landgebiets, Studium und Einprägung der Gebirgspässe, Verfolgung der wichtigsten Flußläufe, Zählung der die Schiffahrt hindernden Schnellen und Katarakte, Prüfung der Kriegsstärke und Gesinnung aller besuchten indianischen Nationen".[32]

Was Gist dann erlebte, war eine Reise voller Hoffen und Bangen. Bei den qualmenden Winterfeuern der Huronen an einem Nebenfluß des Ohio traf er den Stamm in gespaltener Stimmung an. Die einen hielten in alter Zuneigung zu den Franzosen, andere wiederum waren aus Furcht vor den mächtigen irokesischen Nachbarn in jeglicher Entscheidung gelähmt. Er reiste weiter zu den Shawnee, den Miami, begegnete kanadischen Ottawas, die das Lilienbanner der Franzosen mit sich führten und erkundete schließlich noch einen Paß über das Gebirge, den Durchbruch des großen Kanawah.

Nach Rückkehr zu seinen Auftraggebern bestätigte der Waldläufer die Vermutungen und Gerüchte, die seine Kundschaft veranlaßt hatten: Jenseits der Berge herrschte große Unruhe unter den Stämmen. Französische Voyageurs, Soldaten und Missionare drangen ständig vom Erie-See her in das Gebiet des Ohio vor. Sie buhlten um die dortigen Stämme, sowohl mit billigem Tand als auch mit teuren Gewehren und bunten Kleidungsstücken. Für jedermann sichtbar, hingen sie Bleiplatten an markante Bäume, in die das französische Wappen geschnitzt war, und markierten solcherart ihren Gebietsanspruch.[33]

Was die Herren in Williamsburg jedoch am meisten aufbrachte, war Gists Feststellung, daß die Franzosen am Ohio bereits ein Gebiet besetzt hatten, das man in Virginia für englisch glaubte, hatte man es doch 1744 von den „fünf zivilisierten Nationen" mit Feuerwasser und Glasperlen erkauft. Die Aktieninhaber der Ohio-Company schimpften wüst auf die Unzuverlässigkeit des „roten Packs". Dies änderte aber nichts an der Tatsache, daß die Franzosen ein *fait accompli* geschaffen hatten. Hier am Ohio sollte sich der Funke entzünden, und George Washington spielte dabei die Hauptrolle.

Gouverneur Dinwiddie reagierte zunächst besonnen auf die verzwickte Lage. Er sandte noch einmal zwei Unterhändler zu den Indianern am Ohio, um an die vertraglichen Bindungen zu erinnern. Vergebens. Denn die Franzosen wollten jetzt die Entscheidung erzwingen. Sie schickten Ottawas und Ojibwas auf den Kriegspfad gegen englisch gesonnene Stämme. Im Winter 1752/53 liefen die Miami zu ihnen über, und im Frühjahr 1753 landete am Erie-See eine Streitmacht von 1.500 französischen Soldaten, die drei strategisch wichtige Forts errichteten: *Presque Isle* (heute Erie), *Fort Le Boeuf* (nahe dem heutigen Waterfort) sowie *Venango* am Zusammenfluß des French Creek und des Allegheny River. Von hier aus war es ein Leichtes, den Allegheny weiter hinab bis zu den Gabelungen des Ohio zu gelangen, genau jener, das Ohio-Tal beherrschenden Stelle, wo die Ohio-Company Virginias einen Handelsposten errichten wollte.

Jetzt wurde Gouverneur Dinwiddie die ganze Angelegenheit zu brenzlig, um sie alleine weiter zu betreiben. Er schrieb umgehend an die Londoner Regierung mit der Bitte um Weisung, wobei er im gleichen Brief bereits vorschlug, die Franzosen massiv in die Schranken zu weisen. Im Oktober 1753 hielt er die Antwort in Händen:

Virginia solle eine Kette von Forts entlang des Ohio errichten und einen Emissär in jene Gegend entsenden, die englisch sei, um zu überprüfen, ob sich tatsächlich Franzosen auf englischem Territorium befänden. Wenn dies der Fall sein sollte, solle der Emissär sie auf friedliche Weise auffordern, das Gebiet zu verlassen. Sollten sich die Franzosen weigern, „befehlen und beauftragen Wir Sie ausdrücklich", schrieb König George II. eigenhändig, „sie mit Waffengewalt hinauszuwerfen". [34]

Nichts hätte für die alte schottische Kaufmannsseele Gouverneur Dinwiddies befriedigender sein können als dieser königliche Befehl. Doch der alte Fuchs wußte, daß er diesen Triumph nicht herausposaunen durfte. Zu vielen einflußreichen Persönlichkeiten der amerikanischen Kolonien war sein persönliches Interesse an der Ohio-Company geläufig. Zudem betrieben Maryland und Pennsylvania ähnliche Eigeninteressen und würden den Virginiern sicherlich die Luft am Ohio nicht gönnen. Den New Yorkern war das Spekulieren im Hinterland gar suspekt. Sie fürchteten einen erneuten Konflikt mit Frankreich, schließlich war Quebec nicht weit. Doch der Befehl des Königs selbst enthielt die Lösung: Erst einmal einen Emissär schicken. Damit zeigt man guten Willen. Dann handeln.

Es ist wohl auf den alten Gönner und Freund der Familie, William Fairfax, zurückzuführen, daß Gouverneur Dinwiddie ausgerechnet George Washington zum Gesandten für diese heikle Mission auswählte. In der amerikanischen Geschichtsschreibung wird meist angeführt, Washington habe sich freiwillig gemeldet.[35] Plausibler scheint aber die Ansicht, daß die hartgesottenen Drahtzieher im Hintergrund, die Mitglieder der Ohio-Company, niemals irgendein „dahergelaufenes Jüngelchen" mit solch einer, für sie überlebenswichtigen Aufgabe betraut hätten, nur weil dieser sich freiwillig in völliger Selbstüberschätzung dazu bereit erklärt hatte.[36] Die Zusammensetzung der in diese Angelegenheit verwickelten Personen spricht dafür, daß sich die führenden Aktionäre der Ohio-Gesellschaft, zu denen auch William Fairfax zählte, bei ihren erregten Debatten über dem Punchtisch hinweg auf den jungen Washington einigten, weil er für sie in vielerlei Hinsicht ideal schien:

George war kein Außenseiter, der die Mission zu seinem eigenen Vorteil und womöglich gegen die Company verwenden könnte, denn er war der Bruder Lawrence Washingtons, des glühenden Mitbegründers der Gesellschaft. Er war mit den westlichen Wäldern vertraut, besaß den geschulten Blick eines Landvermessers und konnte so die Wildnis danach beurteilen, wo sich am besten Handelsposten und Forts errichten ließen. Außerdem erschien er den Landspekulanten politisch naiv genug, um ihr Spiel nicht zu durchschauen, zugleich ehrgeizig genug, um an eine höhere Bestimmung seines Auftrages zu glauben.

Während der Königliche Rat Virginias in Williamsburg, in dem auch William Fairfax und andere Mitglieder der Ohio-Gesellschaft saßen, von Dinwiddies Vorschlag leicht übertölpelt werden konnte, schob man als Rechtfertigung für die Regierung in London eine glatte Lüge hinterher: Bei Washington handele es sich um einen „alten erfahrenen Soldaten".[37]

Am 31. Oktober 1753 also steht der Major und Milizkommandant George Washington vor seinem Gouverneur und nimmt den Auftrag entgegen, als diplomatischer Gesandter der englischen Krone bis zum Ohio vorzustoßen. Ohio, das heißt auf Irokesisch „etwas Großes". Und etwas Großes ist es denn auch, was Washington dort ausrichten soll. Er soll dem französischen Kommandanten einen Brief Dinwiddies überreichen, in dem die Franzosen höflich zum Rückzug aus dem von England beanspruchten Ohio-Gebiet aufgefordert werden. Washington soll nicht länger als eine Woche auf die Antwort warten. Unterwegs soll er so viele Indianerstämme wie möglich für die Engländer gewinnen sowie die Lage der französischen Forts und deren Truppenstärke erkunden. Der Auftrag war an sich simpel, lediglich für den Ausführenden war er lebensgefährlich. Doch George, voller Tatendrang und Stolz, denkt keine Sekunde daran, daß ihm diesmal sein Aufbruch in die Wildnis das Höchste abverlangen würde, daß es eine Reise ohne Wiederkehr werden könnte – aus dem Hinterhalt eines dunklen Waldgrundes von einem heimtückischen Indianerpfeil getroffen, skalpiert und dann von Waldameisen bis zum Skelett abgenagt, einfach verschwunden, namenlos, wie so viele Waldläufer zuvor; nein, solche Phantasien sind dem jungen Draufgänger fremd. Noch am gleichen Tag, zur gleichen Stunde, treibt er sein schweißnasses Pferd, von herbstlichen regennassen Windböen gepeitscht, Richtung Fredericksburg. Hier überredet er den jungen Holländer Jacob van Braam, der schon unter Lawrence Washington während der Cartagena-Expedition gedient hatte und zudem Washingtons Fechtlehrer war, ihn als Dolmetscher zu begleiten. Obwohl van Braams Englisch sehr zu wünschen übrig ließ, stand er in dem Ruf, Französisch zu können. Wie sich später – zu spät und tragisch für Washington – herausstellen sollte, beherrschte er keine von beiden Sprachen. Auch dies ein weiteres Indiz für die dilettantische Personalpolitik der Mächtigen in Williamsburg. Sie überlassen die Auswahl des Dolmetschers einem unerfahrenen Jüngling. Und der schafft es prompt, auf einen Blender hereinzufallen. Für diese Leichtfertigkeit mußte Washington bitter bezahlen.

Doch zunächst stürmt der von seiner Mission beseelte Milizoberst mit dem Holländer an seiner Seite auf den ihm bekannten Pfaden gen Westen: in Alexandria versorgt er sich mit allem, was man für die Wildnis braucht. Dann über die Blauen Berge, durch das Shenandoah-Tal, über Frederick-Town hinein in die Allegheny Mountains bis zum Wills Creek. Es ist der 14. November – zwei Wochen nur, seit Gouverneur Dinwiddie ihn mit ernster Stimme im Namen der englischen Krone beauftragt hat –, als er hier vor der Blockhütte von Christopher Gist sein Pferd zügelt.

Auf unbekannten Pfaden stößt Washington 1753 mit einem Dolmetscher und mehreren Waldläufern in die Bergwelt des Westens zu Indianern und Franzosen vor.

Es war der Gouverneur, der Washington nahegelegt hatte, den deutschen Kundschafter, der schon einmal loyal im Dienste der Ohio-Company das Land am Ohio ausgespäht hat, als seinen Fährtensucher und Indianerdolmetscher anzuheuern. Wenigstens in dieser Hinsicht bewies Dinwiddie eine gewisse Weitsicht.

Der Grenzer Gist versteht sofort, was es mit dem überraschenden Auftauchen der beiden Männer aus Fredericksburg auf sich hat. Er bittet um Aufschub von einem Tag, damit er sich für die Reise vorbereiten kann. In der Zwischenzeit verpflichtet Washington vier weitere Waldläufer und Indianerhändler, von denen er sich kundige Begleitung in der Wildnis verspricht. Und schon hastet die nunmehr aus sieben Mann bestehende Truppe weiter, während wechselweise schwere Regenfälle und dichtes Schneetreiben ihr Vorwärtskommen stark behindern. Wäre es nur um Landvermessen gegangen, hätte Washington die Unbilden der Natur wohl kaum in Kauf genommen. Denn in den vergangenen Jahren hatte er regelmäßig vor Beginn der kalten Herbststürme seine Vermessungsstäbe eingepackt und war nach Hause getrabt. Jetzt aber war kein reißender Bach zu gefährlich, keine Schlucht zu tief, kein Hochwald zu verschneit. Für fünfundsiebzig Meilen Luftlinie benötigte Washington acht Tage. Dann sah er eine dünne Rauchsäule aus den verschneiten Helmlocktannen vor sich aufsteigen: das Kaminfeuer der mit Eiszapfen verzierten Blockhütte von John Frazier. Dieser hartgesottene Grenzer war in Williamsburg gut bekannt. Er handelte hier am Zusammenfluß des Monongahela River und des Turtle Creek schon seit zwölf Jahren mit den roten Wilden, in den letzten Jahren im Auftrag der Ohio-Company. Für die Indianer stellte sein Blockhaus den nahesten Kontaktpunkt zu den Engländern Virginias dar. Für Virginia war Frazier der vorgeschobenste Horchposten am Puls des westlichen Waldes, seiner Bewohner und französischen Eindringlinge – Händler und Spion zugleich.

Kaum hatte die kleine Truppe die Schwelle zur warmen Stube überschritten und die Schneeflocken aus den steif gefrorenen Pelzen geschüttelt, da eröffnete ihnen der Grenzer mit ernstem Gesicht, daß er vor jeglicher Weiterreise warnen müsse. Drei französisch gesonnene Indianerstämme, darunter die Ottawas, hätten wieder das Kriegsbeil gegen die Engländer ausgegraben. Der Wald sei voll von ihnen. Außerdem wußte Frazier gerüchteweise, daß der die südlich des Erie-Sees stehenden französischen Truppen kommandierende General gestorben sei. Die französischen Soldaten hätten daraufhin Befehl erhalten, sich nach Norden in ihre Winterquartiere zurückzuziehen. Es werde schwierig, einen für die Briefübergabe geeigneten Offizier der Franzosen aufzuspüren, gab Frazier zu bedenken. Mit dieser Lageeinschätzung des erfahrenen Grenzläufers hätte Washington eigentlich allen Grund gehabt, seinen Vorstoß zum Ohio abzubrechen: die schlechte Witterung, zu viele feindliche Indianer, keine Franzosen. Doch der Pflanzersohn war nicht gekommen, um sich von den auf Gerüchten beruhenden Ratschlägen eines im verschneiten Urwald überreizten Einsiedlers einschüchtern zu lassen.

Außerdem galt es, den Rückzug der Franzosen aus dem Ohio-Gebiet zu verifizieren, barg dieses Manöver doch einen Vorteil für England in sich. Einen Tag später erreicht er den strategischen Punkt im Ringen der Franzosen und Engländer um den Ohio, jenes gottverlassene Stückchen Erde, wo sich der Allegheny River in die mächtigen Wasser des Monongahela ergießt, genannt die *Gabelungen des Ohio*. Hier beabsichtigte schon sein Bruder Lawrence einen Handelsposten der Ohio Company zu errichten, jetzt ist es Virginia, das ein Fort plant. Also studiert Washington das Gelände ganz genau und notiert: „Das Gebiet der Gabelungen ist, so denke ich, bestens für ein Fort geeignet, denn von hier aus beherrscht man beide Flüsse. Die Landzunge erhebt sich 20 bis

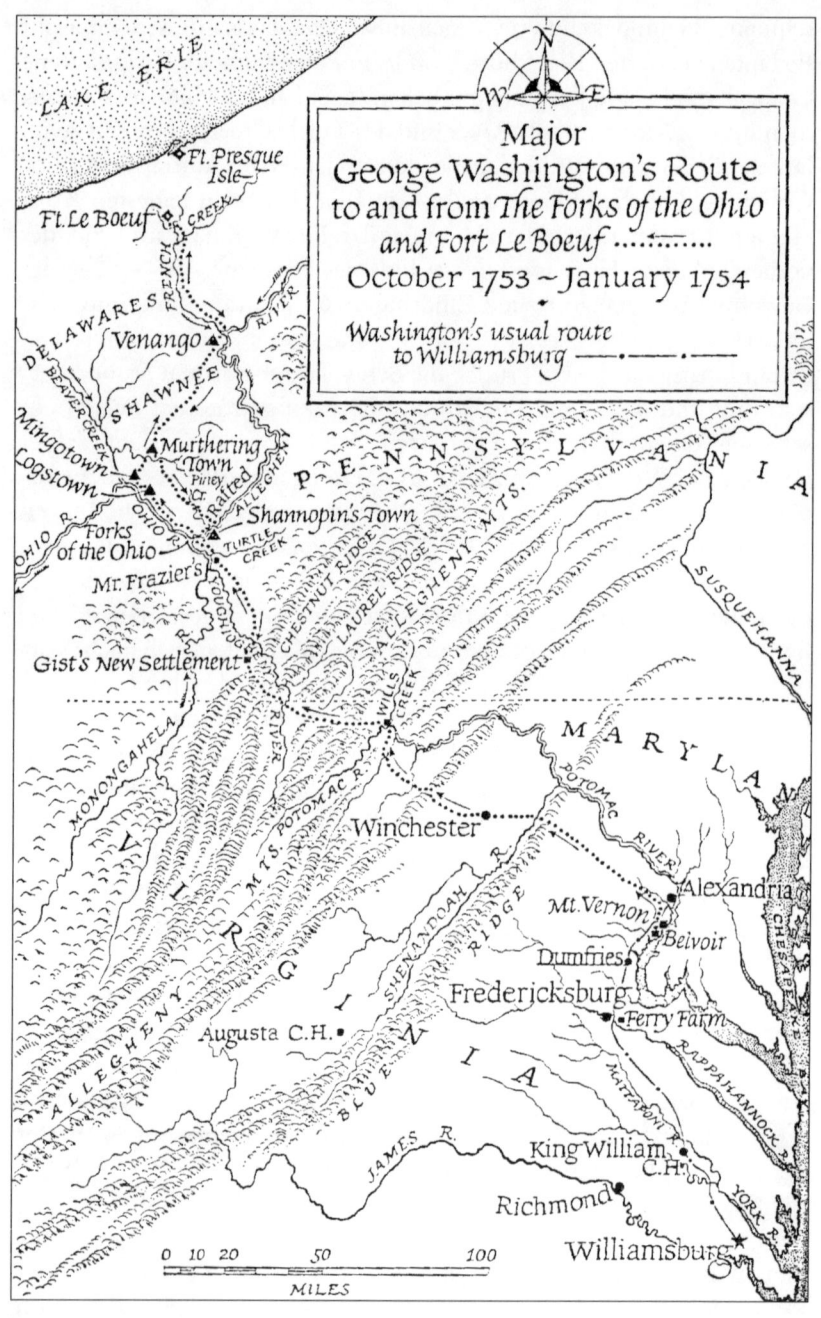

Washingtons Route von Mount Vernon über Winchester zum Ohio.

88

25 Fuß [sechs bis siebeneinhalb Meter] über den Wasserspiegel, mit einer großen, ebenen, stark bewaldeten Fläche, die sich ideal zum Bauen eignet."[38]

Aus diesen Zeilen Washingtons spricht vor allem der geschulte Blick des Landvermessers, wenngleich auch englische und französische Waldläufer zuvor schon zur gleichen Erkenntnis gelangt waren.

Sein nächstes Ziel ist *Logstown*, ohioabwärts gelegen. Hier soll er, so lauten Dinwiddies Instruktionen, den mächtigen Irokesenhäuptling, den die Engländer *Half-King* nennen, aufsuchen und auf die britische Sache einschwören. Bevor Washington aufbricht, schickt er nach dem Delaware-Häuptling Shingiss, dem legendären, jahrzehntelangen Schrecken an der virginisch-pennsylvanischen Westgrenze. Seine Siedlung ist ganz in der Nähe aufgeschlagen. Washington weiß, daß die Delawares derzeit in dem Ruf stehen, eher zur französischen Seite zur neigen. Shingiss und ein weiterer Häuptling erklären sich unter aufwendiger indianischer Zeremonie bereit, Washington nach Logstown zu begleiten, um zu hören, was der Gesandte des englischen weißen Vaters am Ratsfeuer zu sagen hat.

Zum ersten Mal reitet Washington gemeinsam mit Indianern durch die Wildnis. Plötzlich öffnet sich das Land am Ohio zu einer riesigen, saftigen Wiesenebene, eine halbe Meile breit und lang, soweit das Auge reicht. Es ist die schönste Stunde des Tages: „Zwischen Sonnenuntergang und Dunkelheit", wie Washington begeistert festhält. Vor seinen Augen breitet sich im Honiggelb der untergehenden Sonne eine Vision an Schönheit und Überfluß aus. Von einem Hügelvorsprung stürzt sanft ein weißer Wasserfall in ein Bachbett am Rande der Wiese. Hier beginnt eine Ansammlung von eindrucksvollen irokesischen Langhäusern und viereckigen Algonkin-Blockhütten, die sich weit ins Tal hinein erstrecken. Dies ist die Indianermetropole am Ohio – Logstown. Schrille Begrüßungsschreie von Squaws schallen herüber, Hunde bellen heiser und schroff, stolze, hochaufgerichtete Krieger, den Oberkörper in schwere Pelzdecken gehüllt, wenden sich den Fremden zu.

Dies ist der Augenblick, in dem Washington bewußt wird, daß jetzt der ernste Teil seiner Mission beginnt. Alles andere bisher war nur leichte Waldläuferei. Nun befindet er sich im Zentrum jener „Wilden", deren Namensnennung den Menschen zuhause am Potomac Schauder über den Rücken jagt. Welche Vorstellung sich Europa von den damaligen Ureinwohnern Amerikas machte, zeigt eindrucksvoll das Decken-Fresko in der Würzburger Residenz aus dem gleichen Jahr, 1753: Der italienische Maler Gianbattista Tiepolo läßt unter einer dunklen Wolke die mit einer Federkrone geschmückte Frauen-Allegorie *Amerika* auf einem Alligator reiten, während rechts Kannibalen ihrem schaurigen Mahl frönen und im Vordergrund abgeschnittene, blutige Menschenköpfe über die Rampe hängen.

Washington will in Logstown nicht lange verweilen. Zu seiner großen Enttäuschung erfährt er indes, daß Half-King, der wichtigste Häuptling weit und breit, derzeit am Little Beaver Creek jagt. Der stellvertretende Häuptling sichert ihm jedoch zu, daß ein Läufer am nächsten Morgen zu Half-King aufbrechen werde.

Es ist schon dunkel, als Washington am Rande der Indiansiedlung sein Zelt aufbaut, nervös, ungeduldig und unsicher, was der nächste Tag bringen wird. Die Nacht ist bitterkalt. Als Washington am nächsten Morgen vor sein steifgefrorenes Zelt tritt, erblickt er im Nebelgrau dunkle Schatten, die sich über der gefrorenen Wiese den Indianerhütten nähern. Es stellt sich alsbald heraus, daß es sich dabei um die ersten europäischen Feinde handelt, denen der künftige Soldat entgegenblickt: eine kleine Gruppe französischer Deserteure, die bei den Indianern Zuflucht sucht.

Auf van Braams Befragung hin erzählen die Soldaten, daß sie einer Kompanie von einhundert Mann entflohen seien, die von New Orleans heraufgeschickt wurde, um sich hier im Ohio-Gebiet mit einer Kompanie aus Canada zu treffen. Redselig plaudern sie außerdem über die Anzahl und Lage der französischen Forts und Garnisonen, die in der Wildnis angelegt worden sind. Für Washington rundet sich das Bild von einer zusammenhängenden Kette französischer Fortifikationen von Louisiana bis Canada, die die englischen Kolonien von jeglicher Ausdehnung nach Westen abschneiden. Er hält all diese Aussagen getreu in einem Notizbuch fest und führt dabei aufgrund der schlechten Übersetzung van Braams die Bezeichnung „Schwarze Inseln" (isles noires) für *Illinois* ein.

Wohl aufgrund der Anwesenheit Washingtons und seiner Männer verdrücken sich die Deserteure alsbald wieder in die Weiten der Wälder. Der Tag verstreicht ereignislos. Erst als die untergehende Herbstsonne lange purpurrote Schatten wirft, trifft endlich Half-King ein. Die indianische Etikette, mit der eigentlich Christopher Gist hätte vertraut sein müssen, hätte es erfordert, daß man einem Reisenden, der müde und hungrig ist, eine Rast gönnt, bevor man ihn aufsucht. Doch der junge Washington ist schon verärgert genug über den vertrödelten Wartetag.

Ungeduldig stürmt er in Begleitung seiner Waldläufer in das Langhaus des Häuptlings und offenbart damit gleich zu Beginn seines wichtigen Treffens mit Half-King, daß Virginia mit ihm einen unerfahrenen Botschafter, ein diplomatisches Leichtgewicht nach Logstown entsandt hat. Mit diesem ersten Fehler auf der schwierigen Polit-Bühne indianischer Verhandlungskunst hat Washington einen Großteil seiner Autorität gegenüber Half-King schon verspielt. Im Laufe seiner Mission und bei späteren gemeinsamen Kämpfen wird er bitter zu spüren bekommen, daß dieser Irokesen-Häuptling Washington als das einschätzte, was er war: ein eingebildeter, arroganter junger Schnösel.

Das einzige, was Washington über Half-King wußte, war, daß dieser vom Irokesen-Stamm der Onondaga, wo das Ratsfeuer der Irokesen-Liga brannte, gewissermaßen als Gouverneur nach Logstown entsandt worden war, um von hier aus über die Mingos sowie die unterworfenen Stämme der Shawnee und Delaware zu regieren. Mit ihm hatte die Ohio Company eine Art Vertrag über Niederlassungen und gemeinsamen Pelzhandel geschlossen. Half-King, dessen indianischer Name Tanacharisson lautete, galt, wie alle Irokesen, als pro-englisch, wenngleich mit einem gewissen Unsicherheitsfaktor.

Der junge Virginier schloß daraus jedoch nicht etwa, diesem äußerst wichtigen Häuptling im Machtgefüge der Indianer am Ohio mit besonderem Respekt zu begegnen oder ihn als Verbündeten zu umwerben, sondern trat ihm eher – aus indianischer Sicht schroff – von oben herab gegenüber.

Half-King zeigt sich über die ungestüme Art Washingtons amüsiert und tischt ihm erst einmal eine typische indianische Schauergeschichte auf. Mit steinerner Miene erzählt er, daß er die Franzosen hasse, weil sie seinen Vater getötet, gekocht und dann aufgegessen hätten. Außerdem habe ihn der französische Kommandant Sire de Marin kurz vor seinem Tod vor wenigen Wochen bitter beleidigt.

Soweit kann Washington mit den Worten des Häuptlings zufrieden sein. Was er aber dann durch seinen Indianer-Dolmetscher John Davison erfährt, stimmt ihn so nachdenklich, daß er die weitere Rede Half-Kings wörtlich festhält. Der Irokese habe den französischen Kommandanten des Landes verwiesen:

„Wenn Ihr in friedlicher Weise zu uns gekommen wäret, wie unsere Brüder, die Engländer, hätten wir nichts dagegen einzuwenden gehabt, mit Euch Handel zu treiben, so wie jene es tun. Aber, französische Väter, hierher zu kommen und auf unserem Land Häuser zu bauen und es uns mit Gewalt wegzunehmen, können wir nicht dulden. Das Land gehört weder den Engländern noch den Franzosen, sondern der Große Geist, der über allem steht, gestattet es uns [alleine], es als Heimstätte zu nutzen. Deshalb, französische Väter, wüsche ich, daß ihr Euch ebenso zurückzieht, wie ich es von unseren Brüdern [den Engländern] gefordert habe. Dies biete ich als Vertrag an. Wir werden zu derjenigen Seite stehen, die sich an diesen Vertrag hält.``[39]

Washington ist verblüfft. Naiverweise hatte er – genauso wie seine Auftraggeber – geglaubt, Half-King stehe fest zur englischen Sache. Was er aber hier zu hören bekommt, ist nichts anderes, als daß der Herrscher am Ohio das Land eindeutig für die Ureinwohner reklamiert. In Half-Kings Worten spiegelt sich zudem die zweihundert Jahre alte Irokesen-Politik wider, den weißen Eindringlingen – egal welcher Nationalität – Halt zu gebieten.

Mit funkelnden Augen berichtet der Häuptling weiter, daß er dem französischen Kommandanten einen Wampum-Gürtel zurückgeben wollte, den er kürzlich während eines Freundschaftsbesuches von französischen Emissären überreicht bekommen habe. Kunstvoll geflochtene Wampum-Gürtel aus Muschelperlen „waren die Urkunden der Wildnis, das Protokoll gefaßter Beschlüsse, das Unterpfand geschlossener Verträge".[40] In Farbe und Musterung wurden sie dem jeweiligen Anlaß angepaßt, und jeder Vertragspartner erhielt das genaue Duplikat des Musters. In diesem Fall nun hielt der Wampum eine Reihe von französischen Niederlassungen in Half-Kings Gebiet fest. Der Häuptling hatte sich offenbar von den Franzosen übertölpeln lassen – Washington wird bald selbst sehen, wie einfach dies möglich ist –, den Wampum-Vertrag anzunehmen, hatte sich aber kurz darauf eines Besseren besonnen.

Die Antwort des französischen Kommandanten auf die stolze Rede des Häuptlings war eine tiefe Beleidigung gewesen, wie Half-King weiter berichtete. Der Franzose habe ihm den Wampum-Gürtel ins Gesicht geworfen, mit den Worten, dies sei nicht der richtige Wampum. Er werde ihn deshalb nicht zurücknehmen. Im übrigen, so drohte er, habe er weder Angst vor Moskitos noch vor Fliegen. Und Indianer seien nichts anderes für ihn. Frankreich sei mächtig genug, alle Engländer am Ohio zu vernichten sowie alle Indianer, die verrückt genug seien, sie zu unterstützen.

Wäre Washington in der indianischen Diplomatie so geschult gewesen wie die Franzosen, wäre hier der Zeitpunkt gewesen, der geschilderten Prahlerei mit ebensolcher zu begegnen. Etwa, daß die Engländer so zahlreich seien wie die Blätter an den Bäumen des Waldes, und daß der französische König in seinem Langhaus jedesmal erzittere, wenn er nur den Namen des englischen Königs höre. Doch Washington hält lediglich alles, wie ein braver Schüler, in seinem Notizbuch fest und wechselt das Thema. Er befragt Half-King nach geographischen Details auf dem Weg zu den Franzosen, die dieser geduldig erläutert. Dann ist George froh, dieses erste Treffen mit dem Häuptling abschließen zu können, ohne von ihm nach dem Grund seiner Reise gefragt worden zu sein. Denn die Antwort hätte lauten müssen, daß er gekommen war, um das Ohio-Gebiet für England zu beanspruchen. Ihm war nun klar, daß er damit Half-King ins französische Lager treiben würde. Die beiden vereinbarten abschließend, daß Washington am nächsten Morgen die Möglichkeit bekommen werde, vor der Ratsversammlung von Logstown eine offizielle Rede zu halten. Er nutzt die Nacht, um sich aufgrund des Gehörten passende Worte zurechtzulegen. Am morgendlichen Ratsfeuer sitzt er dann einer verschlossenen Runde von unterschiedlichsten Repräsentanten Logstowns gegenüber: alten Weisen, deren lederne Gesichter tief zerfurcht sind von den vielen Jahren in der Wildnis. Ihre Augen scheinen im Halbdunkel des Langhauses halb geschlossen; ihre Lippen schmale Striche. Sie suchen die wärmende Nähe des Feuers, ziehen die schweren Pelzdecken eng um ihre frierenden Schultern. Hören sie dem jungen Bleichgesicht überhaupt zu? Daneben funkeln die dunklen Augen jüngerer, kriegerischer Häuptlinge. Sie scheren sich nicht um die bittere Novemberkälte, denn ihre entblößten Oberkörper sind dick mit fettgebundenen Erdfarben eingerieben, die ihnen eine teuflische Erscheinung verleihen. Die hin und wieder aufzüngelnden Flammen des Ratsfeuers werfen blitzartige Lichtflecken über die Runde. Schlangen züngeln über die Körper der Indianer, Schildkröten beißen zurück, Hirsche springen von muskulösen Männerbrüsten – es sind die Clantätowierungen, die Washington und seinem Dolmetscher Davison vor Augen führen, mit wem sie es hier zu tun haben. Über allem bedrohlich aber wirken die geflochtenen Skalplocken auf den ansonsten glattrasierten Schädeln. Sie sind der deutlichste Ausdruck für die kriegerische, stets kampfbereite Kultur der Waldlandindianer. Greif zu, wenn Du Dich traust, signalisieren sie dem Feind provozierend.

Es bedarf schon einer gehörigen Portion Mut, solchen Gestalten unverzagt gegenüberzutreten. Ob eingeschüchtert durch diese wilde Runde oder wohlüberlegt aufgrund des gestrig Gehörten, teilt Washington dann den Vertretern der verschiedenen Clans der Delawares und Shawnees lediglich mit, er habe den Franzosen einen Brief „von allergrößter Wichtigkeit für Eure Brüder, die Engländer, und ich füge hinzu auch für deren Freunde und Verbündete" zu überbringen. Er bittet deshalb um eine Eskorte, damit er wohlbehalten sein Ziel erreichen könne. Half-King erhebt sich würdevoll und sagt diese Schutztruppe umgehend zu.

Sie aufzustellen werde allerdings drei Tage dauern. Das hört der ganz auf seinen Auftrag fixierte Washington gar nicht gern. Er besteht darauf, daß die Übergabe des Briefes höchster Eile bedarf. Darauf entgegnet Half-King, er höchstpersönlich werde die Eskorte anführen und gemeinsam mit Washington zu den Franzosen reisen. Dort werde er den abgelehnten Wampum-Gürtel dem neuen französischen Kommandanten vor die Füße werfen. Der Wampum befände sich aber nicht in Logstown, sondern müsse erst herbeigeholt werden. Auch dies dauere einige Tage.

Washington versteht. Half-King versucht Zeit zu gewinnen, denn die Ratsrunde sitzt mit finsterer Miene am Feuer. Der „Herrscher am Ohio" ist doch nicht so mächtig, wie man in Williamsburg glaubt.

Dies wäre erneut eine Gelegenheit gewesen, Stärke zu demonstrieren. Im Grunde genommen erwarteten die Indianer ein massives, imponierendes Auftreten ihres Verbündeten. Doch wiederum offenbart sich die Entscheidung Gouverneur Dinwiddies, dem diplomatisch völlig unversierten Washington diese Mission zu übertragen, als Fehlgriff. Der junge Virginier führt dem Indianerrat von Logstown deutlich vor Augen, daß die Engländer schwache Bundesgenossen sind, als er zaudernd einlenkt und zustimmt, tatsächlich drei weitere Tage zu warten.

Hätte ein Franzose sich derart von indianischen Entscheidungen abhängig gemacht? Wohl kaum. Er hätte sich trotzig seinen eigenen Weg durch die Wildnis gebahnt.

Kein Wunder, daß der Häuptlingsrat zögert, sich von diesem offenkundigen „Greenhorn" in eine politische Auseinandersetzung mit den Franzosen hineinziehen zu lassen, die um so vieles mächtiger auftreten als dieser Jüngling aus Virginia. Kennen sie doch den französischen Grafen Frontenac, der dereinst in voller Gala seiner Zeit, mit Federhut, beträßtem Leibrock, Schärpe und Stulpenstiefeln ohne Scheu alle Runden des großen Skalptanzes der Huronen mitgeschoben hat, daß die Perücke nur so staubte![41]

Zwei Tage verstreichen ereignislos. Am Abend des 28. November besucht Half-King mit drei weiteren Häuptlingen Washingtons Zelt. Sie wollen den genauen Zweck der Reise zu den Franzosen erfahren. „Diese Frage habe ich schon die ganze Zeit erwartet", schreibt Washington in sein Notizbuch, verschleiert aber das, was er den Indianern tatsächlich geantwortet hat, mit nichtssagenden Worten. Es gelingt ihm jedenfalls, die Häuptlinge vom Thema abzulenken. Vielmehr informiert ihn einer von ihnen darüber, daß ein französischer Hauptmann namens Joncaire in der „Indianerstadt" *Venango* alle Mingos und Delawares zusammengerufen hat, um sie darauf vorzubereiten, daß es bald Krieg geben werde zwischen Franzosen und Engländern. Joncaire habe zudem klar gemacht, daß die Franzosen die Herren am Ohio bleiben, auch wenn ihr General kürzlich gestorben sei.

Hier handelte es sich ganz klar um einen Propagandafeldzug der Franzosen, der Washington erneut vor Augen führt, wie stark sich der europäische Gegner hier schon engagiert und auf was er sich vorbereitet. Die Chancen für England, sich den Ohio zu sichern, stehen schlecht. Washington spürt, daß die Indianer unter diesem Propagandadruck ins Schwanken geraten. Doch er gibt sich kühl, während die Häuptlinge wieder hinaus in die Finsternis treten. Gleich der darauffolgende Morgen bringt einen weiteren Rückschlag. Heute soll es mit der Indianereskorte losgehen. Doch in aller Frühe besucht Half-King Washington erneut und „bittet", so schreibt dieser, um einen weiteren Tag Aufschub. Es ist offenkundig, daß sich der Indianerrat nicht einfach vor den Karren der Engländer spannen läßt. Washingtons Mission in Longstown – die hiesigen Stämme für die Briten zu gewinnen – läuft schlecht.

Am Abend werden die Häuptlinge erneut zur Beratung im Langhaus zusammenkommen, erklärt Half-King weiter. Zwar seien die Virginier diesmal ausgeschlossen, doch der Irokese versichert Washington, er wolle sich dafür einsetzen, daß auch die Delawares und Shawnees ihre Wampum-Gürtel an die Franzosen zurückgeben. Der Delaware-Häuptling Shingiss etwa habe ihm zugesagt, heute Abend seinen Wampum zur Versammlung mitzubringen. Er halte sich zudem bereit, ihn und Washington mit zwei weiteren Delaware-Kriegern zu den Franzosen zu begleiten. „Ich verstand", erläutert Washington seine Zustimmung, „daß die Rückgabe von Wampums die Auflösung von Verträgen bedeutete. Diese Vertragslösung bedeutet auch, die Abhängigkeit von den Franzosen abzuschütteln. Deshalb stimmte ich zu, noch zu bleiben, denn mir schien es, daß eine Abfuhr zu diesem kritischen Zeitpunkt mehr Schaden hätte anrichten können als einen weiteren Tag zu warten."[42]

Das Geschrei, die lauten Stimmen und heftigen Wortgefechte, die dann aus dem nächtlichen Langhaus zu den virginischen Zelten herüberwehen, lassen indes nichts Gutes ahnen. Die Ratshäuptlinge treten untereinander zum offenen Schlagabtausch an. Das Ergebnis präsentiert ihm am Morgen darauf ein sichtlich bedrückter Half-King: Er steht mit einem Krieger und zwei alten Häuptlingen vor seinem Zelt und bedeutet Washington, daß dies die Eskorte zu den Franzosen sei. Der Rat habe sich gegen eine größere Begleitung entschieden, fügt er hinzu, damit die Franzosen nicht mißtrauisch würden und glaubten, die Delawares und Shawnees wären bereits gegen sie auf dem Kriegspfad.

Ob Half-King wirklich glaubt, daß Washington ihm diese Erklärung abnimmt? Zu allem Überfluß mag in der Ratsversammlung noch ein anderes Detail eine Rolle gegen Washington gespielt haben, für das er in diesem Fall nun tatsächlich nicht verantwortlich gemacht werden kann. Tage später wird ihm nämlich Half-King eröffnen, daß ihn die Indianer *Caunotaucarius,* den „Stadt-Eroberer" nennen. Washington, der bis dahin nie eine Stadt erobert hat, begreift den Sinn dieser Namensgebung nicht, sondern sieht darin – wie abwegig und selbstüberschätzend! – ein „rhetorisches Kompliment" für sein selbstbewußtes Auftreten. Die Washington-Forschung hat erst lange nach seinem Tod den wahren Zusammenhang hergestellt: Mit dem Beinamen Caunotaucarius hatten die Irokesen schon seinen Urgroßvater, John Washington, belegt, hatte dieser doch im Kampf gegen die Irokesennation Seneca unter den Indianern gewütet.[43] Es ist erstaunlich, daß die Indianer diesen „Kriegsnamen" im Gedächtnis behielten, ja die Genealogie bis zum Gründungsvater der Washington-Familie zurückverfolgen konnten, während George hingegen nur bruchstückhafte Informationen über seine Ahnen besaß. Nach der amerikanischen Revolution, im Jahr 1786 wird er dann nicht ohne Stolz notieren, daß ihn die Indianer aller westlichen Stämme immer noch respektvoll „Stadt-Eroberer" – Caunotaucarius – nennen, nunmehr mit Fug und Recht!

Das phänomenale Gedächtnis der Indianer von Logstown spricht also dafür, daß sie bei der namentlichen Vorstellung Washingtons vor der Ratsversammlung, spontan die historische Aversion ihrer Ahnen gegenüber John Washington auf den Urenkel übertrugen.

Der nichtsahnende Washington jedenfalls ist froh, endlich zum eigentlichen Ziel seiner Mission aufbrechen zu können; zudem wird ihm der winterkalte Boden von Logstown allmählich zu heiß.

Fünf Tage lang bahnt sich die nun elf Mann starke Truppe unter

Führung des indianischen Kriegers ihren Weg durch die entlaubten Wälder. „Das Wetter bleibt anhaltend schlecht", ist die einzige Bemerkung Washingtons dazu. Am 4. Dezember taucht plötzlich zwischen den dunklen Baumstämmen ein weißes Tuch auf, das auf einem Blockhaus weht. Beim Nähertreten erkennen die Virginier drei Lilien. Sie haben Venango erreicht, jene alte „Indianerstadt" am Zusammenfluß des Allegheny River und French Creek, die in französische Hand gefallen ist.

Washington befiehlt den Indianern und seinen Männern, ihr Lager im Wald aufzuschlagen, während er sich mit Gist und van Braam zu den Franzosen begibt. Auf der Türschwelle werden sie von drei Offizieren begrüßt. Einer, der eher wie ein Indianer aussieht, stellt sich Washington als Hauptmann Joncaire vor. Hier steht er ihm also plötzlich Auge in Auge gegenüber, jener berüchtigte französische Werbetrommler am Ohio, eine lebende Legende der amerikanischen Grenzregion.

Philip Thomas Joncaire, Sieur de Chabert, ist der Sohn einer Seneca-Squaw und eines französischen Edelmanns. Aufgrund seiner Herkunft vertrauen ihm Indianer und Franzosen gleichermaßen. Für seine roten Brüder ist er der Chefdolmetscher der Irokesen-Liga. Für seine weißen Vettern der beste französische Repräsentant zwischen den Niagara-Fällen und dem Ohio. Man sagt ihm nach, sein Ansehen unter den Indianern sei so groß, daß sie auf den leisesten Wink von ihm hin die gesamte Grenze von New England bis Georgia in Flammen setzen würden.

Wie froh ist Washington, Half-King im Wald zurückgelassen zu haben, statt ihm den Einfluß von Joncaire auszusetzen!

Die Franzosen sind über das Auftauchen der Virginier weder überrascht noch verärgert. Der Wald hat viele Ohren. Washington kommt unmittelbar zur Sache: „Wo finde ich den neuen französischen Kommandanten. Ich habe eine wichtige Botschaft zu überbringen."

Joncaire wirft sich in die Brust und erklärt in einer Mischung aus indianischer und französischer Großsprecherei, daß er eigentlich der französische Repräsentant für die Ohio-Region sei. Der neue Kommandant indes halte sich in *Fort Le Boeuf* auf, sechzig Meilen flußaufwärts am French Creek gelegen.

Die Reise verspricht für Washington immer länger zu werden, immer tiefer muß er in die ausgedehnte, endlos erscheinende Wildnis vordringen. Doch was zunächst wie eine clevere Hinhaltetaktik erscheint, wird sich später als Fehler Joncaires herausstellen. Denn auf diese Weise erhält Washington die einmalige Chance, das französische Gebiet südlich des Erie-Sees genauestens zu erkunden. Mit größter Freundlichkeit werden die drei Virginier zum Abendessen mit Wein eingeladen.

Washington läßt sich gerne auf die offene, verbrüdernde Art des listigen Joncaire ein, fühlt er sich doch jetzt mitten unter den Feinden Englands als Geheimagent, der List mit Gegenlist zu begegnen hat. Während die Franzosen bechern, was das Zeug hält, hebt Washington lediglich sein Glas, um daran zu nippen. Er fühlt sich im Vorteil und glaubt, den Franzosen Geheimnisse zu entlocken, als diese im weinseligen Zustand des fortgeschrittenen Abends von ihren Garnisonen prahlen, die sich von Venango bis Montreal erstrecken. Sie nennen ihm die Mannschaftsstärken der Forts, die Entfernungen zwischen den einzelnen Posten, Reisedauer, Anzahl ihrer Kanus und vieles mehr. Es bleibt unklar, ob der gerissene Joncaire Washington unterschätzt und unter Alkoholeinfluß aus Prahlsucht leichtfertig militärische Geheimnisse preisgibt oder aber gezielt dem jungen Emissär die Wahrheit erzählt, damit dieser zuhause das abschreckende Potential der französischen Truppen richtig darstellen kann. Denn das mit Urwalddiplomatie bestens vertraute Halbblut weiß, daß Drohungen – je massiver, umso besser – zumindest bei den Indianern ihre Wirkung nie verfehlen.

Abends in seinem Zelt notiert Washington bei einer rauchenden Tranfunzel jedes ihm genannte Detail. Der Spion erfüllt getreu seinen Auftrag.

Heftige Regenfälle verhindern am nächsten Tag die Weiterreise. Das gibt Joncaire die Möglichkeit, sich den Begleitern Washingtons zu widmen. Der Halbfranzose hat nämlich erfahren, daß Half-King mit von der Partie ist und wittert ein Komplott. Washington sieht sich plötzlich in Erklärungsnot, als Joncaire fragt, warum er seine indianischen Begleiter nicht mitgebracht habe. „Ich entschuldigte mich in der bestmöglichen Weise und sagte ihm, daß ich geglaubt hätte, er lege keinen Wert auf ihren Besuch, zumal ich ihn über die Indianer im allgemeinen nichts Gutes habe sagen hören."[44] Joncaire winkt ab und läßt nach seinen Halbbrüdern schicken, während Washington bedrückt der weiteren Dinge harrt.

Er raunt Half-King noch rasch die Warnung ins Ohr, sich vor dem Wein zu hüten. Doch dieser versichert, er werde Joncaire den Wampum-Gürtel ins Gesicht werfen. Da stehen sie, die vier Rothäute, wie Angeklagte mitten im Raum. Ihre stolzen Skalplocken-Federn streifen beinahe die niedrige Holzdecke des Blockhauses. Nervöse Spannung liegt in der rauchgeschwängerten naßkalten Winterluft. Keiner verzieht eine Miene. Joncaire hat ein langes, trauriges Gesicht aufgesetzt. Die besten Diplomaten sind gleichzeitig die besten Schauspieler. Er zieht das richtige Register für seine roten Vettern. Mit einer weitausholenden Geste brummt er Half-King entgegen: „Wie konntet ihr so nahe sein und mich nicht besuchen kommen?"[45]

Washington erwartet nun gespannt, daß Half-King deutlich antwortet, aber der Wampum-Gürtel bleibt in dessen Jagdtasche. Statt dessen stellen die Franzosen einen großen Krug mit Brandy auf den Tisch und Washington hat große Mühe, seinen Ärger vor den amüsierten Blicken Joncaires zu verbergen. Der Schnaps rinnt den Indianern „so schnell durch die Kehle, daß sie bald schon völlig außerstande waren, ihr Vorhaben, für das sie eigentlich gekommen waren, auszuführen".[46]

Angewidert verläßt Washington nach einer Weile die aus allen Fugen geratende Gesellschaft, in der Joncaire sein teuflisches Spiel mit den Indianern meisterhaft fortsetzt. Wütend schwört er sich, komme was wolle, seine Reise am nächsten Morgen fortzusetzen. Mitten im Aufbruch – es ist Nikolaustag, der 6. Dezember – hat Half-King eine neue Überraschung für Washington bereit. Völlig nüchtern erklärt er ihm, man beabsichtige in Venango ein Ratsfeuer einzuberufen. Er wolle die Gelegenheit nutzen, nun den Franzosen den Wampum-Gürtel zurückzugeben. Washington, der so oft schon hingehalten worden ist, zaudert und entschließt sich zu einem Kompromiß. Er wird den Häuptling zum Ratsfeuer begleiten, doch die übrigen sollen schon in Richtung Fort Le Boeuf aufbrechen und das Lager ein Stück weit den French Creek aufwärts errichten.

Um zehn Uhr wird das Ratsfeuer mit großer Zeremonie entzündet. Half-King hält exakt jene Rede, die er vor dem verstorbenen französischen Kommandanten vorgetragen hat. Als er jedoch den Wampum zurückgeben will, verweigert Joncaire die Annahme. Er fordert den Häuptling auf, diesen Vertrag ebenfalls in Fort Le Boeuf dem dortigen neuen Kommandanten zu überreichen.

Joncaire bietet Washington zudem eine französische Eskorte für seine Weiterreise an, aber erst für den nächsten Tag. Zeitgewinn ist die Absicht der Franzosen. Zeitgewinn, um den jungen Washington von den Indianern zu trennen. Doch der durchschaut das Spiel Joncaires. War er noch am Morgen wild entschlossen, alleine weiterzureisen, erkennt er nun, daß genau dies dem Wunsch Joncaires entsprechen würde. Dieser hätte dann die Möglichkeit, Half-King und seine Begleiter mit Brandy und anderen Geschenken solange zu bearbeiten, bis sie ihre Absicht, den Wampum-Gürtel zurückzugeben, fallen lassen würden.

Washington spürt deutlich, daß Half-King ihm hier in Venango zu, entgleiten droht. Der erfahrene Joncaire macht einen bedeutend stärkeren Eindruck auf den Irokesen als der junge Virginier. Hier nun rächt sich die verspielte Autorität Washingtons. Es gelingt ihm nicht, „seine" Indianer zur Weiterreise zu bewegen. Sie haben angeblich Beratungsbedarf und stecken ansonsten den ganzen Tag mit den Franzosen die Köpfe zusammen.

Deshalb beauftragt Washington seinen Indianer-Dolmetscher John Davison, Half-King nicht von der Seite zu weichen.

Am 7. Dezember steht die französische Eskorte von vier Mann pünktlich zum Abmarsch bereit. Sie drängen, das Wetter werde sich verschlechtern, man müsse sich beeilen. Doch die Indianer fehlen. Washington schickt nun Christopher Gist. Der erfahrene Waldläufer argumentiert bis zur Mittagszeit mit Half-King und den anderen, bis sie sich endlich aus den um sie buhlenden Krakenarmen der Franzosen losreißen lassen.

Inzwischen hat heftiger Regen eingesetzt, der, gelegentlich von Schnee unterbrochen, vier Tage lang anhält. Der Marsch ist äußerst beschwerlich. Entlang des French Creek ziehen sich viele Sümpfe, die großräumig umgangen werden müssen. Tiefhängende Äste zerschrammen die Schultern der Reiter, Regen und Schnee tropfen in die Mäntelkragen. Feuer für die Kochstellen ist nur schwer zu entfachen. Das allabendliche Lageraufschlagen wird zur Tortur, alles ist naß, der Boden, die Zelte, die Decken. Und dennoch hat Washington ein Auge für die wertvollen Seiten des Landstriches. Sein geschulter Blick erkennt reiche Wiesen und Siedlungsmöglichkeiten. Major Washington ist immer im Dienst!

Im frühen winterlichen Dämmerlicht des Spätnachmittags erblicken die Reisenden am 11. Dezember schemenhaft einen großen rechteckigen Palisadenzaun, der von fließendem Wasser umgeben ist. Dunkle Schießscharten zeichnen sich in den schweren Holzstämmen ab, große Münder für Kanonenrohre, viele kleine für Handfeuerwaffen. Einige Zurufe der französischen Begleiter, und schon wird das Fallgitter von Fort Le Boeuf von kräftigen Armen in die Höhe gezogen. Washington hat das Ziel seiner Mission erreicht. Tief im Feindesland betritt er nun die Höhle des Löwen. Mit der ihnen bereits vertrauten französischen Gastfreundlichkeit werden sie großzügig bewirtet und schlafen zum ersten Mal seit Wochen wieder in einem trockenen, überdachten und warmen Quartier.

Tags darauf wirft sich Washington in Schale, so gut es geht. Er zieht seine von der langen Reise zerdrückte Majors-Uniform aus einem wasserdichten Sack, setzt den verbeulten Dreispitz auf und tritt in dieser Gala sodann als Gesandter des Gouverneurs von Virginia, im Namen des Königs George II. von England vor den Repräsentanten des französischen Königs Ludwig XV., Sieur Legardeur de Saint Pierre. Wölfe mögen draußen in gebührender Entfernung um das winterliche Fort geheult haben. Doch drinnen lief die Begegnung der beiden Weltreiche genauso würdevoll ab, als fände sie im St. James Palace oder in Versailles statt.

Washington beschreibt seinen Gegenüber als „älteren Gentleman mit starkem militärischen Auftreten, der seinen Posten erst sieben Tage vor meiner Ankunft angetreten hat".[47]

Der Kommandant nimmt die schriftliche Warnung Englands entgegen, während Washington sich in einen benachbarten Raum zurückzieht, damit die Franzosen den Brief Dinwiddies in Ruhe übersetzen können.

Kaum ist dies geschehen, bittet er Saint Pierre um eine rasche Antwort. Der Franzose wiegt den Kopf und gibt dem ungeduldigen Virginier zu verstehen, daß eine rasche Erklärung seinerseits nicht erfolgen könne. Er müsse sich erst mit seinen Offizieren beraten.

Die gespannte Situation dieser Tage zwischen dem 12. und 14. Dezember 1753 läßt sich wohl am besten mit Gottfried Benns Gedichtzeile beschreiben: „Die Götter halten die Waage um eine Stunde an". In einem der entlegensten Winkel der damaligen Zeit fand Weltpolitik statt, die tiefe Spuren in der amerikanischen und europäischen Geschichte hinterlassen sollte. Von der Antwort Saint Pierres wird der Aufstieg Preußens in Deutschland ebenso abhängen wie der Niedergang Frankreichs in Amerika. Und sie bereitet die Geburt einer neuen Nation vor, die sich zur Weltmacht emporschwingen wird.

George Washington stört die Wartezeit erstmals auf seiner langen Reise nicht. Er hat den wichtigsten Auftrag erledigt und kann nun in Ruhe die Anlagen des Forts studieren. Um ein möglichst umfassendes Bild von Le Boeuf zu erhalten, beauftragt er zudem Davison, Gist und die anderen Männer, die Augen offenzuhalten.

In einem unbeobachteten Moment trägt er die gesammelten Informationen in sein Notizbuch ein, angefangen von den Ausmaßen des

Forts, seiner Bewaffnung und Besatzung bis hin zu den Ställen und Schmieden. Seine Männer berichten von fünfzig Birkenrinden-Kanus und einhundertsiebzig (!) Tannenholzbooten, die entlang des French Creek aufgereiht vertäut liegen. Zahlreiche weitere Kanus und Boote sind auf einer kleinen Werft gerade in Arbeit. Vor allem diese Beobachtung macht Washington deutlich, daß sich die Franzosen auf eine Großoffensive im Frühjahr vorbereiten, wenn die Wasser der weitverzweigten Flüsse der Ohio-Region wieder schiffbar sein werden. Für ihn besteht nun kein Zweifel mehr daran, daß die Franzosen kurz davor stehen, den gesamten Ohio in Besitz zu nehmen, und er hegt auch keinen Zweifel daran, daß sie dazu in der Lage sind. Wenn Virginia noch eine hauchdünne Chance haben will, muß England – oder Virginia alleine – umgehend handeln.

Mit dieser Erkenntnis kehrt auch seine alte Unruhe wieder zurück. Jeder Tag zählt. Er muß sich sputen. Die in Williamsburg müssen schnellstens Bescheid wissen. Doch in Fort Le Boeuf wiederholt sich das Gleiche wie in Venango. Die Franzosen versuchen Zeit zu gewinnen und Half-King auf ihre Seite zu ziehen. Der Häuptling ist aufrichtig bemüht, den Wampum-Gürtel zurückzugeben, der Kommandant gewährt ihm aber einfach keine Audienz. Und auch mit Washington versucht er ein übles Spiel. Eigentlich sei er nicht der richtige Adressat für den Brief des Gouverneurs von Virginia, sagt Saint Pierre und schlägt dreist vor, daß dieser bis Quebec reisen solle, um dort den Brief höchstpersönlich dem Gouverneur von Canada zu überreichen.

Jetzt ist das Maß voll. Schroff und kategorisch erklärt Washington, er sei nicht autorisiert, weiter zu gehen als bis hierher. Der Brief sei ganz klar an Saint Pierre, den französischen Kommandanten gerichtet. Er erwarte umgehend eine Antwort, setzt Washington fordernd hinzu.

Sein Ton zeigt Wirkung. Im Laufe des 14. Dezember händigt ihm Saint Pierre ein versiegeltes Antwortschreiben an Dinwiddie aus und gewährt Half-King die gewünschte Audienz. Außerdem bieten die Franzosen zwei Kanus für die Rückreise an, denn die Pferde Washingtons sind aufgrund des langen Ritts durch die Eiseskälte schon arg abgetrieben. „Weil es immer heftiger schneite und unsere Pferde immer schwächer wurden, nahm ich das Angebot an", erklärt Washington. Er schickt drei seiner Männer mit den nur leicht beladenen Tieren voraus. Sie sollen in Venango oder, wenn die Flüsse zufrieren, an den Gabelungen des Ohio auf ihn warten. Sorgenvoll blickt George der Rückreise entgegen. Nicht nur aus politischen Gründen ist Eile geboten. Es scheint auch ein Wettlauf gegen die täglich sinkenden Temperaturen zu werden. Aber auch die Franzosen halten noch eine üble Überraschung bereit: Überfreundlich verabschieden sie Washington und seine Begleiter. Deren Kanus sind vollgestopft mit wertvollem Proviant, Brandy und Decken gegen die Kälte. Es ist alles getan worden, dem britischen „Botschafter" einen raschen Aufbruch zu ermöglichen. Doch die Indianer fehlen! Ihr Kanu ist leer. „Nie zuvor habe ich eine solche Angst ausgestanden", bekennt Washington. Sein ganzes Bemühen, Half-King – und mit ihm die Irokesen, Delawares und Shawnees – auf die britische Seite einzuschwören, steht auf dem Spiel, wenn er den Häuptling jetzt zurückläßt.

Er sucht und findet Half-King. Doch der läßt sich von dem jungen Bleichgesicht nicht herumkommandieren. Er weicht aus und sagt, der französische Kommandant ließe ihn nicht vor morgen abreisen, da es noch einiges zu besprechen gebe. Erneut muß der junge Washington feststellen, daß der Irokese in ihm keine Autoritätsperson sieht.

Bleibt ihm nur, bei den Franzosen den Hebel anzusetzen. Wie er es in den letzten Wochen an den Lagerfeuern der Indianer und Franzosen gelernt hat, wirft er sich vor Saint Pierre in Pose und argumentiert mit großen Worten. Ob dies die französische Art sei, einen Emissär zu behandeln und seine Begleiter an der Abreise zu hindern, will er wissen. Und fordert den Kommandanten auf, seine Verhandlungen mit Half-King umgehend abzuschließen. Noch einmal verstreicht ein wertvoller Tag. Doch Washington ist unter keinen Umständen gewillt, Fort Le Boeuf ohne seine indianische Delegation zu verlassen. Erneut stellt er Half-King zur Rede. Der Häuptling gibt sich merkwürdig hochfahrend. Saint Pierre habe sich zwar geweigert, den Wampum-Gürtel zurückzunehmen, räumt er ein, doch habe er versichert, in Freundschaft mit den Indianern Handel treiben zu wollen.

Da erinnert George den Irokesen an seine Abmachung mit den Engländern, an die miese Behandlung, die er seitens des ehemaligen französischen Kommandanten erfahren habe. Erst jetzt rückt der Häuptling mit dem wahren Grund der Verzögerung heraus. Die Franzosen haben versprochen, daß jeder von ihnen morgen ein Gewehr erhalten werde. Keine Frage, für Indianer ist dies schon aus Prestige-Gründen ein äußerst wertvolles Geschenk. Demgegenüber steht Washington mit leeren Händen da. Seine Gewehre braucht er selbst. Wegen ein paar Flinten also steht die ganze Allianz der Engländer mit den Indianerstämmen am Ohio auf dem Spiel! Erst als Saint Pierre feststellt, wie ernst es dem jungen Virginier ist, wird für den darauffolgenden Morgen alles für die Abfahrt arrangiert. Die Indianer erhalten ihre versprochenen Geschenke. Schon sitzen sie in ihren Kanus, da probiert ein französischer Offizier eine letzte List. Er bietet einen Abschiedstrunk an. George weiß genauso gut wie die Franzosen: Wenn die Indianer erst einmal einen Schluck Brandy hinuntergeschüttet haben, leeren sie den ganzen Krug. Und in betrunkenem Zustand werden sie nicht mehr in der Lage sein, auch nur einen Paddelschlag auszuführen. In eiskalter Wut starrt er Half-King und seine Gefährten an. Es fällt kein Wort. Unschlüssig schweifen die Blicke der Indianer zwischen dem dargereichten Schnaps-Krug und Washington hin und her. Dann taucht Half-King plötzlich das Paddel in das strudelnde Wasser. Das Kanu wird von der Strömung des Flusses erfaßt. Washington hat das miese diplomatische Spiel gewonnen.

Lederstrumpf: Im Angesicht des Todes

Die kommenden Tage sind voller Strapazen und neuer indianischer Überraschungen. Eines Morgens erwacht George mit dem würzigen Geruch von Grillfleisch in der Nase. Die Indianer haben drei Bären auf einmal erlegt. Doch die Freude über das phantastische Jagdglück wird bald dadurch getrübt, daß die vier Rothäute nicht eher zur Weiterfahrt zu überreden sind, bis alles Bärenfleisch restlos aufgegessen ist. Washingtons Geduld ist erschöpft. Er läßt die vier kauenden, spuckenden und rülpsenden Indianer an ihrem Grill zurück. Vielleicht kommen sie nach, vielleicht auch nicht. Die nächsten Tage quält sich George mit seinen verbliebenen Virginiern den French Creek hinab. Eines Morgens hat der Fluß soviel Wasser verloren, daß sie die Kanus durch das seichte Wasser schieben und über Geröllbänke zerren müssen. Ein anderes Mal wieder müssen sie sich eine Fahrrinne durch die vereiste Oberfläche hacken.

Während sich die kleine Washington-Truppe redlich mit schwerem Gepäck und unhandlichen Kanus abplagt, taucht wie aus dem Nichts Half-King mit seinen Männern auf – im Schlepptau vier Boote, vollbesetzt mit französischen Trappern. Im Gegensatz zu den Virginiern, die in ihren wie Rüstungen steif gefrorenen Kleidern hinter und neben den Kanus herlaufen, ziehen die in warme Pelze gehüllten Trapper hocherhobenen Hauptes an ihnen vorbei und spucken, wie Christopher Gist bemerkt, „spöttisch in unsere Boote". Es dauert aber nicht lange, „und wir hatten das Vergnügen, die Franzosen kentern zu sehen. Ihr ganzer Brandy und Wein war über Bord".[48]

Nach sechs Tagen, am 22. Dezember, erreichen sie endlich Venango, wo Captaine Joncaire seinen lieben Freund Half-King erneut überschwenglich in die Arme schließt.

Doch Washington ist des ewigen Buhlens um indianische Gunst überdrüssig. Er hat nur Augen für seine vor ihm eingetroffenen Pferde. Er untersucht sie mit dem Kennerblick des erfahrenen, passionierten Reiters und kommt zu dem Schluß, sie seien „so schwach und wackelig auf den Beinen", daß er sehr bezweifelt, ob sie überhaupt noch in der Lage sind, all den Proviant, die Zelte und andere notwendige Gepäckstücke über eine lange, vereiste Wegstrecke zu transportieren. Daß sie zudem auch noch alle Reiter tragen könnten, scheint ihm ohnehin völlig ausgeschlossen. Der sich abzeichnende Ausfall der Pferde lastet als schwerer Schatten auf Washingtons sorgenvollen Gedanken, so daß er kaum hinhört, als ihm Half-King wortreich eröffnet, warum er und seine Gefährten in Venango zurückbleiben wollen. George entschließt sich zur umgehenden Weiterreise. Er weiß, daß er ein Wettrennen gegen die sich verschlechternde politische und tatsächliche Wetterlage gewinnen muß. Er wird aus den Pferden bis zu deren Erschöpfung alles herausholen. Vielleicht gelingt das unmöglich Erscheinende doch!

Ohne nennenswerte Pause treibt er Tiere und Männer weiter durch die Wildnis. Seit seiner Auseinandersetzung mit Saint Pierre in Fort Le Boeuf wächst Washington zusehends an den Problemen und Gefahren, die täglich seine Mission zum Scheitern bringen könnten. Es ist im Dezember 1753, da der junge, militärisch unerfahrene Major Washington an den von der rauhen Winterwildnis gestellten Aufgaben zur Führungspersönlichkeit reift. Während er den Packpferdtreibern zu reiten gestattet, verpflichtet er Gist und van Braam zum Fußmarsch. Er selbst geht mit gutem Beispiel voran, „gekleidet in einen indianischen Gehrock", wie er stolz in seinen Notizen festhält. Ja – Washington hat sich ganz den westlichen Wäldern angepaßt. Seine eigenen Kleider sind aufgrund des strapaziösen Marsches durch Dick und Dünn, durch Sumpf, Eiswasser, Geröll und stacheliges Unterholz zu Lumpen zerschlissen, so daß er sich in Venango tatsächlich einen praktischen indianischen Anzug besorgt hat: einen bis zu den Knien reichenden, fransenverzierten Lederrock, von einem breiten Gürtel um die Taille zusammengehalten,

Mokassins an den Füßen, die Beine in enge Lederleggins gesteckt. Washington – ein Lederstrumpf!

Der Schnee wird immer dichter, immer tiefer. Morgens ist er an der Oberfläche krustig vereist. Die Pferde stoßen sich daran die Fesseln blutig, die Reiter erstarren auf ihren Tieren zu schneeverwehten Gestalten. Wer marschiert, darf nicht stehen bleiben, sonst frieren ihm die Zehen ab. Drei Tage später ist Weihnachten. Für die sieben Virginier kein Heiliger Abend. Die Stimmung ist gedrückt. Washington faßt einen einsamen Entschluß. Er wird die Männer verlassen. Ohne sein ständiges Antreiben können sich sich mehr Zeit lassen, den Pferden größere Pausen gönnen. Er selbst aber – und sein Auftrag – hat keine Zeit. Zu Fuß kommt er wesentlich schneller voran. Und der Frost hilft ihm dabei. Wo die Pferde einbrechen, kann er leicht über Schnee und Eis hinweggleiten. Nur Christopher Gist soll ihn begleiten. Der protestiert: „Ich wollte nicht, daß er, der ans Gehen nicht gewöhnt ist, einen solchen Marsch unternimmt."[49]

Washington bleibt stur. Er überträgt van Braam die Leitung über den Packpferdetrupp. Und macht sich mit Gist auf den Weg, ein Gewehr in der Hand, das Pulverhorn am Gürtel, Papiere und ein paar Habseligkeiten auf dem Rücken, „bepackt wie Indianer".[50]

Statt fünf Meilen, wie tags zuvor, schaffen sie solcherart auf ihrer ersten Etappe achtzehn Meilen. Schon tags darauf erreichen sie *Murthering Town,* ein Shawnee-Dorf. Zu ihrer großen Überraschung werden sie hier enthusiastisch von einem Krieger begrüßt, den Gist zu kennen glaubt. Hat er ihn nicht auf dem Hinweg in Venango in Joncaires Begleitung gesehen?

Während Gist mißtrauisch ist, sieht Washington in diesem Indianer eine Chance, den Rückweg abzukürzen. Anstatt die ihm und Gist bekannte Route über Logstown zu nehmen, könnte der Shawnee ihnen als Führer für einen kürzeren Weg querfeldein dienen. Der Krieger ist einverstanden und schnürt sich sogar bereitwillig Washingtons Packsack auf den Rücken. Über das nun Folgende hat Gist im Gegensatz zu Washington ein genaueres Bild festgehalten: „Wir setzten unseren Weg etwa acht oder zehn Meilen fort, als dem Major die Füße anfingen weh zu tun. Er war sehr müde und stellte fest, daß sich der Indianer zu stark nordostwärts hielt. Der Major wollte rasten. Daraufhin schlug der Indianer vor, auch noch dessen Gewehr zu tragen. Doch das lehnte er ab. Da wurde der Indianer grob und drängte uns, weiterzugehen. Ottawa-Indianer wären in der Gegend, sagte er, die uns skalpieren würden, wenn wir lagern würden. Vielmehr sollten wir ihm zu seiner Jagd-Hütte folgen. Dort wären wir sicher. Ich hielt nichts von diesem Kerl, ließ mir aber mein Mißtrauen nicht anmerken. Aber bald mißtraute der Major ihm genauso wie ich."[51]

Erst sagte der Shawnee, seine Hütte sei in Hörweite eines Gewehrschusses, und wich weiterhin nach Norden aus. „Uns wurde unbehaglich. Dann sagte er, sie sei in Rufweite." Doch immer weiter stapfte der Indianer durch den hohen Schnee, wobei er seine Schritte beschleunigte, um die erschöpften Bleichgesichter noch mehr zu ermüden. Plötzlich eine Lichtung vor ihnen. Eine schneeverwehte Wiese mitten im Wald. Der Indianer beginnt zu rennen. Noch bevor sich die vom grellen Schnee geblendeten Männer vergewissern können, was passiert, wirbelt der Krieger herum und reißt die Muskete an die Schulter. Ein Schuß zerreißt die sakrale Stille des winterlichen Waldes. Für den Bruchteil einer Sekunde hängt das Schicksal Amerikas an der Richtung eines Bleikügelchens, abgefeuert aus der Flinte eines unbekannten Indianers. Dann schreit Washington:

„Bist Du getroffen?"

„Nein", antwortet Gist.

Der Shawnee sucht nun Deckung hinter einer freistehenden Eiche und versucht, seine Waffe erneut zu laden, bei einem Vorderlader eine umständliche und zeitraubende Prozedur. Da haben ihn die beiden schon überwältigt. Gist schwingt das Messer zum tödlichen Stich. Doch der künftige General hat noch nie gesehen, wie ein Mensch getötet wird. Er fällt dem Grenzer in den Arm.

„Wenn Sie ihn nicht getötet haben wollen", sagt Gist, während er auf dem Indianer kniet, „müssen wir ihn anders los werden. Und von da an müssen wir Tag und Nacht laufen." Washington nickt. Daraufhin fragt Gist den Indianer, ob sich der Schuß nicht versehentlich aus seinem Gewehr gelöst habe. Der perplexe Indianer beteuert sofort seine Unschuld. Gist befiehlt ihm, nun zu seiner Hütte vorauszugehen und alles für ihre Ankunft vorzubereiten. Der Freigelassene stürmt wie ein Wirbelwind davon und ward bald nicht mehr gesehen, während sich die beiden Virginier in die entgegengesetzte Richtung trollen. Tag und Nacht, so wie es ausgemacht war. Aufgrund des Anschlags glaubt Washington nun, daß die Franzosen einen Preis auf seinen Kopf ausgesetzt haben. Zwei Tage später werfen sich beide abgehetzten Männer wie auf Kommando in den tiefen Schnee. Im Halbdunkel des Spätnachmittags erspähen sie in einiger Entfernung eine Prozession purpurdunkler Schatten, die zwischen den Baumstämmen dahingleiten. Indianer auf dem Kriegspfad!

Die Nerven der beiden liegen jetzt blank. In Panik entscheiden sie, sich zu trennen, um die Chancen zu erhöhen, daß wenigstens einer durchkommen möge. Sie vereinbaren einen ihnen gemeinsam bekannten Treffpunkt, dann zieht jeder seine eigene verräterische Spur durch den Schnee. Bei jedem noch so kleinen Geräusch hält Washington inne, ängstlich lauschend, ob da nicht ein Schuß fällt, der vom Tode Gists aus dem Hinterhalt kündet. Nein, es ist nur das Blut, das vom unterdrückten Keuchen in seinen Ohren rauscht. Die Dunkelheit ist schon lange hereingebrochen, als er sich endlich dem Treffpunkt nähert. Da kauert ein dunkler Schatten. Gott sei Dank, es ist der Freund. Völlig erschöpft gönnen sie sich ein paar Stunden Schlaf.

Der Piney Creek führt sie schließlich zum Allegheny River. Doch welche Enttäuschung. „Wir hatten erwartet, daß der Fluß zugefroren ist", schreibt Washington, „doch dies war nur an den Rändern der Fall. Das Eis, das ich erwartet hatte, war weiter oben aufgebrochen und trieb nun in zahlreichen Schollen flußabwärts. Die einzige Möglichkeit, hinüber zu gelangen, bestand in einem Floß, das wir uns mit nur einer armseligen Axt zurecht zimmerten."[52]

Als die beiden Abenteurer mit ihrem wackligen Gefährt schließlich die Mitte des Wildwassers erreichen, werden sie von Treibeis eingekeilt, das Floß schüttelt sich, neigt sich, beginnt sich gefährlich zu drehen. Washington will mit einer langen Lenkstange das Floß ruhig halten, da stößt eine schwere Eisscholle gegen die Stange. Washington verliert das Gleichgewicht, sieht die frostigen Fluten voller spitzer Eisscherben auf sich zurasen. Die lange Reise droht in einer Katastrophe zu enden. Schon ist das Floß fast an dem Mann über Bord vorbeigetrieben, da krallen sich seine von Todesangst gestählten Finger in ein überstehendes Aststück eines der Floßstämme. Gerettet. Irgendwann erreichen sie das andere Ufer. Völlig ausgepumpt entfachen sie irgendwie ein Feuer, während Kälteschauer ihre Körper schütteln wie Espenlaub. Zur großen Überraschung Washingtons sitzt indes der von dem Leben an der Grenze abgehärtete Christopher Gist die längste Zeit vor den wärmenden Flammen und reibt sich die erfrorenen Zehen und Finger. Der junge Pflanzersohn aus dem subtropischen Tiefland Virginias hat sich hingegen als äußerst robust erwiesen. Solcherart Unempfindlichkeit gegen klimatische Härten wird es ihm dereinst ermöglichen, erneut um die Weihnachtszeit einen Fluß voller Treibeis zu überqueren – diesmal an der Spitze einer ganzen Armee.

Vom Allegheny River sind es nur noch zehn Meilen zu John Fraziers Vorposten. Dort stoßen sie in der warmen Stube auf zwanzig Indianer, die gerade von einem Kriegszug aus dem Süden zurückkommen. Diese berichten von einem Massaker französischer Ottawas unter weißen Grenzsiedlern. Washington und Gist mögen sich die Frage stellen, wie es dieser hartgesottene Frazier nur unter all diesen Wilden aushalten kann. Ständig gehen Krieger aller Parteien und Stämme bei ihm ein und aus, tauschen Felle und Pelze gegen Brandy, Pulver und Blei – und dennoch sitzt sein Skalp fest auf seinem Schädel.

Der Indianerhändler leiht den beiden Männern Pferde für die Weiterreise. Washington drängt wieder zur Eile. Schon ist es Neujahr 1754. Einen Tag später trennt er sich von seinem getreuen Begleiter Gist, der nun bei sich zu Hause angekommen ist. In einem Gewaltritt über die Allegheny Mountains erreicht Washington am 11. Januar 1754 heimatliche Gefilde. Angesichts des vertrauten, breit dahinßießenden Potomac zügelt plötzlich eine tiefe Sehnsucht den raschen Hufschlag seines Pferdes. Die Stimme seines Herzens bricht sich Bahn gegen die Pflichterfüllung. Er, der in der Wildnis Kopf und Kragen riskiert hat, um seinen Auftrag schnellstmöglich zu erfüllen, gerät nun ins Träumen, weicht vom Weg ab und trabt zum größten Erstaunen der Dienerschaft in den weiten Hof von Belvoir ein. Auch den feinen Damen der Fairfax-Herrschaft fährt ein gehöriger Schreck in die Glieder, als sie den völlig abgerissenen Strolch – halb Indianer, halb verwilderter Jäger – aus dem Sattel steigen sehen. Erst an dem fröhlichen Neujahrsgruß, den der bärtige Waldmensch ihnen zuruft, erkennen sie den Sunnyboy der Washingtons.

Über das schreckensbleiche Gesicht Sallys mag für einen Augenblick ein rosaroter Schatten freudiger Erregung geglitten sein, ahnte doch nur sie alleine, warum der Gast aus dem Urwald den Abstecher nach Belvoir unternommen hatte. Washington rechtfertigte sich später trocken: „Ich blieb einen Tag, weil ich unbedingt eine Schnaufpause brauchte."[53] Wer wollte es ihm nach dieser abenteuerlichen Reise verübeln?

3
Der ehrgeizige Oberst

Er ist groß und aufrecht wie ein Indianer.
GEORGE MERCER, EIN FREUND

„Ich hörte die Kugeln pfeifen": Mord an einem Franzosen?

Ein Zug grimmiger Zufriedenheit legte sich über das feiste Gesicht des Gouverneurs, als er die Lektüre der französischen Antwort beendet hatte. Saint Pierre teilte ihm darin mit, daß er sich keiner der Aufforderungen Dinwiddies beugen werde. Er könne das Land am Ohio nicht räumen, da es der Krone von Frankreich gehöre. Er werde aber dem Gouverneur von Quebec, Marquis Du Quesne, berichten und dessen Befehle abwarten.[1]

Dies – und Dinwiddie hielt das gefaltete Stück Papier hoch – werde das *House of Burgesses* endgültig davon überzeugen, daß man etwas für die Sicherung der Westgrenze unternehmen müsse.

Washington – abgezehrt, müde und stolz – nickte zustimmend. Dinwiddie lehnte sich weit zurück, so daß das wuchtige Lederfauteuil unter seinem schweren Gewicht aufstöhnte. Versonnen starrte er an Washington vorbei zu den hohen Fenstern hinaus. Er hatte erreicht, was er gewollt. Der Brief lieferte den Beweis für die aggressiven Absichten des Gegners. Er brauchte nur noch eine weitere Grundlage für sein Handeln. Sein von Bluthochdruck gerötetes Gesicht schoß plötzlich nach vorne. Er werde eine außerordentliche Sitzung des Abgeordnetenhauses einberufen, eiferte er sich laut, mehr zu sich selbst. Und dann, im Aufstehen, an Washington gewandt: Für diesen Anlaß sei ein ausführlicher schriftlicher Rapport eines Augenzeugen erforderlich. Von ihm. Morgen schon! Vierundzwanzig Stunden habe er Zeit. Mehr nicht. Kein Wort von Dinwiddie über die hervorragende waldläuferische Leistung.

111

Nein, daß der junge Washington sein Äußerstes gegeben hat, gilt dem provinziellen Stellvertreter des Königs als selbstverständlich – eine typische Attitüde der Mächtigen. Irritiert zog sich Washington zurück. In aller Hast arbeitete er auf der Grundlage seines geretteten Tagebuchs einen siebentausend Wörter umfassenden Bericht aus. Jetzt zahlte sich aus, daß er akribisch alle Details seiner Reise festgehalten hatte.

Zu seiner größten Verblüffung riß ihm Seine Ehren, der Gouverneur, tags darauf die Seiten aus den ermüdeten Händen, um sie umgehend in die Druckerei bringen zu lassen. Dem umtriebigen Schotten erschien die Angelegenheit von höchster Brisanz. Eile war geboten. Denn wenn im Frühjahr die französische Kanu-Flottille, die derzeit laut Washington im Fort Le Boeuf zurechtgezimmert wurde, ausschwärmte, war der Wettlauf um den Ohio endgültig verloren. Berittene Kuriere überbrachten auf Geheiß Dinwiddies das druckfrische Aide-mémoire Washingtons allen Abgeordneten Virginias und auch weit im Norden den Provinzialregierungen von Pennsylvania und New York. Und ein schneller Klipper schaffte das virginische Druckwerk sogar nach London – alles mit dem Ziel, eine schlagkräftige Truppe gegen die französische Invasion zusammenzutrommeln. Auf diese Weise wurde Washington zu einem für damalige Verhältnisse vielgelesener Autor. Vor allem wurde sein Name in allen politisch einflußreichen Kreisen der Kolonien wie im Mutterland schlagartig bekannt. Und mit der Berühmtheit stellte sich auch der erste Neid ein, hagelte es – teils berechtigte – Kritik, die George nicht immer richtig durchschaute oder deren politische Hintergründe und Zusammenhänge er nicht in vollem Umfang verstand. Er nahm alle Kritik persönlich und war manchen Tags tief gekränkt. Denn einige politische und geschäftliche Gegner Dinwiddies taten Washingtons Bericht als Phantasterei ab, als kriegstreibene Propaganda im Sinne der Ohio Company, die verdächtigt wurde, allein zur Sicherung der eigenen Einflußnahme skrupellos einen Konflikt mit Frankreich vom Zaum brechen zu wollen.

So zumindest sahen es viele Politiker in New York und Pennsylvania, die stellenweise sogar soweit gingen, die französischen Ansprüche für berechtigt zu erklären. Die New Yorker Standesvertreter waren indes wenigstens bereit, wenn nicht mit Soldaten, so doch mit Geld das Anliegen des virginischen Gouverneures zu unterstützen. 5.000 Pfund stellten sie ihm für das Unternehmen zur Verfügung. Auch im eigenen Land hielt sich die Begeisterung, gegen die Franzosen in einen Urwaldkrieg zu ziehen, in Grenzen. Außerdem teilten viele Abgeordnete Virginias nicht die Begeisterung für das Ohio-Tal, ja waren mehr an ihren örtlichen Tabak-Geschäften interessiert als an Landspekulation jenseits der Blauen Berge. Nur mit Mühe kam bei der um zwei Monate vorverlegten Ratsversammlung eine Mehrheit zustande, die die Aufstellung eines Regiments von 300 Mann sowie Ausgaben von 10.000 Pfund dafür genehmigte. Dinwiddie hatte zuvor damit geworben, daß an der Seite des virginischen Regiments rund tausend Krieger der Cherokees und Catawbas kämpfen würden. Außerdem lag wenige Wochen später aus London die Nachricht vor, man werde drei reguläre Kompanien entsenden. Dies würde jedoch geraume Zeit in Anspruch nehmen.

Als Sofortmaßnahme jagte Dinwiddie eine Vorausabteilung von vierzig Mann an die strategisch so wichtigen *Gabelungen des Ohio*, wo sie unter der Leitung des Indianer-Händlers William Trent genau an jener Stelle ein Fort errichten sollten, die Washington im November präzise vermessen hatte.

Dann wurde kräftig die Werbetrommel gerührt. Die Farmer, Hinterwäldler und Trapper fühlten sich allesamt nicht sonderlich vom Militärdienst angezogen. Der gelegentliche Dienst bei der Miliz war bisher mehr Spielerei und geselliges Beisammensein gewesen.

Es bedurfte also größerer Worte, des Beschwörens von Idealen, für die das Kämpfen sich lohnte: Gegen französische Wölfe geht es, Weiße und Rote, die Eure Heimstätten bedrohen, Eure Frauen und Kinder rauben. Papisten sind es, verfluchte Gegner Eures Glaubens! So oder ähnlich lief die Propagandamaschinerie landauf, landab.

Als Oberkommandierender wurde der Mathematiklehrer am William und Mary College in Williamsburg, Joshua Fry, ernannt, der über Autorität und hohe Anerkennung verfügte, militärisch aber völlig unbedarft war.

Deshalb stellte man ihm als Stellvertreter George Washington zur Seite. Er hatte zwar auch wenig Ahnung, war aber immerhin Miliz-Adjutant des Northern Neck und hatte eben einen Spionage-Auftrag ausgeführt. Nun beförderte man ihn zudem vom Major zum Oberstleutnant und betraute ihn mit der Ausbildung der Rekruten.

Washington richtete seine Garnison in dem kleinen, prosperierenden Alexandria ein. Auf diese Weise konnte er sich gleichzeitig um seine Güter auf dem nur wenige Reitminuten entfernten Mount Vernon kümmern.

Anfang März häuften sich plötzlich täglich Nachrichten von indianischen Spähern, daß die Franzosen nun mit ihrer Invasion des Ohio-Gebietes begonnen hätten. Deshalb befahl Gouverneur Dinwiddie am 15. März 1754 Washington, „mit allen Soldaten, die sich gemeldet haben, umgehend zum Ohio aufzubrechen".[2] Mit allen gemeldeten Soldaten? Washington dürfte über diesen Befehl nur säuerlich gegrinst haben. Statt 300 ausgebildeten Soldaten traten im Kasernenhof von Alexandria nämlich nur 120 meist zerlumpte Gestalten an, „viele von ihnen ohne Schuhe; andere wollen Strümpfe, einige haben keine Hemden", jammerte Washington.[3] Proviant, militärische Ausrüstung, Waffen, Munition, Kanonen, die Beschaffung von Pferden – alles war ein Problem. Die Hoffnung, sich unterwegs zum Ohio mit dem Wichtigsten eindecken zu können, trog. Die Bauern im Shenandoah Valley weigerten sich, ihre Fuhrwerke zum Transport über die Berge zur Verfügung zu stellen. Seine Lordschaft Sir Thomas Fairfax, der alte, bärbeißige Freund Washingtons, der diese Siedler als County-Oberer hätte anweisen können, war zu beschäftigt. Er war auf der Fuchsjagd und verbat sich jegliche Störung. Als George in hilflosem Zorn anfing, Pferde und Wagen illegal zu requirieren, versteckten die Bauern ihre Tiere vor ihm. Niemand hier glaubte an den Erfolg der Mission, sah doch jedermann, in welchem erbärmlichen Zustand sich dieses kleine Milizaufgebot befand: unzureichend gekleidet, kaum Zelte, obwohl das Wetter „bemerkenswert kalt und naß" war, wie der junge Oberstleutnant in einem seiner zahlreichen Beschwerdebriefe an Dinwiddie bemerkte. Briefe – wie Washington bei den anhaltenden Schwierigkeiten überhaupt Zeit und Lust zum Schreiben gefunden hat, bleibt ein Rätsel, zumal er diesmal nicht ein paar Trapper und Packpferdereiter anzuführen hatte, sondern eine Kompanie Strauchdiebe, die er bei der Stange hielt, indem er ihnen weismachte, sie stünden unter Militärgesetz. Das Abgeordnetenhaus in Williamsburg hatte ein solches jedoch nie verabschiedet.

Nun, Washingtons Feldpostbriefe an Dinwiddie gingen im Laufe der Kampagne hoch in die Hunderte. Es sind Beschwerden über das Ausbleiben von Sold, Verpflegung, Uniformen, Rum – und Verstärkung. Ungehalten und tadelnd sind zumeist die Antworten darauf. Der Oberkommandierende Fry sei krank, etc. etc.

In Winchester hob sich vorübergehend die Stimmung: 39 angeworbene Milizionäre schlossen sich ihm an, doch alles in allem blieb der Auftrag für Washington unbefriedigend. Die Truppe brauchte zu lange, um für die schweren Frachtwagen Schneisen durch die Wälder zu schlagen oder auch nur einen einzigen Fluß zu überqueren. In Wills Creek dann die Katastrophe. Ein kleiner Haufen abgekämpfter Männer wankt über eine Hügelkuppe auf die Neuankömmlinge zu. Washington erkennt in ihnen die Überlebenden des Voraustrupps unter Trent, die an den Gabelungen des Ohio das Fort bauen sollten. Diese Niederlassung sei von ihnen tatsächlich errichtet worden, berichten die Männer. Doch gerade als sie fertig waren, habe sich der Allegheny River verdunkelt: Die Franzosen kamen den Fluß herab, in sechzig mittelgroßen Schiffen und dreihundert Kanus. Mit sechshundert Mann und achtzehn Kanonen im Rücken seien sie – unter freiem Abzug – zur Übergabe des Forts aufgefordert worden.

Washington ist zu spät gekommen. Alles umsonst. Möchte man meinen. Doch unter den Flüchtlingen sind auch zwei Krieger mit einer Botschaft von Half-King an die Briten. Mit größter Genugtuung hört George, daß der Irokesen-Häuptling nur auf ein britisches Miliäraufgebot wartet, um gemeinsam gegen die Franzosen loszuschlagen. Also war sein moralisches Ringen um diesen wankelmütigen Brandy-Freund doch nicht umsonst gewesen! Der einzige Haken an der Sache ist: Trotz indianischer Unterstützung bleibt er den Feinden maßlos unterlegen, zumal die Franzosen ihre Truppenstärke im neuen Fort – das sie nach dem Gouveneur von Cananda *Duquesne* nennen – ständig erhöhen.

Ihm hingegen laufen angesichts dieser neuen, aussichtslos erscheinenden Lage sogar noch einige Männer davon. Die Überlebenden der Vorausabteilung weigern sich, ihm zu gehorchen, und setzen ihren Weg in die Heimat fort. Mit ihnen desertieren heimlich eine Reihe Milizionäre.

Washington entschließt sich dennoch, weiter vorzurücken. Die Männer müssen beschäftigt bleiben. Über den Bergrücken *Laurel Ridge* nach Pennsylvania hinüber, einen steinigen, felsigen Abhang hinunter und er stößt um den 25. Mai auf ein kleines Präriestück, *Great Meadows* genannt. Hier findet er zwei von der Natur geformte Gräben vor, die parallel zueinander liegen. Man braucht sie eigentlich nur noch am Kopf- und Fußende miteinander zu verbinden und schon hat man ein mit Gräben umgebenes Rechteck – in Washingtons naiven Augen ein exzellenter Platz für ein Fort. Alsbald saust die Axt in die Stämme des Bergwaldes im Rücken der Wiese. Andere Pioniere schleppen Felsbrocken heran, Büsche werden gerodet, Erdwälle aufgeschüttet. Das Lager Great Meadows wird binnen weniger Tage buchstäblich aus dem Boden gestampft, während Washington gleichzeitig einen Spähtrupp aussendet, um die feindlichen Linien zu erkunden. Doch nicht seine Milizsoldaten sind es, die ihm die französischen Stellungen melden, sondern ein vertrautes Gesicht aus Zeiten größter Not: Christopher Gist. Der Waldläufer ist von seiner neuen Siedlung am Youghiogheny herübergeeilt, um den jungen Freund vor einem französischen Stoßtrupp zu warnen. Tags zuvor, am 26. Mai, seien rund fünfzig Franzosen an seiner Blockhütte vorbeigezogen, in Richtung Great Meadows. Wie Gist weiter berichtet, hätten sie ihn nach dem derzeitigen Aufenthaltsort Half-Kings befragt.

Daraus schließen einige der Krieger Half-Kings, die in Washingtons Lager weilen, daß der Häuptling bedroht sei. Sofort brechen mehrere Indianer auf, Half-King zu warnen, während andere als Fährtensucher für einen Spähtrupp der Miliz dienen. Sie sollen die Franzosen suchen.

Kaum haben die Männer das Lager verlassen, schwingt sich atemlos ein indianischer Läufer über die Umfriedung: Half-King schickt ihn. Der Häuptling lagert mit zwölf Kriegern nur sechs Meilen von hier. Er habe die Spuren der gesuchten Franzosen entdeckt, verfolgt und ihr derzeitiges Lager ausfindig gemacht.

Für einen Moment befürchtet George, das ganze sei ein mieser Trick, ihn vom Lager weg in einen Hinterhalt zu locken. Doch dann siegt die Angriffslust. Er versteckt Pulver und Blei und läßt rund vierzig Mann zur Verteidigung zurück. Mit den anderen vierzig Verbliebenen folgt er mißtrauisch, das Gewehr schußbereit im Hüftanschlag, dem ihm unbekannten Indianer. Es ist eine „pechschwarze Nacht", der Pfad zwischen den Bäumen gerade einmal ein Mann breit. Die Kolonne zieht sich auseinander oder läuft sich gegenseitig in die Hacken. So geht es die ganze Nacht hindurch weiter. Als Washington schon glaubt, von dem Indianer genarrt worden zu sein, tut sich mit dem ersten Morgenstrahl das Indianerlager vor ihnen auf.

Das letzte Mal, als er Half-King gesehen hatte, war dieser nicht von Joncairs Rumflasche abzubringen gewesen. Nun ist der Irokese versessen darauf, den Franzosen den Schädel einzuschlagen.

Obwohl Dinwiddies Befehl an Washington ausdrücklich lautet, sich und englische Siedlungen lediglich zu verteidigen und nur in diesem Fall Angreifer zu töten oder gefangenzunehmen[4], entschließt sich der tatendurstige Washington gemeinsam mit dem Irokesen-Chef zum Angriff.

Es ist der 28. Mai 1754, der zu einem historischen Datum für Amerika und Europa gleichermaßen werden sollte. Obwohl die Männer vom langen Nachtmarsch ermüdet sind, geht es gleich weiter, nun durch einen lichtdurchfluteten Frühlingswald, der gerade erwacht. Irgendwo hämmert ein Specht, Vögel zwitschern. Da taucht ein grellbunt bemalter indianischer Späher auf und meldet, daß rund dreißig Franzosen etwa eine halbe Meile entfernt in einer dunklen, von Felsen umgebenen Schlucht lagern.

Washington und Half-King teilen ihre Männer derart in kleine Gruppen ein, daß die Franzosen am Ende ganz umstellt sein werden. Washington, der selbst einen Zug führt, stürzt beim Anschleichen aus Versehen durch das Gebüsch am Rande der Senke. Als er sich aufrappelt, sieht er zu seinen Füßen einige Franzosen gestikulieren und schreien. Sie deuten herauf zu ihm. Er ist entdeckt. Schon eilen einige zu ihren Waffen, da gibt Washington seinem Zug den Befehl, das Feuer zu eröffnen. Mit Stolz registriert er, daß auch von den anderen Seiten der umstellten Schlucht Mündungsfeuer aufblitzt. Das erste Gefecht, das Washington leitet, ist im Grunde genommen ein brutales Abschlachten aus dem Hinterhalt. Die Franzosen können die gut getarnten Angreifer über sich kaum ausmachen. Nach einer Viertelstunde sind zehn von ihnen gefallen. Die anderen werfen ihre Waffen weg und ergeben sich resigniert.

Als Washington in die Schlucht hinabsteigt, um die erste von ihm erzwungene Kapitulation entgegenzunehmen, muß er mit ansehen, wie die Indianer aus ihren Verstecken hervorbrechen und den am Boden liegenden Verwundeten mit ihren kugelförmigen Kriegskeulen die Schädel einschlagen. Sie machen sogar Jagd auf jene, die sich ergeben haben, so daß für einige Minuten erneut ein heftiges Gerangel entsteht. Die überlebenden Franzosen flüchten unter die Waffen der Milizsoldaten und flehen inständig um Schutz vor den roten Skalpjägern. Selbst Half-King, mit mehreren Skalps in der Hand, ist nur schwer zu bremsen. Die Indianer sind im Blutrausch und glauben, daß sie ein Recht auf alle Skalps haben. Während Washington mit seinen indianischen Verbündeten noch heftig argumentiert, reden drei französische Dolmetscher auf ihn ein. Doch erst als sich ein unerschrockener französischer Offizier zu einer Leiche hinabbeugt und aus der blutverschmierten Uniform einige Papiere herausfingert, die er zornig Washington ins Gesicht schleudert, wittert der siegestrunkene Virginier Unheil. Allmählich schält sich aus dem auf ihn einprasselnden Stimmengewirr heraus, daß die Franzosen ihn des Mordes beschuldigen!

Des Mordes an dem französischen Botschafter Joseph Coulon, Sieur de Jumonville. Genauso wie Washington vor wenigen Monaten mit einer

Nachricht zum französischen Kommandanten gereist sei, habe Jumonville nun seinerseits den Auftrag gehabt, die Engländer ausfindig zu machen, ihnen den ausdrücklichen Wunsch Frankreichs nach einer friedlichen Koexistenz zu übermitteln und sie gleichzeitig zu warnen, die Hände von jenen Gebieten zu lassen, die unter der Krone Frankreichs stünden.

In seiner ersten Reaktion bestreitet der angeklagte Sieger jeglichen Vergleich mit seiner Mission. Wozu braucht ein Botschafter dreißig Soldaten als Begleiter? Warum hat Jumonville nicht gleich den ersten englischen Posten zumindest andeutungsweise über seinen Auftrag informiert? Christopher Gist jedenfalls hatte er nur nach Half-King befragt. Washington will nicht gelten lassen, daß er diplomatische Immunität mißachtet habe. Für ihn stellt sich die Lage ganz anders dar. Er glaubt fest daran, daß die französische Abordnung für eine friedliche Mission zu umfangreich war. Er nimmt an, daß die Franzosen beabsichtigt hatten, englische Stellungen anzugreifen. Im Falle englischer Überlegenheit, so wie jetzt, würden sie sich mit einem angeblichen diplomatischen Auftrag herausreden. Die zusehends wütender werdenden Franzosen argumentieren außerdem, sie hätten Washington zugerufen, daß sie in diplomatischer Mission unterwegs wären. Möglich. Da Washington aber nur Englisch verstand, hat er wohl nicht darauf reagiert.

Die Sache wird allmählich ärgerlich, zumal Half-King ihn von der anderen Seite bedrängt, wenn er „so dumm" sei, die Gefangenen wieder laufen zu lassen, wie diese nun forderten, würde er den Engländern nie mehr helfen.

Eine unmögliche Situation. Rechts die lamentierenden Franzosen, links die blutverschmierten Indianer, die nach den restlichen Skalps dürsten ...

Was bleibt, ist ein ungutes Gefühl. In einer ruhigen Minute kostet Washington indes seinen ersten Sieg voll aus. Seinem jüngeren Bruder John Augustine vertraut er in einem ausführlichen Brief an: „Ich hörte die Kugeln pfeifen, und glaube mir: dieser Klang hat seinen Reiz."[5]

John Augustine hat – offenbar in falsch verstandenem Stolz auf seinen Bruder George – diesen Brief nach England lanciert, wo er im *London Magazin* veröffentlicht wurde. König George II., der selbst zahlreiche Schlachten mitgemacht hatte, las den Abdruck und soll dazu trocken bemerkt haben: „Er würde das nicht sagen, wenn er sie oft genug gehört hätte."[6]

Reingelegt: Eine Kapitulation mit Folgen

Unheil liegt in der Luft. George wird, so sehr er sich auch an seinen ersten militärischen Sieg klammert, der Lage an der westlichen Front nicht Herr. Dem raschen Auf folgt ein rasches Ab. Ein schneller Wechsel. So wird es in seinem langen militärischen Leben durch alle Feldzüge hindurch bleiben. Für seinen kleinen Erfolg wird George zunächst belohnt. Gouverneur Dinwiddie befördert ihn zum Oberst, zumal Oberst Fry von einer Krankheit dahingerafft worden war.

Aus Furcht vor einem französischen Gegenschlag baut Washington seine kleine Palisadenburg gegen den Rat Half-Kings weiter aus. Während der junge Virginier glaubt, „mit meiner kleinen Zahl an Soldaten fürchte ich einen Angriff von fünfhundert Gegnern nicht", hat er für den Irokesen-Häuptling den letzten Beweis dafür geliefert, daß er weder von Diplomatie noch von Miliärstrategie irgendeine Ahnung hat. Half-King, der in vielen französischen Forts ein- und ausgegangen ist, belächelt „das kleine Ding mitten auf der großen Wiese". Zudem gerät er in eine prekäre Lage, was die Versorgung seines Stützpunktes betrifft. Statt indianischer Krieger, die Half-King wieder einmal vergeblich versprochen hat, suchen deren Squaws und Kinder „Zuflucht" bei ihm. In Wahrheit fallen sie über seinen Proviant her. Das Lager ist nicht darauf eingestellt, hunderte von Menschen zu versorgen. Bald grassiert Hunger unter der Besatzung, meuternde Stimmen erheben sich, so daß Washington das Lager von Great Meadows in *Fort Necessity* umbenennt.

Keine Freude hat er auch an einem weiteren Regiment, das zu seiner Unterstützung eintrifft. Es handelt sich bei diesen Soldaten zwar ebenfalls um Kolonisten, aber sie sind – im Gegensatz zu seiner Lumpentruppe – ausgerüstet wie ein reguläres britisches Regiment, mit roten Uniformen, Dreispitzen, und werden angeführt von einem schottischen Berufsoffizier namens James Mackay. Der stellt als erstes klar, daß seine Männer ausschließlich seinem Kommando unterstehen. Bei gemeinsamen Kampfhandlungen reklamiert Mackay außerdem für sich das Oberkommando. Verständlich, denn Mackay ist sei achtzehn Jahren im Dienst seiner Majestät und hat an der Grenze von Georgia schon viele Erfahrungen im Kampf gegen Indianer gesammelt. Für ihn ist Washington ein Amateur, der aus politischen Gründen diesen hohen Kommandeursposten zugeschanzt bekommen hat.

Doch erwartungsgemäß läßt sich Washington diese „Degradierung" nicht bieten. Er macht Mackay, der nur den Rang eines Hauptmanns trägt, klar, daß ein Oberst immer noch der Vorgesetzte eines Hauptmanns sei, unabhängig davon, ob er Milizionäre oder Reguläre kommandiere. Schließlich seien es alles Virginier.

Das Ergebnis des Kompetenzgerangels ist ein Patt. Mackays Regiment fühlt sich als etwas Besseres und sondert sich von den „Wilden" Washingtons ab. Die Milizionäre wiederum sind erbost darüber, daß sich die Rotröcke für Rodungs- und Schanzarbeiten zu fein sind. Letztlich werden die Meinungsverschiedenheiten keine Auswirkung auf die anstehenden Kampfhandlungen haben, sie legen aber den Grundstein für Washingtons zunehmende Abneigung gegenüber britischen Offizieren. Der erste Stachel gegen sie sitzt tief. Doch zunächst muß er sich um seine indianischen Verbündeten kümmern. Aus dem Urwald dringen düstere Gerüchte. Der oberste Rat der Irokesen-Liga hat an alle Stämme im Ohio-Gebiet Wampums geschickt, mit der Aufforderung, in dem anstehenden Konflikt zwischen Engländern und Franzosen neutral zu bleiben! Scharenweise verlassen daraufhin die Delawares und Shawnees, die sich in den letzten Tagen in Fort Necessety eingefunden haben, wieder den Verbündeten.

Lediglich Half-King stellt sich in dieser Stunde der Not mit etwa vierzig Kriegern auf die Seite Washingtons. Noch hat dieser irokesische Statthalter den Glauben an die Engländer nicht verloren, zumal er darauf vertraut, daß der „Große Vater" in Williamsburg eine solch wichtige Angelegenheit nicht auf Dauer in den Händen eines Anfängers wie Washington belassen wird.

Washington ergreift daraufhin die Initiative. In der Hütte von Christopher Gist trifft er sich mit sechs Mingos, er spricht mit einer Reihe von Waldläufern und Indianer-Händlern. Von allen Seiten verdichtet sich der Eindruck, daß die Engländer nicht mehr mit der Unterstützung irgendeines Stammes rechnen können. Und sollten die Irokesen ihre Neutralität aufgeben, dann nicht zugunsten der Engländer. Denn die Franzosen haben zum Sturm auf Fort Necessity angesetzt. Angesichts der gegnerischen Überlegenheit und der Lebensmittelknappheit drängt Half-King auf einen Rückzug der englischen Kräfte in die Berge, wo eine günstigere Verteidigungsstellung aufgebaut werden könnte. Er glaubt nicht, daß das Fort mitten in der Prärie zu halten ist.

Doch Washington weist solche Einwände kategorisch zurück. Da schreitet der Irokese hocherhobenen Hauptes zum Tor hinaus. Innerhalb weniger Minuten haben seine Krieger ihre Habseligkeiten gepackt und verschwinden – für immer – im Dunkel des nahegelegenen Waldes. Die Engländer, respektive Oberst Washington, haben ihren letzten indianischen Verbündeten verloren. Er wird ihn nie wiedersehen. „Es war eines der Hauptalente der Indianer, stets zu wissen, im voraus zu wissen, wer in der nächsten Aktion der Überlegene sein würde, und an den hielten sie sich."[7]

Im Morgengrauen des 3. Juli 1754 sind sie plötzlich da. Eine französische Übermacht, deren Stärke zusammengenommen mit hunderten von Indianern etwa das drei- bis vierfache der Fortbesatzung ausmacht, greift an. Die erste Welle wird erfolgreich zurückgeschlagen. Doch dann setzt ein heftiger Regen ein. Die große Wiese erweist sich als Wassersammelbecken. Ohne Unterlaß laufen vorgeschobene Schützengräben voll und müssen aufgegeben werden. Die sich zurückziehenden Soldaten werden von versteckten indianischen Scharfschützen wie Hasen auf dem offenen Feld niedergeschossen. Fortlaufend versinken die Lehmwälle. Die Palisaden verlieren den Halt und stürzen kreuz und quer übereinander. Von den ringsum höher gelegenen Positionen aus, und wenn es nur Bäume sind, wird die Fortbesatzung gezielt unter Feuer genommen. Binnen weniger Stunden ist Fort Necessity nur noch ein Schlammloch, in dem sich Leichen stapeln, das Regenwasser mit Blut vermischt ist. Gegenwehr wird zunehmend sinnlos, da es kein trockenes Pulver mehr gibt. Das Pulvermagazin hat dem Dauerregen nicht standgehalten und ist in einem Sturzbach versunken.

Die Franzosen bieten Verhandlungen an. Washington schickt seinen vertrauten Dolmetscher für Französisch. Der kehrt alsbald mit einem erstaunlichen Angebot zurück: Obwohl der französische Kommandant kein anderer als der Bruder des getöteten Jumonville ist, bietet er Washington freien Abzug unter militärischen Ehren an. Er verlangt lediglich im Gegenzug die französischen Kriegsgefangenen, die den Überfall auf die Schlucht überlebt haben, sowie sämtliche Kanonen des Forts.

Washington als auch Mackay sind es zufrieden. Das ist mehr als man hätte erwarten können. Beide wissen, daß ihre Stellung keine Stunde länger zu halten ist. Hundert tote Soldaten und der Zustand des Lehmlochs sprechen eine deutliche Sprache. Keiner im Fort fragt danach, warum sich die Franzosen so großzügig erweisen. Bei strömendem Regen, mitten in der Nacht und beim Licht einer Kerze, die immer wieder von Windböen ausgeblasen wird, unterzeichnet Washington den französischen Kapitulationsentwurf. Es war der schlimmste Fehler seines ganzen Lebens! Denn was sein Vertrauter van Braam ihm in jener

Letzte Seite der Kapitulationsurkunde von Fort Necessity, unterzeichnet von Mackay, Washington und dem französischen Kommandanten Coulon des Villiers.

Unglücksnacht zur Unterzeichnung vorlegte, war nicht nur die Kapitulation des Forts Necessity. Im Vorspann des Dokuments war vielmehr auch zweimal die Rede von der „Ermordung" (l'assassinat) des Leutnants de Jumouville.[8] Außerdem verwiesen die Franzosen darauf, daß sich Frankreich und England nicht im Kriegszustand befänden – was nichts anderes war als eine versteckte Anklage Washingtons als Aggressor.

Das Unglück wollte es, daß Washington sich gänzlich auf van Braams Übersetzung, die offensichtlich ungenau und unvollständig war, verlassen hat und auf diese Weise neben der schmackhaft gemachten „ehrenvollen" Kapitulation auch sein Schuldbekenntnis als Mörder und Kriegstreiber unterschrieb. Während das Fähnlein Aufrechter am nächsten Morgen – es ist ausgerechnet der 4. Juli! – den Platz der Niederlage in militärischer Ordnung verläßt, grinst der französische Kommandant Coulon des Villiers zufrieden in sich hinein. Er hat auf sardonische Weise seinen toten Bruder gerächt. Auf schnellen Kanus und noch schnelleren Segelschiffen findet diese Kapitulationsurkunde ihren Weg nach Paris, wo sie als anti-englische Propaganda-Schrift zehntausendfach gedruckt und verbreitet wird. Die „Affaire Jumonville" ist aus der Taufe gehoben. Sie mündet noch im gleichen Jahr 1754 in den *French and Indian War*, der sich schließlich 1756 in Europa zum Siebenjährigen Krieg ausweitet. Die Londoner Politiker und Diplomaten waren bestürzt. Einer ihrer Kolonialoffiziere hatte zugegeben, daß er einen französischen Botschafter ermordete! Wie peinlich. Die Öffentlichkeit erregte sich über „diese Dummheit". Ein englischer Autor faßte in einem Pamphlet, das in London und Boston veröffentlicht wurde, die Empörung des Mutterlandes mit den Worten zusammen, das Dokument, das Washington unterzeichnet habe, sei „das Imfamste, wozu ein britischer Bürger je seine Hand für hergegeben" habe.[9]

Konsequenterweise stellte die Londoner Regierung nun auch Gouverneur Dinwiddie als den Verantwortlichen für die Ernennung Washingtons zur Rede. Der ließ seinen Untergebenen jedoch nicht im Stich. Er versuchte die ganze Angelegenheit herabzuspielen, indem er nach London berichtete, daß „dieser kleine Hinterhalt", in den Jumonville geraten war, „von Half-King und seinen Indianern gelegt worden ist. Wir waren für sie nur Hilfstruppen, denn mein Befehl an den Kommandanten unserer Streitkräfte war klar und nur zur Verteidigung gegeben."[10]
Eine Notlüge, doch wer wollte das Gegenteil beweisen? Was die Unterschrift Washingtons anbelangt, klang die Verteidigung, er sei hereingelegt worden, weil sein Dolmetscher nicht genug Französisch verstand, noch dünner. Für die Mächtigen in London, die selbstverständlich Französisch zu parlieren verstanden, war dies nur ein weiterer Beweis für die Dummheit und Inkompetenz der Kolonisten. Was wollte man von diesen Hinterwäldlern auch schon anderes erwarten? Dennoch lief auch in London die Propagandamaschinerie an. Auch die Engländer gaben nun Bulletins und Broschüren zum „Fall Jumonville" heraus, in denen die Franzosen als heimtückische Lügner verunglimpft wurden.

In Frankreich schlug die ganze Affaire naturgemäß die höchsten Wellen. Sie beschäftigte nicht nur den Hof von Versailles. Auch Dichter und Denker äußerten sich empört in nationalistischer Weise. Voltaire erfaßte die Dimension des Falles dabei am besten: „So kompliziert also sind die politischen Interessen, daß ein Kanonenschuß, der in Amerika abgefeuert wird, ganz Europa in Brand setzen kann."[11]

Wie wahr! Und Washington war es, der diesen ersten Schuß veranlaßt, das erste Blut in einem Krieg vergossen hatte, an dessen Ende 853.000 Soldaten sowie hunderttausende von Zivilisten ihr Leben lassen mußten.

Es wäre indes Unfug, diese Folgen dem zweiundzwanzigjährigen Oberst aus Virginia anzulasten. Wofür er verantwortlich gemacht werden kann, sind ganz andere Dinge. Er hat sich nicht an seinen Befehl gehalten, sondern nach militärischem Erfolg gestrebt. Als es darum ging, Fort Necessity zu verteidigen oder sich auf eine günstigere Position zurückzuziehen, schlug er den Rat Half-Kings in den Wind. Insofern ist ihm die Niederlage von Fort Necessity anzulasten. Sie beruhte auf einer Fehlentscheidung. Schlimmer aber noch war der Verlust der indianischen Verbündeten. Dieser geht wirklich voll und ganz auf sein Konto. Was Half-King schon bei der ersten Begegnung registrierte, hatte sich innerhalb weniger Monate in den Wäldern am Ohio bis zu den Oberen Seen herumgesprochen. Der Repräsentant der Engländer – Washington – hatte keine Ahnung. Weder von Diplomatie noch vom Kriegführen. Im Ergebnis mußte er bis 1757/58 warten, bis die ersten Stämme wieder vorsichtig mit ihm Kontakt aufnahmen. Es waren dann aber nur die Catawbas und Cherokees aus South Carolina. Aus dem Ohiobecken kehrte keiner der Stämme auf britische Seite zurück, solange er das Kommando führte. In der Zwischenzeit verbluteten viele Rotröcke. Nicht im Kampf gegen Franzosen, sondern gegen „französische" Indianer.

Abschied vom Militär: der erste

Es dauert nicht lange, und das Londoner Kriegsministerium zieht Konsequenzen aus der ganzen Angelegenheit. Allzuviele Kreise in England fühlten sich durch den „Fall Washington" in ihrer Ansicht bestätigt, daß die oft aus lokalpolitischen Gründen beförderten Militärs in den Kolonien allesamt inkompetent seien. Am deutlichsten äußerte sich der eng-

lische Botschafter in Paris, General Lord Albemarle: „Washington und
viele wie er sind wahrscheinlich tapfer und resolut, aber sie haben keine
Ahnung von unserem Beruf oder keine Erfahrung damit. Deshalb kann
man sich nicht auf sie verlassen."[12]

Und so wird Gouverneur Dinwiddie aufgefordert, alle Offiziere in der
Kolonie Virginia, die von ihm auf einen hohen Rang befördert worden
sind, auf Hauptmanns-Position zurückzustufen. Diese Anweisung war
nicht nur ein Schlag ins Gesicht der Kolonisten, sondern richtete sich
auch gegen die Vetternwirtschaft des Gouverneurs.

Washington ist tief gekränkt, als ihm im Oktober eröffnet wird, daß
er vom Oberst drei Ränge tiefer gestuft werden soll. Er zögert keinen
Augenblick und reicht grollend seinen Abschied ein, zumal sein Regiment, das mit ihm in Fort Necessity gekämpft hat, aufgelöst und bis auf
eine Kompanie anderen Offizieren unterstellt werden soll. Im letzten
Moment versucht Gouverneur Horatio Sharpe von Maryland ihm noch
einen Ausweg zu eröffnen. Es gäbe da einen Posten, wo er als Hauptmann über mehr Truppen als nur eine Kompanie befehligen könnte.
Doch Washingtons Stolz läßt solche Winkelzüge nicht zu. Wiewohl er
mit Genugtuung registriert, daß ihm in Virginia und sogar aus den Nachbarkolonien North Carolina und Maryland große Sympathie entgegen-
gebracht wird. Im Gegensatz zum weit entfernten hochnasigen England
gilt Washington nämlich zu Hause als „Local Hero".

Die abgerissenen Männer seiner Miliz, inzwischen in die Garnison
nach Alexandria zurückgekehrt, haben einen phantastischen Ruf von
ihm verbreitet. Er gilt als tapfer, mutig, verwegen. Sein hochfahrender
Umgang mit Indianern wird ihm von diesen Männern positiv angerechnet. Genauso müsse man mit den roten Halunken umspringen.
Hoch angerechnet wird ihm auch, daß er in Notlagen – im Gegensatz
zu englischen Offizieren – immer höchstpersönlich mit anpackte. So hat
er beispielsweise Kanonen, die im Schlamm feststeckten, eigenhändig
mit herausgezogen. Ein andermal stellte er sein Pferd für Verwundeten-
transporte zur Verfügung. All dies wäre für Offiziere aus dem Mutterland, egal welchen Ranges, ein Unding.

Hier offenbart sich eine Fähigkeit Washingtons, Angehörige aller
Schichten für sich zu begeistern. Denn auch das Abgeordnetenhaus von
Virginia sowie die Gouverneure von Maryland und North Carolina ehrten Washington und Mackay ausdrücklich „für ihre heldenhafte und tapfere Haltung bei der Verteidigung ihres Landes".[13]

Die Heimatfront empfindet allein schon aufgrund ihrer Nähe zur wilden Westgrenze, die jetzt nur so von Franzosen und aufständischen Indianern wimmelt, die „Schmähungen" einer der Ihren als besonders ungerecht. Washington ein Mörder? Welch Unfug! Wo waren denn die aus London zugesagten Truppen, als es darum ging, den Ohio zu verteidigen? So fragt man sich in den Kolonien und klopft dem jungen George wohlwollend auf die Schulter. Alt und jung, Trapper und Gouverneur – alle sind sich einig: Washington ist ein Pfundskerl, und daß er sich jetzt nicht von den Engländern degradieren läßt, zeigt erst recht seine Größe. So redet man am Potomac, am Rappahannock, in den Appalachies von South Carolina bis Pennsylvania. Der Grundstein für seinen Nimbus als „Retter und Held der Nation" ist gelegt – zu einer Zeit, in der sich an vielen Stellen erstmals Risse zwischen den Interessen der amerikanischen Kolonien und dem Mutterland auftun und die Vorboten des Unabhängigkeitskampfes durchs Land geistern.

Noch vor der Kapitulation von Fort Necessity kamen am 19. Juni 1754 in Albany (am Hudson, im heutigen Staate New York) Vertreter der sieben größten Kolonien sowie die mächtigsten Häuptlinge Nordamerikas zu einem denkwürdigen Kongreß zusammen. Eingeladen hatte die Londoner Regierung. Dort hatte man das eklatante Mißverhältnis erkannt, das zwischen dem straff und zentral verwalteten Französisch-Canada einerseits und den meist nur einzeln agierenden, in sich abgeschotteten englischen Kolonien andererseits herrschte.

Jedermann spürte, daß an der Westgrenze ein Entscheidungskampf über die Zukunft Amerikas bevorstand. Folglich ging es in der *Konferenz von Albany* zunächst um zwei Punkte: die sechs Nationen der Irokesen-Liga als treue und verläßliche Verbündete zu gewinnen sowie gemeinsame interkoloniale Verteidigungsmaßnahmen zu beschließen. Was die Indianer anbelangte, so tadelte ihr oberster Sprecher, der Mohawk-Häuptling Hendrick, die Untätigkeit der Briten und warnte, daß die Franzosen ihnen den Rang ablaufen würden. Solche „Wahrheiten" hörten die weißen Vertreter nicht gerne. Das Bündnis mit den Irokesen kam nicht zustande.

Was den zweiten Punkt anbelangte, tat sich auf dem Kongreß zum ersten Mal ein Mann hervor, dem bald eine bedeutsame Rolle in der Geschichte des Landes zufallen sollte: *Benjamin Franklin.*

Dieser Sohn eines Bostoner Kerzenziehers, Buchdrucker und Zeitungsverleger von Beruf, an geistiger Regsamkeit, Erfindungsgabe und politischer Weitsicht etwas wie ein amerikanischer Voltaire, unterbreitete in Albany zur großen Überraschung der Kolonisten wie der englischen Regierungsvertreter einen Vorschlag, der weit über eine koloniale Verteidigungsgemeinschaft hinausging:

„Ich schlug einen Plan für eine Union aller Kolonien unter einer gemeinsamen Regierung vor", erinnerte sich Franklin später und fuhr fort: „Der Plan sah vor, daß die Unions-Regierung von einem General-Präsidenten, der durch die Krone ernannt und unterstützt würde, geleitet werden sollte. Außerdem sollte ein Groß-Rat, der von den Abgeordneten der verschiedenen Kolonien in ihren jeweiligen Versammlungen gewählt würde, geschaffen werden."[14] Die Debatten über diesen Fünfundzwanzig-Punkte-Plan dauerten tagelang an, vermerkt Franklin belustigt weiter, „Hand in Hand mit den indianischen Angelegenheiten".

Dann die Überraschung: Der Kongreß von Albany stimmte dem Franklin-Plan zu. Jeder Entsandte erhielt eine Abschrift, um sie zuhause in den Kolonialräten vorzulegen. Als Benjamin Franklin den Hudson hinabfuhr, drängte sich das New Yorker Volk begeistert um ihn, so populär erschien die Idee einer amerikanischen Union. Und dennoch war die Zeit noch nicht reif für das Franklinsche System. Eine Kolonie nach der anderen stimmte in der heimischen Ratsversammlung dagegen. „Sie dachten alle, daß darin zuviele Hoheitsrechte [für die Union] steckten, und in England beurteilte man es als zu demokratisch", bemerkte Franklin zu der allseitigen Ablehnung.[15] Tiefer blickende Männer sahen indes damals schon in diesem Unionsentwurf einen Schlüssel zur Unabhängigkeit.

Inzwischen liefen vielerorts verdeckte Kriegsvorbereitungen. In Neu-England gerieten durch einen Sturm zwei vollbesetzte französische Truppentransporter in Gefangenschaft. Auf See war der nichterklärte Krieg schon in vollem Gange. Im Laufe des Jahres 1754 erbeuteten englische Kreuzer dreihundert französische Schiffe mit achttausend Seeleuten. Paris erhob einen Schrei der Entrüstung und der französische Botschafter tat, was er längst hätte tun sollen. Er verließ den Londoner Hof.

Alles dies kümmerte George Washington nicht mehr. Der enttäuschte Krieger kehrte zurück nach Hause – nach Mount Vernon, wo seine achtzehn Sklaven mehr recht als schlecht ein Jahr ohne ihn zurechtgekommen waren. Es war am 15. November 1753 gewesen, da er als Botschafter zum Ohio aufgebrochen war. Und jetzt, auf den Tag genau ein Jahr später, sitzt er zusammen mit Colonel Fairfax im Rauchsalon von

Belvoir. Er sucht und findet Trost bei seinen alten Freunden und Nachbarn, vor allem bei Sally Fairfax.

Die alte Leidenschaft, das ganze Jahr über durch heimliche Briefe über Dritte bis in den Urwald hinein und zurück am Schwelen gehalten, bricht sich jetzt erneut Bahn. Gerade in Zeiten persönlicher Unsicherheit, der Beklemmung und seelischen Belastung ist der Trost von einer guten Frau für jedermann unentbehrlich, so auch für George, der Sally anbeten darf wie nie zuvor. Wir wissen nicht, ob es nur ein platonisches Spielchen war, das die kokette Südstaatenschöne mit ihm aus provinzieller Langeweile trieb, oder ob sie seinem Drängen und Werben doch heimlich nachgegeben hat. Überliefert ist, daß George Washingtons Leidenschaft für sie gerade Ende 1754 einem neuen Höhepunkt entgegentrieb und für die nächsten Jahre ungebrochen anhielt. Kann sich eine solche brennende Liebe nur aus schönen Briefen speisen?

Braddock: Wie man die Briten besiegt

Kaum hatte sich Washington wieder mehr recht als schlecht mit seinen landwirtschaftlichen Aufgaben auf Mount Vernon vertraut gemacht, da brach ein Widerstreit seiner Gefühle aus, ob seine kürzlich getroffene Entscheidung, den Militärdienst zu quittieren, nicht voreilig gewesen war. Denn im Februar 1755 tauchte überraschend ein altgedientes britisches Schlachtroß in Virginia auf: Generalmajor Edward Braddock. Noch war keine Kriegserklärung an Frankreich erfolgt, und dennoch hatte der General schottischer Herkunft von London den Auftrag erhalten, den französischen Stützpunkt Fort Duquesne zu erobern und den Ohio für die Briten zurückzugewinnen. In Alexandria, im Hause seines schottischen Landsmanns John Carlyle, richtet Braddock sein Hauptquartier ein und bestellt die Gouverneure von Maryland, Virginia, South Carolina, Pennsylvania und New York zu sich. Was vor einem Jahr gewissermaßen als Privatunternehmen des rührigen Herrn Dinwiddie und des eifrigen jungen Washington begonnen hatte, ist nun auf eine kontinentale Ebene gehoben, auf der weder Dinwiddie noch Washington mehr das Sagen haben. Andere haben sich ihre Ziele zu eigen gemacht und gehen in kühnen Vorstellungen weit darüber hinaus. Nicht nur Fort Duquesne will Braddock zurückholen. Nein, ganz Französisch-Canada soll ein für allemal in die Knie gezwungen werden. Dafür sind zweitau-

Das Carlyle House in Alexandria, erbaut 1752, diente General Braddock im Jahre 1755 für einige Monate als Hauptquartier.

send reguläre Soldaten unterwegs nach Amerika, dafür will er in den Kolonien große Kontingente ausheben. War es unter Washington noch ein abgerissener Miliz-Haufen aus Virginia gewesen, unterstützt von ein paar Freiwilligen aus South Carolina, so bläht sich das Unternehmen nun zu einem gigantischen Feldzug auf, für den Militärstrategen in London (!) den Schlachtplan entworfen haben. Braddock ist seinen Truppen nicht vorausgeeilt, um sich vor Ort über die tatsächliche Lage ein Bild zu machen oder das Terrain zu erkunden. Nein – die Generalstabspläne liegen schon vorgefertigt in Lederschatullen bereit. Es geht jetzt nur noch darum, von den Kolonisten die nötige logistische Unterstützung zu erhalten. Ansonsten wird man diesen Dilettanten in den Überseebesitzungen einmal zeigen, wie man, statt Stützpunkte zu verlieren, diese zurückerobert und die Franzosen das Fürchten lehrt!

Auf Mount Vernon beobachtet unterdessen George Washington von seinem Rasen hinter dem Herrenhaus aus, wie täglich neue Kriegsschiffe und Truppentransporter unten auf dem breit dahinfließenden Potomac in Richtung Alexandria vorbeisegeln. Da hält er es irgendwann im März oder April 1755 nicht mehr aus. Er läßt einen Kontakt mit Braddock anbahnen. Der lädt den „erfahrenen" Frontkämpfer in sein Hauptquartier ein – und Washington zieht nachdenklich wieder von dannen. Er hat sich Bedenkzeit ausbedungen! Denn auch der stolze, selbstgefällige General bietet Washington lediglich die Position eines Hauptmanns an. Damit ist der stolze Pflanzer aber nicht zu gewinnen. Es muß schon etwas anders sein, das ihn umstimmt. Und so ist es denn auch das Gefühl, er könnte den wichtigsten Feldzug in der Geschichte der amerikanischen Kolonien versäumen, das ihn dazu bringt, sich im Mai Braddocks Rotröcken dann doch anzuschließen. Angesichts der gigantischen Militärmaschinerie, die da in Alexandria – gewissermaßen vor seiner Haustür – ausgeschifft und zusammengezogen worden ist, kann er einfach nicht widerstehen. Er entdeckt zahlreiche neue Dinge: Truppendrill und militärische Ordnung, Wachdienst, Ehrenbezeigungen, Paraden, Soldatenkolonnen mit blitzenden Waffen und prunkvollen Uniformen, die mit Trommeln und Querflöten diszipliniert durch das aufstrebende Provinznest marschieren. Außerdem steht entlang der Quais eine Kanone neben der anderen, viele davon mannshohe, riesige Kaliber mit unvorstellbaren Reichweiten. Und jetzt abseits stehen? Das wäre töricht!

Also ordnet er aufs neue seine Verhältnisse auf Mount Vernon. Dazu gehört auch der Abschied von Sally Cary Fairfax, die es sich nicht nehmen läßt, zum Ausmarsch der britischen Truppen aus Alexandria zu erscheinen. Die es aber auch fertig bringt, bei ihrem kurzen Aufenthalt im Hauptquartier selbst dem grimmigen Braddock noch schöne Augen zu machen – sehr zum Ärger von George. Dessen Leidenschaft und Eifersucht ist dermaßen entfacht, daß er bereits vierundzwanzig Stunden nach dem Abmarsch aus Alexandria einen feurigen Brief an sie sendet, in dem er schwärmt: „Keiner meiner Freunde ist so in der Lage wie Ihr, echten Glanz in mein Leben zu bringen. Ich stehe für so viele Gefälligkeiten von Euch in Eurer Schuld."[16]

Zwei weitere Briefe folgen innerhalb der nächsten sechs Wochen. Da Sally nicht antwortet, wendet sich George ohne Hemmung an ihren Bruder und an ihre Schwester Mary, die er vor nicht allzu langer Zeit ebenfalls zu lieben glaubte. Sie sollen Sally doch bitte überreden, ihm zu schreiben. Schließlich ist es Sallys Schwägerin, die der ganzen Heimlichtuerei auf die Schliche kommt. Sie greift zur Feder und macht ihm heftige Vorwürfe, ja schilt ihn gar. Er solle Misses Fairfax nicht länger bedrängen.[17] Doch George ist es ganz egal, ob bald alle Welt von seinem „Liebesglühn" für Sarah weiß. Er hält es nicht länger aus. Als General Braddock einen Kurier für Williamsburg sucht, meldet sich Washington flugs und nutzt die Gelegenheit zu einem Zwischenstopp auf Belvoir, um Sally zu sehen. Die Südstaaten-Schönheit ist empört. Wie kann er so unvorsichtig sein, sie womöglich zu kompromittieren, weist sie ihn zurecht. Auf keinen Fall dürfe er fortfahren, ihr zu schreiben!

Washington denkt nicht daran, ihrer Aufforderung Folge zu leisten. Vielleicht weil er nicht glaubt, daß sie es ernst meint, vielleicht auch nur im verliebten Überschwang. Denn schon im nächsten Feldpostbrief fleht er, wenn sie ihm nur einen einzigen Brief schreiben würde, würde sie ihn damit „glücklicher machen als der Tag lang ist".[18]

Neben dieser spielerischen Liebelei hat sich Washington indes viel für die nächsten Wochen vorgenommen. Er hat sich ganz wie seine ritterlichen normannischen Vorfahren für die kommende Schlacht gerüstet, die im wahrsten Sinn des Wortes eine solche werden sollte. In mittelalterlich-grandseigneuraler Geste hat er sich selbst ausgestattet. Eigene Waffen, eigene Pferde, eigenes Zelt, eigene Diener, eigene Feldutensilien, eigene Verantwortung. Er, der Oberst a. D., wird diesmal als schlichter Mister Washington antreten. Denn sein Stolz ist ungebrochen. Bevor er einen niedrigeren Rang annimmt als ihm seiner Meinung nach zusteht, bleibt er lieber ranglos, bleibt er Privatperson, ohne Bezüge. Doch Washington ist selbstverständlich trotz allem nicht irgendwer. De facto nimmt er die Position eines Adjutanten und Beraters im Stab von General Braddock ein.

Der rotweingesichtige Paradegeneral ist zwar an den Befehl gebunden, keine Kolonialoffiziere oberhalb des Hauptmannranges anzuwerben. Doch er weiß um Washingtons Stellung und Ansehen in Virginia und den Nachbarkolonien, und er mag den jungen, unbeugsamen Draufgänger. Es ist bemerkenswert, daß es immer wieder die gleichen Typen sind, der gleiche Schlag Mensch, den Washington beeindruckt und der ihm umgekehrt imponiert. Ob der schrullige Frauenfeind Lord Fairfax, der stiernackige Gouverneur Dinwiddie oder jetzt der großsprecherische Eisenfresser General Braddock: Alle treten betont männlich und großspurig auf. Sie imponieren Washington durch ihre Trinkfestigkeit und Hoppla-hier-komm-ich-Mentalität. Umgekehrt spüren diese derben John-Wayne-Vorläufer Washingtons botmäßigen Ehrgeiz, ihnen zu

Diensten zu sein. Washington – ein bereitwilliger Vollstrecker ihrer Befehle.

Mit dem General, der dem eher merkantil ausgerichteten Gouverneur Dinwiddie nun den Rang abläuft, beginnt eine Ära, von kurzer Dauer zwar, aber von nachhaltigem Eindruck. Die Braddockiade.

Washington sieht – nicht ohne Verwunderung –, mit welchem Pomp und Personenkult der schottische General seinen Feldzug beginnt. Er reist mit der Würde eines Königs, von einer Kavallerie-Eskorte begleitet, in einem sechsspännigen Wagen. Im Fort Cumberland, der ersten Marschetappe, beobachtet er die höfischen Umständlichkeiten für des Generals Lever sowie die aufwendigen Vorbereitungen für dessen Tafel. Zwei Leibköche versorgen den Herrn General rund um die Uhr. Hinzu kommen zahlreiche Pastetchen, Kuchen und andere Leckerbissen, die er zu Beginn des Wegs von virginischen Damen zugesteckt erhält.

In Fredericktown, wo mit den hinzugekommenen amerikanischen Provinzialtruppen Kriegsrat gehalten wird, trifft er erstmals einen schon ziemlich bekannten Mann, Benjamin Franklin. Der hat sich hier eingefunden, weil er als Generalpostmeister von Pennsylvania Braddock 200 Fuhrwerke sowie 2.500 Reit- und Packpferde besorgen sollte. Dies war nicht geschehen, der General darüber in Rage. Doch die amerikanische Grenze war dünn besiedelt. Die geforderten Transportpferde waren nicht so leicht zu beschaffen. Letztlich gelingt es aber dem Verhandlungsgeschick des vielseitig begabten Franklin, den General zufriedenzustellen. Zu einer näheren Bekanntschaft zwischen ihm und Washington kommt es indes damals noch nicht.

Zunächst beeindruckt, später erstaunt und irritiert, wundert sich Washington, mit wieviel Gepäck und Kavaliersansprüchen die britischen Offiziere über Blue Ridge und die Alleghanies ziehen. Angesichts des ganzen Plunders, den die Truppe mit sich durch die Wildnis schleppen muß, dämmern ihm erste Zweifel, ob diese Soldaten, ob ihr gußeisern auftretender Nußknacker-General für einen Krieg im amerikanischen Urwald taugen.

Benjamin Franklin ergänzt in seinen Erinnerungen: „Auf ihrem Marsch, von ihrer Landung an bis jenseits der Siedlungsgrenze, haben sie die Bevölkerung ausgeplündert – manch arme Familie sogar ruiniert –, und wenn sie aufbegehrte, beleidigt, mißbraucht oder eingesperrt."[19]

Wenn schon die eigenen Leute so grob behandelt werden, wen wundert es dann, um wieviel empfindlicher die Indianer auf die hochfahrende Art der britischen Soldaten reagieren. Der Irokese Half-King steht als Verbündeter nicht mehr zur Verfügung. Er ist im Oktober vergangenen Jahres an einer Erkältung gestorben. An seine Stelle ist jetzt der Delaware Shingiss getreten. Er taucht eines Abends im Lager Braddocks auf. Washington begrüßt den alten Bekannten. Verhandlungen beginnen. Shingiss will von Braddock wissen, was für ihn und die anderen Indianerstämme herausspringt, wenn sie den Briten siegen helfen. Doch der schottische General ist nur voller Hohn und Spott gegenüber dem „verlausten Wilden". Das Land am Ohio werde bald den Engländern gehören, mit oder ohne indianische Hilfe, gibt er zu verstehen.

Kaum sind die Gespräche im Zelt des Oberkommandierenden beendet, muß Shingiss eine weitere Brüskierung erleben. Einige kokette indianische Schönheiten aus seinem Gefolge haben großen Gefallen an den bunten britischen Offizieren gefunden. Sie wollen, sehr zum Mißfallen der eifersüchtigen Krieger, bei den Engländern bleiben. Wie der Sekretär des Expeditions-Corps vertraulich an höhere britische Stellen weitergibt, „sind die Offiziere in skandalöser Art und Weise zärtlich zu ihnen".[20] Auch Washington ist zum britischen Offiziers-Corps zu zählen. Denn auch ihm gefällt eine der jungen Delaware-Squaws – *Bright-Lightning,* Tochter des Häuptlings White Thunder. Sie hat, wie ihre Stammesschwestern, schmale Hände, zierliche Füße, dazu eine sanfte, weiche Stimme.

Es ist eine sommerschwüle Juninacht. Der tiefe Wald ringsum duftet würzig. Feurige Augen blitzen, schon rutscht ein Fransenschal leichtfertig von anmutigen Schultern, entblößt unter neckischer Drehung vollendete Reize amerikanischer Naturkinder. Da liegt plötzlich eine gereizte Stimmung in der Luft. Die Delaware-Krieger drohen, sich ihre Squaws mit Gewalt zurückzuholen. Nun ordnet Häuptling Shingiss kategorisch an, daß die Mädchen und Frauen verschwinden sollen, mit ihnen auch Bright Lightning, bei deren Anblick Washington sein Begehren nach der edlen Dame von Belvoir glatt vergessen hat. Mit den Squaws ziehen auch die Krieger von dannen. Wenige Minuten später ist der Spuk vorbei. Die Nacht und der Wald haben die Delawares verschluckt. Die als Scouts und erfahrene Dschungelkämpfer so wichtigen indianischen Hilfstruppen sind leichtfertig verprellt worden.

Und die englische Militärraupe bahnt sich weiter starrsinnig ihren Weg durch die Einöde. In den dichtbewaldeten Alleghenies verlangsamt sich der Vormarsch des Lindwurms zum Schneckentempo. Denn für die schweren, unhandlichen Frachtwagen und riesigen Kanonen müssen

Bäume gefällt, Brücken gebaut, Schneisen geschlagen werden. Der ein Jahr zuvor von Washington gebahnte Pfad ist entweder schon wieder überwuchert oder zu schmal. Dreißig Meilen nur schafft das Zweitausendmannheer in einer Woche. In freimütiger Weise kritisiert nun Washington immer öfter den General, macht ihm Vorhaltungen wegen der Zurücksetzung der im Grunde für diesen Feldzug besser geeigneten, wenn auch weniger stramm gedrillten Kolonial-Soldaten hinter den englischen Regulären. Braddock läßt den jungen Virginier in gutmütig polternder Art abblitzen. Nur in einem Punkt folgt er seinem Rat. Braddock teilt seine ganze Armee in eine leichter geschnürte Hauptstreitmacht, die ihren Marsch auf Fort Duquesne beträchtlich beschleunigen kann, und in den schweren, zurückhängenden Troß.

Ein heftiger Fieberanfall, wahrscheinlich Dysenterie, hindert Washington plötzlich am Weitermarsch. Er bleibt mit seinem Diener und einem von Braddock zur Verfügung gestellten Arzt, Dr. James Craik, ein paar Tage lang beim Troß. Erst am 3. Juli, dem Jahrestag seiner Kapitulation, kann er sich wieder in Braddocks Stab einfinden. Dort wird ihm von mancherlei Gefechten mit feindlichen Indianern berichtet. Je näher man dem französischen Fort kommt, desto häufiger stoßen Aufklärungsabteilungen auf indianische Späher der Gegenseite. Nun aber ist es bald geschafft. Zum letzten Mal hält Braddock am 8. Juli Kriegsrat. Im Morgengrauen will er mit dem Sturm auf Fort Duquesne beginnen.

Doch wer am nächsten Morgen stürmt, sind jedenfalls nicht die Engländer. Zunächst sieht alles mehr wie eine Parade denn wie ein Angriff aus. In Reih und Glied marschieren in weithin sichtbaren roten Röcken die Grenadiere seiner Majestät los, gefolgt von malerischen schottischen Hochländern, die mit ihren Dudelsackpfeifen mehr sich selbst als den Gegner einschüchtern. Weil sie das Gelände nicht gründlich aufgeklärt haben, wissen sie nicht, daß die zahlenmäßig weit unterlegene Besatzung des Forts Duquesne längst ausgerückt ist und mit hunderten von indianischen Verbündeten entlang des Wegs im Hinterhalt liegt. Zwei Furten dürfen die britischen Rotröcke und die blau gekleideten Kolonial-Milizen passieren, dann gerät die Vorhut gegen Mittag plötzlich unter heftiges Feuer. Weil die Briten ihre gut getarnten Feinde nicht entdecken können und binnen kurzem ganze Kolonnen aus dem Hinterhalt von indianischen und kanadischen Scharfschützen niedergemäht sind, entsteht ungewöhnlich rasch Unordnung, die sich von der Spitze bis zum Hauptkontingent schließlich zur Panik ausweitet. Hie und da brechen sie aus dem Dickicht, springen von den Bäumen: befiederte Teufel, rote Krieger, die mit hochaufblinkenden Tomahawks unter den Verwundeten ganze Arbeit leisten. Ein dumpfer Schlag, ein verlöschendes Stöhnen, und schon ist ein blutiger Blondschopf in der Hand eines grellbunten Ottawas, der so schnell wieder verschwindet, wie er auftauchte.

Da drängt Braddock das Gros seiner Truppen eisern nach vorn. Er will, daß in geschlossenem Carré nach friederizianischer Taktik gestanden und gefeuert wird. Doch von allen Seiten gellt das schaurige Whoowhoop, fauchen Kugeln, klatschen Pfeile, funkeln wilde Augen, Messer, Beile. Die Massierung der Truppen auf der schmalen Waldlichtung vergrößert noch die Schwierigkeiten. Viele Kolonialmilizionäre, die ihre lederne Hinterwäldlerkleidung tragen, lösen sich von den regulären Truppen, suchen ebenfalls, wie ihre Gegner, Deckung hinter Baumstümpfen und im Unterholz.

Das erregt Braddocks Zorn mehr noch als der feindliche Hinterhalt. Wie ein Berserker reitet er auf dem engen Kampffeld umher und traktiert die amerikanischen Waldschützen mit seiner breiten Säbelschneide. Feige Hunde nennt er sie in seinem zinnsoldatischen Starrsinn. Da stürzt der General wie von einem Blitz gefällt vom Pferd, tödlich verwundet. Der Schuß soll Gerüchten zufolge nicht aus der Büchse eines Gegners, „sondern vom Blei eines Hinterwäldlers namens Fawcett" stammen, der seinen Bruder rächen wollte, den Braddock zuvor wegen „Feigheit" niedergestochen haben soll.[21]

Der Fall wird im Schlachtgetümmel nicht weiter verfolgt. Zu groß ist die Verwirrung. Die meisten Amerikaner, die in den nächsten drei Stunden sterben, wurden nach Ansicht eines Historikers „wahrscheinlich von regulären britischen Soldaten erschossen, die sie mißverständlicherweise in ihren Verstecken zwischen den Bäumen für Indianer hielten".[22]

Es gibt jedoch tatsächlich einen, der in dem ganzen Getümmel einen bewundernswerten Überblick behält: George Washington! Trotz seiner krankheitsbedingten Schwächung ist er überall zu finden, wo die Not am größten ist. Er greift gegen britische Offiziere ein, die die Deckung suchenden Hinterwäldler als Deserteure beschießen wollen, er lenkt virginische Milizionäre an Stellen, wo Lücken geschlossen werden müssen. Er geht selbst dem Nahkampf nicht aus dem Weg. Im vom gegnerischen Blut durchnäßten Jagdhemd, gebräunt von Pulverdampf und Rauch, gefeit gegen Blei und Eisen, bricht er sich in trotzigem Leichtsinn Bahn. Es ist wohl unter anderem seinem indianischen Wildlederrock zu verdanken, daß er vom Schlimmsten verschont bleibt, obwohl ihm zwei Pferde unter dem Leib zusammengeschossen werden und vier Kugeln seinen Rock durchlöchern. An jenem 9. Juli 1755, an dem neunhundert britische und amerikanische Soldaten ihr Leben lassen, darunter die Mehrzahl der Offiziere, bleibt der unerschrockene Junker völlig unversehrt. Es scheint wirklich so, als sei er vom Schicksal für Größeres ausersehen. Doch noch nicht an diesem heißen Julitag. Da kann auch er die Niederlage nicht mehr herumreißen. Weiter hinten, bei den Frachtwagen, spricht sich alsbald das Desaster herum. Die meisten Fahrer und Gespannbetreiber sind Grenzer, darunter der dreiundzwanzigjährige Daniel Boone, der später als Pfadfinder zur Legende wurde. Er berichtet, daß die Frachtwagen schutzlos den Angriffen aus dem Hinterhalt ausgeliefert waren. Deshalb schneiden die Fahrer die Spannriemen durch, galoppieren mit den Pferden davon, so auch Boone.[23]

Weil weder Reit-, Pack- noch Zugpferde mehr vorhanden sind, gerät selbst der Rückzug zum totalen Chaos. Sämtliche Verwundeten müssen schutzlos den indianischen Skalpjägern preisgegeben werden. Welch grausamer Anblick. Doch jeder ist sich selbst der nächste. Selbst für den Transport des todwunden Generals können die wenigen überlebenden Offiziere nur mit Mühe bereitwillige Träger finden, „obwohl ihnen große Versprechungen gemacht werden", wie ein Augenzeuge feststellt.[24]

Und erneut ist es Washington, der sich als Lenker in der Not sieht, Verzagte anspornt, Verzweifelte rettet. Das schreckliche Desaster läßt ihm alle Gefahr gering erscheinen oder ganz vergessen. Was für ein Unterschied zu dem bißchen Kugelpfeifen von Fort Necessity auf der großen Wiese. „Die Hauptmänner Orme und Morris, die beiden Adjutanten des Generals, waren schon zu Beginn des Gefechts verwundet worden, weshalb die Pflicht nun schwer auf mir lastete, da ich die einzig verbliebene Person war, um die Befehle des Generals weiterzugeben"[28], schreibt Washington später an seine Mutter. Durch Hauptmann Orme ist überliefert, daß der General den ganzen ersten Tag völlig geschockt geschwiegen hat![26] „Wer hätte das gedacht?" soll er dann in der Nacht gemurmelt haben, verfolgt vom höllischen Kriegsgeschrei der Indianer und den Schmerzensrufen der verwundeten und skalpierten Grenadiere. Sie geistern durch die wundfiebergequälten Tagträume und Nachtwachen Braddocks. Er leidet fürchterlich, an seinen physischen wie seelischen Wunden.

Obwohl Washington durch diesen Mann schmerzlich erfahren mußte, wie man einen Feldzug nicht leitet, obwohl er gesehen hat, wie man in unterlegener Zahl die Briten ohne große eigene Verluste massakrieren kann, reichen seine Vorbehalte nicht aus, den tödlich getroffenen Braddock wegen seiner Arroganz und menschenverachtenden Borniertheit zu verlassen. Im Gegenteil: Je schlechter es dem General geht, um so rührender kümmert er sich um ihn, am Ende wie um einen Vater.

Vier Tage nach der Niederlage am Monongahela – es ist der 13. Juli 1755 und das Häuflein Überlebender befindet sich in der Nähe des einstigen Forts Necessity – bittet der geschwächte General mit flüsternder Stimme um Rast. Es ist Nacht. Eulen rufen. Washington hält eine Kerze, deren Docht im leichten Windhauch knistert. Fahl gleitet der silbrige Mond durch düster zerissenes Himmelsgewölk. Braddock befiehlt seinen treuen Burschen Bishop in Washingtons Obhut. Es ist 21 Uhr. Da stirbt er – den späteren Zeichnungen nach in den Armen des jungen Virginiers.

Für ein pompöses Ehrenbegräbnis, wie er es wohl sehr geliebt hätte, fehlt sowohl die Zeit als auch die Stimmung. In aller Hast und in größter Stille, um ja keine Verfolger aufmerksam zu machen, wird das alte Schlachtroß Braddock verscharrt. Washington läßt die Stelle sogar unkenntlich machen, weil er befürchtet, daß die nachstoßenden Indianer die Leiche ausgraben und schänden würden. In Ermangelung eines Priesters ist es wiederum Washington, der das Totengebet spricht. Das war das Ende der Braddockiade.

Die Schlacht vor Fort Duquesne war die blutigste und schlimmste Niederlage der Briten im 18. Jahrhundert. Für die amerikanischen Kolonisten markiert sie eindeutig einen Wendepunkt im Umgang mit dem Mutterland. Nicht nur Washington hatte jeglichen Glauben an Englands Weisheit und militärisches Können für immer verloren. Mit Zorn und ungläubiger Wut nehmen die Kolonialräte die Nachricht von der Niederlage auf. Nach dem Eintreffen in Fort Cumberland stellte Washington fest, daß nur noch 364 Männer am Leben sind. Vor allem die Provinzialtruppen, ob Milizionäre oder Grenzer-Regimenter, waren vollständig aufgerieben. Von den drei Kompanien Virginias zum Beispiel waren nur noch 30 Mann übrig, wie Washington mit Bitterkeit feststellte.

Daß die Kolonien, allen voran Virginia, aufgrund der Selbstüberheblichkeit der britischen Heeresleitung einen so hohen, sinnlosen Blutzoll

Braddocks Tod: In größter Hast und absoluter Stille wird der General begraben. Im Hintergrund steht auf Befehl Washingtons schon ein bespannter Wagen bereit, um alsbald über das Grab zu rollen, damit die Stelle unkenntlich wird.

entrichten mußten, verbitterte das Volk ebenso wie zahlreiche politische Denker. „Diese ganze Sache erweckte in uns Amerikanern den ersten Verdacht, daß unsere verherrlichenden Vorstellungen von der Überlegenheit britischer Soldaten unbegründet waren", bemerkte beispielsweise Benjamin Franklin.[27]

Wieder Grenzkommandant – über Obdachlose

Noch gekennzeichnet von der Krankheit, vor allem aber die Horrorbilder der Schlacht und des fluchtartigen Rückzugs in den Knochen, trat Washington die Heimkehr an. Mit der Sammlung der versprengten Truppen, der Aufstellung einer neuen Miliz hatte er als Mister Washington nichts zu tun. Dies war die Aufgabe jener, die immer alles besser wußten. Der Herren zu Williamsburg und jenseits des Ozeans.

Als er den sanften Hang zu seinem Gut am Potomac emporritt, sog er dankbar die Stille des in mittsommerlicher Hitze vor sich hinbrütenden Mount Vernon in sich auf. Unglaublich – vorgestern noch das Kriegsgeheul wilder Urwaldindianer im Ohr, heute der tiefe Frieden einer gemächlich dahintreibenden Kolonialwelt. Die Schwüle des Landstriches vertrieb alle Unrast aus dem Denken und Tun der Menschen. Selbst die Hunde dösten im Schatten der Gebäude. Was für eine Welt! Ein Blick hinüber zu jenen Bäumen, hinter denen Belvoir lag, und die einzige Person, die ihm jetzt ersehnten Trost und Zärtlichkeit schenken konnte. Doch der Krieger Washington fühlte sich, anders als bei der ersten Rückkehr vom Ohio, zu „schwach und matt“. Mit einem letzten Aufbäumen all seiner Kräfte schleppt er sich die Treppenstufen hinauf und fällt völlig ausgelaugt ins Bett. Er muß wirklich von dem mißglückten Feldzug schwer gezeichnet gewesen sein – er, der sonst vor Energie nur so strotzte.

Da, am späten Nachmittag, klopft es an der Kammertür. Ein Brief von William Fairfax. Der Freund wünscht ihn unbedingt zu sehen, will Informationen aus erster Hand. Doch es dürfte das Postskriptum gewesen sein, das Washington wieder auf die Beine stellte. Nachdem sich Sally so lange geweigert hatte, ihm auch nur eine einzige Zeile zu schicken, jetzt die wunderbare Wandlung. In ihrer eleganten, zierlichen Handschrift wendet sie sich direkt an ihn: „Lieber Sir: Dem Himmel sei Dank für Ihre gesunde Heimkehr. Aber ich muß Ihnen große Herzlosigkeit vorhalten, daß Sie uns nicht heute Abend die Freude ihrer Gesellschaft bereiten (...). Sollten Sie nicht gleich morgen früh zu uns kommen, werden wir umgehend auf Mount Vernon erscheinen.“[28]

Unerbittliche, fordernde Worte einer Frau, die einem anderen gehört! Hatte sie ihn nicht wenige Wochen zuvor bei seinem Blitzbesuch nach Strich und Faden abgekanzelt? Tatsächlich folgt tags darauf Washington dem Lockruf des Herzens und gewinnt zur größten Überraschung den Eindruck – wodurch, wissen wir nicht –, daß seine Gefühle stärker denn je erwidert werden. Er und Sally beginnen nun eine rege Korrespondenz, obwohl sie ihn immer wieder daran erinnern muß, bestimmte Konventionen einzuhalten. So besteht sie beispielsweise nachdrücklich darauf, daß er seine Zeilen nicht direkt an sie richten möge, sondern mit ihr über eine dritte Person kommunizieren solle. Doch der Entflammte nimmt von solch komplizierten Anweisungen stur keine Notiz. Und obwohl sie nicht aufhört, ihn dafür liebevoll zu schelten, hört sie jetzt auch nicht mehr auf, ihm zu schreiben.

Die aristokratische Sally beginnt sogar, sich in typisch fraulicher Fürsorge um sein körperliches Wohl zu kümmern. Eine bürgerliche Frau hätte ihm Socken gestrickt. Die feine Dame hingegen läßt ihm ein gesticktes Leinenhemd nähen!

Doch nicht nur für die Geliebte auf Belvoir ist George in diesen Tagen ein begehrter Held. Über ganz Virginia geht sein Stern groß auf: Beim Tee in den Salons der Damen wie über dem Punschtisch der Männer und den Rumbechern der Tavernen nannte man mit Achtung seinen Namen. Es war Lokalpatriotismus, der sich hier Bahn brach, denn ganz Virginia war – über die blutige Niederlage hinweg – stolz darauf, daß einer der ihren der Tapferste von allen gewesen war.

An die Spitze dieser neuen virginischen Gefühlswelle stellte sich Reverend Samuel Davis, ein presbyterianischer Pastor aus Hanover, Virginia. In zahlreichen Predigten rief er die Männer zum Waffengang gegen Indianer und Franzosen auf. Eine trägt den Titel: „Religion und Patriotismus – die Grundlage eines guten Soldaten". In dieser Predigt preist Davis die an ein Wunder grenzende Unverwundbarkeit Washingtons in der Schlacht vor Fort Duquesne und schließt mit der Prophezeiung: „Ich kann nur hoffen, daß die Vorsehung ihn bisher deshalb geschützt hat, weil sie ihn für einen wichtigen Dienst an seinem Land auserkoren hat."[29]

Ein wichtiger Dienst steht schon für George bereit, kaum daß der Prediger seinen Sermon beendet hat. Aus Williamsburg, aus der Kapitale, erreicht ihn ein Hilferuf des Gouverneurs höchstpersönlich. Er werde dringend gebraucht – als Kommandeur der virginischen Truppen! Die Westgrenze brennt lichterloh. Sämtliche Indianerstämme scheinen sich auf dem Kriegspfad zu befinden. Wie Hornissen schwärmen sie aus. Das ist die unmittelbare Konsequenz aus Braddocks Niederlage, ein grausiges Nachspiel. Die Indianer steigern sich in eine blutrauschartige Euphorie – vor allem die Irokesenstämme wittern jetzt ihre Chance, die verhaßten Weißen wieder ins Meer zurückzutreiben. Zumindest die Engländer, die von Jahr zu Jahr mehr werden. Mit den paar Franzosen wird man später fertig werden können.

So schleifen sie ihre Tomahawks und Skalpiermesser und brechen auf den von Braddocks und Washingtons Truppen geschlagenen Urwaldwegen flutartig über die Ansiedler der Alleghenies herein, ihre Brandungswellen blutgerötet. Ihr Kriegspfad führt sie sogar bis ins ruhige Shenandoah-Tal, wo dereinst George zum Manne reifte. Das Tal ist weit geöffnet, die Anwesen sind meist unbefestigt, nichts, was man zur Not hätte verteidigen können. Auch die Einsiedelei von Lord Fairfax, Washingtons altem Gönner, ist bedroht. Der Skalp des „großen weißen Häuptlings" war besonders begehrt. Das gesamte Hinterland Virginias steht über Nacht in Flammen. Farmen werden niedergebrannt, Grenzer gemartert, Frauen und Kinder entführt, erschlagen und skalpiert. Die Verkehrs- und Verbindungswege sind unterbrochen. Ein Angriff auf das junge Zentrum der Grenze, die Ortschaft Winchester, scheint bevorzustehen. Wenn Winchester fällt, ist für die rote Flut der Weg frei über den Blue Ridge, die Blauen Berge. Und dann wäre auch für das tiefliegende fruchtbare Tidewater-Gebiet, wo sich die reichen, riesigen Plantagen wie kleine Königreiche erstrecken, kein Schutz mehr gegeben. Denn zum größten Entsetzen der Kolonie ziehen die englischen Truppen komplett ab. Die Führung in London hat entschieden, daß in der Bergwildnis westlich Virginias gegen die Franzosen nichts auszurichten sei. England sucht jetzt die Entscheidung vielmehr im Norden, in Neu-England und Canada. Virginia soll seine lausigen Blockhütten am Rande der Zivilisation gefälligst selbst schützen – oder aufgeben. Das Empire hat anderes zu tun.

Das ist blanker Zynismus. Als solcher wird er auch in der Kolonie verstanden. Im Ratssaal zu Williamsburg stecken die wohlhabenden Pflanzer wütend und besorgt die Köpfe zusammen. Sollten die Irokesen tatsächlich bis zum Tidewater durchstoßen, droht zu allem Elend auch noch ein Sklavenaufstand. In seiner Not beschließt das Abgeordnetenhaus die Aufstellung eines virginischen Regiments, bestehend aus eintausend Milizsoldaten und zweihundert Waldläufern von der Grenze. Als Kommandeur kommt nur einer in Frage: der dreiundzwanzigjährige Volksheld George Washington.

Jeder Wunsch wird ihm erfüllt. Er darf seine Offiziere selbst aussuchen, die Ausrüstung bestimmen und anschaffen. Dankbar legt das Kolonialparlament die ganze Armee-Angelegenheit in seine „erfahrenen Hände", wie es heißt. Hauptsache, er nimmt an und handelt schnell. Nur vier Wochen nach Braddocks Tod, am 14. August 1755, tritt er wieder in die Armee ein, als Oberst versteht sich, wie Gouverneur Dinwiddie nicht müde wird, dem jungen Mann zu versichern.

Es ist eine schwere Aufgabe, die er da übernimmt. Er muß Freiwillige für Strafexpeditionen gegen Indianer und tapfere Waldläufer für den Grenzschutz gewinnen.

„Hatte man glücklich eine Mannschaft zusammen, so zerstreute sie sich wieder bei der ersten Gelegenheit, wenn nicht alles nach Wunsch ging: paßte einem Mann ein Befehl nicht, so nahm er die Flinte über die Schulter und zog heim zu Weib und Kind. Die Gesetze der amerikanischen Provinzen waren völlig unzureichend, solchen Mißständen zu wehren, zumal es noch keine Militärgerichtsbarkeit gab und die ländlichen Richter oft mit den pflichtvergessenen Milizsoldaten sympathisierten."[30]

Der wieder auferstandene Oberst Washington geht indes mit größtem Ernst, Eifer und Gründlichkeit ans Werk. Meuterer und Deserteure läßt er einfangen und in Eisen legen. Mehrfach droht er sogar mit der Todesstrafe. Es ist ihm aber anzumerken, daß er nur mit größtem Widerwillen solch drakonische Strafe in Aussicht stellt. Denn zumeist hat er Mitleid mit den armen Teufeln, „einer äußerst miesen Ansammlung von Obdachlosen, bankrotten Schankwirten, Pferde-Jockeys und Indianer-Händlern", wie ein britischer Offizier süffisant anmerkte, für die es nur die Wahl gab zwischen Militärdienst oder freiwilliger Versklavung auf einer Plantage. Nur in einem Fall läßt Washington einen „besonders rohen Schurken", wie er entschuldigend bemerkt, tatsächlich aufknüpfen.

Im übrigen verordnet er Stockhiebe „der alten Art", muß aber oft genug feststellen, daß bei seinen hartgesottenen Halsabschniedern selbst die Höchststrafe von hundert Schlägen nichts fruchtet. Andererseits, auch das weiß er durch seine nunmehr intensive Grenzererfahrung, braucht er im Kampf gegen die besten Krieger der damaligen Zeit, die Irokesen, unerschrockene, rohe Klötze, die erst zustechen und dann fragen. Wer hier zimperlich ist, lebt selbst nicht lange.

Washingtons Einmarsch in der letzten Bastion britischer Zivilisation, in Winchester, wird zum Triumph für ihn wie gleichermaßen zu einer schweren Belastung. Hände von Familienvätern, Frauen und Kindern strecken sich ihm flehend und hilfesuchend entgegen. Aber wie schon einmal in Fort Necessity, fehlt es ihm an genügend Männern, Waffen und Ausrüstung, um jenen wirkungsvollen Schutz gewähren zu können, der nötig wäre. Der Indianerschreck lastet schwer über dem gequälten Land. Kein Monat ohne die grausamsten Massaker. Washingtons Stoßtrupps sind oft genug dazu verdammt, lediglich geschändete Leichen zu beerdigen. Immer eindringlicher fleht der junge Grenzkommandant um Verstärkung seiner Truppe, denn die ihm zur Verfügung stehende Anzahl von Soldaten ist weit geringer als die von den Abgeordneten genehmigten 1.200 Mann. Wenn er dem Gemetzel weiterhin derart hilflos zusehen müsse, beschwert sich Washington in einem Brief vom 22. April 1756 an Dinwiddie, dann fürchte er, „daß die Morde an armen, unschuldigen Babies und hilflosen Familien eines Tages mir hier angelastet werden".[31]

Die Klagebriefe an Dinwiddie nehmen in Zahl und Umfang ein solches Ausmaß an, daß ihn eines Tages der alte Fairfax warnt, den Bogen nicht zu überspannen. Alexander und Caesar hätten mit ganz anderen Schwierigkeiten zu kämpfen gehabt und dennoch jeweils ein Weltreich erobert, erinnert der langjährige Gönner seinen Zögling.

Keine Frage, unabhängig von den Beschwerden über mangelnde Versorgung, Sold, Disziplinlosigkeit und Ohnmacht, versucht Washington sein Bestes. Er läßt eine Kette von vorgeschobenen Posten, besetzt mit je zwanzig Waldläufern, errichten. Doch dieser Versuch eines Frühwarnsystems gegen Indianerüberfälle scheitert daran, daß die Scouts, kaum hat er ihnen den Rücken zugewandt, in die Wälder verschwinden. Waldläufer eignen sich nicht zum Postenschieben. Seine Miliztruppen hingegen werden hin und wieder in kleinere Gefechte verwickelt, bei denen Washington hemmungslos nach Indianerart kämpfen läßt. Das heißt, seine Soldaten skalpieren getötete Indianer und Franzosen. Und der Oberst läßt die „erbeuteten" Haarschöpfe sodann nach Williamsburg schicken – als Beweis dafür, daß er nicht untätig ist; eine primitive Frühform des amerikanischen *body counting*, wie es sehr viel später von den Amerikanern in Vietnam durchgeführt wurde.

Ohnehin weist der *Franzosen- und Indianerkrieg* in seinen Grundzügen mehrere deutliche Parallelen zum zweihundert Jahre später geführten Indochina- beziehungsweise Vietnam-Krieg auf. Der amerikanische Historiker Douglas R. Porter stellt beispielsweise die interessante Überlegung an, daß der Oberkommandierende der amerikanischen Streitkräfte in Süd-Vietnam, General William Westmoreland, zeitweilig gegen den Vietcong eine ähnliche Strategie verfolgte, wie dereinst Washington gegen die Indianer. Gemeinsam war beiden bei ihren Aktionen die Unberechenbarkeit des Gegners und das unwegsame, undurchschaubare Terrain eines Urwaldes. Die amerikanischen Truppen kämpften hier wie da von befestigten Posten aus gegen einen zumeist überraschend auftauchenden hochflexiblen Gegner, dessen Taktik maßgeblich im Überfall aus dem Hinterhalt bestand. Und sofort hatte sie der Urwald wieder verschluckt. „Strike and hide" nennen das die Militärs. In beiden Fällen standen Amerikaner mit überlegener Waffentechnik einem leichtbewaffneten, schnellbeweglichen und zahlenmäßig unterlegenen Feind gegenüber. Selten gingen beispielsweise mehr als fünfzig bis hundertfünfzig Indianer auf den Kriegspfad. Obwohl Washington schon zu Beginn seines Kommandos über mehrere hundert Soldaten verfügte, drängte er Monat für Monat auf eine Erhöhung der Truppenpräsenz. Westmoreland forderte in Vietnam das Gleiche. Nicht zu unterschätzen ist in beiden Fällen das psychologische Element. Hier wie da hatten die Amerikaner eine panische Furcht vor dem unsichtbaren Gegner entwickelt. Deshalb wagten sie Angriffe nur in größeren Verbänden. Dadurch waren sie aber wiederum zu unbeweglich gegen den hochflexiblen Feind. Entschlossen sie sich hingegen zu kleinen Stoßtruppunternehmen, waren sie meist dem Gegner schon deshalb nicht gewachsen, weil sie sich im Urwald nicht so gut zurechtfanden wie dieser. Und schließlich: Hier wie da war es ein Kampf weißer Okkupanten gegen einheimische Ureinwohner.[32]

Hier endet die Parallele zur Neuzeit. Denn George Washington blieb das spätere Desaster Westmorelands dadurch erspart, daß er an seiner 563 Kilometer langen Front den Krieg nicht gewinnen mußte. Seine Aufgabe blieb auf Defensivmaßnahmen für Virginia beschränkt. Die bedeutendsten Kampfhandlungen in Amerika wurden in Canada und Neu-England, der eigentliche Siebenjährige Krieg in Europa geführt.

In der Alten Welt eröffnete König Friedrich II. von Preußen, der „Alte Fritz", als Verbündeter Englands das Schachspiel um die Weltherrschaft, indem seine „Langen Kerls" im August 1756 die Grenze zu Sachsen überschritten. Es begann ein Ringen zu Land und zur See zwischen England und Preußen einerseits und den Großmächten Frankreich, Österreich, Rußland sowie Schweden und Sachsen andererseits. Nach der offiziellen Kriegserklärung erlitt England noch einmal böse Niederlagen in Amerika. Die Franzosen eroberten ein Schlüssel-Fort nach dem anderen: Englands Tor zu den Großen Seen, Fort Oswego, wurde niedergebrannt, gleichfalls Ticonderoga und – wie in James Feminore Coopers „Der letzte Mohikaner" beschrieben – das wichtige Fort William Henry. Selbst vor New York tauchten plötzlich Irokesen auf. Verzweifelt rüsteten außer Delaware und Georgia alle Kolonien zum Waffengang, sogar die frommen Quäker Pennsylvanias ...

Flirt in New York

Während die Aufregung in den amerikanischen Kolonien seit dem Sommer 1756 von Monat zu Monat wächst, reift der junge Grenzoffizier Oberst Washington zusehends an den Realitäten jenseits der Blauen Berge. Er weiß alsbald, was er tun kann und wo ihm durch die Umstände die Hände gebunden sind. Also besitzt er die Ruhe, um ab und zu sogar sein Kommando in Winchester zu verlassen und nach Hause zu reiten. In Williamsburg vergnügt er sich im Theater oder auf pompösen Bällen, wo er auch die angebetete Sally wiedersieht und zum Menuett auffordert. Es ist aber vor allem seine Plantage Mount Vernon, die ihn häufig in Anspruch nimmt. Sie droht zu verwahrlosen. Er muß mit Aufsehern hadern, sich um Ernte und Verkauf von Tabak kümmern. Alles in allem entpuppt sich das Grenzkommando als ziemlicher finanzieller Verlust. Das bißchen Sold, das er von Virginia bezieht, kann in keiner Weise jene Einkünfte kompensieren, die ihm durch seine lange Abwesenheit von seiner Plantage verloren gehen. Kein Wunder, daß George wenigstens nach einer ideellen Anerkennung seines Opfers für Virginia heischt.

Gouveneur Dinwiddie hat ihn zwar zum Oberst ernannt, aber da gibt es einen Hauptmann John Dagworthy, der in dem auf Marylands Gebiet liegenden Fort Cumberland den Ton angibt und eines Tages auch Washington Befehle erteilen will. Im Gegensatz zu dem jungen Milizoberst hat der vierundvierzigjährige Hauptmann nämlich ein von England ausgestelltes Offizierspatent in der Tasche. Wir entsinnen uns: Nach der neuen, vor einem Jahr in London ausgegebenen Order bedeutet dies, daß jeder reguläre englische Offizier Vorgesetzter eines jeglichen Kolonialoffiziers ist. Doch da kommt Hauptmann Dagworthy bei Washington gerade an den Rechten. Dem platzt jetzt vielmehr die Geduld. Er will ein für alle Mal eine Klärung. Ist er jetzt Oberst oder nicht! Selbstbewußt weist er den Cumberlander in die Schranken und bittet Dinwiddie um Dispens.

Es ist Februar 1756. Die Straße nach Boston ist in einem schlimmen Zustand. Winterliche Regenfälle und Schneeschmelze haben sie aufgeweicht. Nur Reiter und leichte Fuhrwerke können sie passieren. Unverdrossen reitet eine kleine Kavalkade daher. Der Anführer steckt in einer feinen dunkelblauen Uniform mit roter und goldener Verzierung. Neben ihm zwei Adjutanten der virginischen Miliz, einer davon sein Freund George Mercer. Dahinter drei schwarze Sklaven in pompöser

Livrée. „In solcher Gala, die sehr absticht von seiner früheren kolonialen Einfachheit, präsentiert sich Washington, der von den Engländern allerlei gelernt hat und Kleider aus London bezieht, auf dem ersten Ritt nordwärts durch die ihm noch unbekannten Städte der altlantischen Küste, Großstädte mit je zehn- bis fünfzehntausend Einwohnern: Philadelphia, New York, Boston."[33] Er scheut den 1.760 Kilometer langen Weg nach Boston nicht, nur um bei dem Gouverneur von Massachusetts, General William Shirley, der zugleich als Nachfolger Braddocks Oberbefehlshaber der britischen Truppen in Amerika ist, zu antichambrieren und endlich eine Anerkennung seines Ranges als Oberst zu erreichen. In Philadelphia und New York erregt der stolze, hünenhafte Südstaatler Aufsehen. Ah, der Oberst Washington? Der Held der Braddock-Schlacht! In den Schankstätten wird er angesprochen, manchmal vorsichtig, manchmal direkt. Aus manchem Fenster wird er verstohlen von Frauen und Mädchen beobachtet. Man ist im Norden strenger als im libertinischen Virginia, aber das mindert nicht das weibliche Interesse an einer so bekannten und vielversprechenden Persönlichkeit. Und Washington selbst ist auch nicht gerade abgeneigt. In Philadelphia gibt er rund sechzehn Schillinge für eine „Waschfrau" aus, wie er in seinen Aufzeichnungen festhält. Jedoch was Washington unter einer Waschfrau verstand, wird an späterer Stelle zu erörtern sein.

In New York City bricht dann wieder die ganze Leidenschaft, zu der der junge Washington seit seinem fünfzehnten Lebensjahr fähig ist, vulkanartig aus. Hals über Kopf „verliebt" er sich in *Eliza Philipse*, eine hochgewachsene stattliche Brünette der feinen Gesellschaft, allerdings ein spätes Mädel. Wie Sally ist sie zwei Jahre älter als George und die Schwester der Frau seines Bekannten Beverly Robinson, bei dem er in New York übernachtet.

Obwohl Miss Philipse für Washingtons Geschmack wohl etwas zu alt und zu stark gebaut ist, entgehen ihm zwei Dinge nicht: Sie ist noch zu haben und – sie ist steinreich, Erbin einer der wohlhabendsten New Yorker Familien am Hudson River.[34] Und Damen mit Geld ist Washington nie abgeneigt. Da spielen Aussehen, Charakter und Alter der Heiratsfähigen für ihn nur eine untergeordnete Rolle, wie noch zu beweisen sein wird!

Der eigentliche Zweck der Reise scheint plötzlich in den Hintergrund zu treten. Miss Philipse, von Vertrauten „Polly" genannt, wird mit allerlei Verführungskunst umworben. Die elegante, verwöhnte Großstadtdame fordert seine ganze Aufmerksamkeit. Ihr reger Geist fasziniert ihn, weil er so sehr an Sally Fairfax erinnert. Er fordert ihn, der sein ganzes Leben nur auf dem Land und in riesigen Wäldern verbracht hat. Bei ihr muß er alles aufbieten, was er von Lawrence und auf Belvoir gelernt hat. Andererseits hat er ihr auch einiges zu bieten: nicht gruselige Abenteuergeschichten von dunklen indianischen Jagdgründen, sondern frühe Ruhmeslorbeeren als junger Held. Wo immer Miss Polly mit ihrem Begleiter auftaucht, sein Name ist bekannt.

Sie besuchen gleich zweimal eine Ausstellung mit dem Titel „Der Mikrokosmos oder die Welt in Miniature", in der mechanisch bewegte Bilder und Szenen zu sehen sind. Sie gehen gemeinsam zum Tanz – und dennoch: Wieder einmal ist dem Pflanzer aus Virginia kein Glück bei einer Dame der feinen Gesellschaft vergönnt, so sehr er sich auch darum bemühen mag.

Pech in der Liebe, Glück im Spiel. Wenigstens war die lange, anstrengende Reise keine totale Pleite. In der Rangfrage signalisiert General Shirley wohlwollende Zustimmung, lediglich mit der Einschränkung, daß Oberst Washington jedem regulären englischen Oberst untergeordnet sei. Da zuhause an der Grenze außer ihm weit und breit kein Oberst zu finden ist, kann Washington mit dieser Antwort zufrieden sein.

Doch die andere Sache, die Frauengeschichte, sitzt wieder tief. Gekränkt tritt George die Rückreise an. Gemeinsam mit seinen beiden Adjutanten hat er in New York soviel Geld verpraßt, daß er von Beverly Robinson sage und schreibe einundneunzig Pfund Sterling – ein Vermögen in der damaligen Zeit – leihen muß. Typisch für drei junge Männer vom Lande, scheint da bei Washington einiges an Spielschulden zusammengekommen zu sein, während die anderen beiden ihr Geld mit der Damenwelt der Stadt durchgebracht haben.

Auf dem Nachhauseweg versucht George Mercer den geknickten Freund mit der Aussicht auf die Reize der heimischen Südstaaten-Frauen zu trösten. In einer späteren Korrespondenz Mercers an Washington kann man beispielsweise in Anspielung auf ihren New York-Aufenthalt folgenden Satz lesen: Gott sei Dank sind die Mädchen von South Carolina „von den abspenstig machenden, schweren, heftig pochenden und plumpen Brüsten, wie sie die nördlichen Schönheiten in der Regel vorzuweisen haben, verschont".[35]

Doch George Washingtons Vorstellungen von einer Frau waren nie nur von sexuellen Trieben geprägt. Er erwartete stets auch einen geistigen Anspruch und seelischen Gleichklang. Und in Polly Philipse meint er noch ein Jahr später eine heiratsfähige Alternative zu Sally Fairfax gefunden zu haben. Mag sein, denn Miss Philipse hat Washington wohl nie einen echten Korb gegeben. Vielmehr hatte er weder die Zeit noch die Ausdauer, angemessen um sie zu werben. Seine stürmischen fünf Tage in New York mögen die an puritanische Konventionen gewöhnte, reife Frau zur Distanz auf den feurigen Südstaatler bewogen haben. Wir wissen aber, daß er ihr sympathisch war.

Während eines erneuten Aufenthalts in Philadelphia, Ende Februar 1757, überlegt Washington, ob er seine Dienstreise nach New York ausdehnen soll, um es noch einmal mit Polly zu probieren. Doch er überlegt zu lange, wird wieder in Virginia gebraucht und so kommt der Tag, an dem Miss Philipse plötzlich verheiratet ist. Zum größten Verdruß kennt Washington den glücklichen Nebenbuhler. Es ist Hauptmann Roger Morris, einer der Offiziere Braddocks, die den Zusammenbruch vor Fort Duquesne überlebt haben. Während der Amerikanischen Revolution blieb Morris dann königstreu, was Washington bei seinem Einzug in New York veranlaßte, dessen Haus – und so möchte man sagen – auch dessen Frau zu konfiszieren. Denn Washington schlug dreist im Morris-Haus sein Hauptquartier auf. Während der englandtreue Hauptmann aus der Stadt floh, setzte der feurige Rebell ihm gemeinsam mit seiner willigen Frau Hörner auf. So fanden beide doch noch zueinander, wenngleich nur kurz und zwanzig Jahre älter.

Auch das Jahr 1757 bringt ihm kein Glück, im Gegenteil. Es wird für die nächsten zwanzig Jahre sein schwärzestes. Sein Wunsch, für den Wahlkreis Winchester in das House of Burgesses gewählt zu werden, scheitert kläglich. Haben ihn die Bürger des Grenznestes eineinhalb Jahre zuvor noch als Schutzpatron gefeiert, sind sie inzwischen von dem Pflanzer-Oberst ziemlich enttäuscht. Er requiriert für seine Truppen Pferde und Fuhrwerke, verlangt Dienstleistungen und Nahrungsmittel. Die Washington-Miliz, lauter Gesindel, gilt als Plage für die Stadt und richtet in den Augen der Hinterwäldler doch nichts im Kampf gegen die rote Gefahr aus.

Als nächstes stirbt der langjährige väterliche Freund und Gönner William Fairfax, „einer der wenigen wirklichen Freunde, die er besessen" hat.[36] Und auch Dinwiddie, den alten Gouverneur, der den jungen Washington schicksalhaft ins Rampenlicht der Weltpolitik gerückt hat – eigentlich nur, weil er maßlosen Landspekulationen nachhing –, ereilt das Schicksal. Ein Schlaganfall zieht den Rumkenner aus dem Verkehr.

Er überlebt, verläßt aber Virginia für immer. Einen persönlichen Abschied von Washington lehnt er ab, teils wegen seines gezeichneten Aussehens, teils weil er sich mit dem Miliz-Oberst seit einiger Zeit nicht mehr besonders gut versteht. Jener nörgelt immer nur herum, statt den Indianern das Gebiet am Ohio wegzunehmen. Oh – dieser Washington! Was für Hoffnungen, was für eine Pleite! Der Alte segelt frustriert von dannen. Er wird nie erfahren, wen er da entdeckt, wem er da einst in den Sattel der Weltgeschichte geholfen hat. Erstaunlich, aber auch in der Kolonie weint dem Gouverneur keiner eine Träne nach; zuviel Vetternwirtschaft, zuviele eigene finanzielle Interessen werden dem davonsegelnden Dinwiddie nachgesagt.

Der Nachfolger, John Campbell, Vierter Earl of Loudon, gleichzeitig neuer Oberkommandierender der britischen Streitkräfte in Amerika, läßt George – der sich auf widerliche Art und Weise bei ihm anbiedert, indem er seine Verdienste herausstreicht und viele Freunde und Bekannte anzuschwärzen sucht – kühl abblitzen. Loudon reagiert weder auf Bitten noch auf Vorschläge. Er hält den jungen Virginier, der so gerne ein offizielles, britisches Offizierspatent hätte, sogar zeitweilig für einen französischen Spion.[37]
Verlassen von alten Vertrauten, Förderern und namhaften Gönnern, endgültig ganz auf sich alleine gestellt, weht Washington ein strenger Wind ins Gesicht. Der stets durch beste Beziehungen in hohe Kreise Verwöhnte erfährt nun, was es heißt, auf eigenen Füßen stehen zu müssen. Da wird er krank! Er, der Eiseskälte widerstanden, Pocken überlebt und in jeder Beziehung eine Pferdenatur vorzuweisen hat, fühlt sich plötzlich schlecht. Es beginnt im August mit einer Dysenterie, die nicht ausheilen will. Am 1. November 1757 tritt Fieber hinzu. Am 7. November leidet er unter Stichen und Lungenschmerzen. Es bleibt für immer ein Geheimnis, welche Krankheit der Edinburger Truppenarzt Dr. James Craik bei Washington behandelte. Fest steht, daß der Oberst zwischen August 1757 und Februar 1758 an tiefen Depressionen leidet, die möglicherweise körperliche Schmerzen verursachten. Wer hält das schon ohne jegliche psychische Veränderung aus, all die Hinterhalte, Todesgefahren an der Grenze, seit Ende 1753 unter Dauerstreß, eine traumatische Schlacht, der Anblick von Greueltaten an Frauen und Kindern, die Zurückweisung seitens Frauen, das stetige seelische Leiden an unerfüllter Liebe – das genügt vielen anderen Menschen, um Selbstmord zu begehen.

Doch Washington ist robuster als er selbst weiß. Denn die einzige Therapie, die Dr. Craik zu Washingtons geheimnisvoller Krankheit einfällt, ist, ihn zur Ader zu lassen. Manchmal zweimal täglich. Der Arzt will die „schlechten, dunklen Säfte" aus Washingtons Körper entfernen und befolgt damit die damalige Lehrmedizin. Er zapft Washington soviel Blut ab, daß ein ernsthaft kranker Mensch wohl an diesem Aderlaß tatsächlich gestorben wäre. Nicht so Washington. Sein Zustand verschlechtert sich zwar dank Dr. Craik von Tag zu Tag dramatisch, aber er wird es überleben. Jahrzehnte später indes wird ihm genau dieser Arzt mit eben dieser „Therapie" zum Verhängnis werden. So kommt der Tag, an dem George Washington nichts anderes übrig bleibt, als sein Kommando seinem Adjutanten Stuart zu übergeben. Körperlich geschlagen und seelisch gebrochen tritt er den Rückzug an. Er schleppt sich nach Hause, wie schon einmal nach der Schlacht bei Fort Duquesne, diesmal von anderen Kräften geschlagen.

Eine Witwe zur Frau, eine verbotene Liebe bleibt

Auf dem Weg nach Mount Vernon kehrt der Geschwächte in Alexandria im Hause John Carlyles ein, der ihm den örtlichen Arzt Reverend Charles Green ruft. Kurioserweise ist der Mediziner gleichzeitig Geistlicher. Was er nach ausführlicher Untersuchung dem Kranken verordnet, eröffnet einen weiteren Einblick in die damaligen kolonialmedizinischen Kenntnisse. Außerdem gibt die harmlose Medizin Aufschluß über die Ernsthaftigkeit der Erkrankung: „Gelees und solcherart Nahrung" verschreibt Green sowie geschabtes Hirschhorn, grünen China-Tee, zwei Flaschen kanarischen Wein, von dem Washington ein oder zwei Gläser pro Tag, gemischt mit Gummi arabicum, trinken soll. Diese exotischen Ingredenzien hatte die Provinz-Küche Mount Vernons natürlich nicht aufzuweisen. So schrieb George in seiner „Not" an Sally und bat sie um ein Rezeptbuch sowie die nötigen „Arzneien". Auf diese Weise erst erfuhr die schöne Nachbarin von dem Zustand ihres Helden. Wir wissen nicht, ob sie sofort an sein Krankenlager eilte, um ihn zu pflegen. Erhalten geblieben sind nur spärliche Briefe mit zaghaften Andeutungen der Zuneigung. Fest steht nur, daß Sally derzeit alleine auf Belvoir herrschte. Ihr Gatte weilte in England. Welche Gelegenheit für beide, ungestört beisammen zu sein! Doch es bleibt nur eine Vermutung, ein Wunschbild vieler Biographen, von denen einige kühn behaupten, jener Winter 1757/58 sei der Höhepunkt in der gegenseitigen Liebe beider gewesen. Diese Annahme scheint jedoch in mehrerer Hinsicht zweifelhaft. Zum einen beschwerte er sich unablässig bei ihr, daß sie ihn nicht oft genug besuche, zum anderen war Washingtons Krankheit höchstwahrscheinlich eine schwere Depression, aus der ihm mehr als jede Medizin insbesondere die Liebe und Zuneigung von Sally Fairfax hätte reißen können. Doch im Gegenteil, beklagte er sich in Briefen an den Militärarzt Dr. Craik, den er mittlerweile als seinen Leibarzt ansah und deshalb sogar aus der Ferne zusätzlich konsultierte, daß sich sein Zustand verschlimmere. Craik antwortete nicht gerade aufmunternd, daß er darüber nicht überrascht sei, denn die Krankheit sei „von großer Standhaftigkeit und hat die gesamte Blutmasse verdorben". Craik riet ihm eindringlich, im Bett zu bleiben, mit der Begründung: „Das Schicksal Ihrer Freunde und Ihres Landes sind gewissermaßen eng mit Ihrer Genesung verknüpft."[38]

Während er selbst immer mehr daran glaubt, er werde nun das gleiche Schicksal wie sein Bruder Lawrence erleiden, erfährt er, daß man in der Hauptstadt Williamsburg tatsächlich bereits munkele, er sei gestorben oder zumindest dem Tode geweiht. Das ist zuviel! Wenn *er* Todesbefürchtungen hegt, ist das eine Sache. Doch wenn die Öffentlichkeit ihn bereits für tot hält, geht das zu weit. Entrüstet will er sich im Januar 1758 nach Williamsburg begeben, um einen weiteren Arzt zu Rate zu ziehen und um sich zu zeigen. Doch wohl vom langen Liegen verlassen ihn die Kräfte. Er muß auf halbem Weg wieder umkehren.

Erst sechs Wochen später, Anfang März gelingt es ihm, sich in Begleitung seines Dieners Bishop nach Williamsburg zu schleppen, wo er in die Praxis Dr. John Amsons wankt. Amson galt damals als der beste Arzt Virginias. Der knöpft dem Verzweifelten als Honorar die Unsumme von drei und ein Viertel Pfund ab, nur um zu diagnostizieren, daß Washington nichts zu befürchten habe. Er werde bald genesen sein. Washington ist es gleichgültig, daß von dem namhaften Mediziner eigentlich schamlos ausgenommen worden ist. Denn die festen, zuversichtlichen Worte des Arztes bewirken ein Wunder: Als Washington die Praxis Dr. Amsons betrat, glaubte er, dem Tode geweiht zu sein. Nun, da die Schelle über der Türschwelle erklingt, die Washington beim hastigen Verlassen des Arzthauses auslöst, tritt er als Gesunder hinaus auf die schlammigen Frühlingsstraßen Williamsburgs. Als sauge er die aufsteigenden Säfte der erwachenden Natur in sich auf, fühlt sich der gestern noch auf sein Grab Fixierte heute mit jedem Schritt beschwingter. Frühlingserwachen allüberall. Wenige Tage noch, und er wird der Frau seines Lebens begegnen!

Wie das geschieht, darüber gehen die Quellen auseinander, weshalb mancher Biograph lieber schweigt[39], andere glauben, er sei einfach gezielt auf seine Künftige zugegangen.[40] Am plausibelsten erscheint folgende Version[41]:

Auf dem Nachhauseweg schließt Washington beim Übersetzen auf einer Fähre Bekanntschaft mit dem Gutsbesitzer Major Chamberlayne, der ihn mit virginischer Gastfreundschaft kurzerhand auf seinen nahegelegenen Besitz zum Mittagessen einlädt. Washington zaudert zunächst, andererseits ist eine kräftige Mahlzeit in seinem geschwächten Zustand nicht zu verachten.

An der üppig gedeckten Tafel erscheint zu seiner Überraschung ein weiterer Gast des Hauses Chamberlayne, eine reiche junge Witwe, Martha Custis, geborene Dandridge. Washington dürfte die kleine, rundliche und heitere Dame von seinen Williamsburger Ball- und Theaterbesuchen her gekannt haben. Denn dort traf sich regelmäßig die Haute volée der Kolonie. Zu ihr zählte auch der vor einem dreiviertel Jahr verstorbene John Parke Custis. Er hinterließ seiner sechsundzwanzig Jahre alten Frau ein solch riesiges Vermögen an Grundbesitz, Häusern, Sklaven und Geld, daß Martha Custis schlagartig die reichste unverheiratete Frau Virginias war. Ob aus diesem Grunde Washingtons Interesse an ihr geweckt wurde oder ob es ihr weiblicher Charme war, der ihn dahinschmelzen ließ, bleibt für immer ihr Geheimnis. Jedenfalls gewinnt er von Stunde zu Stunde bei der jungen Witwe an Boden. Das Mittagessen dehnt sich aus, gleitet wie selbstverständlich über in die nachmittägliche Teestunde. Der schmunzelnde Gastgeber Chamberlayne scheint für beide gar nicht mehr anwesend zu sein. Sie haben nur noch Augen füreinander. Und als der Diener Bishop auftragsgemäß mit den gesattelten Pferden vor der Veranda steht und zum Aufbruch drängt, läßt Washington ihn so lange warten, bis der anbrechende Abend eine Weiterreise unmöglich macht. „Der patriotischen Legende nach sollen die beiden die ganze Nacht am Kamin gesessen und geplaudert haben."[42]

Als er sich im Morgengrauen von der Schönen losreißt, geht er mit dem Versprechen, Martha Custis alsbald auf ihrem Landsitz *White House* am Pamunkey River zu besuchen.

Wer war diese Frau, die George Washington binnen einer Nacht am

Kamin beeindrucken konnte? Martha Custis wurde am 2. Juni 1731 auf einer Plantage in der Nähe von Williamsburg geboren. Als älteste Tocher von John und Frances Dandridge war ihre Erziehung auf soziale Benimmregeln und häusliche Fertigkeiten beschränkt – also ähnlich wie bei George. Sie war aber kein Heimchen am Herd. Denn von ihr ist die Anekdote überliefert, daß sie als Teenager ihre Tante und Stiefmutter in Angst und Schrecken versetzte, als sie mit ihrer Stute Fatima die Treppe im Haus ihres Onkels hinauf und hinunter ritt. Mit George teilte sie also eine Passion: Martha war eine begeisterte und ausgezeichnete Reiterin.

Achtzehnjährig wurde sie mit dem zwanzig Jahre älteren reichen Pflanzer Daniel Parke Custis verheiratet und zog zu ihm in die Familienresidenz der Custis, ins Weiße Haus. In ihrer siebenjährigen Ehe gebar sie dem reichen, aber rohen Pflanzer vier Kinder, wovon zwei im Babyalter starben. Es dürfte für sie eine Erlösung gewesen sein, als der Wüstling 1757 das Zeitliche segnete.

Mehr Information über die reiche Witwe dürfte auch Washington kaum gehabt haben, als er eine Woche später schon vor dem strahlend weißen Mansion am Pamunkey steht. Mit seiner Oberst-Uniform der Virginia-Miliz sowie großzügigen Trinkgeldern beeindruckt er nicht nur die Dienstboten von Misses Custis, sondern auch die Lady selbst.

Sein damaliges Aussehen ist uns von seinem Freund George Mercer ausführlich überliefert: „Sechs Feet und zwei Inches [1,88 Meter] groß und aufrecht wie ein Indianer" sei er gewesen. „Sein Körpergewicht beträgt 175 Pfund. Die Muskeln sind ausgeprägt entwickelt und zeugen von gewaltiger Stärke." Erneut betont Mercer Washingtons große Hände und Füße. Er sei breitschultrig mit schmaler Taille, aber breiten Hüften und sehr langen Armen und Beinen. Was seine Haut angeht, kommt er ganz auf den Vater: sehr blaß und leicht sonnenbrandgefährdet. Das Gesicht sei gekennzeichnet von „einer großen, geraden, aber nicht auffälligen Nase, durchdringenden blau-grauen Augen, die weit auseinanderstehen und von mächtigen Augenbrauen überschattet werden. Sein Gesicht ist eher lang als breit, mit hochstehenden Wangenknochen und einem energischen Kinn." Die Lippen des großen Mundes seien meist fest geschlossen. Nur beim Sprechen entblöße er einige defekte Zähne. Im übrigen habe er sein Gesicht völlig unter Kontrolle. „In Unterhaltungen blickt er dem Gegenüber geradewegs ins Gesicht", berichtet Mercer weiter, „er ist nachdenklich, ehrerbietig und von einnehmendem Wesen. Sein Auftreten ist gelassen und würdevoll. Seine

Bewegungen und Gesten sind anmutig, sein Gang majestätisch und er ist ein ausgezeichneter Reiter."[43]

Im *Weißen Haus* am Pamunkey-Fluß beobachten den jungen Mann auf Freiersfüßen jedoch nicht nur schwatzhafte Dienstboten, sondern auch zwei Paar große runde Äuglein der pausbäckigen Custis-Kinder John und Martha. Sollte ihre Mutter seinem Ansinnen geneigt sein, würde George am Tag seiner Hochzeit gleichzeitig Vater zweier Kinder. Und so soll es sein. Als George, der sich wieder einmal keine Zeit läßt, der Dame romantisch und werbend den Hof zu machen, tags darauf das herrschaftliche Anwesen schon wieder verläßt, weil er glaubt, daß nach seiner Genesung die militärische Pflicht ruft; als er sich zum angedeuteten Handkuß tief über ihre zum Abschied gereichte Hand beugt, rast sein Herz – vor Freude? Nach einer Stunde Bedenkzeit hat ihm die um acht Monate ältere Witwe Martha Custis ihr Jawort gegeben. Ein letzter Blick in die schönen haselnußbraunen Augen seiner Verlobten wühlt sicherlich noch einmal sein ganzes Innerstes auf. Diese wesentlich kleinere, plumpe Frau – sie war höchstens 1,52 Meter groß – entsprach in so vielen Dingen überhaupt nicht den Träumen eines Mannes. Welch ein Vergleich zu der koketten, aufregend-anzüglichen Südstaaten-Aristokratin Sally, die sich durch natürliche Noblesse und freizügigen Gedanken auszeichnete! Oder der intelligenten, herb-schönen New Yorker Walküre Miss Philipse, die mit reizvoller Fraulichkeit Washingtons Herz im Sturm erobert hatte!

Und nun die künftige Misses Washington, eine pummelige Frau ohne Grazie und Anmut, gekleidet in schlichte Gewänder ohne Puffärmel, ohne Spitzen, ohne Chic. Kein Hauch südstaatlicher Laszivität und Romantik.

Dagegen Sally, die überwiegend in vornehmen, teuren Seidenkleidern auftritt, meist in schwarz, weiß oder grau gehalten. Sie liebte glänzende, sinnliche Stoffe und trug diverse Negligés; sogar ihre Nachthemden mußten aus weißer oder schwarzer Seide sein, wie aus einer ihrer Bestell-Listen, die sie nach England schickte, zu ersehen ist.[44]

Und Martha Custis? Wir wissen nicht, ob sie überhaupt Negligés trug, geschweige denn aus Seide. Ihr stets schlichtes Auftreten, selbst später als First Lady, hat viele Zeitgenossen irritiert. Sowohl im Aussehen als auch im Auftreten offenbart sie zudem bereits mit Mitte Zwanzig matronenhafte Züge, die Washington an seine Mutter erinnern mußten. Sie selbst bezeichnete sich denn einmal auch als „altmodische Hausfrau". Und dennoch: Ist sie nicht stets guten Mutes? Ein humorvolles Wesen, das es versteht, seine Mitmenschen aufzuheitern. Ihr schwungvoller Mund offenbart bei ihrem häufigen Lachen strahlend weiße, makellose Zähne – ein Strahlen, das Washington tief, tief in die irritierte Seele schneidet. Ja, er will diese Frau! Nur – warum ist er über ihr Jawort dennoch nicht glücklich?

Zurück auf seinem Posten in Winchester ordert er „mittels des erstbesten verfügbaren Schiffes, das nach Virginia ausläuft" aus London blauen Samtstoff, um daraus einen Rock, Weste und Breeches-Hosen schneidern zu lassen. Außerdem bestellt er sechs Paar „der feinsten Schuhe" sowie sechs Paar Handschuhe.[45] Aus Philadelphia bezieht er zudem den Hochzeitsring, der ihn nur zwei Pfund und sechzehn Schillinge kostet. Während der Bräutigam solcherart zur Hochzeit rüstet, tobt gleichzeitig ein schwerer Seelenkampf in seinem Herzen. Von der Front aus, wo für einen neuen Feldzug gegen das französische Fort Duquesne gerüstet wird, schreibt er am 20. Juli 1758 an Mrs. Martha Custis folgende Zeilen: „Wir haben unseren Marsch auf den Ohio begonnen. Da sich ein Kurier nach Williamsburg auf den Weg macht, nehme ich die Gelegenheit wahr, derjenigen ein paar Zeilen zu schicken, deren Leben nun untrennbar mit dem meinen verbunden ist. Seit jener glücklichen Stunde, in der wir uns gegenseitig unser Versprechen gegeben haben, wandern meine Gedanken ständig zu Ihnen wie zu einer anderen Hälfte meiner Selbst. Daß eine allmächtige Vorsehung uns beide sicher geleiten möge, darum betet Ihr allzeit treuer und Sie liebender Freund."[46]

Ein wenig spröde, dieser Brief an die Zukünftige. Andererseits – man kennt sich ja nur zweieinhalb Tage!

Doch wenige Wochen später, mitten im Felde, greift der „treue und liebende Freund" erneut zur Feder, um wenige Monate nach seiner Verlobung und wenige Monate vor seiner Heirat die beiden flammendsten, verzweifeltsten Liebesbriefe seines Lebens zu schreiben – allerdings nicht an seine Verlobte! Gefunden wurden sie erst hundert Jahre später: in England. Die Sensation war damals perfekt. Bis dahin wußte man nur aus Andeutungen, daß es im Leben Washingtons eine Frau namens Sally Cary Fairfax gegeben hatte. Nun lag der Beweis aus dem Nachlaß der Fairfax vor, eine Generation lang von den Familienmitgliedern dieser Frau als Geheimnis gehütet. Das Bild des kühlen, überlegenen, selbstbeherrschten Washington, das amerikanische Patrioten von ihm gezeichnet hatten, geriet ins Wanken. Andere hingegen freuten sich über die Entdeckung der romantischen Seite des nationalen Übervaters. Es setzte eine regelrechte Sally-Forschung ein, die akribisch alle ihre Vor-

und Nachfahren untersuchte. Fest steht, daß die beiden von ihr und ihren Erben über die Jahre aufbewahrten Briefe die einzigen vorhandenen Dokumente sind, die zweifelsfrei die gegenseitige Zuneigung offenbaren:

Sally Fairfax, die wahre Geliebte, muß über Georges Verlobung bestürzt gewesen sein. Obwohl sie genau wußte, daß es früher oder später eine andere Frau im Leben Georges geben mußte, ja längst hätte geben können, war sie offenbar jetzt, da es feststand, betroffener als sie sich selbst eingestehen wollte. Sie bricht jeglichen Kontakt zu George ab. Monatelang. Dann hält sie es doch nicht mehr aus. Mit ein paar Zeilen gratuliert sie ihm endlich in einem knappen Brief an die Westgrenze – in spitzer, spöttischer Art, die zeigt, daß sie tief verletzt ist.

Er antwortet umgehend am 12. September 1758 von Fort Cumberland aus, in teils schwülstiger, der Verhüllung dienender Ausdrucksweise, die indessen seinen ganzen Liebensschmerz offenbart:

„Dear Madam,

ich fühlte mich gestern durch ihren kurzen aber höchst erfreulichen Gefallen, den Sie mir mit Ihrer ersten brieflichen Gesellschaft erwiesen haben, sehr geehrt. Wie erfreut war ich über diese glückliche Gelegenheit, unsere Korrespondenz wieder erneuern zu können, fürchtete ich doch, daß sie Ihrerseits für immer zum Erliegen gebracht worden sei.“[47]

Und so weiter. Er spricht von seiner „unverbrüchlichen Liebe“, der durch die Macht der Verhältnisse die Erfüllung versagt sei, von seiner Angst davor, seine Verlobte „Mrs. Custis besitzen zu werden“. Und fährt fort: „Allerdings bekenne ich, daß ich durch Liebesbande gefesselt bin. Es ist eine Dame im Spiel, und ich gestehe: eine Dame, die Sie kennen. Ja, Gnädige Frau, und ebenso kennt sie einer, der den Zauber dieser Dame viel zu sehr fühlt, als daß er sich der Macht dieser Bezauberung entziehen könnte.“ Weiter lamentiert er über die traurige Unmöglichkeit, sich dieser „holden Erscheinung“ nähern zu können und beklagt die Härte seines Schicksals. Dann folgt eine fast beleidigende Bitte um etwas Selbstverständliches, nämlich Diskretion:

„Sie haben mich, Gnädige Frau, zu einem Geständnis verleitet – oder sollte ich besser sagen, ich selbst habe mich dazu verleitet –, dem offenen Geständnis einer einfachen Tatsache. Mißverstehen Sie mich nicht, es gibt nichts mißzuverstehen, zweifeln Sie nicht, und verraten Sie es niemanden. Es geht die Welt nichts an, den Gegenstand meiner Liebe zu kennen, die ich auf dieser Weise Ihnen offenbart habe.“

Der Antwortbrief von Sally ist nicht gefunden worden, doch aufgrund der erneuten Erwiderung Washingtons läßt sich folgender Inhalt rekonstruieren: Sie muß ihm umgehend geantwortet haben. Sie konnte es sich wohl nicht verkneifen, eine Anspielung unterzubringen, die seinen Liebeskummer noch vertiefte: Das Rokoko war ausgesprochen theaterversessen. An allen großen und kleinen Fürstenhöfen schossen Schäferspiele und Amateurstücke mit Themen aus der Antike ins Kraut. So auch auf Belvoir. Sally schreibt, daß sie in einer Amateuraufführung des Stückes „Cato" von Joseph Addison die Rolle der jungen amourösen Heldin Marcia spielen wird. Dieses Schmalzstück des ehemaligen englischen Außenministers, der sich nebenher als Dichter gerierte, erfreute sich in den Lesezirkeln der englischsprachigen Damenwelt des 18. Jahrhunderts einer gewissen Beliebtheit. Sally wußte, daß George mit dieser Anspielung etwas anfangen konnte – übrigens ein typisches Beispiel für die Codierung ihrer Korrespondenz.

Und prompt fällt Washington darauf herein und fragt in seinem Brief am 25. September: „Mißverstehen wir den wahren Inhalt unserer gegenseitigen Briefe? Es scheint mir fast so, obwohl ich lieber das Gegenteil annehmen möchte. Ich kann nicht offener sprechen, ohne – Nun, ich sage nichts weiter und überlasse es Ihnen, den Rest zu erraten."[48]

Wenige Zeilen später löst er sein Rätsel indes selbst gänzlich auf: „Glauben Sie mir, ich kann mir vorstellen, meine Zeit wirklich angenehmer zu verbringen, zum Beispiel, indem ich ebenfalls eine Rolle in ‚Cato' übernehmen würde (...). Ich wäre doppelt glücklich, neben einer Marcia, wie Ihr sie abgebt, den Juba zu spielen."

Nun gehört keine große Phantasie mehr dazu, zu erraten, daß in Addisons Theaterstück die Figur des Juba ein in Marcia verliebter Krieger ist, der danach strebt, auf den Schlachtfeldern „mit ruhmvollen Taten" zu glänzen, um dann hoffen zu können, mit Marcias Liebe belohnt zu werden. Marcia jedoch antwortet, daß er, Juba, jede andere Frau lieben könne, nur nicht sie, denn als Tochter Catos habe sie weder das Recht zu lieben oder zu hassen, sondern nur das zu tun, was ihr der Vater befiehlt.[49]

Welch eine allegorische Anspielung von Sally! Welche Qualen muß sie Washington damit bereitet haben! Welche hat sie selbst gelitten, daß sie sich zu derart perfiden Spielchen hinreißen ließ?

Auch wenn er es verstanden hat, in späteren Jahren den Eindruck eines zufriedenen, ausgeglichenen Ehemannes zu vermitteln, lassen die Zeilen an eine seiner Stief-Enkelinnen aus dem Jahr 1795 ahnen, was dieser Mann, „der in eine Ehe ohne Liebe ging und sich aus dieser Verstrickung nicht mehr zu lösen" wußte[50], bis an sein Lebensende durchgemacht hat: Er warnt die sechzehnjährige Eleonor Parke Custis, sich davor zu hüten, die Liebe zu „einer unkontrollierten Leidenschaft" werden zu lassen. „Der Mensch an sich besteht zum Großteil aus entflammbarem Gut, wie tief und wie lange auch immer es in ihm verborgen sein mag. (...). Wenn aber dann die Fackel darangehalten wird, wird *das*, was *in Dir ist*, hell auflodern."[51]

Einer anderen Enkelin schreibt er vor Ihrer Hochzeit: „Liebe ist eine mächtig schöne Sache, aber, wie alle Delikatessen, übersättigt sie. (...) Liebe ist zu zart und fein als daß man davon alleine leben könnte."[52]

Während Washington im September 1758 tief im Zwiespalt seiner persönlichen Gefühle verstrickt war, entwickelten sich um ihn herum tiefgreifende Veränderungen. In London war im gleichen Jahr William Pitt d. Ä. zum Kriegsminister aufgestiegen. Er übernahm nun die Koordination des Kampfes gegen Frankreich. William Pitt, später Earl of Chatham, war 1758 zur rechten Zeit gekommen, wie es dem glücklichen England ja stets beschieden war, im rechten Augenblick große Staatsmänner an der Spitze zu sehen. Von ihm stammt die Äußerung: „Canada wird in Schlesien gewonnen", in Anspielung auf die Kriegs-Allianz mit Preußen. Das Gegenteil dürfte wohl richtiger gewesen sein. Immerhin nahm erst mit William Pitt die Londoner Regierung den Krieg in Amerika wirklich ernst. Der neue Kriegsminister befahl nicht nur den Gegenantritt in den Kolonien, er versetzte sie auch in die Lage, sich endlich wirkungsvoll gegen die französische Bedrängnis wehren zu können. Pitts erster Schritt hierzu war, den inkompetenten Lord Loudon zu feuern. Den Oberbefehl für ganz Amerika erhielt nun General James Wolfe, der Sieger gegen die Schotten in der Schlacht von Culloden. Außerdem wurden reguläre englische Truppen in solch hoher Zahl in die Neue Welt geworfen, daß man von einer englischen Invasion, vergleichbar in der damaligen Größenordnung mit der Landung in der Normandie 1944, sprechen könnte. Wichtig: Wolfe verstand es, die riesigen Truppenkontingente richtig zu dirigieren und effektiv einzusetzen. Gleich seine erste Operation war erfolgreich. Er eroberte Louisbourg auf der Kap-Bréton-Insel und leitete damit eine Trendwende in der langen Serie britischer Niederlagen in Amerika ein. Wolfes Sieg war vor allem von großer psychologischer Bedeutung für die Kolonisten.

In Washingtons Abschnitt kommandiert Brigadegeneral John Forbes. Auch er will nun endlich von der mühsamen, oft nutzlosen Verteidigung der Westgrenze zum Angriff übergehen. Truppen hat er dafür genügend. Doch leider ist der General alt und krank. Seine Pläne zur

Eroberung von Fort Duquesne, dem französischen Stachel im Fleisch des englischen Interesses am Ohio, lassen die Erfahrungen Braddocks völlig außer acht. Forbes entpuppt sich zum Entsetzen Washingtons als ein weiterer englischer Kommißkopf, der sich von einem Kolonialmiliz-Oberst keine Ratschläge erteilen läßt. Das einzige, was General Forbes bei seinem Vorstoß ändern will, ist die Marschroute. Braddocks Straße von Virginia aus, deren Spuren man bis in die dreißiger Jahre unseres Jahrhunderts noch stellenweise sehen konnte, war durch die Niederlage in Verruf gekommen. General Forbes ließ jetzt Trassen von Pennsylvania aus in die Wildnis schlagen. Washington und andere Virginier protestierten heftig gegen diese neue Urwaldstraße, nicht so sehr aus militärischen Gründen, sondern einfach, weil sie den Pennsylvaniern die neue Verbindung zum Ohio nicht gönnten.

Schließlich der Alptraum. Der Vorstoß, ein Teilunternehmen schottischer Bataillone gegen Indianer unter französischer Führung, wird wieder eine Schlappe. Doch diesmal ziehen sich trotz hoher englischer Verluste die Kämpfe hin. Die englischen Truppen sowie die „Royal Americans" unter der Führung Washingtons sind jetzt einfach zu viele, als daß die Hinterhalttaktik der Indianer diese Flut nachhaltig stoppen könnte. Washington allein befehligt dieses Mal mehr als 2.500 Kolonisten, leicht bewaffnet, ohne Zelte, nur mit Knapsack und Decken. Trotz winterlicher Kälte bleiben sie dadurch hochbeweglich und schnell.

Eines Nachmittags, am 12. November, hat Washington jedoch den Überblick über seine etwas verstreuten Milizen verloren. Im nachmittäglichen Dämmerlicht liegt er mit seinen Waldläufern plötzlich unter heftigem, gezielten Feuer. Schatten springen zwischen den kahlen dunklen Baumstämmen hin und her. Plötzlich, in einem stillen Augenblick, hört Washington von der Gegenseite Kommandos in klarem Englisch. Ein Teil seiner eigenen Truppen hat ihn beim Vormarsch überflügelt und hält seine Abteilung aufgrund der Trapperkleidung für Indianer.

Da reißt Washington seinen Säbel hoch und stürzt laut rufend nach vorne. Sofort schlagen links und rechts Kugeln in die Rinde der Baumstämme ein. Beinahe – beinahe ereilte ihn das gleiche Schicksal wie über hundert Jahre später General „Stonewall" Jackson, der im Bürgerkrieg von einem eigenen Soldaten erschossen wurde.

Als die Waffen endlich schweigen, ist es für Washington ein bedrückender Trost, feststellen zu können, daß er wieder einmal unverwundet geblieben ist, während vierzehn seiner Männer durch „friendly fire" gefallen sind.

Doch es bleibt keine Zeit zur Trauer, zur Analyse, warum dieses Unglück passieren konnte. Mitten in die gedrückte Stimmung platzt eine aufregende Nachricht. Ein Scout, geschickt von den Fernspähern unter dem Kommando des Freundes Oberstleutnant George Mercer, berichtet Washington atemlos, was drei französische Gefangene ausgepackt haben: Die französische Besatzung Duquesnes sei gering an Zahl, die indianischen Hütten seien leer, da alle wichtigen Stämme von den Franzosen abgefallen seien. Ist dies wahr oder eine Falle?

Der junge Milizoberst wägt ab und entschließt sich zum Eilmarsch, allerdings in voller Stärke, mit allen 2.500 Mann. Je näher sie Fort Duquesne kommen, um so schweigsamer wird die Truppe. Braddocks Schicksal sitzt jedem wie ein Alp im Nacken. Wieder ein naßkalter November, den Washington unter größter physischer und psychischer Belastung in der Wildnis verbringt. Die gedrückte Stimmung wird von einem indianischen Späher unterbrochen. Er meldet eine merkwürdige Beobachtung. Wenige Meilen vor ihnen ziehen dicke, schwarze Rauchschwaden über die Fluten des Ohio. Kurz darauf meldet ein weiterer Bote: „Die Franzosen haben ihr eigenes Fort in Brand gesteckt und besteigen zu Hauf ihre Boote und Kanus." Rund fünfhundert Mann fliehen über den Ohio vor den „Royal Americans" – um nie wieder zurückzukehren. Es ist am Morgen des 25. November, als Washington, hoch zu Roß, endlich vor den Wällen von Fort Duquesne entlangtrabt. Ihm bietet sich ein schauriger Anblick. Qualmende und glimmende Ruinen jenes Forts, dessen Grundriß er vor fünf Jahren vermessen hatte. Der Oberst will alleine sein, hängt im Anblick der traurigen Trümmer melancholischen Gedanken nach. Hatte nicht Lawrence, der liebe Bruder, mit genau diesem Fleck dereinst große Hoffnungen für gewinnträchtige Geschäfte jenseits der Zivilisationsgrenze gehegt? War er es doch gewesen, der erstmals hier an den Gabelungen des Ohio ein Fort gefordert hatte. Und nun – alles Asche, Schlamm und Verwüstung. Warum nur haben die Franzosen diese bitter umkämpfte Rodung in der Wildnis so plötzlich und ohne Gegenwehr preisgegeben?

Washington wird erst später die Hintergründe erfahren: daß General Wolfe die Franzosen in Canada massiv in Bedrängnis gebracht hat; daß ihr Machtzentrum in Amerika, Quebec, bedroht ist; daß die dort oben im Norden jetzt jeden verfügbaren Mann gegen die englische Militärwalze brauchen; daß die Indianer einen Wandel im Kriegsglück zu Gunsten der Briten ahnen.

Fort Duquesne hatte ausgekämpft. Fort Pitt hieß der Platz künftig, zu Ehren William Pitts. Aber nur kurz. Dann wurde er in *Pittsburgh* umgetauft und stieg als Kohle- und Stahl-Zentrum im 20. Jahrhundert zur zweitgrößten Stadt Pennsylvanias auf. Nicht Virginia gewann den Wettlauf um den Ohio, sondern sein nachbarlicher Konkurrent. Heute leben dort, wo 1758 fünfhundert Franzosen hausten, rund eine halbe Million Amerikaner. An der Stelle der rauchenden Palisaden blasen heute zahlreiche Industrieschornsteine ihre dunklen Schwaden in den Himmel.

Washington weiß nicht, wie er mit der neuen, überraschenden Wende an der Westfront umgehen soll. Ist die überstürzte Flucht des Feindes nun ein Sieg, sein Sieg?

Oder einfach nur Schicksal?

Von der militärischen Lage ebenso verwirrt wie von seiner eigenen, ganz persönlichen Gefühlswelt, trifft Washington eine überraschende Entscheidung. Der schneidige Miliz-Führer, der so gerne Offizier war, hat genug vom nicht enden wollenden Krieg. Er ist des Waldlaufs müde. Er hat genug vom Herumkommandieren ungeübter Strolche, von den Auseinandersetzungen mit hochnäsigen Briten. Er hat auch genug vom „Kugelpfeifen"!

Und es gibt jetzt andere, die seine Aufgaben professionell übernehmen können. Die Kolonien wimmeln nur so vor Rotröcken aus England und Schottland. Wo waren sie, als es in den vergangenen Jahren darum ging, die endlos lang erscheinende Westgrenze gegen indianische Mordbrenner zu verteidigen? Ohne seine Zähigkeit, sein Engagement würden die Briten heute vielleicht an einer Front stehen, die mitten durch die Plantagen des Tidewater verliefe, nicht jenseits der Appalachies. Doch von diesen Dingen spricht jetzt keiner mehr. Und die, die es am besten wissen, der alte Fairfax, Dinwiddie, Braddock – sind nicht mehr da!

Jetzt, da die Engländer erfolgreich in die Offensive gehen, jetzt, wo berühmte Schlachten unter berühmten todesmutigen Generälen wie Wolfe und Montcalm geschlagen werden, zu einem Zeitpunkt, an dem in Amerika Weltgeschichte geschrieben wird, in einem Augenblick, in dem militärisch die Entscheidung darüber fällt, daß Nordamerika englisch statt französisch wird – ist unser Held des Degenschwingens müde. Wenige Tage nach der kampflosen Einnahme Duquesnes, im Dezember 1758, quittiert Washington den Dienst in der Miliz. Er geht nach

Hause. Andere vollenden das Werk, wozu er beigetragen hat, das Fundament zu legen. Eigentlich paßt diese Entscheidung so gar nicht in jenes Bild, das er bisher vermittelt hat: der von Ehrgeiz zerfressene Militär, der allzugerne eine offizielle Anerkennung als gleichberechtigter britischer Offizier gehabt hätte.

Doch es ist genau diese Entscheidung, die Washington heraushebt, ihn auszeichnet als einen weit überdurchschnittlich politisch Begabten, mit dem Gespür für den Ausstieg zum rechten Zeitpunkt – eine Fähigkeit, die heutzutage nur noch sehr selten anzutreffen ist. George Washington wird noch mehrfach unter Beweis stellen, daß diese Fähigkeit nicht auf einen Einzelfall beschränkt, sondern Teil seines Charakters war. Er wird in den kommenden Dezennien immer wissen, wann seine Arbeit beendet, seine Mission erfüllt ist. Wenn Washington den Militärs und Politikern nach zweihundert Jahren noch Vorbild sein kann, dann ist es wegen dieser außergewöhnlichen Sensibilität: zu wissen, wann es genug ist!

Im Dezember 1758 also endete George Washingtons Laufbahn als virginischer Milizoffizier unter englischem Kommando. Zum zweiten Mal nahm er seinen Abschied „und blieb fast achtzehn Jahre lang Zivilist, eine lange Zeit für einen Mann, den man sich gemeinhin immer als Soldat vorstellt."[53] Wenige Tage später schlüpft er in eine neue Rolle, eine neue Welt: Am 6. Januar 1759 reitet er in glänzender Aufmachung zur Trauung im *Weißen Haus* am Pamunkey River. Er erscheint – im Gegensatz zu patriotischen Darstellungen mancher Maler – nicht in Uniform, sondern in einem blauen Zivilrock aus jenem Samtstoff, den er vor einem dreiviertel Jahr in England bestellt hat. Das feine Tuch ist mit rotem Futter ausgeschlagen und mit Silber- und Goldborden verziert. An der Seite trägt er einen kurzen Salondegen. „Sein braunes Haar ist nach dem Gebot der Mode gebrannt, gebündelt und weiß gepudert; im Nacken trägt er eine große Seidenschleife." Die kleine rundliche Frau, die strahlend zu dem Riesen neben ihr aufsieht, ist in weißer Seide, Spitzen und Puffärmeln gekleidet, tief ausgeschnitten, wie es sich gehört. Fauquier ist da, der neue Gouverneur von Virginia, Nachfolger des geschäftstüchtigen Dinwiddie. Alle angesehenen Grundbesitzer der Gegend und einflußreiche Bürger aus Williamsburg sind geladen. Es wird ein Fest, wie es die Provinz selten gesehen hat, und Washington steht im Trinken und Tanzen wie stets seinen Mann. Nur rauchen hat man ihn auch bei dieser Gelegenheit nicht gesehen: dem großen Tabakpflanzer war jegliches Rauchkraut ein Greuel.[54] Auch jede Menge

Die Hochzeit: Washington empfängt im Weißen Haus am Pamunkey River seine Braut Martha. Es wird ein Fest, wie es Virginia selten gesehen hat.

Martha Washington. Gemälde von Charles Willson Peale, 1776.

Glückwunschbriefe sind eingetroffen, die verlesen werden, darunter ein rührseliges Abschiedsschreiben der Offiziere seines Regiments, die dem erst Sechsundzwanzigjährigen wie einem Vater wehmutsvoll Lebewohl sagen.

Doch es gab auch scharfe Zungen in der Kolonie, Neider vielleicht, die offen oder hinter seinem Rücken klatschten, er habe die Witwe Martha Custis nur wegen ihres immensen Reichtums geheiratet. Später offenbart er einer Enkelin vor deren Hochzeit, daß seiner Meinung nach nicht die Liebe das Wichtigste sei, um eine glückliche Ehe führen zu können, sondern „daß der Partner Verstand, ein gutes Gespür und einen guten Leumund vorweisen kann sowie über Vermögen verfügt".[55]

War Washington mit seiner Heirat also doch in erster Linie hinter dem Geld her, oder hat er sich aufgrund seiner unerreichbar gebliebenen Liebe eine Ehe-Welt zurechtgelegt, die er von seiner Situation auf die Allgemeinheit übertrug?

Tatsächlich konnte er im materiellen Sinne damals kaum eine bessere Partie machen. Martha brachte schier unübersehbares Land mit in die Ehe, dazu dreihundert Sklaven und nach heutigem Wert bemessen rund eine Million an Bargeld, ein Vermögen, das nach virginischem Recht sofort sein Eigentum wurde. Daneben fielen ihm noch die väterlichen Erbteile der beiden kleinen Kinder seiner Frau zu, die er verwalten und vermehren konnte. Er wiederum brachte Ruhm und Ehre mit in die Ehe, so daß das Ehepaar Washington mit dem Tag seiner Hochzeit zur absoluten Upper class Virginias zählte. Washington war es zudem sechs Monate zuvor gelungen, für das Frederick County als Abgeordneter ins *House of Burgesses* in Williamsburg einzuziehen. Seine militärischen Pflichten hatten ihn bisher davon abgehalten, das politische Mandat wahrzunehmen. Aber jetzt, da er in die Welt der steinreichen Pflanzer eintauchte und selbst in den Geldadel des Landes aufgerückt war, stand politischen Ambitionen nichts mehr entgegen.

Angesichts der riesigen Mitgift seiner Braut verwundert es nicht, daß Washington einige Monate im Weißen Haus bleibt, wo er sich einen Überblick verschafft, Dinge ordnet und neu organisiert. Washington entpuppt sich als sehr guter Verwalter der Güter, mit einem sicheren Urteilsvermögen. Genau diese Eigenschaft soll es gewesen sein, die Martha Custis bewogen hat, den jungen Haudegen zum Manne zu nehmen.[56] Möglich. Wahrscheinlich, daß sie, die keinesfalls ein Dummchen war, wußte, daß George sie nicht aus Liebe geheiratet hatte, daß es da eine andere, eine Unbekannte gab. Sicher, daß beide, die alleine dastanden, sich gegenseitig nach außen hin hervorragend ergänzten. Vielleicht gab es eine unbekannte Absprache, die der wahre Grund dafür war, daß Washington keine eigenen Kinder hatte. So glaubwürdig die These von seiner Unfruchtbarkeit durch die Pockenerkrankung ist, kann mit ebensolcher Gewißheit nicht ausgeschlossen werden, daß das Ehepaar Washington nie das Bett miteinander geteilt hat – und dies entweder von Anfang an zwischen den beiden so vereinbart war, was eine Erklärung für die Bemerkung Washingtons in dem Brief an Sally, daß er Angst davor habe, „Mrs. Custis zu besitzen", liefern könnte. Nicht unwahrscheinlich, daß sie, die schon vier Kinder von ihrem ersten Mann, der ein Wüstling und grober Klotz gewesen sein soll, geboren hatte, weder Lust auf „eheliche Pflichten" hatte, noch darauf, sich erneut der Unwägbarkeiten von Schwangerschaften auszusetzen, die bekanntermaßen zur damaligen Zeit grundsätzlich für die Mutter lebensgefährlich verlaufen konnten.

Oder Martha hat ihrem George erst in der Hochzeitsnacht klar gemacht, daß er ihr Hab und Gut im Tausch gegen seine gesellschaftliche Sicherheit haben könne, nicht aber ihre Zuneigung.

Dafür, daß diese Vermutung nicht gänzlich aus der Luft gegriffen ist, mögen folgende Anhaltspunkte dienen: Durch ein Schreiben des Gouverneurs Fauquier an George, nur zwei Monate nach der Hochzeit, ist bekannt, daß es Unstimmigkeiten zwischen dem Paar gab, und daß diese an die Öffentlichkeit gedrungen waren.[57]

Merkwürdig auch, daß Martha nach dem Tod ihres Mannes sorgfältig all seine Briefe an sie, deren sie auf Mount Vernon habhaft werden konnte, verbrannte, so als habe sie etwas zu verbergen, was einen Schatten auf ihre lange Ehe werfen könnte. Diese Briefbeseitigung ist es vor allem, die schon früh nach dem Ableben Washingtons Spekulationen laut werden ließ, in der Ehe von George und Martha habe es eine tiefe und über die Jahre andauernde Kluft gegeben.[58]

In solch einer gestörten Partnerschaft verwundert es dann weder, daß sie kinderlos blieb, noch daß Washington latent zu amourösen Abenteuern neigte.

4
Der reiche Plantagenbesitzer

Er ist frei von jeglicher Angst
und begegnet Gefahr mit großer Gleichgültigkeit.
THOMAS JEFFERSON

Sklaven und Sklavinnen:
Neger fliehen vor Washington

„Fairfax County (Virginia), 11. August 1761
Folgende Neger von einer Plantage des Unterzeichners, nämlich von ‚Dogue Run' in Fairfax, sind seit Sonntag, dem 9ten des Monats, flüchtig:

Peros, 35 oder 40 Jahre alt, ein kräftiger Kerl, etwa 1,72 [Meter] groß, gelbliches Aussehen, mit einem sehr vollen, runden Gesicht und schwarzem Vollbart. Er redet langsam und gebrochen, aber nicht so stark ausgeprägt, als daß es auffiele. Als er entlaufen ist, trug er einen dunklen Leinenrock, eine weiße Leinenweste, weiße Kniebundhosen und weiße Strümpfe.

Jack, ungefähr 30 Jahre alt, ein dünner, schwarzer, kräftiger Kerl von nahezu 1,80 [Meter], mit schmalem Gesicht, das auf jeder Wange Schnitte aufweist, die seine landsmannschaftlichen Markierungen sind. Er hat große Füße, denn er braucht große Schuhe. Bekleidet ist er wahrscheinlich mit seiner alltäglichen Arbeitskleidung, also Baumwollweste (ganz neu), Kniebundhose und einem Osnabrücker Hemd.

Neptune, 25 oder 30 Jahre alt, 1,72 oder 1,75 groß, schmales Gesicht mit einzeln stehenden Zähnen, die scharf gefeilt sind; auf dem Rücken, sofern richtig in Erinnerung, trägt er viele kleine Male oder Punkte, die von beiden Schultern bis hinab zur Hüfte reichen; sein Schädel ist nahezu völlig rasiert. (...)

Cupid, 23 oder 25 Jahre alt, (...) hat keine besonderen Merkmale. (...)
Die beiden letztgenannten Neger wurden im August 1759 von einem

afrikanischen Schiff gekauft. Der zweite, Jack, ist ein Landsmann von ihnen und spricht ganz gut Englisch, da er bereits mehrere Jahre im Lande ist. Der andere, Peros, spricht noch viel besser [Englisch] als dieser und beherrscht den Dialekt seines Ursprungslandes kaum noch. Er wird als sensibler, verständiger Neger eingeschätzt.

Da sie ohne das geringste Anzeichen von Verdacht, Provokation oder Auseinandersetzung mit irgend jemand, oder ohne ein Zorneswort oder Mißbrauch seitens ihres Aufsehers entlaufen sind, ist kaum anzunehmen, daß sie sich noch in der Nachbarschaft aufhalten, sondern irgendeine bestimmte Richtung eingeschlagen haben (welche, ist nicht zu sagen), in der Hoffnung, entkommen zu können. Oder sie haben, weil der Neger Peros viele Jahre in der Nähe von Willamsburg und im King William County gelebt hat, und Jack in Middlesex, ihren Kurs auf diese Orte ausgerichtet. Derjenige, der die genannten Neger ergreift, so daß der Unterzeichner sie wohlbehalten zurückbekommt, erhält, sofern sie in diesem County ergriffen werden, vierzig Schillinge Belohnung, zusätzlich zu dem was das Gesetz vorsieht. Sollten sie weiter weg oder sogar außerhalb der Kolonie ergriffen werden, wird eine entsprechend höhere Belohnung gezahlt, von

George Washington

P.S. Sollten sie voneinander getrennt aufgefunden werden, wird die Belohnung nur anteilig ausgezahlt."[1]

Diese Anzeige des Plantagenbesitzers und Sklavenhalters George Washington offenbart viele Aspekte: Zum einen, daß er sich – zumindest damals – in nichts von allen anderen „Slave Masters" unterschied. Er kaufte Sklaven von anderen Plantagen innerhalb der Kolonie ebenso wie „importierte" gefangene Sklaven aus Afrika.

Der interessanteste Aspekt an dieser historischen Quelle ist indes Washingtons völliges Unverständnis für die Flucht „seiner Neger". Wie können sie nur davonlaufen, wo es doch nicht „das geringste Anzeichen von Verdacht, Provokation oder Auseinandersetzung mit irgend jemandem" gegeben hat!

Für ihn, der menschliche Arbeitskraft auf dem Sklavenmarkt kauft wie der Bauer einen Ackergaul, ist es völlig unverständlich, daß es einen anderen Grund geben kann, der Sklaverei zu entfliehen, als schlechte Behandlung. Er, der bald an der Spitze eines Rebellenheeres stehen wird, um für die Freiheit der amerikanischen Kolonien in den Krieg zu zie-

„Massa" Washington mit seinen Sklaven auf dem Feld. Im Hintergrund Mount Vernon.

hen, kann sich 1761 nicht vorstellen, daß Sklaven – seine Sklaven – keine Sachen sind, sondern Menschen, die frei sein und ihr Leben selbst bestimmen wollen. Und Peros, Jack, Neptune und Cupid waren nicht die einzigen Sklaven, die vor ihm flohen.

Für ihn, in der vierten Generation von Sklavenhaltern, war ein Leben ohne schwarze Sklaven undenkbar. Von der Wiege bei zum Grab war er umgeben von schwarzen Hausmädchen, Pferdeknechten, Tischlern und Hilfsarbeitern aller Art. Er lernte von Kind auf, daß es ohne Sklaven keinen Wohlstand geben kann. Er lernte, wie man sie anleitet und optimal einsetzt. Aber er lernte nie, sie auch nur einen Hauch zu verstehen. Er war und blieb in seiner Erziehung zum virginischen Großgrundbesitzer befangen, letztlich ein tragischer Zug, da er in den letzten Jahren seines Lebens sehr wohl erkannte, daß die Sklaverei abgeschafft werden müßte – leider aber nur theoretisch.

In seinen jungen Jahren jedoch saß er auf dem hohen Roß des virginischen Sklaventreibers. Mit neunzehn, als er Lawrence auf die Bermu-

169

das begleitete, beobachtete er sehr genau die dortigen Sitten und Gebräuche und notierte: „Die Frauen hier sind im allgemeinen sehr anmutig, jedoch durch schlechte Sitten oder Neigung [verdorben], ahmen sie den Neger-Stil nach."[2]

Die Übernahme von Mount Vernon nach Lawrences Tod hatte ihm auch achtzehn Sklaven eingebracht. In den folgenden Jahren kaufte er ständig welche hinzu, Männer, Frauen und sogar Kinder. In seinem Hochzeitsjahr erwarb er dreizehn Sklaven auf einmal. Die Preise variierten von 5 Pfund bis 70 Pfund, je nach Fertigkeiten und physischer Stärke.

Aufgrund solch hoher Preise waren alle vernünftigen Sklavenhalter bemüht, sich um die Gesundheit ihres menschlichen Besitzes besonders zu kümmern. Washington bezahlte häufig einen Arzt, der die Sklaven regelmäßig untersuchte, und instruierte seine Aufseher, sich „besonders um meine Neger zu kümmern, wenn sie krank sind".[3]

An einer Stelle beklagt er sich, daß die Aufseher im allgemeinen „die armen Kreaturen selten in einem anderen Licht sehen als ein Zugpferd oder einen Ochsen; sie vernachlässigen sie ausgerechnet dann, wenn sie arbeitsunfähig sind, anstatt sich besonders ihrer anzunehmen und sich um sie zu kümmern, wenn sie auf dem Krankenbett liegen".[4]

Hier spricht allerdings nicht der Menschenfreund, sondern der Sklavenbesitzer, der sich ärgert, wenn seine menschlichen Arbeitskräfte ruiniert werden. Seine Tagebücher sind voll von Eintragungen über seine liebe Not mit kranken oder falsch behandelten Sklaven. Immer wieder muß er sich selbst um sie kümmern, weil die Aufseher mit seinem Eigentum nicht richtig umgehen. So auch am 28. Januar 1760, wo er bei einer Inspektion den „neuen Neger Cupid" krank in der Sklavenunterkunft der Dogue Run Farm vorfand. „Ich brachte ihn auf einem Pferdekarren nach Hause [Mount Vernon], damit man sich besser um ihn kümmern kann", hält er fest. Trotz dieser Fürsorge wird Washington im Jahr darauf erstaunt sein, daß genau dieser Sklave einer von jenen ist, die „ohne das geringste Anzeichen" entfliehen.

Am darauffolgenden Tag beklagt er den Tod von „Darcus, Tochter von Phillis; damit beläuft sich der Verlust auf vier Neger in diesem Winter, nämlich: drei Neger aus der Mitgift (meiner Frau), namentlich Beck, der auf £ 50 geschätzt wird, das Kind von Doll, Darcus und Belinda, eine meiner Dirnen in Frederick".[5]

Um sich nicht ständig teure Handwerker wie Wagensteller, Tischler, Maurer, Hufschmiede anmieten zu müssen, läßt Washington geeigne-

Mount Vernon. Ehemalige Unterkünfte der Plantagenhandwerker. „Es ist erstaunlich, wieviele kleine Häuser der General [Washington] hat ... für seine Schreiner, Maurer, Brauer, Schmiede und Bäcker", bemerkte 1785 der Gast Robert Hunter.

te Sklaven von diesen auf Mount Vernon ausbilden. Wie knausrig Washington auf diesem Gebiet war, wie sehr er selbst mit den kleinsten Ausgaben kalkulierte und Ein- und Ausgaben genauestens gegeneinander abwog, zeigt die Auffassung, daß „hohe Löhne in bezug auf das Einstellen von Weißen in diesem Land noch nicht einmal das Schlimmste" seien, „sondern was noch an sonstigen beträchtlichen Ausgaben hinzukommt".[6] Gemeint sind hier die Mahlzeiten, die den weißen Handwerkern offenbar zusätzlich zu ihrem Lohn zustanden.

„Demgegenüber sind Schwarze viel billiger", rechnet Washington, „denn deren Essen, selbst bei bester Behandlung, besteht lediglich aus Maisbrot, Buttermilch, häufig Fisch (eingelegte Heringe) und ab und zu Fleisch. Und außerdem brauchen sie nur eine Decke zum Schlafen."

Im Umkehrschluß läßt sich daraus ableiten, daß die angeheuerten Handwerker eine ordentliche Unterkunft verlangten. Was heißt das nun in bezug auf die Sklaven? Ein polnischer Adeliger, der Mount Vernon in den 1790er Jahren besuchte, gibt uns darauf eine ziemlich deutliche Antwort: Er stellte fest, daß Washington seine Sklaven zwar „humaner" behandelte als dies andere Virginier taten, zeigte sich aber entsetzt über den Zustand der Sklavenquartiere. Er hielt sie für „miserabler als die mieseste Hütte eines polnischen Bauern".[7]

Und daß er auch mit dem Essen knauserte, hatte seinen Grund darin, daß er feststellen mußte, daß er trotz riesiger Felder und Ställe Jahr für Jahr einen größeren Anteil seiner landwirtschaftlichen Produktion für den Eigenverbrauch in Anspruch nehmen mußte. Da er den Standpunkt vertrat, mit Ausnahme Entlaufener „prinzipiell keine Sklaven zu verkaufen", und diese sich auf natürliche Weise zwischen 1755 und 1799 verdoppelten, hatte Washington in den letzten zehn Jahren seines Lebens mehr Sklaven als ökonomisch nötig gewesen wären. Und so lamentierte er, daß seine 101 Kühe einst ausgereicht hätten, soviel Milch abzugeben, daß er die Butter hätte verkaufen können. Nun müsse er Butter hinzukaufen. Es sind schon gewaltige Mengen an Nahrungsmitteln, die da auf Mount Vernon über die Eßtische wandern.

Ein Blick in die Wirtschaftsbücher, beispielsweise im Jahr 1762: alleine für verzehrtes Schweinefleisch sind 6.632 Pfund ausgewiesen. In der Regel kamen zu diesem Fleischberg Tonnen an Fisch, Wildbret und Geflügel hinzu. Vegetarische Grundnahrungsmittel wie Reis und „Indianer-Korn", also Mais, fanden sich auf der Tafel der weißen Herrenschicht selten. Für die Sklaven hingegen stellten Mais und Reis das „Hauptfutter" dar.

Neben schwarzen Sklaven für Felder und Haushalt finden sich auch einige freie Weiße sowie Sträflinge und arme Teufel unter dem Gesinde Washingtons. Sie haben ihre Freiheit für ein paar Jahre verkauft, um Schiffspassagen nach Amerika zu bekommen oder um sich von einer drückenden Schuldenlast zu befreien.

Welcher von „seinen Leuten", wie Washington seine Sklaven stets bezeichnete, nun auf welchem Gebiet die größten Fertigkeiten entwickelte, dies überprüfte der Herr auf Mount Vernon entweder selbst oder hielt seine Aufseher dazu an. Auch führte er mit seinen Sklaven Experimente durch, um sich die größtmögliche Sicherheit für seine Entscheidung über den Einsatz der Sklaven zu verschaffen.

Bekannt ist beispielsweise der Holzfällerwettbewerb. Dafür wählte er vier seiner kräftigsten Sklaven aus. Tom und Mike schafften an einem Tag 37 Festmeter Eichenholz, Billy und George am Tag darauf aber mehr

172

als 47 Festmeter. Folglich setzte Washington künftig bevorzugt seine Sklaven Billy und George zum Holzfällen ein.

Ein andermal brachte er gezielt zwei Sklaven mit zwei Sklavinnen „zwecks Paarung" zusammen, um auf diese Weise Nachwuchs zu erzeugen, den er gewinnbringend nutzen konnte.[8]

Zwar gebaren auch ohne diese „Zwangspaarungen" seine Sklavinnen Kinder, jedoch hielt Washington überhaupt nichts von dem in den Sklavenquartieren aller Plantagen üblichen „*Nightwalking*" – den nächtlichen Spaziergängen der männlichen Sklaven zu den Unterkünften der Frauen. Nightwalking war eine der wenigen Vergnügungen, auf die sich die Sklaven während des Tages bei ihrer harten Arbeit freuen konnten. Doch der weiße Herr auf Mount Vernon sah darin lediglich eine Kraftverschwendung seiner Arbeiter, die zu Leistungsminderungen am nächsten Tag führen mußte.

Und nichts haßte er mehr, als wenn nicht jeder täglich seine volle Leistungsbereitschaft unter Beweis stellte. Also wurden „seine Leute" dafür hart bestraft. Auspeitschen, auch für Frauen, die promiskuitäres Verhalten an den Tag legten, war nicht selten auf Washingtons Plantagen.

Wußte er durch eigene nächtliche Besuche der Sklavinnen-Quartiere allzu genau, was Nightwalking bedeutete?

Es wird ihm beispielsweise nachgesagt, er habe Freunde nach Mount Vernon eingeladen und dabei auf die Reize hingewiesen, die sein Sklavenquartier zu bieten habe.[9]

Er habe also, so die Schlußfolgerung weiter, das Nightwalking nicht so sehr wegen der möglichen Erschöpfung seiner Sklaven am darauffolgenden Tag verboten, sondern vielmehr, um nicht von den männlichen Sklaven bei seinen eigenen nächtlichen amourösen Abenteuern mit den „Black Beauties" aus Afrika überrascht zu werden.

Doch – dafür gibt es keine überlieferten Beweise, auch wenn Zeitgenossen, die es ja eigentlich wissen müßten, ihm immer wieder sexuelle Beziehungen zu seinen Sklavinnen nachsagten.[10] Nur die Nachwelt tut sich schwer, ohne stichhaltige Beweise an eine hohe Wahrscheinlichkeit zu glauben. Hingegen ist eine authentische Quelle überliefert, daß ein Weißer auf Mount Vernon *keinen* Sex mit Washingtons Sklavinnen hatte: „Ob sie es glauben oder nicht, aber seitdem ich hier bin, habe ich noch keine einzige Mulattin bestiegen", klagte ein Adjutant des deutschen Barons von Steuben in einem Brief von Mount Vernon aus dem Jahr 1784.[11]

Ob der Mann unfähig war, eine schwarze Schöne für sich zu gewinnen, ob die Mulattinnen ihn abwiesen oder ob ganz einfach die gesell-schaftliche Etikette auf Mount Vernon solcherart Vergnügungen nicht zuließ, bleibt für immer dahingestellt.

Das Bemerkenswerte an dieser Aussage hingegen ist, daß sexuelle Be-ziehungen zu Sklavinnen wohl in Virginia als etwas völlig Normales gal-ten, als etwas Selbstverständliches. Hingegen keine „Mulattin" im Bett zu haben – das ist das Bemerkenswerte!

Zu den persönlichen Regeln und Anweisungen Washingtons gesell-ten sich eine Reihe von harten Sklavengesetzen, die bei Zuwiderhand-lung drakonische Strafen nach sich zogen. Zwischen 1700 und 1750 boomte das Sklavengeschäft mit den amerikanischen Kolonien. In die-sem halben Jahrhundert wurde der größte Teil aller schwarzen Sklaven aus Afrika importiert, so daß in manchen Südstaaten die Zahl der Skla-ven zweimal so groß war wie die ihrer weißen Herren. Vor allem Virgi-nia hatte mit Abstand die meisten Sklaven ins Land geholt. 1760 betrug ihre Zahl 140.570, während South Carolina nur 57.334 und Maryland nur 49.000 aufzuweisen hatte, wie die folgende Tabelle zeigt:

Die Sklavenbevölkerung in den südlichen Kolonien[12]

Kolonien	1700	1740	1760
Delaware	135	1.035	1.733
Maryland	3.227	24.031	49.004
Virginia	16.390	60.000	140.570
North Carolina	415	11.000	33.534
South Carolina	2.444	30.000	57.334
Georgia	–	–	3.578

Als die amerikanische Revolution ausbrach, betrug die Zahl der Skla-ven in den englischen Kolonien insgesamt 700.000, fast ein Drittel der Gesamtbevölkerung von rund zweieinhalb Millionen Menschen.

Bei einer solchen Konstellation verwundert es nicht, daß die weiße Oberschicht in ständiger Angst vor Sklavenaufständen lebte, immerhin hatte es Ende des 17. und Anfang des 18. Jahrhunderts mehrere Rebel-lionen der Unterdrückten gegeben.

Schon das Entlaufen von der Plantage galt natürlich als schlimmes Ver-brechen, als individuelle Rebellion. Washington hatte für alle aufsässigen und wiedereingefangenen Sklaven nur eine Methode. Er verkaufte sie nach West Indien. In seinen Augen waren sie für ihn verlorenes Gut, deren Freiheitsdrang sich nur schädlich auf die anderen Sklaven auswirken konnte.

So erging es beispielsweise auch Tom, dem einen der beiden Rekordholzfäller. Nach erfolgreicher Fahndung nach dem Entlaufenen im Jahr 1766 läßt er Tom an einen Kapitän Thompson überstellen, der nach West Indien ausläuft. In einem Begleitschreiben erklärt er:

„Mit diesem Brief überstelle ich Ihnen einen Neger, mit der Bitte, ihn egal auf welcher Insel, die Sie ansteuern, zu verkaufen, egal zu welchem Preis. Für den Erlös bitte ich Sie, mir

> einen Hogshead [530 Liter] bester Melasse,
> einen dito besten Rum,
> einen Barrel [119 Liter] Leim, sofern gut und billig,
> einen Topf Tamarinden zu 10 Pfund sowie
> zwei schmale Töpfe mit Süßfleisch zu je 5 Pfund

mitzubringen. Und den Rest, ob viel oder wenig, im guten alten Geiste.

Der Kerl an sich ist sowohl ein Spitzbube als auch ein Entlaufener, obwohl er bis vor kurzem für beides nicht bekannt war. Aber er ist ausgesprochen gesund, stark und kann gut mit der Hacke umgehen, wie die gesamte Nachbarschaft bestätigen kann (…), weshalb ich Grund zur Hoffnung habe, daß er sich bei entsprechendem Engagement (Ihrerseits) gut verkaufen läßt, sofern er sauber gehalten und ein wenig zurechtgemacht wird, bevor man ihn zum Kauf anbietet. (…) Ich muß Sie allerdings um den Gefallen bitten, ihm die Handschellen anzulassen, bis Sie auf hoher See sind, da er wohl noch einmal versuchen wird, zu entfliehen."[13]

Wer Washington hingegen treu ergeben ein Leben lang diente, konnte auf seine großzügige Fürsorge bauen. Der bekannteste Sklave, der mit seinem Herrn alt wurde, ja ihn sogar überlebte, war William, der sich selbst William Lee nannte, von allen anderen aber Billy gerufen wurde. Billy ging mit seinem Herrn auf die Jagd, er begleitete ihn im Indianerkrieg und während des Unabhängigkeitskrieges. Billy war stets an der Seite seines „Massa", wenn es darum ging, ihm zur Hand zu gehen. Ein Reitunfall machte ihn später zum Krüppel, aber Washington bedachte ihn in seinem Testament mit einem eigenen kleinen Haus und einer üppigen Rente. Noch im Jahre 1858, als der Washington-Forscher Benson J. Lossing Mount Vernon besuchte, konnte sich ein Mulatte namens Westford an Billy erinnern. Er erzählte, daß er Billy eines Morgens, um das Jahr 1830 herum, tot in seiner Hütte aufgefunden habe.

Washingtons Diener und Sklaven wurden ebenso wie ihr Herr legendär. Keiner der späteren namhaften Besucher auf Mount Venon, der sich nicht auch über die teils skurrile Dienerschaft geäußert hätte. Vor allem im Alter umgab sich Washington gerne mit langjährig vertrauten Gesichtern. Angefangen vom alten Bishop, den er von Braddock auf dem Sterbebett geerbt hatte und der Besucher gerne mit schaurigen Geschichten aus den Tagen der Indianerkriege schreckte, bis hin zu Billy, dem Sklaven, der ähnliches aus der Revolutionszeit zum besten gab.

Der letzte Sklave Washingtons, Hammet Achmet, soll 1839 in Middletown, Connecticut, gestorben sein. Er wird beschrieben als sehr klein und dick mit langem wolligen Haar, das ihm in pfeifenartigen Locken ins Gesicht fiel. Er erzählte den Leuten im Ort, daß er ein Diener General Washingtons gewesen sei, „und wußte viel von den feinen Dinnern und der großartigen Gesellschaft in ‚Massa Washingtons' Haus zu berichten".[14] Auch er verfügte über eine Pension, die ihm der örtliche Rechtsanwalt auszahlte. In seinem Besitz befand sich eine kleine Silberdose, in der er eine Locke von Washingtons Haar aufbewahrte sowie ein Rapier, einen kleinen Salondegen mit den Initialen G.W.. Hammet soll, als er starb, 114 Jahre alt gewesen sein.

Tabak, Pferde, großes Geld: Kolonialleben in Virginia

George Washington blieb nach seiner Hochzeit einige Monate lang im *Weißen Haus* seiner Frau, nicht nur, um deren Güter zu sichten und zu ordnen, sondern auch, um seinen Aufsehern auf Mount Vernon Gelegenheit zu geben, das Haus in Ordnung zu bringen. Obwohl er seinen jüngeren Bruder John Augustin während seiner langen Abwesenheit mit der Leitung der Plantage beauftragt hatte, war sie stellenweise doch ziemlich heruntergekommen. „Trotz ihrer frühen Unstimmigkeiten und vielleicht sogar Reue über den Schritt in die zweite Ehe, schuf Martha für George jedoch bald jenes Glück, wonach er sich oft gesehnt hat, und was er seit seiner Kindheit nicht mehr kannte: ein glückliches Heim."[15]

Und so konnte Washington denn auch noch im gleichen Jahr, als die britischen Armeen im Siegeszug die Grenzfestungen Ticonderoga und Niagara im Sturm eroberten und in einem Kampf der Titanen, der auf beiden Seiten jeweils das Leben der führenden Generäle – Wolfe und Montcalm – kostete, sogar das französische Zentrum Quebec nahmen, sich im fernen Süden gemütlich neben seiner Frau in die weichen Polster zurücklehnen und einem Freund schreiben: „Die Glückswaage in Amerika hat sich nun deutlich zu unseren Gunsten geneigt und ‚Erfolg' wird zum Kumpan unserer glücklichen Generäle. Ich [hingegen], gemeinsam mit einer angenehmen Gemahlin fürs Leben, gebunden an diesen Sitz, glaube und hoffe, jetzt im Ruhestand mehr Glückseligkeit zu finden als ich je inmitten einer weiten und emsigen Welt erfahren habe."[16]

In diesen Worten schwingt noch Unsicherheit mit, ob sich die Zukunft so entwickelt, wie er hofft. In seinem späteren Leben fällt er aber ein klares Urteil gegen die „promiskuitären Vergnügungen aus den leichtfertigen Runden [von einer zur anderen]" seiner Jugend und zieht nunmehr diesen die „häuslichen Freuden" vor.[17]

Kein Wunder, denn von Jahr zu Jahr wird das Ehepaar Washington selbstsicherer im Umgang miteinander und mit den Aufgaben, die ihnen ihre Welt in und um Mount Vernon stellt. Zwei Jahre später, 1760, wird Washington endgültig mit allen Rechten Herr über seine repräsentative Plantage hoch über den Ufern des Potomac. Denn die Witwe von Lawrence stirbt und gemäß Testament des Bruders fällt ihm der alte Familiensitz Mount Vernon nun auch rechtlich zu: Die Pachtzahlungen entfallen. Er kann dieses Geld jetzt investieren.

Seit seiner Heirat braucht Washington andauernd Geld in einer Summe, wie er dies vorher nie für möglich gehalten hätte. Die beiden Stiefkinder werden von ihm verwöhnt. Nur das beste ist für sie gut genug. Seidenkleider, teures Spielzeug, Privatlehrer, eigenen Leibsklaven – alles wird für die beiden Custis-Kinder John Parke, genannt Jack, und Martha Parke, genannt Patsy, ermöglicht. Jahr für Jahr muß George mehr Sklaven hinzukaufen, mehr Land, mehr Geräte. Wie eine Teufelsspirale schrauben sich Ansprüche und die zu ihrer Befriedigung nötigen Ausgaben in die Höhe.

Als erstes wird noch im Hochzeitsjahr das Haupthaus erweitert. Es wird aufgestockt und verschönert. In den Jahren 1774 und 1776 werden links und rechts zwei weitere Gebäudetrakte angehängt. Das Haus bietet nun

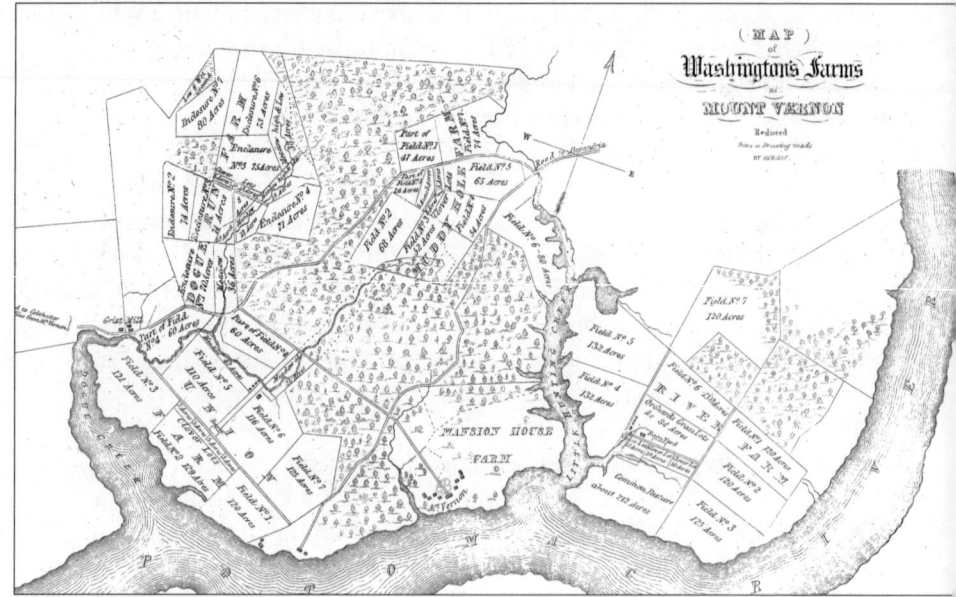

Grundriß der Plantage Mount Vernon. Die einzelnen Feldflächen sind nume-
riert und in ihrer Größe nach Acres angegeben. Unten in der Mitte, unmittelbar am Potomac gelegen, die Wohngebäude.

zwei breite Frontseiten. Erst nach der Revolution, in den achtziger Jahren, vollendet George Mount Vernon so, wie wir es heute kennen. Auf
das Dach setzt er eine Cupola und die Außenwände werden verkleidet.

Wenn man nicht ausdrücklich darauf hingewiesen wird, denkt man,
daß das Herrenhaus von Mount Vernon aus weißgestrichenen Sand-
steinblöcken errichtet ist. Jedoch weit gefehlt. Alles Holzplattenverklei-
dung! Ein optischer Trick, der in ganz Virginia keine Parallele hat. Keiner weiß, wie Washington auf diese Idee kam – jedenfalls erfüllt sie ihren
Zweck, sie ist außerordentlich beeindruckend.

In einem ruhigen Jahr nach der Revolution verfiel der Landlord außerdem auf den Gedanken, die „Waterfront", die Flußseite des Mansion,
auf der gesamten Länge und bis zum zweiten Stockwerk hoch mit einer
Kolonnaden-Veranda zu versehen. Sie vor allem gibt Mount Vernon
vom Strom aus gesehen ein hochherrschaftliches Gepräge. Es ist die Veranda mehr noch als das eigentliche Haus, die dem ganzen Anwesen jene

Washingtons Herrenhaus Mount Vernon ist heute eine Gedenkstätte. Hier die Ansicht der Vorderfront.

Die eindrucksvolle, zum Fluß gelegene Rückfront mit ihren Kolonnaden in einer zeitgenössischen Ansicht.

Eleganz verleiht, die man gemeinhin mit den Südstaaten verbindet. Und in diesem Punkt war Washington nachweislich tatsächlich ein Trendsetter. Seine zweistöckige Kolonnadenveranda auf Mount Vernon wurde im Süden tausendfach nachgeahmt, in unterschiedlichen Variationen versteht sich, und bestimmt bis heute das Bild vom architektonischen Flair der Südstaaten allgemein. Zur Perfektion des Klischees fehlt eigentlich nur noch eine Scarlett O'Hara – doch die wohnte nebenan, auf Belvoir sozusagen!

Und dennoch, was heute vor dem Hintergrund der tragisch untergegangenen Südstaateneleganz romantisch verklärt auf den Betrachter als etwas Großartiges wirkt, für den einen oder anderen gar das Traumhaus schlechthin darstellt, mutete europäischen Besuchern zu seiner Zeit lächerlich provinziell an. Die Marquise de Lafayette etwa fand sich in späteren Jahren bei dem berühmten Revolutionshelden Washington „in einer sehr kleinen Villa, mit landwirtschaftlichen Geräten und Lämmchen um mich herum".[18] Vernichtend nannte die Dame, die den Versailler Hof kannte, die Welt von Mount Vernon einen Ort, wo man „die schlichte Einfalt des Landlebens" sowie „rustikale Höflichkeit" erleben könne.

Was tut ein siebenundzwanzigjähriger Mann, der von sich selbst als „jetzt im Ruhestand" befindlich schreibt, aber rund 40.000 Acres Land und Hunderte von Sklaven, Aufseher, Pächter und Handwerker zu verwalten hat? Er verbringt in der Regel den größten Teil seines Tages im Sattel. Mit der Sonne aufgestanden, reitet Washington durch seine Ländereien. Kurioserweise pflegt ein großer schwarzer Regenschirm an seinem Sattel zu hängen, den er wohl auch gegen die allzu stechende Sonne benutzt.

Tobacco! Das war es, worum sich im Endeffekt alle Anstrengungen auf der Plantage drehten. Von den Produkten seiner Güter stand der Tabak an Wichtigkeit viele Jahre lang ganz oben. Ganz Virginia war damals Tabakland. Viele Hände und Arbeitsgänge von der Saat bis zum Verkauf sind nötig. Sobald er reif ist, muß er geschnitten und dann in speziellen Tennen aufgehängt werden. Und wenn er gerade trocken genug ist, wird er in der Größe von Hogsheads – ein altes Raummaß zwischen 660 und 1.100 Pfund, das zu Deutsch Schweinekopf heißt – gebündelt und mit einem Herkunftshinweis versehen. In unserem Fall lautete das Label auf den Tabakballen „George Washington Mount Vernon". Im nahegelegenen Überseehafen Piscataway, gegenüber von Alexandria, wird der Tabak dann in die „alte Heimat" England verschifft, wo sich eine Londoner Handelsfirma, Robert Cary & Co., um den Weiterverkauf kümmert.

Anfang der sechziger Jahre beginnt Washington, sich des öfteren bei Cary zu beschweren, daß sein „Tobo" – wie er den Tabak nennt – pro Hogshead schlechter verkauft wird als der seiner Nachbarn. Selbstbewußt klagt er seinem Londoner Käufer: „Es gibt wahrlich keine zweite Person in Virginia, die mehr Sorgfalt an den Tag legt, um guten Tabak anzubauen als ich, und es ist hart, daß ich dafür nicht ebenbürtig belohnt werde."[19]

Washington ist über diesen Mißstand so verärgert, daß er den Tabakanbau bis 1766 ganz herunterfährt. Er erkennt, daß sich die Böden von und um Mount Vernon nicht gerade ideal für den Tabakanbau eignen. Im Jahre 1767 werden die letzten Tabakblätter geerntet. Dann geht auf Mount Vernon eine Ära zu Ende. Die Plantage wird zum Großbauernhof umstrukturiert. Washington beginnt mit landwirtschaftlichen Experimenten. 1766 baut er „7.000 Büschel Weizen und 10.000 Büschel Indianer-Korn" (Mais) an. Auslöser für die Experimentierfreude mit neuen Produkten und Anbaumethoden dürfte indes nicht nur der niedrige Gewinn aus dem Tabakverkauf gewesen sein, sondern auch das landwirtschaftliche Selbststudium mittels Fachliteratur aus England, die Washington jahrelang gezielt aus London bezieht. Darunter sticht das Handbuch mit dem Titel „Das System der Landwirtschaft oder ein schneller Weg zum Reichtum" hervor. Angeregt durch solcherart Literatur läßt Washington von seinen Tischlern eine riesige „Kiste mit zehn Appartements" zimmern. In jedem dieser Fächer mischt er Erde von verschiedenen Stellen seiner Plantage mit Pferde-, Kuh- und Schafdung und sät sodann mehrere Getreidesorten in die Fächer. Akribisch, wie mit allem, was er tut, notiert er die Wachstumsphasen der einzelnen Sektionen. Bedauerlicherweise muß er zwischendurch zu einer Abgeordnetensitzung nach Williamsburg, und als er zurückkehrt, kann er nur noch feststellen, daß „der Boden vom trockenen Wind so hart gebacken war, daß es wirklich schwierig war, festzustellen, welche Pflanzen am besten gediehen waren".[20]

Ähnlich ergeht es ihm mit einem anderen Projekt. Dauernd bestellt er aus dem Mutterland neueste landwirtschaftliche Geräte, doch was er von den profitgierigen Überseehändlern für teures Geld zugeschickt bekommt, sieht nach Washingtons Worten aus, „als ob es aus den verflossenen Tagen unserer Vorväter stammte". Also macht er sich auch hier ans Werk und entwickelt zusammen mit seinem Schmied Peter einen

Pflug neuer Bauart. Das Gerät „sprach zwar sehr gut an", taugt aber nichts für die Praxis. Der Pflug ist „selbst für zwei Pferde zu schwer", stellt Washington sachlich fest.

Der Biograph und Historiker James Thomas Flexner glaubt indes, daß Washingtons Versuche weniger von intellektuellem Erfindungsdrang und Experimentierfreude getragen waren als vielmehr vom Geist des „Frontiersman", des Grenzers.[21] Washington war lange genug unter den „Eroberern der Wildnis" gewesen und hatte dabei sicher oft Gelegenheit, zu sehen, wie diese Männer alle auftretenden Probleme spontan lösen *mußten*, weil sie sonst gescheitert wären. Zu diesem amerikanischen Pioniergeist paßt dann auch, daß sich George von Rückschlägen nicht nachhaltig beeindrucken läßt.

Er okuliert und propft an seinen Obstbäumen. Er destilliert Branntwein, den er sogar in die Nachbarkolonien verkauft. Er braut Bier für den Hausgebrauch und lagert in großen Fässern Apfelmost. Er sucht die Rassen seines Viehs und der Haustiere, vom Geflügel bis zu Rindern, Maultieren und Pferden durch eigene Zuchtversuche zu heben. Obwohl kein ausgemachter Hundefreund, hat er vom alten Lord Thomas Fairfax die Leidenschaft übernommen, seine eigenen Jagdhunde zu züchten und abzurichten. Aus seinen Tagebüchern erfahren wir zum Beispiel, daß Old Harry, einst ein ausgezeichneter Läufer, von dem sich Washington ebensolche Nachkommen versprach, bei der Hundedamenwelt von Mount Vernon so langsam war, daß ihm der Spaniel Pompey und der Wasserhund Pilot (eine Art Retriever) bei zwei Hündinnen, die mit Old Harry zusammengebracht werden sollten, zuvorkamen. Als passionierter Reiter ist sein Zuchtinteresse aber vor allem auf die Pferdeställe gerichtet. „Welcher Hengst welche Stute gedeckt hat, auch wenn es sich um die Pferde der Nachbarn handelte, das fand seinen Niederschlag in seinen Aufzeichnungen."[22] Und so verwundert es nicht, daß er auch als erfolgreicher Pferdezüchter Geld macht.

Damit nicht genug, baut er aufgrund seines hohen Getreideaufkommens neben der alten Mühle seines Vaters eine neue große, die er zudem kommerziell nutzen kann. Die *Grist Mill* mahlt mit ihren zwei Paar Mühlsteinen, die aus Köln (!) und aus Frankreich importiert sind, ein solch feines Mehl, daß alsbald das gesamte Umland sein Korn auf Mount Vernon mahlen läßt. Die heute hier zu sehende Kornmühle ist nicht das Original, sondern ein aus Front Royal nach Mount Vernon versetzter Zeitgenosse. Dessen ungeachtet ist diese Grist Mill eine der schönsten

Mühlen aus der amerikanischen Kolonialzeit, deren knarrendes und klapperndes Mahlwerk, vom plätschernden *Dogue Creek* angetrieben, noch heute die Besucher erfreut. Das massive Gebäude aus Feldsteinen erstreckt sich über drei Stockwerke, romantisch überwölbt von hohen virginischen Eichen, die im heißen Sommer so wunderbar Schatten spenden.

Doch selbst damit immer noch nicht genug, läßt der umtriebige Washington auf einer eigenen kleinen Werft auf Mount Vernon einen Schoner mit Anlegeplatz am Potomac bauen, der Holz zur Sägemühle transportiert und Steine für Bauten oder allerlei schwere Güter aus Alexandria heranbringt. Neben den zahlreichen Booten der Plantage verstärkt der Schoner aber vor allem die „Fischerei-Flotte" Washingtons. Die mit Netzen gefangenen Fische, überwiegend Heringe, werden gesalzen oder geräuchert – und verkauft! An all dem hat Washington solche Freude, daß er einem Freund schreibt: „Meine landwirtschaftlichen Ziele und ländlichen Vergnügungen (...) stellen für mich die zufriedenstellenste Beschäftigung meines Lebens dar, und passen ideal zu meinem Temperament." Man sollte hinzufügen: Und passen ideal zu seinem Vornamen George, der aus dem Griechischen hergeleitet *Bauer* bedeutet: *Ge*, die Erde; *ergon*, die Arbeit.

An anderer Stelle teilt er einem Bekannten mit: „Je mehr ich mit landwirtschaftlichen Dingen vertraut bin, umso größeren Spaß habe ich daran." Mit einem dritten schließlich stimmt er darin überein, „daß das Leben eines Landwirtes das ergötzlichste von allen ist. Es ist redlich. Es ist amüsant, und mit entsprechend klugem Management ist es sogar profitabel."[23]

Für alle diese umfangreichen und vielfältigen Aktivitäten auf den vier Farmen, die Mount Vernon umfaßt, sind von Jahr zu Jahr immer mehr Sklaven und Sklavinnen nötig, die wieder mehr Unterkünfte, Nahrung und Kleidung brauchen – eine nicht enden wollende Investitionsspirale.

Doch dies sind noch längst nicht alle Arbeitsbereiche auf Mount Vernon, die von der Herrschaft beaufsichtigt und angewiesen werden mußten. Klassischerweise gehörten zum Beispiel die Ordnung im Wohnhaus sowie die wegen Feuergefahr separat gelegene Küche und das Räucherhaus zur Domäne der virginischen Hausfrau. Martha kümmert sich mit großem Engagement um diese weibliche Traditionswelt und bringt es im Räuchern von Schinken sogar zu einer gewissen Berühmtheit, schickt Washington doch nach der Revolution seinem Kampfgefährten Marquis de Lafayette ein Faß voll Marthas Schinken mit den Begleitworten: „Virginias Ladies schätzen sich selbst nach der Qualität des Schinkens ein."

Mrs. Washington kümmert sich aber auch um die Seifenherstellung sowie um das Destillieren von wohlriechendem Rosen- und Minzwasser. Und natürlich ist es ihre Aufgabe, stets dafür zu sorgen, daß der Tisch reichlich gedeckt ist, wenn der Herr von seinen Ausritten zurückkehrt. Doch auch sie expandiert ihren eigentlichen Aufgabenbereich um ein vielfaches. Martha richtet Spinn- und Webstuben ein, wo sie manchmal sogar gemeinsam mit Sklavinnen ihr eigenes Tuch herstellt. Auch dieses Tuch wird verkauft, sofern es nicht zum Eigenverbrauch für das riesige Sklavenheer benötigt wird.

Alles in allem gewinnt man den Eindruck, daß Mount Vernon von den Washingtons zu einer eigenständigen autarken Welt ausgebaut worden ist. Und dennoch führen beide so viele Waren aus England ein, daß George manchen Jahres Schulden bei seinem Händler in London hat. Denn natürlich waren weder auf Mount Vernon noch sonst irgendwo in den Kolonien Luxusgüter zu haben. Dazu zählten neben Büchern und Geräten aller Art vor allem Kleidungsstücke und feine Stoffe.

George Washington legte großen Wert auf standesgemäße Ausstattung, wenn er mit seiner Frau die Saison-Bälle und Theateraufführungen in Williamsburg oder die Pferderennen in Annapolis besuchte. Dann trug auch die schlicht eingestellte Martha rauschende Seidenkleider mit spitzenbesetzten Puffärmelchen und aufwendigen Schleifen am tief dekolletierten Busen, wie zeitgenössische Ölgemälde es zeigen. Bei seinen Bestellungen nach London betont er immer, daß er die feinsten Stoffe, die besten Spitzen und die Schnitte nach der jüngsten Mode ausgewählt haben möchte. Was dann ankommt, sieht oft danach aus, als herrsche bei den englischen Einkäufern die Auffassung, daß für die Kolonien die Mode der vorangegangenen Saison gerade noch gut genug sei. Hinzu tritt ein Ärgernis besonderer Art: Obwohl für teures Geld in London angefertigt, sitzen die Hosen, Röcke, Hemden und Kleider nicht, weil kein Schneider in Virginia richtig Maß zu nehmen versteht. Diese Kalamität betrifft nicht nur die Washingtons, sondern alle Vornehmen der Kolonie. So gesehen müssen die großen Gesellschaftsbälle in Virginia ein kurioses Bild geboten haben: Lauter betuchte Herrschaften in schweren Brokat- und Samtgewändern, die entweder zu kurz oder zu lang waren, beim Menuett zwickten oder schlackerten!

Viel Geld wird auch für die beiden Kinder ausgegeben. Washingtons Meinung hierzu war, daß die Pflichten eines Stiefvaters darin bestünden, „besonders großzügig und aufmerksam" zu sein. Schnell stellte er fest, daß die Mutter ihre Kleinen aus erster Ehe vergötterte. Und so ließ er sie gewähren. Gewöhnt an den immensen Reichtum aus erster Ehe, ließ Martha ohne Rücksicht auf Kosten preußische Dragoner-Figuren für den Jungen einführen. Das Mädchen erhielt ein Spielzeug-Tee-Geschirr aus bestem Porzellan, einen Kaufladen und immer wieder Puppen aller Art und sogar ein Spinett.

Bei dem Töchterchen verwundert dieser Überschwang nicht. Denn bei Patsy brach in ihrem zwölften Lebensjahr Epilepsie aus. Da ihr alle konsultierten Ärzte keine lange Lebenschance einräumten, erhielt Patsy schließlich alles, was sie sich wünschte. Eines Tages im Juni 1773 trat das junge Wesen dann plötzlich von dieser Welt ab. Die Mutter war zunächst untröstlich, richtete dann aber ihr ganzes Augenmerk auf ihren Sohn Jack, der sich indes zu Washingtons großem Leidwesen als flegelhaft, überheblich und faul entpuppte. Er wurde auf die besten Schulen des Landes geschickt, jedoch statt zu lernen hielt er beispielsweise in Annapolis Hof, umgeben und verwöhnt von seinen zahlreichen Sklaven, so daß der dortige Schulleiter besorgt an den Stiefvater schrieb: „Ich muß gestehen, daß ich in meinem ganzen Leben keinen Jugendlichen kennengelernt habe, der in einem solchen übersteigerten Maße träge und erstaunlich wollüstig ist. Man könnte glatt annehmen, daß die Natur ihn dazu ausersehen hat, ein asiatischer Prinz zu sein."[24]

Solche Worte treffen Washington tief, zumal er darunter zu leiden beginnt, keine eigenen Kinder bekommen zu können. Der Versuch, in Jack einen wahren, echten Sohn sehen und annehmen zu können, ist gescheitert. Gescheitert, weil er sich nie recht getraut hat, in die Erziehung des Stiefsohnes in seinem Sinne einzugreifen. Was sich jetzt offenbart, ein reiches, verwöhntes Muttersöhnchen, ist das genaue Gegenteil von dem, was Washington an einem jungen Mann schätzt. Erst Jahre später wird er in dem jungen Marquis de Lafayette aus dem französischen Hochadel einen Ersatzsohn ganz nach seinem Geschmack erkennen.

Und so reagiert er, zum ersten Mal erkennbar, ziemlich unwirsch, als Jack wenig später den verblüfften Eltern eröffnet, er habe sich mit Eleanor Calvert, Tochter eines illegitimen Sohnes des fünften Lords Baltimor, verlobt. Washington zeigt sich darüber entrüstet, daß Jack sie immer wieder mit neuen Eskapaden konfrontiert. Er ist gegen diese Verbindung. Doch wieder ist es die Mutter, die ihrem einzig verbliebenen Kind nichts verwehren kann. Als auch noch die blutjunge Eleanor Martha in Abwesenheit Washingtons auf Mount Vernon besucht und ihr flehentlich zu Füßen fällt, gibt die Mutter gerührt ihren Segen. Um nicht als grausamer „Despot" dazustehen, der sich dramatisch zwischen die Liebe zweier junger Menschen stellt, bleibt Washington nichts anderes übrig, als ebenfalls nachzugeben. Jack bricht umgehend sein Studium ab und heiratet mit neunzehn Jahren im Februar 1774 seine große Liebe Eleanor, neckisch Nellie gerufen.

Marthas Sohn bereitet Washington auch weiterhin eine Reihe von Unannehmlichkeiten. Er ist und bleibt bis ans Ende seines kurzen Lebens ein reicher, selbstgefälliger Müßiggänger. Während der Amerikanischen Revolution bekleidet er gleich den Rang eines Oberst. Wohl damit er keinen größeren Unfug anstellt, nimmt ihn Washington als Adjutant in seinen Stab auf. Als er dann am 5. November 1781 im Alter von 28 Jahren stirbt, jammert die Mutter, daß der junge Soldat diese Welt verlassen hat, „ohne Siegeskrönung und ohne für sein Vaterland auf dem Felde der Ehre gestorben zu sein, sondern als Opfer einer heimtückischen Krankheit."[25]

John Parke Custis war binnen weniger Tage von einem Lagerfieber dahingerafft worden. Wie nahe Washington der Tod seines ungeliebten Stiefsohnes ging, ist nicht bekannt. Er schätzte sich allerdings glücklich, die vier hinterbliebenen Enkelkinder unter seine Fittiche nehmen zu dürfen, denn die junge Witwe Eleanor suchte und fand Hilfe und Unterstützung auf Mount Vernon. Zu diesen Stiefenkeln entwickelte der alternde Washington dann ein beträchtlich besseres Verhältnis als zu seinem Stiefsohn; vielleicht weil ihm die Schwiegertochter mehr Erziehungsfreiraum ließ als zuvor die eigene Gattin.

Besondere Zuneigung hegte er später zur gleichnamigen Stiefenkelin Eleanor, die einen Sohn seiner Schwester Betty, Lawrence Lewis, heiratete. Genauso großzügig, wie er zu seinen Stiefkindern und den beiden Söhnen seines 1781 verstorbenen Bruders Samuel war – Steptoe und Lawrence Augustine bezahlt er den Aufenthalt an der Akademie von Georgetown –, verhielt er sich gegenüber Nachbarn und Freunden. Captain Thomas Posey hilft er mehrfach mit riesigen Summen aus, damit dieser bei seinen Gläubigern die Schulden für den Erwerb einer Farm in der Nähe von Mount Vernon begleichen kann. Vergebens. Posey endet im Schuldenturm. Washingtons ganzes geliehenes Geld, mindestens siebenhundert Pfund, ist vertan. Und dennoch hilft er Poseys Kindern weiter. Die Tochter Milly ist eine Zeit lang Spielgefährtin seiner Stieftochter und bleibt bis 1781 als „ständiger Gast" auf Mount Vernon. Poseys Sohn Lawrence schickt er auf eine Schule und übernimmt alle Kosten. Einem weiteren Sohn namens Thomas gibt er den Rat, sein Glück jenseits der Appalachies zu suchen. Er diente später in Washingtons Continental Army als Oberst und wurde der erste Gouverneur des Bundesstaates Indiana. Daß er nicht nur alte Kampfgefährten oder enge Freunde unterstützte, sondern auch spontanen Regungen gegenüber Fremden nachgab, zeigt folgender Fall. Im Jahr 1769 schreibt er an William Ramsay, den Gründer eines Städtchens in Virginia: „Ich habe Sie ein- oder zweimal kürzlich mit Worten hoher Anerkennung vom Jersey College sprechen hören, anscheinend in der Absicht, Ihren Sohn William dorthin zu geben, der, wie man mir sagt, lerneifrig und begabt ist und für ein seßhaftes Gelehrtenleben geeignet scheint, wobei er nicht nur sein eigenes Glück machen, sondern auch zu dem anderer beitragen könnte. Sollte dabei etwa die Kostenfrage das einzige Hindernis bilden, so würde ich mich freuen, wenn Sie ihn, sobald es Ihnen an der Zeit scheint, hinsenden und es mir überlassen wollten, jedes Jahr 25 Pfund unserer Währung für seinen Unterhalt solange beizusteuern, als es für die Beendigung seiner Studien erforderlich erscheint. Lebe ich lange genug, bis er seine Ausbildung abgeschlossen hat, so wird die Summe alljährlich von mir bezahlt werden; sollte ich vorher sterben, so wird dieser Brief meine Erben oder Testamentsvollstrecker binden, in ehrlicher Ausführung meiner Absichten dasselbe zu tun. Ich erwarte und erhoffe keinen anderen Gegendienst für dieses Anerbieten, als daß Sie es mit derselben Freiheit und demselben guten Willen annehmen, in dem es gemacht ist, daß Sie es auch nicht als eine Verbindlichkeit für sich ansehen oder als solche anderen gegenüber erwähnen, denn Sie können versichert sein, daß von mir niemand etwas darüber erfahren soll."[26]

Der junge Ramsay war nicht der einzige Fall solcher Art ungewöhnlicher, ja fast unerklärlicher Freigiebigkeit eines Mannes, der akribisch jeden ausgegebenen Schilling in seinen Unterlagen vermerkt und auch auf seinem Anwesen darauf bedacht ist, keine noch so kleinen unnötigen Ausgaben zu tätigen. Diese Diskrepanz hat dazu beigetragen, Skandalgeschichten aufkommen zu lassen.

Schon zu seiner Zeit geriet Washington nämlich in den Verdacht, der väterliche Erzeuger all dieser Kinder zu sein. Mit anderen Worten: Seine Hilfsbereitschaft sei nichts anderes als kaschierte Zahlung von Alimen-

Rückkehr Washingtons von der Fuchsjagd. Gemälde von John Ward Dunsmore. Rechts Martha im Kreise ihrer Enkelkinder.

ten. Obwohl immer wieder viele Washington-Historiker diese Überlegung als unhaltbar von sich weisen und vielmehr glauben, er habe als Ersatz für seine eigene Kinderlosigkeit solcherart selbstlos gehandelt, wird von dieser Seite schlicht die Möglichkeit negiert, daß Washington sehr wohl zeugungsfähig war. Die Tatsache, daß Martha nach dem vierten Kind aus erster Ehe von ihm kein Kind mehr empfing, läßt noch lange nicht den zweifelsfreien Rückschluß zu, daß er tatsächlich keine eigenen natürlichen Kinder haben konnte. Fitzpatrick, einer der Forscher, die sich hierzu äußern, schreibt mit humorvollem Spott: „Wenn jedes Kind, bei dessen Erziehung Washington half, deswegen als sein leiblicher Nachkomme angesprochen werden müßte, dann würde sein Ehrentitel als Vater der Nation freilich einen ganz neuen Sinn annehmen."[27]

Über der Hilfsbereitschaft für alle Welt und der Verwaltung von Haus und Gut kommt auf Mount Vernon auch das Vergnügen nicht zu kurz.

„Oft werden Fuchsjagden geritten, manchmal drei oder vier in der Woche, zu denen der alte Lord Fairfax, immer noch mobil und trinkfest, aus dem Hinterland erscheint."[28] Den Höhepunkt in dieser Art des Zeitvertreibs stellt das Jahr 1768 dar, in dem er an neunundvierzig Tagen mit seiner Hundemeute Füchse durch die hohen Wälder des Tidewater hetzt. Zum Vergleich: Die Kirche besucht er im gleichen Jahr nur fünfzehn Mal.

Auch die Entenjagd schätzt der einem Lord des englischen Hochadels in nichts nachstehende virginische Großgrundbesitzer. Mit seinen Sklaven teilt er ebenso die Leidenschaft für einen guten Hahnenkampf wie mit seinen Standesgenossen die Passion für Pferderennen. Vor allem jene in Annapolis, auf der anderen Seite des Potomac in Maryland gelegen, die zu den gesellschaftlichen Höhepunkten des Jahres zählen.

Auch auf den Winterbällen der glanzvollen Hauptstadt Marylands ist Washington jederzeit präsent. Und die naive Freude am Theater geht bei ihm so weit, daß er sogar Eintritt für ein Puppentheater bezahlt. Kartenspiele gibt es häufig mehrmals in der Woche. Er spielt überall: mit Gästen auf Mount Vernon, auf Nachbargütern, bei seiner Schwester in Fredericksburg, bei Aufenthalten in Williamsburg, wo die Washingtons ein eigenes schmuckes Bürgerhaus besitzen, ebenso im nahegelegenen Alexandria, wo er indes gerne auch in *Gadsby's Tavern*, zum guten Trunke und Spiel einkehrt. George Washington – ein Cincinnati Kid?

Daß George in jeder Beziehung ein überdurchschnittlich geselliger Mensch war, der ganz offensichtlich die Schüchternheit seiner Jugend abgelegt hatte, beweisen auch die mannigfaltigen Besucher, die Mount Vernon beherbergte. Allein für die Jahre 1768 bis 1775 sind rund zweitausend Gäste nachgewiesen, die bei Washington übernachteten und seine Gastfreundschaft in Anspruch nahmen. Wenn er abends nach seinen Ausritten aus dem Sattel stieg, war es keine Seltenheit, daß er im Eßzimmer ein bis sechs unangekündigte Gäste antraf. Sie blieben vielleicht nur auf ein gemütliches Kamingespräch, vielleicht aber auch eine Woche. Zur Bettzeit gab er vielen seiner Gäste die Ehre, sie höchstpersönlich mit einer Kerze in der Hand ins zweite Obergeschoß zu geleiten, wo es sechs Fremdenzimmer gab. Aufgrund der hohen Bewirtungs- und Übernachtungszahlen ist es nicht verwunderlich, daß Washington sein Mount Vernon schmunzelnd einmal eine „sehr gut frequentierte Taverne" nannte.[29] Er selbst stellte keine großen Ansprüche an Essen und Trinken. „Ein Glas Wein und ein Bissen Hammel stehen jederzeit

Der große Speisesaal mit Palladio-Elementen.

zur Verfügung, und wer damit zufrieden ist, ist mir jederzeit willkommen. Jene, die mehr erwarten, werden eben enttäuscht sein."[30]

So bescheiden wie er sich mit dieser Äußerung gibt, waren die Tische auf Mount Vernon indes nicht gedeckt. Dafür sorgte schon Martha. Frühstück gab es um Sieben. Nach Angaben eines Besuchers handelte es sich dabei in der Regel um ein Gedeck „im üblichen virginischen Stil": Wahlweise gab es Tee, Kaffee, kaltes und warmes Fleisch. Der Gastgeber soll gerne kleine Kuchenstücke aus Maisbrei, ausgebacken in Butter und Honig, gegessen haben. Dazu trank er drei Tassen schwarzen Tee ohne Milch. Mittagessen wurde erst um drei Uhr nachmittags serviert. Ein Gast erinnert sich: „Das Dinner war sehr gut. Es bestand aus einem gerösteten Spanferkel, einer gekochten Lammkeule, gebratenem Geflügel, Rindfleisch, Erbsen, Kopfsalat, Gurken, Artischocken, etc., Puddings, Törtchen, etc., etc.. Wir wurden aufgefordert, unsere Wünsche bezüglich der Getränke zu äußern."[31]

Stets bot Washington eine reichhaltige Auswahl an verschiedenen

Südstaatenflair: Washington im Gespräch mit Lafayette auf seiner Veranda im Jahre 1784. Rechts Martha im Kreis ihrer Enkelkinder. Die junge Dame ihr gegenüber ist Eleanor Parke Custis. Links spielt eine Sklavin mit George Washington Parke Custis. Dahinter Blick durch die Bäume auf den Potomac.

Weinen an. Er selbst bevorzugte Madeira. Aber auch Bier, Apfelwein und eigenen destillierten Rum gab es in Mengen.

Um sechs Uhr abends wurde noch einmal Tee gereicht. Erst um neun Uhr folgte das Abendessen, jedoch nicht täglich und in unterschiedlichstem Umfang. Während manche Gäste von dem „eleganten und exzellenten" Abendessen schwärmen, berichten andere davon, daß sie abends nichts mehr vorgesetzt bekamen. Erwartete er angekündigte Besucher, konnte er manchmal ihre Ankunft nicht erwarten und spähte unter Umständen einen ganzen Nachmittag vom Rasen seines Hauses aus hinab auf den Strom, bis er das richtige Segel der Erwarteten erkannte. Ein Speisezimmer ohne Gäste fand er „einsam, fremd und melancholisch". Die Gesellschaft Marthas und der Kinder genügte ihm nicht. Damit ist viel über die Ehe der beiden ausgesagt!

Kaum irgendeine andere Figur der Geschichte hat so viele schriftliche

Aufzeichnungen wie er hinterlassen, nur wenige Menschen haben überhaupt je soviel geschrieben wie er – und das bei einem Mann der Tat, nicht der Feder. Deshalb aber weiß die Nachwelt so viel über ihn, auch wenn einem jeden, der sich mit ihm beschäftigt, angst und bange wird beim Anblick der Berge von Quellenmaterial. Einige typische Belege sollen das Bild vom Leben auf Mount Vernon abrunden:

„1. Januar 1760. Besuchte meine Pflanzungen und bekam eine Probe von Mr. Frenchs großer Liebe zum Geld: er enttäuschte mich mit Schweinefleisch, dessen Preis er auf 22/6 erhöhte, nachdem er es mir für 20/6 versprochen hatte.

Sprach bei Mr. Posey auf dem Heimweg vor und kaufte von ihm 100 Fässer Mais, unter den besten Bedingungen, die er in Maryland bekommen kann.

Fand bei meiner Rückkehr bei Mrs. Washington die Masern ausgebrochen.

3. Januar: Wir holten die Netze ein und bekamen einige Fische. Hatte Ärger mit einem Austernmann, der an meiner Landungsstelle lag und sich sehr schlecht betrug.

5. Januar: Mrs. Washington schien etwas wohler. Mr. Green kam aber noch um 11 Uhr zu ihr und eine Stunde später Mrs. Fairfax. Mr. Green gab die nötigen Anordnungen. Als wir zum Essen gingen, kam Captain Stuart mit Dr. Laurie.

8. Januar: Ordnete an, daß Mr. Johnston eine Klage gegen J. Ballendine einreichen soll wegen Betrugs bei dem Eisenverkauf.

Am Abend kamen 8 von Mr. Frenchs Schweinen an von seiner Farm in Ravensworth, eines war unterwegs verlorengegangen – und was ihre Qualität angeht, so hätten sie von mir aus alle verlorengehen können.

Sonntag, 20. Januar: Nachdem mein Fuhrwerk zwei Ladungen Tabak nach Alexandria gebracht, kam es zurück mit drei Seiten Sohlenleder und vier Seiten Oberleder, zwei Fässern Butter, davon eines für Colonel Fairfax, und 15 bushels Salz, die es in Alexandria geladen.

25. Januar: Schrieb an Dr. Roß, er möchte mir einen Schreiner, einen Maurer und einen Gärtner kaufen, wenn ein Schiff mit Sklaven käme.

Schrieb auch an meinen alten Burschen Bishop, er möchte wieder zu mir kommen, wenn er noch nicht anderswo beschäftigt wäre. Adressierte an ihn nach Philadelphia, weiß aber nicht sicher, ob er noch dort ist.

Montag, 28. Januar: Besuchte meine Pflanzungen. Tadelte den jungen Stephen ernstlich für seine Nachlässigkeit, und seinen Vater mit. Fand den neuen Neger Cupido auf der Dogue Run Pflanzung an Brustfellentzündung erkrankt und ließ ihn im Wagen hierher bringen, damit besser für ihn gesorgt werden kann.

Freitag, 15. Februar: Gingen zum Ball nach Alexandria, wo Musik und Tanz die Hauptunterhaltung waren. In einem angrenzendem Raum gab es reichlich Butterbrote, Kuchen mit Tee und Kaffee, der aber von gezuckertem heißen Wasser nicht zu unterscheiden war. Statt der Tischtücher und Servietten mußte man die Taschentücher benutzen, und niemand entschuldigte sich für diese Mängel.

Mittwoch, den 19. März: Mein Schmied Peter und ich gaben die Versuche mit dem neuen Pflugmodell nach meinen Angaben als vergeblich auf, wenigstens vorläufig.

Sonntag, 4. Mai: Warm und schön. Ritt nach Frederickstown, um nach meinen Negern zu sehen, die die Pocken hatten. Auf dem Weg zu Colemans [einer Wirtschaft] besuchte ich die Kirche, kam bei Colemans abends an.

11. Mai: Schlug Oberst Fairfax vor, daß ich das Land an der Mündung des Warmwassergrundes, unterhalb Barwicks, kaufen wollte. Er versprach mir den Vorzug im Verkaufsfall, möchte aber zur Zeit nichts veräußern."[32]

Loge Nr. 4: Der Freimaurer

Als der junge, zwanzigjährige George Washington in der Nacht des 4. November 1752 vor jener geheimnisvollen Tür zur Loge der Freimaurer in Fredericksburg stand, was hat er wohl über diese, die Öffentlichkeit scheuende Bruderschaft gewußt? Was führte ihn, den jungen Landvermesser, zu später Stunde, als habe auch er etwas zu verbergen, in jene dunkle Princess-Anne-Gasse, wo honorable Männer zusammenkamen, um – ja, um was zu tun? Aufmerksam gemacht und eingeführt wurde er wahrscheinlich von Charles Lewis, dem Bruder seines Schwagers Fielding Lewis.[33]

Doch die Quellen sind hier sehr ungenau und selbst für ehrgeizige Freimaurer-Historiker nur schwer zusammenzureimen. Denn die Loge Nr. 4 von Fredericksburg wurde erst kurz vor Washingtons Eintritt, am 1. September 1752, offiziell gegründet. Über den Zeitraum davor existieren überhaupt keine Anhaltspunkte, obwohl davon ausgegangen werden muß, daß es freimaurerisch gesinnte Männer gegeben hat, die sich schon seit geraumer Zeit in Fredericksburg trafen.

Was ist Freimaurerei? Das ist keine einfach zu beantwortende Frage, da es innerhalb dieser freigeistigen Strömung zahlreiche unterschiedliche Ausprägungen gab und gibt. Hinzu treten nationale Unterschiede, auch wenn Freimaurer grundsätzlich nach dem Weltbürgertum streben. Ihren Ursprung führen jedoch alle Freimaurer auf die Vorstellungen und Rituale der Steinmetze und Architekten zurück, die zwischen dem 10. und 17. Jahrhundert die zahlreichen Kathedralen Europas entwarfen und ausführten. Die „Maurer" (Steinmetze) schlossen sich im Laufe der Zeit in allen größeren Städten und Gemeinden zu einer Berufsvereinigung, einer sogenannten Gilde, zusammen, die mancherorts auch Loge genannt wurde. Da sie frei von Zwängen – auch grenzüberschreitend – von Baustelle zu Baustelle wanderten, nannten sie sich Freie Maurer. Mit dem Niedergang des Kathedralenbaus im 17. Jahrhundert degenerierten, oder besser entwickelten sich die Logen zu reinen Gesellschaftstreffen der Freimaurer. Mehr und mehr ließen sie auch andere Berufe in ihrem Kreis zu, da ansonsten die reinen Freimaurer vom Aussterben bedroht gewesen wären. Bei den Logen-Zusammenkünften scheinen die Mitglieder im Laufe des 17. Jahrhunderts immer weniger über den Steinmetzberuf diskutiert zu haben, sondern immer mehr über vielfältige neue Ideen und Erkenntnisse, auf religiösem, philosophischem, wissenschaftlichem, kulturellem, gesellschaftlichem und politischem Gebiet. Durch die zahlreichen Entdeckungsfahrten, die den Europäern die Erde erschlossen und kirchliche Werte- und Weltbilder auf den Kopf stellten, durch die religiöse Zersplitterung der Christenheit, dienten die freimaurerischen Treffen damals ihren Mitgliedern „als eine Art Bindemittel, das die unterschiedlichen Elemente und Bestandteile einer zerrissenen Welt, einer zersplitterten Weltanschauung auf eine Weise zusammenhielt, wie es die katholische Kirche nicht mehr vermochte".[34]

Unter diesen Einflüssen kam es also im 17. Jahrhundert zu einer radikalen Umwandlung der ursprünglichen Gilde-Maurer. Diejenigen Mitglieder, die keine Steinmetz- oder Architektenausbildung vorzuweisen hatten, gaben nun in den Logen den Ton an. Sie legten den Grundstein für die freigeistige Entwicklung der Freimaurer, für die Ideale und Ziele der Humanität, die in einigen romanischen Ländern schließlich in eine starke antiklerikale Haltung umschlug. Diese anti-päpstliche Tendenz, vor allem in Frankreich und Italien, führte dazu, daß sich die Katholische Kirche in ihrem Absolutheitsanspruch bedroht sah und plötzlich in der gesamten international organisierten Freimaurerei einen ernsthaften Konkurrenten mutmaßte. So schuf sie oder duldete sie den Mythos von der „Weltverschwörung" der Freimaurer. Der Vatikan verbreitete Schriften über angeblich dunkle Machenschaften der Freimaurer, wie Satanskulte und sexuelle Ausschweifungen, und nahm diese wiederum 1738 zum Anlaß, jedem Katholiken, der Mitglied einer Loge war beziehungsweise ist, mit der Exkommunizierung zu drohen – bis heute!

Namhafte Freimaurer des 18. Jahrhunderts waren in Europa zum Beispiel der österreichische Kaiser Leopold II., Friedrich der Große von Preußen, Wolfgang Amadeus Mozart und Voltaire.

Zu Beginn des 18. Jahrhunderts legten englische Freimaurer den eigentlichen Grundstein für die rasche Blüte der internationalen Freimaurerei. 1717 schlossen sich dort vier Logen zu einer Groß-Loge von England zusammen. Sie gilt den amerikanischen Freimaurern bis heute als Mutterloge. Mit den Auswanderen in die neue Welt wurden auch die freimaurerischen Ideen in die englischen Kolonien getragen.

Mehr als ein Jahr vor Washingtons Geburt, am 8. Dezember 1730, „druckte Benjamin Franklin in seiner Zeitung ‚Pennsylvania Gazette' die erste dokumentierte Nachricht über die Freimaurerei in Nordamerika. Franklins Artikel, eine allgemeine Darstellung der Freimaurerei, begann mit der Erklärung, daß ‚es mehrere in dieser Provinz errichtete

Logen von Freimaurern gibt'. Franklin selbst wurde im Februar 1731 Freimaurer und im Jahr 1734 Provinzial-Großmeister von Pennsylvania."[35]

Im selben Jahr veröffentlichte er das erste freimaurerische Buch in Amerika. „Aber es handelte sich nicht nur um die Freimaurerei als solche – nicht nur um ihre Riten, Rituale, Traditionen und Vorzüge –, sondern auch um eine Atmosphäre, eine Mentalität, eine Struktur von Haltungen und Werten, welche von den Freimaurern besonders wirkungsvoll vermittelt wurden. Die Freimaurerei jener Zeit war die Quelle für einen phantasievollen und schöpferischen Idealismus, bei dessen Verbreitung sie auf einzigartige Weise mitwirken konnte. Die meisten Kolonisten lasen natürlich nicht Locke, Hume, Voltaire, Diderot oder Rousseau (...). Aber mit Hilfe der Logen wurden die Gedanken dieser Philosophen allgemein zugänglich. Hauptsächlich durch die Logen erfuhren ‚gewöhnliche' Kolonisten von dem erhabenen Prinzip der ‚Menschenrechte'. Durch die Logen erfuhren sie von der Idee, daß die Gesellschaft zu vervollkommnen sei. Und die Neue Welt schien eine Art Tabula rasa, eine Art Labor zu bieten, in dem gesellschaftliche Experimente möglich waren und die von der Freimaurerei vertretenen [demokratischen] Prinzipien in die Praxis umgesetzt werden konnten."[36]

Bemerkenswert ist außerdem, daß sich die amerikanischen Freimaurer bis heute dazu bekennen, daß ihre Moralphilosophie auf religiösen Prinzipien beruht. Nach offizieller Aussage der „Alexandria-Washington Masonic Lodge" ist Freimaurerei jedoch „weder eine Religion noch ein Religionsersatz. Von den Bewerbern um eine Mitgliedschaft (männliche Erwachsene) wird indes erwartet, an Gott zu glauben und einen guten moralischen Charakter vorweisen zu können".

Was hier nicht gesagt wird, ist, an welchen Gott ein Freimaurer zu glauben hat. Genau diese religiöse Toleranz findet sich bei George Washington sein ganzes Leben hindurch. Er selbst gehörte zwar der anglikanischen Kirche an, schrieb sonntags aber lieber Briefe als zum Gottesdienst zu gehen. Was er sonst tunlichst vermeidet – in einer seiner Schriften offenbart er ganz den Geist der Freimaurer. Was uns heute wie selbstverständlich klingt und auch von vielen christlichen Kirchen nicht mehr bestritten wird, war im 18. Jahrhundert revolutionär und fast ausschließlich auf Freimaurer beschränkt, nämlich die absolute Religionsfreiheit. So äußerte er sich über Einwanderer nach Amerika:

„Wenn sie fleißige Arbeiter sind, können sie aus Asien, Afrika oder

Europa kommen. Sie können Mohammedaner sein, Juden oder Christen jeglicher Sekte; sie können auch Atheisten sein."[37]

So konnte damals nur ein überzeugter Freimaurer reden. In seinen Schriften fällt weiterhin auf, daß er recht deutlich dem freimaurerischen Deismus anhängt, also der religionsphilosophischen Anschauung, die einen Weltschöpfer anerkennt, aber den Glauben an sein weiteres Einwirken auf das Weltgeschehen ablehnt. Wobei er hier sehr stark differenziert. Obwohl er fest von der Existenz einer höheren Macht überzeugt ist, belegt er sie mit unterschiedlichen Begriffen. Besonders in jüngeren Jahren vermeidet er tunlichst den Begriff „Gott" und nutzt stattdessen den Ausdruck „Vorsehung". Einem der modernen Biographen Washingtons, Douglas Southall Freeman, fiel auf, daß Washington den Begriff „Vorsehung" mit allen drei Geschlechtern belegte: Vorsehung mit dem männlichen „Er" benutzt, stand bei Washington stellvertetend für Gott; weiblich „Sie" bedeutete *fate* (Schicksal), *fortune* (Zufall) oder *Lady Luck* (die „Dame Glück"). „Es" war für ihn eine nicht zu bestimmende unbelebte Kraft der Natur, die nur die Wissenschaft in der Lage war, zu definieren.

Er zweifelte offenbar nie daran, daß die „Vorsehung" etwas Freundliches und Gütiges darstellt und stets die Tugend unterstützt, daß „alles nur zum Besten geschieht", wie er einmal niederschrieb.[38] Bei einer entsprechenden Gelegenheit versicherte er Sally Fairfax, daß „es eine höhere Fügung gibt, die die Kontrolle über unser Handeln ausübt und gegen die die stärkste menschliche Anstrengung nichts ausrichten kann". Und immer wieder bekennt er sich zum Toleranzprinzip, indem er jedermann das Recht zugesteht, „jenen Weg zum Himmel zu beschreiten, welcher ihm der direkteste, ebenste und einfachste erscheint, sofern er verantwortlich handelt".[39]

Auch das intensive Führen von Tagebüchern – wenn auch nicht ein Leben lang und immer wieder mit größeren Unterbrechungen – wird dem freimaurerischen Einfluß zugeschrieben. Auffallend ist daran, daß viele Eintragungen nicht sofort, sondern oft Tage später erfolgten, teils in Geheimschrift verfaßt beziehungsweise mit zahlreichen Abkürzungen versehen. Die Original-Tagebücher sind für einen Leser, der mit Washington und seiner Welt nicht vertraut ist, an vielen Stellen unlesbar. Aber selbst den lebenslangen Washington-Forschern ist es bisher nicht geglückt, beispielsweise folgende Eintragungen aus dem Jahr 1771 zu entziffern: „Feb. 20, S; Mar. 26; A; April 12, a; April 25, a; May 16, M; June 4, A; June 9, A; June 19, A" und so weiter.

In Ermangelung einer besseren Erklärung werden solcherart kryptische Eintragungen freimaurerischem Einfluß zugeschrieben, denn die Logen-Buch-Führer Fredericksburgs nutzten ähnliche Abkürzungen – ebenso finden sie sich auf Grabsteinen –, deren Bedeutung ausschließlich Insidern bekannt war und blieb.[40]

Aus den ersten fünfundzwanzig Jahren von Washingtons Mitgliedschaft in der Freimaurer-Loge Nr. 4 in Fredericksburg ist nichts Konkretes bekannt. Immer nur im Rückschlußverfahren läßt sich herleiten, daß er durch die Loge zahlreiche bedeutende Männer der Kolonien kennenlernte beziehungsweise ein Kennenlernen leichter ermöglicht wurde, als dies ohne die freimaurerische Bruderschaft der Fall gewesen wäre.

Die meisten „Gründungsväter der Nation Amerika" waren Freimaurer, nicht nur, aber auch beeinflußt und geeint durch jene Ideen von Demokratie, Menschenrechten und Brüderlichkeit, die von den Logen aufgegriffen und maßgeblich weiterverbreitet wurden. So war es hier bei den Freimaurern, wo Washington von seinem entfernten Nachbarn und Mitbruder George Mason erstmals etwas von der Unmoralität der Sklaverei hörte, wo die Saat gelegt wurde, die Washington – zunächst zweifelnd und zaudernd, dann aber bestimmt – zum Aufstand gegen die Obrigkeit veranlaßte. Ein Augsburger Jesuit erklärte 1781, damals allerdings warnend, die Freimaurerei so: „Eine Bruderschaft, die unter Personen von verschiedenen Ständen eingegangen wird, hat kein Verhältnis zu der Verschiedenheit der hierarchischen Ordnung, welche Gott zur guten Leitung der Welt eingesetzt hat, und daraus folgt unnachläßlich der Umsturz des geistlichen und weltlichen Systems."[41] Die Worte des Jesuiten sollten sich erfüllen, zuerst in Amerika!

Die indianische Weissagung

Washington zeigte sich nach seinem Ausscheiden aus der Miliz an dem Krieg mit den Franzosen überhaupt nicht mehr interessiert. Fünf Jahre lang zogen sich die schweren und verlustreichen Kämpfe noch hin. Hilferufe des französischen Oberkommandierenden Montcalm nach Paris wurden von dort lapidar beantwortet: „Wenn das Haus brennt, hat man keine Zeit mehr, sich um den Stall zu kümmern." Soll heißen: Frankreich war auch auf dem europäischen Kontinent gegenüber England arg in Bedrängnis geraten. Der einzige Grund, warum sich die Franzosen in Amerika überhaupt so lange gegen die britische Übermacht behaupten konnten, lag darin, daß sie die Indianer der westlichen Wälder auf ihrer Seite hatten. Diese gelangten immer wieder zu der Erkenntnis, daß ein britischer Sieg für sie den Untergang bedeuten würde. Denn im Gegensatz zu den Franzosen waren die Engländer landhungrig. Und dennoch entschied das Kriegsglück anders. Am 10. Februar 1763 wurde in Paris der Friedensvertrag mit England unterzeichnet. Frankreich verlor seine Besitzungen in Indien sowie alle amerikanischen Gebiete, von Canada bis zur Mississippi-Mündung. In einem Geheimvertrag trat es nämlich auch noch Louisiana an Spanien ab. Die meisten französischen Adeligen kehrten Amerika den Rücken und begaben sich in ihre Heimat zurück. Ein Teil der französischen Kolonisten siedelte von Canada nach Louisiana um, während das Gros – etwa sechzigtausend – in der Region Quebec und Montreal blieb.

Und die Indianer? Sie wußten die ganzen Jahre über, daß sie nur die Wahl hatten zwischen Kampf oder Vertreibung. Also setzten sie unter dem gewählten Häuptling *Pontiac*, der die Chippewas, Potawatomis und Ottawas unter sich vereinigen konnte, den Krieg fort. Seit 1760 hatte dieser kluge Ohio-Indianer jene Allianz vorbereitet. Sie ist in die amerikanische Geschichte als die „Verschwörung Pontiacs" eingegangen.

Kaum war der Friedensvertrag zwischen Frankreich und England in den westlichen Wäldern bekannt geworden, schlug Pontiac los. Seine Krieger brannten acht Grenz-Forts nieder und massakrierten mehrere hundert Siedler und Soldaten. Im November 1763 belagerte er Detroit, doch da machte sich der fehlende französische Nachschub bemerkbar und die indianischen Mordbrenner-Fackeln erloschen so schnell wieder, wie sie von Pontiac angefacht worden waren. Der „Franzosen- und Indianer-Krieg" war endgültig zu Ende.

Die großen Verlierer waren die Indianer. Ihre Stämme waren ausgeblutet, ihr Siedlungsgebiet schutzlos. Doch die weit entfernte Londoner Zentralregierung hatte davon keine Ahnung. Sie war vielmehr von der „Verschwörung Pontiacs" so tief erschüttert, daß sie den Indianern von sich aus ein Angebot unterbreitete, das man auf die moderne Politik-Formel „Land gegen Frieden" bringen kann. Die britische Krone erklärte 1763 kurzerhand mit Ausnahme von New Orleans das gesamte Gebiet zwischen den Alleghenies und dem Mississippi – den heutigen

Mittelwesten – zum Indianerreservat, das dem König unmittelbar unterstellt wurde. Die riesige Landmasse jenseits des Mississippi war unbekannt und wurde zudem von Spanien beansprucht. Die Krone berief sich bei ihrer Entscheidung darauf, daß es immer schon der englische König gewesen sei, der den Kolonien ihre Freibriefe ausstellte, ihre Grenzen bestimmte und ihre Regionalparlamente autorisierte. Jeder Gouverneur in jeder Kolonie regierte im Auftrag des Königs und war ihm direkt weisungsunterstellt.

Deshalb schüttelte König George III. nur mit dem Kopf, als sich gegen dieses Dekret ein Sturm der Entrüstung in den Kolonien erhob. Arbeitslose Milizsoldaten, die durch ihre Kämpfe mit den Indianern den Überfluß des Westens mit eigenen Augen gesehen hatten, Trapper, Einwanderer und Indianerhändler – sie alle waren wütend darüber, daß genau jenes Gebiet, um das sie seit 1755 gekämpft hatten, ihnen nun vorenthalten bleiben sollte. Sie hier am Rande der Zivilisation hatten doch nicht für König und Vaterland gekämpft, sondern in der Aussicht auf reiches Neuland, das sie in Gedanken schon immer als ihren künftigen Besitz betrachtet hatten. Und da befiehlt jemand, der von den Wäldern keine Ahnung hat, man solle die Indianer in Ruhe lassen. Mit denen würde man schon fertig werden. Die Waldläufer und Milizionäre wußten, wie es um die angeschlagenen Indianerstämme stand. London hingegen fürchtete, eine hohe Truppenpräsenz unterhalten zu müssen und ununterbrochen in verlustreiche Kämpfe mit den Ureinwohnern verstrickt zu werden.

Aber auch unter den Landspekulanten gärte es wegen der von London festgelegten Demarkationslinie im Westen. Erinnern wir uns: Fing der ganze Streit mit den Franzosen nicht damit an, daß die mächtigen Mitglieder der Ohio Company die englische Regierung dazu benutzt hatten, den Feind aus ihrem Zielgebiet zu entfernen, damit sie selbst dort gewinnträchtige Geschäfte machen konnten? Und jetzt – der ganze Aufwand eines siebenjährigen Krieges umsonst?

Auch Washington zeigte sich höchst erbost – aber leise! Für ihn, dem die Landspekulation gewissermaßen mit in die Wiege gelegt worden war, für den nach seinen eigenen Worten „Land das dauerhafteste Vermögen mit dem größten Wertzuwachs"[42] darstellte, reihte sich die Londoner Entscheidung auf hoher Ebene ein in die dümmlichen und arroganten militärischen Fehlentscheidungen während des Franzosen- und Indianerkrieges. Und so wie Washington dachten viele Kolonisten. Ohne es zu ahnen, hämmerte das englische Empire einen Sargnagel nach dem anderen in die Bretter seiner amerikanischen Besitzungen.

Als sich die Londoner Regierung 1768 dann doch dem politischen Druck aus den Kolonien beugte und die Demarkationslinie zum Indianerterritorium wieder aufhob, war es für einen echten Stimmungsumschwung zu spät.

Anrecht auf Gebiete im Ohio-Becken sollten nach dem Londoner Willen zunächst nur folgende drei Gruppen zugeteilt bekommen: Zuerst jene Kriegsveteranen, die mit Washington 1754 den „Fort-Necessity-Feldzug" unternommen hatten. Ihnen sollte ein Filetstück am Mündungsgebiet des *Großen Kanawha* in den Ohio zustehen. An zweiter Stelle standen die Kriegsteilnehmer des Franzosen- und Indianerkrieges. Schließlich sollten als Dritte die Indianerhändler für ihre schweren Verluste im Pontiac-Aufstand entschädigt werden.

Nun schlug die große Stunde des George Washington. Wie aus einem langen Tiefschlaf auf Mount Vernon aufgeschreckt, entfaltete er hektische Aktivitäten, erwies sich als Mann der tausend Krakenarme, bis hin zum Versuch der illegalen Bereicherung. Konnte Washington für die Kanawah-Region noch rechtens Ansprüche anmelden, waren Landrechte aus dem Krieg schon zweifelhaft, da er ihn nicht bis zum Ende mitgemacht hatte. Rechte als Händler konnte er aber definitiv keine geltend machen. Und dennoch war er auf allen drei Gebieten hyperaktiv!

So beschwatzte er seine einstigen Kriegskameraden, ihm ihre Anrechte zu verkaufen, ebenso einen Teil der Indianerhändler. Da er aber nicht überall offen als Käufer auftreten konnte, weil sich die britische Regierung, respektive der Gouverneur, geweigert hätten, die ganzen Headrights auf seinen Namen auszustellen, setzte er zahlreiche Strohmänner ein; entweder jene, die einen Anspruch vorweisen konnten, aber bereit waren, ihn an Washington zu verkaufen, oder Mitglieder seiner Großfamilie; Schwager Lewis, Brüder, Neffen und Cousins. Daß er sich voll darüber bewußt war, etwas Illegales zu tun, beweist beispielsweise ein Brief an Bruder Charles vom 31. Januar 1770, in dem er ihm langatmige Anweisungen gibt, wie er beim Ankauf von Headrights vorgehen solle. Zum Beispiel: „Wenn Du irgendwelche Ankäufe tätigst, so tue dies in Deinem Namen. Die Gründe hierfür werde ich Dir das nächste Mal, wenn wir uns treffen nennen. (...) Bei den ganzen Transaktionen, entweder mit den Offizieren oder in dieser oder jener Angelegenheit, laß nicht bekannt werden, daß ich irgendetwas damit zu tun habe. (...) Ich werde Sorge tragen, daß Du mit genügend Geld

ausgestattet bist, damit Du, wenn sich die Gelegenheit bietet, die Anzahl [von Landrechten], die ich erwähnt habe, voll bekommst. Zeige
niemandem auch nur einen Teil dieses Briefes, so daß Du nie in irgendeine Schwierigkeit oder ein Problem dieser Affäre hineingezogen
werden kannst."[43]

Im Oktober 1770 ist es dann soweit. George Washington hat zu einer
großen Expedition gerüstet. Er will seine neuen Gebiete am Ohio selbst
in Augenschein nehmen. Vor allem, so des ehemaligen Landvermessers
Sorge, will er darauf achten, daß die Claims ordnungsgemäß abgesteckt
werden. Da solch eine Expedition tief in die westliche Wildnis ein ge-
wisses Aufsehen erregt, verbrämt Washington seinen eigenen gierigen
Griff nach dem fruchtbaren Land, indem er vorgibt, im Auftrag seiner
ehemaligen Offiziere und Soldaten deren Landstücke feststellen und darüber berichten zu wollen.

1770 – das ist auch das Jahr, in dem in irgendeinem Wigwam am Ohio
der Shawnee-Häuptling Tecumseh geboren wird. 1811 wird er die
Waldland-Indianer in ihrem letzten großen Aufstand gegen die weißen
Eindringlinge anführen und 1813 in einer Schlacht an der Seite der Briten sterben, die 1812/1813 ebenfalls vergeblich versuchten, ihre amerikanischen Kolonien zurückzuerobern.

Wieder also ist es der Wilde Westen, der Washington zu neuen Abenteuern aufbrechen läßt. Als hätten die dunklen Wälder der Bergwelt der
Appalachies und ihrer jenseits davon sich erstreckenden Weiten eine ma-
gische Anziehungskraft auf ihn ausgeübt, zieht er wieder den fransen-
besetzten Lederrock an, greift zur langen Büchse und stellt sich den Gefahren der Wildnis. Ein Jahr zuvor hat der berühmte Waldläufer Daniel
Boone erstmals jene Bergkämme überschritten, die in die „dunklen und
blutigen Jagdgründe" Kentuckys hinabführen.

Begleitet von seinem Leibarzt und Freund Dr. James Craik sowie drei
Mulatten von Mount Vernon, taucht George Washington nun ebenfalls
wieder auf leisen Mokassinsohlen in die Welt der Indianer ein. Zunächst
muß er den ganzen langen Weg zurücklegen, den er einst in Blut und
Tränen getränkt sah: Great Meadows, wo sein Fort Necessity im Regen
versunken war und irgendwo Braddock begraben liegt, wird mit keinem
Wort in seinem Tagebuch erwähnt. An den Gabelungen des Ohio, bei
Fort Pitt, das inzwischen aus zwanzig Blockhütten besteht, stoßen alte
Bekannte zu der kleinen Gruppe. Captain Crawford, der im Krieg unter
ihm gedient hat, eine Reihe von Grenzern und Waldläufern sowie ei-

nige Indianer als Fährtensucher. Dann wird auf Kanus umgestiegen und los geht es, 402 Kilometer den schnellen Strömungslauf des Ohio hinab bis zum Great Kanawha. Wie wir es schon von seiner Fahrt als Sechzehnjähriger kennen, notiert er den Reichtum des Landes, berichtet von „Walnuß- und Kirschbaum-Hainen, die Hinweis geben auf höchst fruchtbare Böden. (...) Wir erblickten unzählige Truthähne und Wild, die sich am seichten Flußufer tummelten und in den Fluten badeten. Wir schossen einige davon."[44]

Was sich nun ereignet, steht nicht in den Tagebüchern Washingtons. Aber dort fehlt vieles, was ihn persönlich anbelangt. Die folgende Geschichte ist von Dr. Craik überliefert.[45] Sie wird von einigen Historikern angezweifelt und ist deshalb nicht überall erwähnt. Dem Autor erscheint sie indes sehr vertrauenswürdig, da sie ganz dem indianischen Denken jener Zeit entspricht und Indianer in ihrer Geschichte immer wieder bewiesen haben, daß sie über eine Sensibilität und ein Gespür verfügen, das weit jenseits des rationalen Denkens des aufgeklärten weißen Mannes liegt.

Eines Tages, so berichtet Dr. Craik, nähert sich eine Gruppe Indianer unter der Führung eines Indianer-Händlers ihrem Camp. Sie machen in einiger Entfernung halt und übermitteln durch einen Dolmetscher, daß sich unter den Indianern ein großer Häuptling und namhafte Krieger befänden. Der Häuptling sei ein mächtiger Mann unter den Stämmen des Nordwestens und habe vor sechzehn Jahren seine Krieger in der Schlacht gegen Braddock angeführt. Er habe nun Kunde erhalten, daß Oberst Washington die westlichen Landstriche besuche und sich deshalb auf den Weg gemacht, ihn zu sehen.

Ohne Umstände werden die Indianer ins Lager gebeten. Zur großen Überraschung aller Umstehenden schreitet der alte Häuptling, „von würdevoller und imposanter Erscheinung" ohne Umschweife auf Washington zu. Obwohl aus dem jungen Draufgänger von damals ein Herr im mittleren Alter geworden ist, identifiziert ihn der Indianer sofort als „jenen Helden vom Monongahela". Jedermann wundert sich, mit welch tiefem Respekt der Häuptling Washington begegnet. Das ist sonst nicht Indianerart. Als Washington ihm die Hand reicht, zuckt der Indianer in ehrfurchtsvoller Scheu zurück. Washington unternimmt einen weiteren Versuch, den unheimlichen Gast willkommen zu heißen. Er bietet ihm einen tüchtigen Schluck Brandy an. Doch der Häuptling beugt nur kurz den Kopf über den Becher. Er benetzt noch nicht einmal seine Lippen. Solch eine Rothaut hat noch keiner der erfahrenen

Männer aus Washingtons Reisetruppe erlebt. Aber Washingtons Interesse steigt nun. Er, der Tabak zeitlebens verabscheut, stopft eine Pfeife, nimmt einen Zug und reicht das „Kalumet" dem Häuptling. Doch dieser weigert sich, das indianische Friedenssymbol anzunehmen. Erst Verwunderung, dann offene Furcht beschleicht die Gefährten Washingtons. Hier stimmt doch etwas nicht. Sie befinden sich tief im Indianerland. Es beginnt rasch zu dämmern. Ein Lagerfeuer wird angezündet. Das spendet Büchsenlicht, wenn man es braucht.

Da plötzlich beginnt der Häuptling zu sprechen. Langsam und würdevoll. Er läßt dem Dolmetscher Zeit, seine gewichtigen Sätze akkurat zu übersetzen: „Ich bin ein Häuptling und Anführer vieler Stämme. Mein Einfluß reicht bis an die Wasser der großen Seen und bis zu den Blauen Bergen. Ich habe einen langen und beschwerlichen Pfad auf mich genommen, um den jungen Krieger aus der großen Schlacht wiederzusehen. Es war an jenem Tag, an dem sich das Blut des weißen Mannes mit den Strömen unseres Waldes vermischte, daß ich zum ersten Mal dieses Häuptlings gewahr wurde. Ich rief meine jungen Männer zu mir und sagte ihnen: Seht ihr den großen und verwegenen Krieger dort? Er ist nicht vom Stamm der Rotröcke – er besitzt die Weisheit der Indianer und seine Krieger kämpfen genauso wie wir. Nur er selbst ist ungedeckt. Schnell, zielt genau auf ihn und er ist des Todes. Unsere Gewehre wurden auf ihn ausgerichtet, Gewehre, denen es bisher völlig unbekannt war, ihr Ziel zu verfehlen. Doch bei ihm war alles vergebens. Eine Macht, viel stärker als wir, beschützte ihn vor jeglichem Schaden. Ich sage Euch: Er kann nicht im Kampfe sterben. Ich bin alt und werde bald vor das große Ratsfeuer meiner Vorväter treten, im Land der Schatten. Aber bevor ich gehe, gibt es ein Etwas, das mir gebietet, zu sprechen, mit der Stimme der Prophezeihung zu sprechen. Hört! Der Große Geist beschützt diesen Mann und er leitet sein Schicksal. Er wird Häuptling über Völker, und ein Volk, das jetzt noch nicht geboren ist, wird ihn als Gründer eines mächtigen Weltreiches feiern!"

Sein Orakel überbracht habend, versinkt der Häuptling wieder in Schweigen. Was bleibt, ist Unbehagen, Verwirrung, ungläubiges Betretensein unter den Weißen. Inzwischen ist es stockdunkel geworden. Die Söhne des Waldes breiten ihr Nachtlager aus und bald schon sind sie in tiefen Schlaf versunken. Ob Washington in dieser Nacht auch so ruhig geschlafen hat? Er mag dem Knistern des verlöschenden Feuers gelauscht haben, vor sich die dunklen Fluten des Ohio, hinter sich das Rauschen des Waldes, der unheimliche Nachtschrei einer Eule, über sich herbstwindgejagte Wolken, die über die kalte, fahle Mondscheibe hinweghuschen.

Am frühen fröstelnden Morgen schon brechen die Söhne Manitus auf und sind binnen kurzem von der Weite der paradiesischen Natur verschluckt.

Was Washington noch nicht weiß: Es wird das letzte Mal sein, daß er mit einem Häuptling an einem Ratsfeuer gesessen hat. Diese Reise, die eigentlich nur eine Kundschafterfahrt sein sollte, um später wiederzukommen, ist gleichzeitig seine letzte Begegnung mit der wilden und ursprünglichen Natur des amerikanischen Kontinents. Hier am unteren Ohio blickt er wie Moses auf dem Berge Sinai ins gelobte Land der am Horizont aufsteigenden neuen Nation, ohne es selbst je wieder zu betreten. Mit dieser Reise weit über die koloniale Westgrenze hinaus, in eine Zone der allgegenwärtigen Gefahr, in der viele Historiker die Wiege der amerikanischen Volkskraft sehen, endet Washingtons erster großer Lebensabschnitt, der wesentlich von seinen Waldläufen geprägt wurde. Ob er dies je bedauert hat, ist nicht überliefert. Eigentlich vermißt man von ihm ein Zeugnis, einen Brief, einen festgehaltenen Ausspruch, der in diese Richtung zielt. Ob er sich, als er im Alter gedankenverloren über seine Plantage schritt und bedauernd gewissen Personen und Ereignissen aus seinen ersten Lebensjahrzehnten nachhing, nicht doch auch gewünscht hat, noch einmal die Ufer des Ohio zu sehen, sich in der äußersten urzeitlichen Wildnis der Bergwälder zu verlieren? Wir wissen es nicht.

Gewiß hingegen ist, daß sich die Weissagung des alten Häuptlings vom Ohio erfüllte. Denn noch bevor Washington zum Kanawah River aufgebrochen war, hatten Schüsse im weitentfernten Boston seine bisherige Welt in ihren Grundfesten erschüttert.

5
Der zaudernde Rebell

Dieser bescheidene und rechtschaffene, liebenswerte,
großzügige und tapfere George Washington ...
John Adams, 1775

Das Massaker von Boston

Die eigentliche Krise begann, als eine andere, schwere Krise, der Siebenjährige Krieg, gerade zu Ende war. England hatte in den Kämpfen, die auf amerikanischem Boden gegen Frankreich geführt wurden, militärisch und finanziell die Hauptlast getragen. Es hatte den Siebenjährigen Krieg an allen Fronten in Europa, Asien und Amerika gewonnen, doch die Staatsverschuldung hatte sich darüber verdoppelt. Bislang hatte das englische Parlament davon Abstand genommen, die Kolonien zu besteuern. Doch in Zeiten knapper Kassen läßt sich jede Regierung etwas einfallen, das Staatssäckel zu füllen.

Zunächst einmal beließ England ein relativ großes stehendes Heer in Amerika und bürdete die Kosten hierfür den Kolonien auf. Obwohl London keinen Krieg mit den Indianern führen wollte – und deshalb ja auch die Siedlungsgrenze nach Westen festgelegt hatte –, gab es vor, daß die Truppen zum Schutz der Kolonien gebraucht würden. Doch Schutz gegen wen? fragten sich die Kolonisten. Die Franzosen und Indianer waren besiegt und vertrieben, die Spanier im Süden schwach. Und so durchschauten viele das Spiel Londons, daß es hier nur darum ging, daß England in Amerika ein großes Präsenzheer unterhalten haben wollte, über das es jederzeit verfügen konnte. Kurz: England sträubte sich, nach dem Krieg abzurüsten. Den Siedlern in Amerika paßte dies nicht, aber diese Entscheidung im Jahr 1763 war für sie noch nicht das Schlimmste von dem, was da noch so alles auf sie aus London zukam. Dabei übersahen sie die Gefahr, die von solch einem großen stehenden Heer ausgehen kann: nämlich, daß es unverzüglich gegen die eigenen Bürger einsetzbar war.

Es war dann der Nachfolger William Pitts, sein Schwager George Grenville, der im Jahr darauf begann, den Kolonien Daumenschrauben anzulegen. Er frischte zunächst die alten, in Vergessenheit geratenen Bestimmungen des Navigationsgesetzes – *Navigation Act* – wieder auf. Sie besagten, daß die Kolonien ausschließlich jeweils nur mit England Handel treiben und ihre Waren nur auf englischen Schiffen verfrachten durften. Mit anderen Worten: Washington durfte beispielsweise keinen Tabak mehr direkt nach New York verkaufen, es sei denn über den Umweg nach England und dann wieder zurück. Auch der Warenaustausch mit Spanien, Portugal, Holland oder Deutschland war untersagt.

Kaum hatten sich die Kolonien darüber empört, stieß sie der bornierte Grenville mit einer weiteren Verordnung vor den Kopf, dem *Sugar Act*. Er besagte, daß die Einfuhr von Zucker, Rum und Melasse aus westindischen Inseln, die nicht unter englischer Herrschaft standen, um die Hälfte reduziert werden mußte. Außerdem wurden auf jede Gallone Zuckermelasse aus nicht-englischer Produktion drei Penny Zusatzsteuer erhoben. Alles in allem hoffte Grenville damit sowohl den englischen Zuckerrohranbau in der Karibik zu fördern als auch die Steuereinnahmen zu vergrößern. Er setzte darauf, daß die Kolonisten weiterhin soviel Zucker verbrauchen würden wie bisher, denn vor allem in den Südstaaten wurden – und werden bis heute – sehr viele Speisen und Getränke süß abgerundet. Diese Eß- und Trinkgewohnheit aus den frühen Tagen Amerikas findet sich bis heute beispielsweise im Gebrauch des Ketchup und der Coca-Cola.

Damit immer noch nicht genug, verbot Grenville 1764 mittels des *Currency Act* den Druck von kolonialem Papiergeld. Und auch die Verlängerung der Geltungsdauer der im Umlauf befindlichen Noten wurde untersagt. Da die Kaufkraft des amerikanischen Papiergeldes in der Regel unter dem Nominalwert lag, war es den Kolonisten bisher als handliches Mittel zur Bezahlung ihrer Schulden im Mutterland erschienen. Grenville wollte dem nun endlich ein Ende bereiten und die Londoner Kaufleute schützen, löste aber damit in den Kolonien eine unglaubliche Währungsnot aus. Vielerorts mußte wieder zum Tauschhandel übergegangen werden, so auch bei Washington, der sich durch das neue Währungsgesetz in seinen Geschäften schwer beeinträchtigt fühlte. Die Initiative der Londoner Kaufleute, der der Currency Act zugrunde lag, hielt er für „schlecht getimed. Ich könnte mir vorstellen, daß sie das ganze Land in Flammen setzt."[1]

Weitere Bemerkungen Washingtons zu der Gesetzesflut aus London sind nicht bekannt. Er überläßt es anderen, sich im House of Burgesses in Williamsburg über diesen und jenen *Act* zu echauffieren. Ja, an den meisten Sitzungen dieser Jahre nimmt er gar nicht teil. Er scheint vielmehr ganz auf seine landwirtschaftlichen Experimente konzentriert zu sein, weit weg von jeglicher Politik!

Inzwischen kommt alles noch viel dicker: 1765 dehnte Schatzkanzler Grenville die seit langem in England bestehende Urkundenstempel-Steuer mit dem *Stamp Act* auch auf die amerikanischen Kolonien aus. Es unterwarf Zeitungen, Schriften und Flugblätter aller Art, jegliche Verträge, offizielle Dokumente und Handelspapiere einer Steuerpflicht. Während die Zuckersteuer jedermann traf, könnte man annehmen, daß die Stempelsteuer nur eine dünne Finanz- und Bildungsschicht berührte. Denn wieviele Amerikaner brauchten damals schon gültige Urkunden oder lasen Zeitung? Diese Annahme ist indes falsch. Denn im Stamp Act war außerdem eine Vergnügungssteuer versteckt: auch alle Spielkarten und Würfel unterlagen von nun an der Steuerpflicht, und so traf sie jeden.

Eigentlich hätte sich spätestens hier jetzt der leidenschaftliche Spieler Washington entrüstet zu Wort melden müssen. Doch dem war nicht so. In einer privaten Korrespondenz vermerkt er lediglich beiläufig, daß durch das Stempelsteuer-Gesetz Amerikas Freiheiten gefährdet seien. Weite Teile des Landes sahen dies dramatischer.

Zwar waren die Kolonisten über Jahrzehnte an Zolltarife und Abgaben gewöhnt. Aber hier brach nun Schlag auf Schlag eine blutsaugerische Politik aus der Heimat über sie herein. Massachusetts im Norden hatte bisher neben Virginia als die englischste der Kolonien gegolten. „Massachusetts dem Stamme seiner Einwanderer nach, Virginia, das ‚loyale, königstreue Virginia' nach seiner Gesinnung und Lebensweise, die sich der englischen nahe hielt. Jetzt mußte London gerade mit diesen beiden Lieblingstöchtern die schwerste Enttäuschung erleben, denn dort entstanden die Sturmböcke jener Bewegung, die man in England vorerst nicht begriff, nicht zu definieren wußte."[2]

Es kam zu Aufläufen, Prügeleien, Gewalttaten, besonders in Boston, wo bereits ein großstädtisches Proletariat existierte. Die beiden Cousins John und Samuel Adams, später als „Väter der Revolution" betitelt, wurden die Führer dieser in ihren Zielen noch keineswegs klaren Bewegung. Noch hört man weder etwas von „Revolution" noch von „Unabhängigkeit". Noch denkt niemand öffentlich über die Möglichkeit einer Trennung der Kolonien vom Mutterland nach. Doch Samuel Adams sät den Keim dazu: Er schuf aus den Bostoner Volksmassen eine Organisation, die sich *Sons of Liberty* – Söhne der Freiheit – nannte. Vermummt drangen sie bei den Steuereintreibern ein, beschmierten sie mit Teer und Bettfedern, plünderten und steckten deren Häuser in Brand. Solcherart bedrängt, legten alle Steuerbeamten, ohne Ausnahme, ihre Ämter nieder. Außerdem verpflichteten sich die amerikanischen Kaufleute, keine englischen Waren mehr einzuführen. Diese Idee wurde – wenngleich nur im privaten Kreise – auch von Washington gutgeheißen: „Ein Einfuhrstopp", so glaubt er, „muß besonders für ihre Manufakturen schmerzvoll sein. Und allmählich fangen unsere Leute an, die Augen aufzumachen. Viele Luxusgüter, die wir verschwenderisch aus Großbritannien einführen, können ruhig da bleiben, wo sie herkommen. Denn das, was wir zum Leben brauchen, können wir zumeist auch selbst herstellen."[3]

Die wichtigste Diskussion, die das Stempelgesetz indes auslöste, drehte sich um die Rechtmäßigkeit der vom englischen Parlament erlassenen Kolonialsteuern.

No taxation without representation forderten der Bostoner Mob und die Bürger der Stadt gleichermaßen. Während das landlose amerikanische Proletariat ohnehin kein Stimmrecht hatte, ohne Landbesitz waren sie auch in den amerikanischen Kolonial-Parlamenten nicht vertreten, mußte die Forderung der Besitzenden nach *Representation* in London ernst genommen werden. Benjamin Franklin, der die amerikanischen Belange in London vertrat, erhielt Gelegenheit, vor dem Parlament den Standpunkt der Kolonien darzulegen. Zwar wischte das heimatliche England das Argument, die Amerikaner seien im Londoner Parlament nicht vertreten, als „Unfug" vom Tisch, doch blieben der Importboykott und die Unruhen in Massachusetts nicht ohne Wirkung auf die britischen Abgeordneten. Der *Stamp Act* wurde sechs Monate nach seinem Erlaß wieder zurückgenommen!

Doch diese relativ rasche Einsicht des Mutterlandes kam im Grunde genommen zu spät, um zu verhindern, daß sich in Virginia überraschend ein Mann profilierte, der den revolutionären Geist im Süden maßgeblich mit vorantrieb. Nein – er hieß nicht George Washington. Der blieb, wenn er denn im House of Burgesses auftauchte, dort einer der Stillsten. Der Mann der großen Worte in den Williamsburger Versammlungen war vielmehr ein armer, ländlicher Anwalt namens *Patrick Henry*. Er tat sich besonders durch herablassende Äußerungen über König George III.

aus dem Hause Hannover hervor. Bis nach Amerika war gedrungen, daß der König, zumindest zeitweise, geisteskranke Züge aufweise. „Verrat! Verrat!" schrie man 1765 Patrick Henry noch im Abgeordnetenhaus entgegen. Dennoch nahm die Mehrheit der Burgesses seine „Erklärung der Rechte" der Kolonisten an. Eine Aufforderung zum Ungehorsam gegenüber der Krone wurde abgelehnt. Noch wurde Henry von den konservativen Großgrundbesitzern der Kammer, zu denen wohl auch der schweigsame Washington zählte, in Schach gehalten. Dennoch festigte der radikale Jurist damals seinen Ruf als engagierter Anwalt für Virginias Rechte.

„Zwei Jahre dauerte es, bis eine Regierung in London wieder einen Vorstoß zur Besteuerung der Kolonien wagte. Lord Charles Townshend, Schatzkanzler des neu gebildeten Kabinetts Chatham, der von den Kolonien und ihren Eigenarten so gut wie nichts wußte, brachte ein Gesetz durch, das Farben, Glas, Papier und Tee auch in Amerika mit Steuern belegte, die, verglichen mit der Stamp Tax, tatsächlich als drückend empfunden werden konnten – um so mehr, als Townshend gleichzeitig die Schmugglerbekämpfung neu und wirksam organisierte."[4]

Wieder erregten sich die Gemüter des puritanischen Massachusetts, das sich seinem Ursprung nach gar nicht mit Politik beschäftigen, sondern vor allem seinen evangelischen Glauben leben wollte, als erste. Sein Repräsentatenhaus verschickte 1768 einen Rundbrief an die anderen zwölf Kolonien, worin es den *Townshend Act* verdammte, weil er wieder ohne koloniale Vertretung im Londoner Parlament zustande gekommen war.

Auch in Virginia wurde dieser neue *Act* hitzig diskutiert. Obwohl Washington genau darüber informiert war, worum es nun bei den Debatten im House of Burgesses ging – nämlich in welcher Form sich die Kolonie dem Protest anderer Kolonien anschließen solle –, hielt er sich davon fern. Inwieweit er zu sehr mit seinen ganz persönlichen Plänen, der Landspekulation am Ohio, befaßt war, oder sich einfach ganz opportunistisch keinerlei Blöße gegenüber den streng königstreuen Fairfax' und dem Gouverneur Fauquier, mit dem er ebenfalls freundschaftlich verkehrte, geben wollte, bleibt Spekulation. Fest steht, daß er damals in geradezu naiver Weise noch ganz des Königs Untertan war.

Wie weit er außerhalb des inneren Zirkels der zum Widerstand bereiten Virginier stand, zeigt folgende Begebenheit. Es war im April 1769, als er aus Maryland einen Bündel Dokumente zugespielt bekam, aus denen hervorging, daß man in Philadelphia und Annapolis einen erneuten Boykott englischer Waren in Erwägung zog, solange der Townshend Act in Kraft war. Darunter befand sich auch ein gleichlautender Beschluß aus Virginia. In völliger Unkenntnis, daß dieser Boykott-Plan von seinem Nachbarn George Mason entworfen worden war, übersandte er ihm die gesamten Unterlagen „zur Kenntnis".

Der Begleitbrief hierzu gilt indes als erster Meilenstein Washingtons auf dem Weg in die offene Rebellion. Denn dort schreibt er am 5. April 1769 an Mason: „Es scheint [nunmehr] höchst notwendig zu sein, daß etwas getan werden muß, um den Schlag abzuwehren und die Freiheit, die wir von unseren Vorfahren ererbt haben, aufrecht zu erhalten. Allein, wie man darauf am wirkungsvollsten antwortet, das ist hier die Frage.

Zwar sollte man meiner Meinung nach keinen Augenblick zögern oder Bedenken haben, zur Verteidigung einer solch wertvollen Segnung, von der alles Gute oder Schlechte im Leben abhängt, zu den Waffen zu greifen. Doch sollte Waffengewalt, das möchte ich ausdrücklich betonen, das letzte Mittel, das *dernier resort*, sein. Eingaben an die Krone und Protestschreiben an das Parlament, so wird gesagt, hätten sich als unergiebig erwiesen. Wie weit dann aber ihre Aufmerksamkeit für unsere Rechte und Privilegien erregt werden kann, indem wir ihren Handel und ihre Manufakturen aushungern, müßte einfach einmal ausprobiert werden."[5]

Dies sind die ersten Zeilen Washingtons, aus denen hervorgeht, daß er sich ein Erzwingen der „Rechte und Privilegien" mittels Waffengewalt vorstellen kann. Ein Riesenschritt vom schweigsamen, konservativen Abgeordneten hin zum Rebellen. Ohne es zu beabsichtigen, hatte er sich in seiner Welt von Mount Vernon im Grunde genommen schon längst vom Mutterland unabhängig gemacht. Indem er auf den Anbau und Verkauf von Tabak verzichtet hatte, hatte er auch die wirtschaftliche Abhängigkeit vom Mutterland gekappt. Und das übrige, was er brauchte, stellte er ohnehin auf seinem Gut selbst her.

George Mason, der Washington in Bildung, Vermögen, Geschmack und Kenntnis der Politik weit überlegen war, mag über die Einschätzung des ehemaligen Milizobersts geschmunzelt haben. Denn man kann sich des Eindrucks nicht erwehren, als habe Mason von langer Hand versucht, seinen bisher passiv gebliebenen Nachbarn von gutem Ruf endlich in die Politik einzubinden, der er sich über die vergangenen Jahre so geschickt entzogen hatte. Ja – nun hatte Mason ihn an der Angel. Geschickt ließ er bei Washington anfragen, ob dieser ihm nicht helfen könne, eine Liste von Gütern zusammenzustellen, die auf einem Boykott-Index stehen sollten. „Dem an die Einfuhr allerlei schöner Dinge aus London und Glasgow gewöhnten, verwöhnten Manne mag das nicht leicht geworden sein, wie ungern muß er auf Tee, den er sehr gerne trank, auf Wein, Zucker und so manches andere verzichtet haben!"[6]

Ob aus Gerechtigkeitssinn, aus Solidarität mit den Interessen der tonangebenden Männer Virginias oder einfach nur, um dem Nachbarn George Mason einen Gefallen zu tun – er kommt jedenfalls dem Wunsch nach und wird bei seinen Besuchen auf *Gunston Hall*, dem Herrensitz des breit belesenen Mason, von diesem allmählich mit den philosophischen und politischen Grundlagen der Freiheitsideale infiltriert.

Und der schlaue, kluge Mason brachte es außerdem fertig, Washington ganz nebenbei davon zu überzeugen, die von ihm aufgestellte Boykott-Liste doch selbst dem House of Burgesses zur Verabschiedung vorzulegen. Vieles spricht dafür, daß Washington unmerklich zum Werkzeug Masons wurde. Vielleicht hat er sich aber auch von der Überlegung leiten lassen, dadurch noch radikaleren Anträgen eines Patrick Henry vorzubeugen. Jedenfalls meldet er sich auf der ersten Frühjahrssitzung am 17. Mai 1769 auf der politischen Bühne von Williamsburg zur Überraschung vieler zurück. Seine hübsch mit geschraubten Loyalitätsfloskeln gegenüber König George III. garnierte Entschließung gegen die Einfuhr der besteuerten Waren aus England wird von der Versammlung von Virginia angenommen. Und prompt löst daraufhin der gerade in Williamsburg angekommene neue Gouverneur Lord Botetourt die Kammer auf!

Trotzig eilen die entlassenen Burgesses die Treppe hinab und kehren in der gegenüberliegenden Raleigh Taverne ein, wo sie mit feurigen Reden, unter dem Vorsitz Washingtons, eine Gesellschaft gegen den Import der besteuerten Artikel gründen. „Ich bin entschlossen, mich peinlichst genau danach zu richten", schrieb Washington kurz darauf seinem Londoner Agenten Cary.

Das alles hinderte ihn jedoch nicht daran, tags darauf anläßlich des Geburtstages der Königin im Palais des Gouverneurs zum Ball zu erscheinen und sich mit Lord Botetourt angeregt zu unterhalten, als ob nichts vorgefallen wäre. Sauber wußten er und der Gouverneur die politische und gesellschaftliche Sphäre zu trennen, ein Umgangston, wie er häufig in der Politik anzutreffen ist.

Nachdem die beiden politisch und wirtschaftlich tonangebenden Kolonien Massachusetts und Virginia ihren Boykott begonnen hatten, schlossen sich, mit Ausnahme New Hamphires, bis Ende des Jahres 1769

Das „Massaker von Boston" am 5. März 1770. Dieser Stich wurde ab 28. März in der Druckerei von Paul Revere tausendfach vervielfältigt und als antibritische Propaganda verbreitet. Rechts hinter den Soldaten erkennt man das königliche Zollhaus – versehen mit der Inschrift „Butcher's Hall" (Schlächter-Haus).

auch alle anderen Kolonien an. Anfänglich versuchte eine Reihe von Kaufleuten den Boykott zu unterlaufen. Doch im Handumdrehen setzten sie sich der Gefahr aus, selbst boykottiert zu werden. Sogenannte Patrioten führten Schwarze Listen. Und immer wieder schlugen die Sons of Liberty zu. Wer nicht gegen England war, wurde von ihnen brutal eingeschüchtert. In Massachusetts bildete sich auf diese Weise eine radikale Separatistengruppe heraus, die bemüht war, ein Netz von sogenannten Korrespondenten-Komitees über alle Kolonien auszubreiten. Führend blieb Boston, mit damals 15.000 Einwohnern die größte Stadt in Amerika und mit seinem Hafen der bedeutendste Umschlagplatz für den ganzen Handelsverkehr Neu-Englands. Hier kam es andauernd zu den heftigsten Ausschreitungen gegen englische Repräsentanten. Der Agitator Samuel Adams baute Boston gewissermaßen zur geistigen Burg des Widerstandes gegen alle Londoner Maßnahmen aus. Gereizt erhöhte der König die Truppenpräsenz in der unbotmäßigen Stadt, ein folgenschwerer psychologischer Fehler.

Gerade die augenfälligen Rotröcke zogen nun als Vertreter Englands Hohn und Spott auf sich. In der Nacht des 5. März 1770 passierte das Unglück. Einige Jungen bewerfen die britischen Schildwachen in der King's Street (heute State Street) mit Schneebällen und Eiszapfen. Skandallusterne Erwachsene stehen um die Gruppe herum und feuern die Jugendlichen zu immer neuen Hänseleien an. Alsbald fliegen auch Steine und Stöcke gegen die Grenadiere. Als einige aus der Menge den Soldaten gar die Gewehre entreißen wollen, feuern diese. Drei Männer sind sofort tot, acht andere werden verwundet, wovon zwei später ihren Verletzungen erliegen. Fünf Tote also fordert dieser Vorfall, der von den Sons of Liberty sofort als „Massaker von Boston" bezeichnet und wie ein Lauffeuer mittels zahlreicher drastisch illustrierter Flugblätter in allen amerikanischen Kolonien verbreitet wird. Als besondere Verhöhnung empfinden viele, daß die verantwortlichen Soldaten vor einem englischen Zivilgericht freigesprochen werden. Der Funke zum Aufstand ist gelegt, die Lunte brennt. Lediglich George Washington scheint von dem „Massaker" nicht berührt zu sein. In keiner seiner Aufzeichnungen aus der Zeit, auch später nicht, findet sich irgend ein Hinweis darauf. Der Historiker Flexner vermutet, daß Washington gerade jetzt, da es in den Kolonien gefährlich knisterte, „versuchte, sich so still und ruhig wie möglich zu verhalten".[7]

Während nun alle politisch engagierten Männer der Kolonien hektisch darüber nachdachten, wie auf diese britische Ausschreitung zu reagieren sei, träumt Washington vom Rauschen der Wälder jenseits der Blauen Berge, vom Reichtum der Wildnis am Ohio. Vielleicht ist seine Erkundungsreise an den Großen Kanawha auch eine Flucht vor den politischen Ereignissen jener Tage.

Der Weg in die Politik

In London zeigte man sich der ganzen amerikanischen Angelegenheit nicht gewachsen. Zwar strich das britische Parlament im April 1770 sämtliche Güter von der Steuerliste Townshends – mit Ausnahme des Tees! Dieser wurde belassen, einmal aus Prinzip und zweitens, weil er die höchsten Steuereinnahmen brachte. Obwohl es wie eine entschuldigende Reaktion Londons auf das „Massaker von Boston" aussah, war die fast vollständige Zurücknahme des Townshend Act in erster Linie auf die Klagen der Kaufleute von Liverpool und Bristol zurückzuführen, die durch den Boykott der Kolonien massive Einbußen erlitten.

Doch das Leben in den amerikanischen Kolonien war nach den vielen Unruhen um die Steuergesetze und dem nunmehr erfolgten „Massaker" nicht mehr das gleiche. Das Londoner Parlament hatte durch seine Politik seit Ende des Franzosen- und Indianerkrieges mehr zur Einigung der sonst oft so uneinigen Kolonien getan als irgend ein Agitator in den Kolonien selbst. Der erste Schritt dazu war zweifellos gewesen, daß die englische Regierung erstmals mit dem Navigation Act alle dreizehn Kolonien mit exakt der gleichen Steuer belegte, also in den so unterschiedlichen amerikanischen Kolonien eine Einheit sah. Und der Boykott von 1769 war die erste einheitliche Reaktion auf amerikanischer Seite.

Mit der Beibehaltung der Teesteuer zeigte man sich in London bemerkenswert blind und unsensibel gegenüber der Stimmung in den Kolonien. Man gestattete sich sogar noch Experimente. Als 1773 die englische East India Company vor dem Bankrott stand, erließ das Parlament zu ihrer Rettung den *Tea Act*, welcher der Gesellschaft das Verkaufsmonopol für Nordamerika übertrug. Der Preis für den Tee wurde dabei so niedrig wie möglich angesetzt, so daß er trotz Teesteuer noch den der holländischen Ostindien-Kompanie unterbot. Denn den Holländern wurde nachgesagt, im großen Stil Tee nach Amerika zu schmuggeln. Die Kolonialführung in London bezweckte damit aber noch etwas an-

THE DESTRUCTION OF TEA AT BOSTON HARBOR.

Boston Tea Party: Am 16. Dezember 1773 vernichten als Mohawk verkleidete Bostoner Bürger aus Protest gegen die Teesteuer drei Schiffsladungen mit Tee aus Ostindien.

deres: Sie ging davon aus, daß die Amerikaner nun auf jeden Fall den billigeren englischen Tee kaufen – und damit die Teesteuer anerkennen würden. Damit wäre das Argument „No taxation without representation" vom Tisch. Dieser Hintergedanke zeigt am deutlichsten, wie wenig Ahnung die britische Zentralregierung vom Geist ihrer Kolonien hatte. Denn in Amerika hielt man Disziplin und befolgte nach wie vor den Boykott. In New York, Philadelphia und Portsmouth blieb der Tee unverkauft liegen, verdarb oder mußte nach England weitergeschickt werden. Die Ausnahme bildete lediglich Boston, wo der Gouverneur ein persönliches Interesse an der Ostindien Company besaß und auf Erfüllung des Tea Act pochte.

Am 27. November 1773 traf die „Dartmouth", das erste von drei angekündigten Handelsschiffen der Ostindien Company, mit einer ungeheuren Teeladung im Hafen von Boston ein. Am 29. und 30. November fanden von Samuel Adams organisierte Massenproteste statt, und die

Ladung der „Dartmouth" konnte nicht gelöscht werden. Das Schiff lag mehr als zwei Wochen im Hafen fest. Die anderen beiden alsbald ebenfalls. Dann, in der Nacht zum 16. Dezember, verkleidete sich eine Gruppe von Kolonisten – die Schätzungen liegen zwischen sechzig und zweihundert – als Mohawk-Indianer, enterte mit Hilfe der Kolonial-Miliz die Schiffe und warf die gesamte Fracht im Wert von 18.000 Pfund Sterling in die trüben Wasser des Hafenbeckens. Diese offene Rebellion, in die Geschichte als *Boston Tea Party* eingegangen, markiert den Beginn der Amerikanischen Revolution.

Washington, der erst um den Neujahrstag 1774 von der Boston Tea Party erfuhr, war von der ganzen Sache gar nicht begeistert. Im Gegenteil, fürchtete er doch, daß diese „ungesetzliche Tat" den Briten einen Vorwand liefern würde, mit harter Hand durchzugreifen.

Und so kam es auch. Die Antwort aus London erfolgte diesmal schnell: mit den *Intolerable Acts*. Das Parlament hatte sich zu drastischen Maßnahmen entschlossen, um seine Autorität wieder herzustellen. Das Gesetzespaket bestand aus drei Punkten: Boston bekam seine Hafenrechte entzogen, solange, bis die Stadt Reue bezeigen würde. Und es wurde kategorisch die Auslieferung der an der Tea Party Beteiligten verlangt sowie die Erstattung des entstandenen Schadens. Boston antwortete auf die englischen Gesetze mit offenem Hohn und verweigerte jegliche Zusammenarbeit mit dem britischen Statthalter, Gouverneur Thomas Gage. Überall in den Kolonien traten die Provinzparlamente zusammen und verabschiedeten Resolutionen zugunsten Bostons. So auch in Williamsburg, wo Washington nun gemeinsam mit anderen Standesvertretern die Intolerable Acts verurteilte. Es war die Härte der englischen Gesetzesmaßnahmen, die ihn, den Zaudernden, seine Meinung über die Bostoner ändern ließ. Die Antwort des Gouverneurs von Virginia auf die Solidariätskundgebung des House of Burgesses fiel genauso aus, wie in den übrigen Kolonien. Die Kammer wurde aufgelöst. Wieder diente die Raleigh Taverne als inoffizielles Provinzialparlament, wo die Abgeordneten von Virginia, die ab jetzt stärker in den Vordergrund treten, die Verwirklichung einer alten Idee des Bostoners Samuel Adams aufgreifen; sie regen an, daß alle Kolonien Abordnungen zu einem gemeinsamen Kongreß entsenden, der sich jährlich zu Beratungen treffen soll. Die Virginier nennen dieses Treffen *Continental Congress* und bereiten eine Reihe von Resolutionen und Papieren vor, denen Washington teilweise zustimmt, während er andere Teile als nutzlos bezeichnet. Aber in diesem politischen Kräftespiel ist er nurmehr ein Mitläufer von George Mason und Patrick Henry, die jetzt mit Gleichgesinnten eine Reihe von Grundsätzen entwerfen, die auf dem Ersten Kontinental-Kongreß diskutiert werden sollen. Für das lang anhaltende Zögern und Zaudern Washingtons hatte der spitzzüngige Henry eine harte Erklärung: Er hielt Washington für „langsam im Denken, das kaum durch Erfindungsgeist oder Vorstellungskraft besticht, wohl aber durch sichere Entscheidungsfähigkeit".[8]

Dieses Urteil scheint ungerecht. Vielmehr gibt es zahlreiche Anhaltspunkte für die Annahme, daß Washington, je mehr sich die Krise mit dem Mutterland zuspitzte, nach rückwärts, auf „die gute alte Zeit" blickte und hoffte, es werde sich doch noch alles einrenken. Erst als zu den Intolerable Acts weitere schlechte Nachrichten hinzukamen, die seine persönlichen Zukunftspläne gefährdeten, neigte er sich allmählich den revolutionären Geistern zu: Da gab es zunächst den *Quebec Act,* der plötzlich das Gebiet zwischen dem Ohio und dem Mississippi, um das Washington ja so sehr bemüht war, der Gerichtsbarkeit des feudalen und katholischen Quebec in Canada unterstellte. Die Londoner Regierung stellte gewissermaßen mit einem Federstrich den Zustand vor dem Franzosen- und Indianerkrieg wieder her. Vollends ins Mark seiner Interessen getroffen fühlte sich Washington, als das rachsüchtige Londoner Parlament nunmehr erklärte, daß alle Rechtsansprüche für Land am Ohio, die die Regierung einst den Veteranen des Franzosen- und Indianerkriegs zugesichert hatte, nur noch für reguläre britische Feldzugsteilnehmer gelten sollten. Jetzt – jetzt erst war dem Landspekulanten Washington klar, daß er vom englischen Mutterland nichts mehr zu erwarten hatte. Sein Zögern war zu Ende.

Noch aber war er nicht auf der aktiven Seite der Rebellen zu finden, wenngleich die Burgesses von Virginia ihn in der Raleigh Taverne als einen der sieben Delegierten wählten, die die Kolonie auf dem *First Continental Congress* in Philadelphia vertreten sollten. Mit von der Partie war selbstverständlich der feurige Redner Patrick Henry, während auf den jungen Thomas Jefferson nicht genug Stimmen entfielen, um ihn auf die Reise zu schicken.

Washington ist im Gegensatz zu den anderen weder in aufgeregter noch in euphorischer Stimmung, sondern ausgesprochen melancholisch. Wie so oft in der Geschichte kündigen sich große Zeitenwenden in symbolischen Kleinigkeiten des Alltags an. Bevor er nach Philadelphia aufbricht, packt Sally Fairfax ihre Sachen und segelt mit ihrem Mann auf und davon, nach England. Sally hat in letzter Zeit des öfteren gekränkelt. Es wird vermutet, daß die Vierundvierzigjährige das heißschwüle Klima Virginias nicht mehr verträgt. Noch ist unklar, wann und ob sie zurückkehren wird. Ein Funken Hoffnung besteht, denn George William Fairfax annonciert den Herrensitz Belvoir zur Vermietung. Sämtliche Möbel aber werden – wie in Vorahnung – versteigert. Darum kümmert sich Washington, der aus Sallys Besitz selbst für 169 Pfund Sterling Gegenstände erwirbt, darunter die Polster und Kopfkissen ihres Bettes! Während sich alles um ihn herum plötzlich um Politik, um weitreichende, ja gefährliche Entscheidungen dreht, gibt sich Washington wieder einmal seinem Liebeskummer hin. Aus dieser trüben Stimmung heraus schickt er den gerade Abgereisten einen Brief hinterher. Der einstige Soldat sah darin dem heraufziehenden Waffengang mit Unbehagen entgegen:

„Gott alleine weiß, was uns bevorsteht bei so vielen derzeit über uns schwebenden Gefahren. Ein grausamer, blutrünstiger Feind in unserem Rücken, die Indianer, sie waren schon wieder in jede Menge Scharmützel mit unseren Grenzbewohnern verwickelt. Gegen sie ist ein allgemeiner Krieg wohl unausweichlich, während diejenigen, die uns von Rechts wegen beschützen sollen, sich alle Mühe geben, uns in despotischer Weise die Handfesseln der Sklaverei anzulegen. (...) Kurzum: Seit der Errichtung der ersten Siedlung in dieser Kolonie waren die Gemüter der Leute hier noch nie so sehr bewegt, unsere Lage noch nie so kritisch, wie jetzt."[9]

Am 4. September 1774 tritt nun, wie beschlossen, in Philadelphia, das seiner zentralen Lage wegen gewählt worden war, der erste gesamtamerikanische Kongreß zusammen. Alle Kolonien außer Georgia sind vertreten. Die Carpenters Hall, ursprünglich ein Zünftehaus, bot den Repräsentanten den nötigen Raum. Man begann die täglichen Sitzungen mit dem Gebet eines Geistlichen, das jeder in den Formen seines Bekenntnisses verrichtete. Alle Abgeordneten, so wird berichtet, seien vom Gefühl einer schicksalhaften Verbundenheit geeinigt, alle bisherigen interkolonialen Abneigungen abgelegt gewesen. Da kein Protokoll geführt wurde und allen Teilnehmern Schweigepflicht auferlegt war, sind nur einige bruchstückhafte Berichte erhalten geblieben. Einer Überlieferung zufolge wagte nach dem ersten Gebet zu Beginn des Kongresses niemand, das Wort zu ergreifen. Keiner hielt sich für würdig genug, die Versammlung zu eröffnen. Bis schließlich der nie verlegene Patrick Henry das fast beklemmende Schweigen bricht, mit einer Rede, die das den Kolonien angetane Unrecht schildert. Und schließlich steigert er sich zu den Worten: „Wir sind keine Virginier, New Yorker, Neu-Engländer, Pennsylvanier mehr, wir sind nur noch Amerikaner!"

Beifall braust auf. Zum ersten Mal war öffentlich der Überbegriff Amerikaner gebraucht worden und die amerikanische Geschichte war um ein typisches Henry-Zitat reicher.

Der Kongreß bildete zwei Komitees, um Beschlüsse auszuarbeiten. Keinem von beiden gehörte Washington an. John Adams aus Massachusetts hielt den virginischen Großgrundbesitzer zunächst für einen relativ unbedeutenden Hinterbänkler. Und das war er auch – zunächst. Washington meldete sich selten zu Wort, er hörte mehr zu. Silas Deane, ein Repräsentant aus Connecticut, erinnert sich immerhin, daß er „ein passabler Redner war (...), der sehr bescheiden spricht, in einer kühlen aber sehr bestimmten und akzentuierten Art und Weise".[10]

Washington selbst faßte seine Rolle auf dem Kongreß mit den Worten zusammen, er sei „ein aufmerksamer Beobachter und Zeitzeuge" gewesen. Siebzehn Schillinge gab er aus für ein paar politische Pamphlete aus dem Norden. Denn von den Bostoner Abgeordneten war er beeindruckt. Hatte er aufgrund des bisher Gehörten mit emotionsgeladenen Hitzköpfen gerechnet, mußte er nun in Philadelphia erkennen, daß die Großstädter zwar extreme Anschauungen vertraten, aber wohl klug genug waren, gegenüber den konservativen Vertretern des Südens gemäßigt aufzutreten. Und so schrieb Washington einem Freund in der britischen Garnison in Boston, „daß es eitel Verleumdung sei, wenn die Vertreter von Massachusetts auf dem Kongreß der Rebellion und des Strebens nach Unabhängigkeit bezichtigt" würden. Man sieht, noch auf diesem ersten Kontinentalkongreß war es der Wunsch der Mehrheit, extreme Schritte zu vermeiden.[11]

Mitte Oktober nahm die Versammlung, nachdem einige Delegierte schon wieder abgereist waren, eine „Declaration of Rights" an, die in erster Linie den amerikanischen Standpunkt gegenüber den Übergriffen der englischen Regierung in maßvoller Sprache zum Ausdruck brachte. Noch war keine Rede von Unabhängigkeit, wohl aber von den Rechten und Freiheiten der britischen Kolonisten. Der Kongreß unterstrich seinen Standpunkt, indem er dem Import-Boykott nun einen Export-Boykott hinzufügte.

Am 27. Oktober 1774 ging der erste gesamtamerikanische Kongreß mit dem Beschluß auseinander, sich im Frühjahr erneut zusammenzufinden, wenn bis dahin kein Einlenken Londons erfolgen sollte.

Minutenmänner:
Der Mitternachtsritt des Paul Revere

In England wurde die „Declaration of Rights" als kurz unterhalb der Kriegserklärung angesehen. Das freche Ultimatum der Kolonisten war unannehmbar. Vor allem das aufsässige Neu-England mußte jetzt in die Knie gezwungen werden, dann würden auch die übrigen Kolonien wieder zur Vernunft zurückkehren, dachte man in London. Das Parlament erklärte kurzerhand die Kolonien Massachusetts, Rhode Island und Connecticut im Zustand der Rebellion und verabschiedete den *Restraining Act*, ein Einschränkungsgesetz, mittels dessen den Neu-Engländern jeglicher Handel mit dem Ausland untersagt wurde. Alle Häfen in der Region wurden geschlossen, um die auf Fischerei und Walfang spezialisierten Kolonisten wirtschaftlich spürbar zu treffen.

Außerdem verlegte England zehntausend Soldaten nach Boston, für deren Einquartierung und Unterhalt die „Rebellen" bezahlen mußten. Eine nervöse Spannung macht sich in ganz Amerika breit. Illegal treffen sich wieder die Regionalparlamente, auch in Virginia, diesmal in Richmond, wo am 23. März 1775 Patrick Henry den Versammelten am Ende seiner flammenden Rede für die sofortige Bewaffnung einer Bürgermiliz den berühmt gewordenen Satz zuruft:

„Ich weiß nicht, wie sich andere entscheiden werden, aber für mich gibt es nur Freiheit oder Tod!"[12]

Wenig später spitzen sich die Ereignisse im Norden dramatisch zu: Gouverneur Thomas Gage, gleichzeitig General und Oberkommandierender der britischen Truppen in Nordamerika, erhält am 14. April 1775 vom britischen Kabinett die Order, die Rebellen-Anführer in Massachusetts zu verhaften, den „Mob zu zerstreuen" sowie bei Widerstand Truppen einzusetzen. Daraufhin befiehlt er Oberstleutnant Francis Smith, in der Nacht vom 18. April sein Bataillon von 700 Mann nach *Concord* in Bewegung zu setzen, wo die beiden Anführer Samuel Adams und John Hancock vermutet werden sowie ein großes illegales Waffenlager. Die Aktion soll rasch und im Geheimen durchgeführt werden. Doch die Bostoner „Sons of Liberty" verfügen über ein hervorragendes Spionage- und Informationsnetz. Sie bekommen Wind von dem Plan und informieren umgehend den Silberschmied und Drucker *Paul Revere*. Revere zählt seit langem schon zum inneren Kreis der Aufständischen in Massachusetts. Er schuf in seiner Werkstatt den bekanntesten Stich vom „Bostoner Massaker", er war einer jener „Mohawk", die die „*Boston Tea Party*" veranstalteten. Zu seinen engsten Freunden zählten Adams und Hancock. Mit einigen weiteren Getreuen in der Stadt vereinbart Revere, daß von der Kirchturmspitze der *Old North Church* Signal gegeben werden soll, sobald die britischen Truppen Boston verlassen, und zwar soll eine Laterne aufgestellt werden, wenn die Rotröcke über Land gegen Concord vorrücken, und zwei, wenn sie den direkten Weg über das Wasser nehmen würden.

Am 18. April abends ist es dann soweit. Paul Revere schwingt sich auf ein geliehenes Pferd, um die Getreuen in Lexington und Concord zu warnen. Es ist zehn Uhr abends, als er die Stadt verläßt.

„Nachdem ich am Charlestown Neck vorbeigekommen war", erinnert sich Revere über zwanzig Jahre später in einem Brief, „sah ich zwei Reiter unter einem Baum. Als ich näher kam, entdeckte ich, daß es sich um zwei britische Offiziere handelte. Einer versuchte sofort, mir zuvorzukommen, der andere wollte mich ergreifen. Umgehend wendete ich mein Pferd und galoppierte zurück Richtung Charlestown Neck und dann Richtung Medford Road. Der eine, der mich verfolgte und mir den Weg abschneiden wollte, landete in einer Lehmkuhle. (...) In Medford weckte ich den Hauptmann der Minutenmänner, und danach machte ich jedes Haus wach, bis ich Lexington erreichte."[13]

Da war es schon Mitternacht, und so erhielt der berühmt gewordene Ritt durch die Nacht seinen Namen.

John Hancocks und Samuel Adams werden geweckt und fliehen. Dann bricht Revere um ein Uhr nachts gemeinsam mit zwei Gefährten auf, um auch die Menschen in Concorde zu warnen. Doch in dieser Nacht sind viele munter, auch eine britische Kavallerie-Patrouille. Ihr fällt Revere diesmal in die Hände. Einer der beiden anderen kommt durch.

Im Morgengrauen des 19. April erreichen die aus Boston anmarschierenden britischen Truppen *Lexington*. Hier erwartet sie Hauptmann John Parker mit seinen Minutenmännern, einer Bande irregulärer, seit Jahren heimlich aufgestellter und ausgebildeter Freiwilliger, die, wo immer

Paul Reveres Mitternachtsritt: „Ich weckte jedes Haus auf, bis ich Lexington erreichte." Gemälde von W. R. Leigh.

sie sich auch befanden, ob auf dem Feld oder zu Hause, stets bereit waren, innerhalb einer Minute alles liegen und stehen zu lassen, um die Heimat zu verteidigen. Was sie jahrelang geübt haben, wird nun auf die Probe gestellt. Hauptmann Parker gibt das Kommando aus: „Nicht feuern, bevor auf uns geschossen wird. Aber wenn sie Krieg haben wollen, dann soll er hier beginnen!"[14]

Kein Mensch weiß mehr, wer dann den ersten Schuß abgefeuert hat. In dem nun folgenden Scharmützel jedenfalls ziehen die Minutenmänner den Kürzeren. Sie haben acht Tote zu beklagen und zehn Verwundete, die Briten nur einen Verwundeten. Zügig marschieren die Rotröcke nun auf *Concord* zu, unterwegs ständig aus dem Hinterhalt beschossen von Minutenmännern. In Concord kommt es dann zu einem neuerlichen „Show Down". Geführt von General Heath zeigen sich die Minutenmänner und Bürgermilizen nun von einer besseren Seite. Es kommt zu einem mörderischen Gemetzel. Unter heftigem Beschuß heben die Rotröcke zwar das illegale Waffenlager aus, bezahlen dafür aber mit 73 Gefallenen und doppelt so vielen Verwundeten, während die Minutenmänner rund vierzig Tote und ebenso viele Verwundete in ihren Reihen hinnehmen müssen. Noch am gleichen Tag ziehen sich die Briten eiligst zurück, da die Minutenmänner stündlich Verstärkung erhalten. Die Schüsse von Lexington haben die Umgebung aufgescheucht. Wer von den Kolonisten eine Waffe hat, richtet sie nun gegen die Briten, die sich in Boston verschanzen.

George Washington hörte auf Mount Vernon von dem blutigen Zusammenstoß in Lexington bereits eine Woche später, am 27. April 1775. Kurz darauf berichtete ein reitender Bote, daß britische Marines in Williamsburg gelandet seien und das Gewehrpulver aus dem Magazin der Miliz von Virginia beschlagnahmt hätten. Die Miliz erwartete nun, daß Washington Befehl geben würde, etwas dagegen zu unternehmen. Doch Washington schwieg. Es war wieder Patrick Henry, der die Inititative ergriff und mit einer Milizkompanie den Gouverneur zwang, das beschlagnahmte Pulver zurückzugeben.

Voller Verachtung äußerte sich der damals fünfundzwanzigjährige Jurist James Madison, der später vierter Präsident der Vereinigten Staaten wurde, über Washington als „einen jener Tidewater-Gentlemen, die, weil im Falle eines Bürgerkrieges ihr Besitz an exponierter Stelle steht, nun kleinmütig sind, eine Haltung, die überhaupt nicht mit ihren Berufen oder ihrem Ruf als große Virginier übereinstimmt".[15]

Während Virginia nach Henrys Eingreifen wieder in eine dösige Südstaatenruhe zurückfällt, hält der Aufruhr in Neu-England an. Immerhin – dort ist ja Blut geflossen. Die Rebellen heben rings um Boston Schützengräben aus, die Stadt wird belagert. Wie soll es weitergehen?

General der Freiheitskämpfer

Dies ist die Stimmung, in der Washington zum Zweiten Kongreß, dem *Second Continental Congress*, reist. Der Tag des Aufbruchs, der 4. Mai 1775, beginnt ungewöhnlich heiß. Warmer Wind aus dem Süden kräuselt die silbrig glitzernden Fluten des Potomac. Der Horizont ist verhangen. Die diesig-schwüle Luft lastet schwer über Mount Vernon. Irgend etwas Bedrohliches kündigt sich an. Martha und George stehen sich schweigend gegenüber. Wie so oft. Vor ihnen ein schwerer Koffer. Martha weiß, daß darin auch die alte Miliz-Uniform ihres Mannes eingepackt ist. Was mag das bedeuten? Wie weit wird ihr George gehen? Draußen im Hof klirrt das Geschirr von vier Pferden. Die Überland-Kutsche ist da. Verlegen greift Martha nach den Rockaufschlägen ihres Mannes. Wird es eine längere Trennung geben? Vielleicht sogar für immer? Mit ernstem Gesicht nickt George ihr zu, dann schreitet der große Mann gelassen zur Tür hinaus, wo ihn ein weiterer Abgeordneter aus Virginia, Richard Henry Lee, aus der Kutsche aufmunternd begrüßt. Der Postillion schließt den Wagenschlag, erklimmt eines seiner vorderen Pferde, die Räder setzen sich ächzend in Bewegung, wirbeln Staub auf – und die schwerste Herausforderung Washingtons hat begonnen.

Wenige Tage später, in Philadelphia, ist der Teufel los. Blaskapellen ziehen durch die Straßen und spielen Marschmusik. Hunderte von freiwilligen Milizionären strömen in die Stadt, zu Fuß oder zu Pferde, alle mit eigenen Waffen ausgestattet: Bürger, Bauern, Reiche, Arme, und immer wieder bärtige Fallensteller im Hirschlederrock mit langer Pennsylvania-Büchse in der Hand.

War die Atmosphäre des ersten gesamtamerikanischen Kongresses politisch geprägt gewesen, wird die des zweiten nun durch und durch militärisch. Washington wird dieses Mal gleich in ein Komitee gewählt, in dem militärische Vorbereitungen in und um New York besprochen werden. Weitere Militär-Komitees folgen. Washington trägt jetzt jeden Tag seine rot-blaue Uniform, was auf einige Abgeordnete exzentrisch wirkt.

Doch sein Rat, seine Kriegserfahrung sind gefragt. Er wird beauftragt, Pläne auszuarbeiten, wie man Gewehr- und Kanonenpulver beschaffen kann, was zu tun ist, eine gemeinsame Armee aufzustellen sowie Regularien für solch eine Armee zu formulieren. Und dennoch war die Mehrheit immer noch für eine gütliche Regelung mit dem Mutterland. Washington faßt die Stimmung trefflich zusammen: „Welch ein Unglück, daß des einen Bruders Schwert in die Brust des anderen Bruders gesenkt wurde. Und daß die einst glücklichen und friedlichen Weiten Amerikas entweder mit Blut getränkt oder von Sklaven bewohnt werden. Welch traurige Alternative! Aber vor diese Wahl gestellt, kann da ein rechtschaffener Mann zögern?"[16]

Zunächst einigte sich der Kongreß darauf, seine Loyalität gegenüber dem König dadurch zu beweisen, daß er alle Kolonien anwies, keinesfalls britische Truppen anzugreifen, sondern sich nur gegebenenfalls zu verteidigen. An New York sprach man die Empfehlung aus, keinen Widerstand gegen die mögliche Landung neuer Truppen zu leisten.

Doch nicht alles läßt sich vom Kongreß so steuern, wie er gerne möchte. Die Versammlung wird hochgeschreckt durch die Nachricht, daß zwei Hitzköpfe, Benedict Arnold aus Connecticut und Ethan Allen aus New York, das Fort Ticonderoga erobert haben und besetzt halten. Das Fort nimmt eine Schlüsselposition ein. Mit ihm kann man eine mögliche Invasion von englischen Truppen aus Canada verhindern. Die Bostoner Belagerung dauert an. Dem Kongreß wird klar: Man geht in einen Kampf, und dafür braucht man einen militärischen Führer, einen, der sich darin auskennt, wie man die Briten besiegen kann.

Für diese Aufgabe bieten sich eine Reihe von geeigneten Vertretern der Versammlung an, allen voran John Hancock aus Massachusetts. John Adams ist es, der die Aufgabe übernimmt, einen Kandidaten auszuwählen, auf den sich eine Mehrheit der Delegierten zu einigen vermag. Das Lächeln im Gesicht Hancocks, mit dem er bis zuletzt der Nennung seines Namens entgegensieht, gefriert zur Grimasse, als Tom Johnson aus Maryland in Übereinstimmung mit John Adams Oberst Washington aus Virginia zur Wahl vorschlägt.

Zu seiner Überraschung sieht sich Adams aber noch zu einer kurzen Verhandlung hinter verschlossener Tür genötigt. In der virginischen Delegation gibt es einige Dissidenten, die überhaupt nichts von Washington halten. Abgeordnete aus Connecticut halten ihn für zu zurückhaltend. Doch Adams versteht es, diesen Abweichlern den Druck der äußeren Gefahr vor Augen zu führen. Immerhin – und das bestreitet niemand – ist der militärische Ruf Washingtons einwandfrei. Außerdem halten es Adams und Johnson zum Wohle der gemeinsamen Sache für besonders wichtig, einem Südstaatler das Oberkommando zu übertragen, weil sie glauben, daß sich dadurch der gesamte stolze Süden besser in die künftig zu erwartenden Auseinandersetzungen eingebunden fühlt. Die Rechnung geht auf. In geheimer Wahl wird Washington am 15. Juni einstimmig zum Oberkommandierenden einer noch aufzustellenden gesamtamerikanischen Armee gewählt. Er erhält den Rang eines Generals.

In seiner Rede vor dem Kongreß, tags darauf, dankt er mit erstaunlich leiser, leicht zitternder Stimme für das ihm entgegengebrachte Vertrauen. Gleichzeitig bittet er, es ihm nicht zu verübeln, sollte er nicht alle Erwartungen erfüllen, denen er sich selbst nicht gewachsen fühle.

Der Kongreß beschließt außerdem, daß die Kolonien eine Union bilden, in der nur der Kongreß das Recht hat, Krieg zu erklären oder Frieden zu schließen. Ein Ausschuß von zwölf Männern bekommt die Exekutivgewalt übertragen. Als nächstes führt die Versammlung eine neue Währung ein, den Dollar. Er soll die Aufschrift „The United Colonies" tragen.

Schließlich wird das vor Boston liegende Belagerungsheer der neu-englischen Rebellen zum Kern der gesamtamerikanischen Truppen, die künftig *Continental Army*, Kontinentale Armee heißen sollen, erklärt und dem Oberbefehlshaber unterstellt. Mehrere militärische Unterführer werden im Einvernehmen mit Washington ernannt. Für seine Mühen bewilligt der Kongreß ein Monatsgehalt von 500 Dollar. Doch Washington verzichtet in bescheidener, großzügiger Weise. Geld hat er wahrlich genug. Nur seine Auslagen will er erstattet bekommen.

„Damit glaubte dann der Kongreß für eine Weile genug getan zu haben; er erklärte sich zur permanenten Institution, widmete seine Aufmerksamkeit aber mehr den Schönheiten von Philadelphia und Umgebung und ließ sich's wohl sein."[17]

Einer Anekdote zufolge soll Washington zu seinem Landsmann Patrick Henry kurz nach seiner Wahl zum Oberbefehlshaber gesagt haben: „Dies ist der Anfang des Niedergangs meines guten Rufes."

Inwieweit er sich über dieses schwere Amt gefreut hat, ist nicht bekannt. Böse Zungen behaupten, wenn ihm die Briten noch in dieser Stunde ein Offizierspatent als englischen Oberst ausgestellt hätten – sein alter Traum! –, wäre er glatt noch umgeschwenkt. Dem Brief an seine

Frau, einer von den beiden einzigen erhalten gebliebenen, kann man jedenfalls keine Euphorie entnehmen:

„Du kannst mir glauben, daß ich diese Ernennung nicht gesucht habe, ihr vielmehr nach Kräften ausgewichen bin, nicht nur wegen meines Wunsches, mich nicht von Dir und der Familie zu trennen, sondern auch aus dem Bewußtsein heraus, daß die mir nun anvertraute Aufgabe über meine Kräfte geht. Ich finde mehr wahres Glück in einem Monat, mit Dir zu Hause verbracht, als ich jemals draußen zu finden hoffen kann, und wären es siebenmal sieben Jahre, die ich fortzubleiben hätte. Aber da es wohl die Vorsehung war, die dieses Los für mich ausersehen hat, hoffe ich, daß mein Unternehmen bestimmt ist, einem guten Zweck zu dienen.

Ich vertraue der Vorsehung, die mich bisher beschützt und sich mir freundlich gezeigt hat, und zweifle nicht daran, daß ich im Herbst unversehrt zu Dir zurückkehren werde. Die Mühen und Gefahren des Feldzuges werden mich nicht kümmern; betrübt macht mich nur der Gedanke, daß Du Dich einsam fühlen und darunter leiden wirst. Ich bitte Dich deshalb, nimm alle Kraft zusammen und gib Dir Mühe, diese Zeit so angenehm wie nur möglich zu verbringen. Nichts wird mich mehr erfreuen, als wenn ich darüber Gutes erfahre, und aus Deiner eigenen Feder erfahre."[18]

Er schreibt zahlreiche weitere Briefe in jenen Tagen. Es sind im Grunde genommen Abschiedsbriefe, die erahnen lassen, daß der einstige militärische Heißsporn beträchtlich abgekühlt ist bei dem Gedanken, welche Aufgaben da vor ihm liegen. An seinen jüngeren Bruder John Augustin, der ihm nach Lawrences Tod zum Lieblingsbruder geworden ist, richtet er folgende Zeilen: „So sage ich nun also Dir und jeder Art häuslichen Wohlbehagens für eine Weile Lebewohl. Ich fahre über ein weites Meer, uferlos anzusehen, in dem sich vielleicht kein sicherer Hafen befindet."[19]

Dann geht es endlich los. Wieder reitet Washington nach Norden, diesmal nicht als Bittsteller, sondern als General, begleitet von einer glänzenden Eskorte seiner Kommandeure und vielen Offizieren. Er will in Boston das Kommando übernehmen. Was er zu Beginn dieses Krieges Gott sei Dank nicht weiß, ist, daß von den fünf seiner engsten, vom Kongreß ernannten Unterführer – Lee, Gates, Schuyler, Reed und Mifflin – sich vier am Ende als Gegner und Neider erweisen werden.

Kaum haben sie Philadelphia verlassen, sprengt ein Reiter der Kavalkade entgegen. Er will sich an dem großen Stab von Militärs vorbeidrängen, als ihn einer der jungen Offiziere Washingtons anhält. Dieser erfährt, daß der Reiter direkt vom Kriegsschauplatz im Norden kommt, mit wichtiger Nachricht für den Kongreß. Da befiehlt der Offizier dem verdutzten Boten, der von den jüngsten Entscheidungen des Kongresses noch keine Ahnung hat, seinem General Meldung zu machen. Der Mann zieht seinen Dreispitz vor Washington: „Wir haben auf dem *Bunker Hill* bei Boston eine Schlacht geschlagen und den Ministeriellen schwere Verluste beigebracht. Die Milizen haben glänzend gefochten."

Der General wendet sich im Sattel um und blitzt seine Offiziere mit seinen stahlgrauen Augen an: „Meine Herren, die Freiheit des Landes ist in guten Händen."[20]

6
Der geschickte Feldherr

Der vielleicht am stärksten ausgeprägte Teil seines Charakters
war Vorsicht. Niemals unternahm er etwas,
bevor er nicht alle Umstände und Überlegungen genauestens
gegeneinander abgewogen hatte.
… Wenn er sich aber einmal entschieden hatte,
setzte er sein Vorhaben rigoros gegen jedwede Widerstände durch.
THOMAS JEFFERSON

Yankee Doodle: Die Lumpenarmee

„Dies sind jetzt Zeiten, in denen der Mut von Männern wirklich auf die Probe gestellt wird", schrieb der radikale englische Denker Thomas Paine, der sich bereits 1774 auf die Seite der amerikanischen Revolutionäre gestellt hatte und diese durch meinungsbildende Schriften ermutigte, für ihre Rechte einzustehen. Und weiter sah er vorher: „Der Sommer-Soldat und der Sonnenschein-Patriot werden im Dienste ihres Landes nun ganz schön zusammenschrumpfen."

Was Paine damit zu Beginn der Revolution meinte, sollte George Washington in den kommenden acht Kriegsjahren noch zur Genüge erfahren. Allzu oft sollte *sein* Mut geprüft werden im Umgang mit „Sommer-Soldaten", die ihm davonliefen, wenn die ersten kalten Regenstürme den Winter ankündigten, und mit „Sonnenschein-Patrioten", die immer nur dann für die amerikanische Sache begeistert waren, wenn das Kriegsglück auf Washingtons Seite stand. Er wird in den kommenden Jahren häufig kritisiert werden: für militärische Fehlentscheidungen, für Niederlagen, für Naivität in personalpolitischen Fragen. Aber eines ist am Ende der „amerikanischen Sache" gewiß: Ohne seinen eisernen Willen zu gewinnen, ohne sein bravouröses Durchhaltevermögen, seine Fähigkeit, den niedrigsten Milizsoldaten für sich zu begeistern – oft mehr als seine Offiziere –, kurz: ohne sein in den Indianerkriegen ausgeprägtes Verständnis für den einfachen Mann und seine geniale Führerpersönlichkeit wäre die amerikanische Revolution gescheitert. Das

THE HORSE AMERICA, *throwing his Master.*

Pub.d as the Act directs, Aug.t 1.st 1779, by W.m White, Angel Court, Westminster.

Das „Pferd Amerika" wirft seinen Reiter König George III. ab. Karikatur aus dem Jahr 1779. Rechts im Hintergrund symbolisiert ein Kavalier mit Lilienbanner die französische Hilfe für Amerika.

haben auch am Ende all jene anerkannt, die im vom Kriegsschauplatz entfernten sicheren Kongreß große Reden geschwungen und kluge Papiere verfaßt, aber nie ein Gewehr gehalten haben.

Doch bis es soweit war, mußte Washington mehr Enttäuschungen, darunter die bittersten seines Lebens, hinnehmen als Erfolge. Mehrfach erschien er wie gelähmt angesichts der Tatsache, daß die amerikanische Revolution im Grunde genommen keine war. Revolution – das bedeutet eigentlich einen heftigen, aber kurzen gewaltsamen politischen Umsturz. Insofern ist die englische Bezeichnung „Amerikanischer Unabhängigkeitskrieg" die richtige. Da den Amerikanern aber der „revolutionäre Charakter" ihres Kampfes gegen die britische Kolonialmacht wichtiger erscheint, sprechen sie bis heute von der *„American Revolution"*.

232

Daß die ganze Angelegenheit von anderen nicht mit dem gleichen, von ihm gewünschten Schwung betrieben wurde, erfuhr Washington schon auf seinem Weg an die Front. In New York, wo man ihn freundlich empfing, wurde er zu einer Ansprache vor dem Provinzial-Kongreß sowie zu mehreren Hintergrundgesprächen und Essen genötigt, die er aus Gründen der Etikette nicht umgehen konnte. New York war nach Boston die wichtigste Stadt der Yankees. Hier saßen radikale Rebellen ebenso wie eingefleischte, königstreue „Tories". Am gleichen Tag, an dem er die Stadt betrat, erreichte auch der neue Gouverneur William Tryon New York – auf einem Königlichen Kriegsschiff. Hastig fand eine kurze Lagebesprechung statt, bei der sich Washington, der weder die New Yorker Politik noch ihre treibenden Kräfte kannte, voll und ganz auf seinen Mitstreiter General Philip Schuyler verließ. Schuyler war New Yorker, hatte ebenfalls im Franzosen- und Indianerkrieg gekämpft und war seit langem im Widerstand gegen die Briten tätig. Eigentlich wäre jetzt Washingtons Meinung als *Commander in Chief* gefragt gewesen. Doch er fühlte sich selbst unter Druck, schleunigst nach Boston zu eilen, und übergab Generalmajor Schuyler das Kommando über die Stadt, mit dem Auftrag, „ein waches Auge" auf Tryon zu halten. Sollte der Gouverneur damit beginnen, die Königstreuen (Tories) zu bewaffnen und mit ihnen die Politik des Kongresses zu bekämpfen, müßte der Gouverneur möglicherweise unter Arrest gestellt werden. Im übrigen solle er nach eigenem Gutdünken und nach seinem „eigenen guten Gespür" handeln, auch was britische Truppenbewegungen aus Canada anbelangte, die durch New York kommen mußten. Mit diesen ersten wichtigen Befehlen legte Washington naiverweise den Grundstein für eine gefährliche Intrige gegen sich selbst. Er kannte Schuyler nicht, und dennoch überließ er es ihm, „nach eigenem Gutdünken" zu entscheiden.

Kein Wunder, daß dieser sich im Stillen dachte, ob er nicht gleich den gesamten Oberbefehl übernehmen könnte. Washingtons in Eile getroffene Entscheidung sollte sich bitter rächen. Nach gerade einmal vierundzwanzig Stunden hastete er mit seiner Eskorte von leichtberittenen Philadelphiern, seinen Offizieren und Dienern weiter nordostwärts, dem Kriegsschauplatz entgegen.

Am 3. Juli 1775 übergibt ihm in *Cambridge*, dicht westlich vor den Toren Bostons, das schon damals eine kleine Universitätsstadt war, der bisherige Kommandant der Belagerungstruppen, General Artemas

Ward, den Oberbefehl. Auch in Ward trifft Washington einen Neu-Engländer, der glaubt, daß eigentlich ihm das Oberkommando über die Kontinentale Armee zugestanden hätte. Immerhin führt er seit Concord das Rebellenheer. Washington weiß indes um diese Eifersüchtelei und ernennt Artemas Ward kurzerhand zu seinem Stellvertreter. Damit ist das Rivalitätsproblem erst einmal aus der Welt.

Die Kommandoübergabe erfolgt nicht ohne Pomp. General Ward hat eine Parade organisiert, die an ihm und Washington vorbeidefiliert, während beide Herren Generäle unter einer stattlichen Ulme stehen, die in der Juli-Hitze angenehmen Schatten spendet. Prompt wurde der alte Baum berühmt, so wie viele andere Stätten, auf die der Revolutions-Held seinen Fuß setzte oder sein Haupt niederlegte. Als „Washington-Ulme" zog das knorrige Gewächs geschichtsbewußte Besucher bis 1923 an. Dann mußte der Baum gefällt werden. Seither findet sich an dieser Stelle eine Bronzetafel, die auf das Ereignis hinweist.

Nach der Kommandoübergabe erkundet Washington sogleich die militärische Lage. Was hatte sich in den letzten zweieinhalb Monaten seit den ersten Schüssen in Lexington und Concord zugetragen?

Die Aufständischen, binnen kurzem auf 20.000 Mann angeschwollen, hatten bei Cambridge ihr Hauptquartier aufgeschlagen und in einem beiderseits davon weit ausholenden Halbkreis Boston eingekesselt. Die 15.000 Engländer in der Stadt steckten wie in einer Flasche und die Amerikaner bildeten den Stopfen. So hat einmal ein alter Chronist die Situation gekennzeichnet[1], wenngleich zur Vollständigkeit hinzugefügt werden muß, daß die Flasche am anderen Ende nicht ganz abgedichtet war. Die Stadt Boston wurde über ihren Hafen von der britischen Flotte nach wie vor mit allem Nötigen versorgt.

Nördlich gegenüber Boston liegt eine hügelige Halbinsel, Charlestown Neck, benannt nach dem kleinen Ort gegenüber von Boston. Die Amerikaner besetzten beide Hügel, Bunker Hill und Breed's Hill, von wo aus man einen guten Einblick auf die Stadt hatte und Kanonen gut in Stellung bringen konnte, um die Rotröcke zu beschießen. Am 17. Juni wollten sich die Engländer aus dieser prekären Lage befreien, setzten in Schiffen über das schmale Wasser und griffen frontal an. Geführt von General William Howe, gelang es den Briten erst beim vierten Ansturm, die Höhen zu nehmen und die Amerikaner aus ihnen Schanzen zu vertreiben. Die amerikanische Geschichtsschreibung ist es seither gewohnt, von der *Schlacht am Bunker Hill* zu sprechen. Für die Engländer war es ein Pyrrhussieg mit allen Nachwirkungen einer Niederlage: Sie hatten 1.500 Tote und Verwundete von 2.000 ins Gefecht geschickten Soldaten zu beklagen. Die Aufständischen nur 450 Tote.

Danach bleibt es wieder ein Patt. Untätiges Belauern beider Seiten. Man wartet. So ist die Lage, als der neue Chef seine Truppen inspiziert. Was er da zu sehen bekommt, erinnert fatal an seine Obdachlosen-Truppe aus dem Jahre 1757: ein bunter Haufen aus Minutenmännern, Milizen aus den Neu-England-Kolonien, freie Kleinbauern – Yeomen genannt –, Jäger, Trapper, abenteuerlustige Kleinbürger aus umliegenden Ortschaften. Dazwischen Offiziere in Phantasie-Uniformen. Die Truppe ist ständig in Bewegung. Niemand weiß genau, wieviele Amerikaner wirklich vor Boston liegen. Viele Yeomen gehen zwischendurch nach Hause, um die Felder abzuernten, Trapper und Waldläufer kommen und gehen nach Lust und Laune. Offen urteilt Washington über diese „Soldaten": Sie seien „ein rauher Miliz-Haufen mit schlechten Offizieren und ohne Führung". Und diese Truppe ist nun der Kernbestand seiner *Continental Army*!

Washington richtet zunächst ein eigenes Hauptquartier ein, im Hause Samuel Langdons, des Präsidenten der Harvard-Universität. Im patriotischen Überschwang hat Langdon sein Heim bis auf ein kleines Zimmer für sich geräumt und dem neuen Armee-Chef zur Verfügung gestellt. Hier berät sich dieser umgehend mit seinem Stab. Nicht nur, weil Kriegsrat zum Standard der militärischen Praxis des 18. Jahrhunderts gehörte, sondern auch, weil der Kongreß ihn dazu klar verpflichtet hat. Denn so manch Älterer im Kongreß erinnerte sich daran, daß Washingtons militärische Erfahrungen aus dem Franzosen- und Indianerkrieg auf regionale Aktionen begrenzt waren, er damals nie einen Gesamtüberblick über das Kriegsgeschehen gehabt hatte. Nun soll er auf jeden Fall den Rat seiner obersten Offiziere einholen und – die Mehrheit entscheidet!

Washington, der darauf drängt, das nervenaufreibende Patt mit einem groß angelegten Angriff zu beenden, wird überstimmt. Sein Generalstab gibt zu bedenken, daß jeder Angriff von der „mobilen Artillerie" der Briten, den Kriegsschiffen, jederzeit an jeder Stelle zusammengeschossen werden könnte. Außerdem hoffen die Neu-Engländer immer noch auf ein Zeichen des guten Willens aus England. Sie bauen auf König Georg III., der sich bisher noch nicht zur amerikanischen Rebellion geäußert hat. Ihr Haß zielt einzig und allein gegen das Londoner Parlament und das Kolonialministerium, weshalb die britischen Soldaten zu Beginn des Krieges auch „Ministerielle" genannt werden.

Washington fügt sich dem passiven Ausharren nur zähneknirschend: „Alle Generäle dieser Welt hätten mich nicht davon überzeugen können, den Angriff auf Boston zu verschieben."[2]

Wie falsch Washington mit seinem Tatendrang hier lag, mag aus den Erinnerungen des britischen Generals Howe hervorgehen, der nach seinem verlustreichen Angriff auf Bunker Hill davon überzeugt war, daß die einzige Hoffnung, der verfahrenen Lage im Kessel zu entkommen, für ihn darin bestand, „sie zu einem Angriff zu reizen".[3]

Denn der britische Oberkommandierende Gage dachte seinerseits keinesfalls mehr daran, seine Soldaten in einem Sturm gegen das mörderische Feuer der Rebellen verbluten zu lassen. Schon das Scharmützel in Concord, erst recht die Schlacht am Bunker Hill hatten erwiesen, daß die Amerikaner bei weitem die besseren Schützen waren. Warum? Damals konnte jeder Amerikaner mit einem Gewehr umgehen. Noch befand sich selbst die Ostküste im Pionierstadium. Auf dem Land gingen noch viele Männer selbst auf die Jagd. Dann die Trapper und Waldläufer, zweifellos die geübtesten Scharfschützen. Ein ganzes Bataillon von ihnen aus Pennsylvania erreichte in den nächsten Wochen Boston. Der britische Nachrichtendienst dürfte diese Verstärkung für Washingtons Kontinentale Armee mit Respekt zur Kenntnis genommen haben. Die Waldläufer und Grenzer sind es, die die eigentliche militärische Elite Washingtons darstellen. Wenn sie nur nicht so schrecklich undiszipliniert wären.

Der Schützenerfolg dieser rauhen Gesellen aus der amerikanischen Wildnis wird unterstützt von einer in eben dieser Wildnis entwickelten Waffe, der die britische Armee damals nichts Vergleichbares entgegenzusetzen hatte: der langläufigen Pennsylvania-Büchse, später auch Kentucky-Büchse genannt.

Diese langen Vorderlader waren nichts für jedermann. Nur geübte Schützen konnten damit auf 180 Meter Entfernung ein Tier oder einen Menschen töten. Washington zeigte sich einmal tief beeindruckt, daß es einem Schützen noch auf 350 Meter gelang, ein 20 mal 25 Zentimeter großes Stück Papier mit drei von fünf Schüssen zu treffen.[4] Zum Vergleich: Eine Muskete der britischen Armee schoß eine Kugel nur 130 Meter weit, und schon auf 40 Meter war nicht mehr mit einem Treffer zu rechnen. Deshalb waren alle Musketen mit einem Bajonett versehen, da sich die britischen Soldaten aufgrund der geringen Reichweite ihrer Schußwaffen auf Nahkampf einstellten. Die Amerikaner nun machten dieser Gefechtsweise mit ihren langen Büchsen einen gehörigen Strich durch die Rechnung.

Im Laufe des Krieges schafften geschäftstüchtige Patrioten außerdem auf Schmugglerschiffen neueste französische Steinschloßgewehre für die Kontinentalarmee heran, die den britischen Musketen ebenfalls überlegen waren, so daß die Amerikaner von Anfang bis Ende des Krieges eine überlegene Feuerkraft besaßen.

Um dem Nichtstun entgegenzuwirken, konzipiert und erläßt Washington als nächstes militärische Regeln. Soldaten sollen Offiziere grüßen – eine schwer durchzusetzende Neuerung. Disziplin ist jahrelang das größte Problem. Am schwierigsten sind die Truppen aus Massachusetts und Connecticut. Sie wollen sich von dem Südstaatler nichts sagen lassen. Mustergültig hingegen die paar Regimenter aus Rhode Island unter der Leitung des jungen Nathanael Greene. Washington macht sie daraufhin zu seiner Garde.

Und dann will er nicht länger hinnehmen, daß er einen buntscheckigen Haufen kommandiert. „Lumpenarmee" nennen die Briten sein Heer herablassend. Dies haben sie schon einmal getan: 1755, im Franzosen- und Indianerkrieg dichtete der englische Militärarzt Richard Schuckburgh auf die „Obdachlosen-Truppe" Washingtons ein Spottlied unter Zuhilfenahme einer alten Melodie: Als *Yankee Doodle* ist es bis heute eines der bekanntesten amerikanischen Volkslieder. Der Schuckburgh-Text lautet übersetzt etwa so: „Vater und ich besuchten das Soldatenlager, wo wir Männer und Jungs so dick wie Mehlpudding gesehen haben. Dort gab's auch einen Hauptmann Washington auf einem auskeilenden Hengst. Der gab Befehle an seine Leute, ich glaube, es waren eine Million."

Indem Schuckburgh 1755 beim Abfassen seines Verses Washington zum Hauptmann degradierte, wollte er die britische Regelung, daß es keinen Kolonialoffizier in einem höheren Rang als dem eines Hauptmanns geben könnte, zum Ausdruck bringen und Washington, von dem jedermann wußte, daß er den Rang eines Obersts beanspruchte, verhöhnen. Die übertriebene Angabe von Washingtons Grenzsoldaten als „ich glaube, es waren eine Million", sollte ihn zusätzlich als Gernegroß herabwürdigen. Die beiden übrigen Verse unterstreichen inhaltlich die vorangegangenen. Der Reim am Ende einer jeden Strophe ist dann ein unverfänglicher Kehrvers zur Abrundung des Liedes: „Yankee Doodle dandy, mind the music and the step and with the girls be handy."

Womit der britische Arzt nicht gerechnet hatte – Washingtons Grenzsoldaten mochten das Spottlied. Alsbald verbreitete es sich in allen amerikanischen Kolonien und wurde erstmals am 12. Oktober 1768 im New Yorker „Journal" gedruckt.

Da es ein die Kolonien übergreifendes Lied war – das erste „amerikanische" Lied gewissermaßen –, erfreute es sich zu Beginn der „amerikanischen Sache" solcher Popularität, daß es den Briten bereits während ihres Rückzugs aus Concord von allen möglichen Einheiten der Minutenmänner entgegengesungen, -gepfiffen und -getrommelt wurde. Als der britische Oberbefehlshaber General Gage Anfang 1776 Amerika verließ, soll er gesagt haben: „Ich hoffe, daß ich diese Melodie nie mehr hören werde!"

Aber die Briten hörten ihr Spottlied auf Washington und seine Lumpenarmee während des gesamten Krieges. Die Soldaten der Kontinentalen Armee marschierten und kämpften unter seinen Klängen. Es wurde *das* amerikanische Revolutionslied schlechthin, eine vorläufige Nationalhymne gewissermaßen. Trotz – vielleicht auch wegen des ihn verspottenden Textes, ein Gernegroß über eine Armee von Strauchdieben zu sein, unternimmt Washington große Anstrengungen, aus bewaffneten Landstreichern Soldaten zu schmieden, aus Banden Verbände. Hierfür will er seine gesamte Kontinentale Armee in eine einheitliche, dunkelblaue Uniform stecken. Er schreibt an den Kongreß, damit dieser Geld bewilligt. Es soll Schluß sein damit, daß die Soldaten nach Heimatregimentern kämpfen, Virginia mit einer anderen Uniform als Maryland, Massachusetts mit gar keiner und so weiter. Doch die Einkleidung ist nicht nur eine Frage des Geldes. Woher soviel Stoff nehmen, in einem Land, dessen Tuchindustrie noch nicht entwickelt ist. Dennoch, Washington wird seine Uniformen bekommen. Aber nie genug und nur für seine Kontinentale Armee. Daneben bleiben eine Reihe von regionalen Milizen unter unabhängigen Kommandos bestehen. Und die tun und tragen, was sie wollen.

Diese Milizen sind für Washington indes in mehreren Fällen unverzichtbar. Um eine Reihe bestimmter Schlachten planen und durchführen zu können, bittet er die Kolonien um Bereitstellung ihrer Bürgerwehren. Doch die Milizen setzen sich in der Regel aus Geschäftsleuten, Bauern und unbedarften Bürgern mittleren Alters zusammen. Schlecht ausgebildet und untrainiert, mochten sie es gar nicht, zum ernsthaften Kampf von Heim und Herd abberufen zu werden. Ihr Anteil an der Revolution bleibt im Nachhinein zweifelhaft. Zuhause Maulhelden, schlottern ihnen die Knie beim Geruch von Pulverdampf. Die professionellen Krieger der Kontinentalen Armee machen sich alsbald lustig über diese „Sonntagssoldaten" und nennen sie ob ihres traurigen Anblicks „Long faces" – Trauerklöße. Washingtons Armee wurde mehrfach geschlagen, weil diese Milizen ihren zugedachten Aufgaben nicht gerecht wurden, ja bereits beim Anblick der in Reih und Glied aufmarschierten Rotröcke die Flucht ergriffen.

Washingtons größtes Problem indes ist es, auch die Soldaten seiner Kontinentalen Armee bei der Stange zu halten. Am Anfang verpflichtet der Kongreß, der Washingtons Armee finanziert, die Soldaten nur für wenige Monate. Erst im Laufe des Krieges gelingt es dem Oberbefehlshaber, den Kongreß davon zu überzeugen, eine längere Dienstzeit mit den Soldaten zu vereinbaren. Denn meist verlassen diese die Kontinentale Armee prompt an jenem Tag, an dem ihr Vertrag endet. Sie gehen einfach nach Hause. Manchmal tausend Mann auf einmal. Und Washington hat keine Handhabe dagegen. Schlimmer noch: Er muß seine Angriffs- und Schlachtenpläne oft genug nach der Vertragsdauer bestimmter Truppenteile richten. Denn wenn er in mehreren Fällen länger gewartet hätte, hätte er buchstäblich ohne Soldaten dagestanden. So obliegt es auch immer wieder seiner Persönlichkeit, Soldaten davon zu überzeugen, sich ein weiteres Mal in der Kontinentalen Armee zu verpflichten. Das ist gar nicht so einfach, gilt er doch vielen als scharfer Hund. Wer nicht spurt, wird ausgepeitscht, manchmal bis zum Umfallen. Der Kongreß muß ihn schriftlich auffordern, Übeltäter mit höchstens hundert Stockschlägen zu bestrafen, da Washington Auspeitschungen bis zu dreihundert (!) Schlägen gestattet oder angeordnet hatte. Zum Vergleich: In der preußischen Armee Friedrichs des Großen waren zur gleichen Zeit fünfhundert Stockschläge als Bestrafung keine Seltenheit. Manche Quertreiber ließ Washington auch hängen. Kein Wunder, daß es zu einer Reihe Meutereien kam beziehungsweise die Gefahr einer Meuterei latent gegeben war.

Kein Wunder auch, daß deshalb Tausende von Soldaten während der acht Kriegsjahre aus der Kontinentalen Armee desertierten. Allerdings befanden sich darunter auch viele, die sich nur zum Schein verpflichtet hatten, um sich den Gutschein für Neuland als Soldersatz vom Kongreß zu erschleichen. Es gibt sogar Zeiten, in denen täglich mehr Soldaten desertieren , als neue hinzukommen.

Andererseits wird Washington auf dem Tiefpunkt des Krieges im Winter 1777 auf 1778 eine Solidarisierung der Mannschaften und Offiziere erleben, die dafür spricht, daß er kein despotischer, sondern höchstens ein strenger, aber gerechter Feldherr war.

Militärhistoriker gehen davon aus, daß die Kontinentale Armee nie mehr als 20.000 Man umfaßte, wovon Washington allein selten mehr als die Hälfte kommandiert hat. Auf dem Höhepunkt der Kämpfe hatten demgegenüber die Briten rund 50.000 Soldaten aufzubieten sowie die sechs Stämme der Irokesen-Liga und die Cherokees als gefährliche Hilfstruppen. Napoleon, verwöhnt von einem echten Kontinentalheer Europas in gigantischem Ausmaß, soll später einmal die amerikanische Revolution als „lächerliche Lappalie" abgetan haben. Aber die Bedeutung des amerikanischen Freiheitskrieges lag weniger in den Zahlen und den von diesen „geringen" Zahlen bestrittenen Scharmützeln, als in der Idee, die hinter diesen Zahlen stand, und in den Auswirkungen für die Zukunft – insbesondere auch für Frankreich. „Das Interesse der breiten Schichten des Volkes an der revolutionären Sache war und blieb während des gesamten Feldzuges erschreckend gering; wahrscheinlich dienten zeitweise ebensoviel Einheimische, freiwillig oder gepreßt, in den englischen wie in den amerikanischen Reihen."[5]

Damals lebten nur eineinhalb bis zweieinhalb Millionen Menschen in den dreizehn amerikanischen Kolonien, davon ein Fünftel bis ein Viertel schwarze Sklaven. Im Norden stößt der Sklavenhalter und Südstaatler Washington bei den Belagerern Bostons unverhofft auf eine Situation, die ihm große mentale Probleme bereitet: In der Miliz von Connecticut, die ausgerechnet in seinem Hauptquartierbereich Cambridge Stellung bezogen hat, dienen einige hundert Schwarze – Sklaven und Freie. Wieviele es genau sind, ist nicht zu sagen, da die Soldatenlisten nicht nach Hautfarben unterscheiden. Auch in den Reihen von Massachusetts kämpfen schwarze Milizionäre. Einer von ihnen hat sich in der Schlacht von Bunker Hill hervorgetan, Salem Poor. Er wird von zwölf Offizieren seiner Miliz dem Rat von Massachusetts für Höheres empfohlen. „Ein Neger, in dessen Brust ein tapferes und stattliches Soldatenherz schlägt und der wie ein erfahrener Offizier und ausgezeichneter Soldat gleichermaßen handelt."[6]

Der Oberbefehlshaber Washington teilt solcherart Begeisterung für „Neger" als Soldaten nicht. Er stellt sie auf die gleiche Stufe mit britischen Deserteuren. Schon sieben Tage nach seiner Ankunft erteilt er entsprechende Befehle an seine Offiziere: keine Schwarzen mehr anzuwerben oder in die Kontinentale Armee aufzunehmen.[7] Allerdings bekommt er in dieser Frage kurz darauf Gegenwind vom Kongreß aus Philadelphia zu spüren, wo auch der Antrag eines Abgeordneten aus South Carolina abgelehnt wurde, sämtliche Schwarzen, ob freie Männer oder Sklaven, aus der Armee zu entlassen.

Im Herbst 1775 wird Washington eine Proklamation des englischen Gouverneurs seiner Heimat-Kolonie, Lord Dunmore, zugespielt, in der dieser alle schwarzen Sklaven Virginias mit sofortiger Wirkung zu freien Menschen erklärt, die bereit und fähig sind, Waffen zu tragen, um in der Armee seiner Majestät dafür zu kämpfen, in Virginia wieder die Würde Seiner Majestäts Krone herzustellen. „Royal Ethopian Regiment" nennt Lord Dunmore seine neue Truppe aus schwarzen Freiwilligen. Washington ist außer sich und verflucht Dunmore als „Erz-Verräter".[8] Zudem erfährt er, daß zwanzig seiner eigenen Sklaven von Mount Vernon das britische Angebot angenommen haben!

Alarmiert und verschreckt darüber, daß die schwarzen Sklaven in Scharen überall zu den Briten überlaufen könnten, macht er eine totale Kehrtwende und holt sich vom Kongreß scheinheilig die förmliche Zustimmung, „freien Negern" den Eintritt in die Armee zu ermöglichen, „bevor sie Aufnahme in der ministerialen Armee suchen"! Er war zu dem Entschluß gekommen, lieber mit den ungeliebten Schwarzen zu kämpfen, als gegen sie. Dennoch gelang es den Briten, Tausende von Sklaven zum Übertritt zu überreden.

Und so mußte Washington nachziehen und nicht nur bereits „freien Negern" aus Neu-England den Dienst in seiner Kontinentalen Armee gestatten, sondern auch Sklaven. Ihnen wurde die Freiheit versprochen, wenn sie sich für drei Jahre verpflichteten. Und viele schwarze „Amerikaner" fochten dann derart tapfer und todesmutig, daß ein deutscher Söldner feststellte: „Der Neger kann durchaus anstatt seines Herrn auf dem Felde bestehen. Deshalb gibt es kein Regiment, in dem Neger nicht im Überfluß auftreten. Und unter ihnen gibt es stark gebaute, tapfere Kerle."[9]

Zwei Jahre später schon findet man in sieben Brigaden der Kontinentalen Armee eine durchschnittliche Beteiligung von 54 schwarzen Soldaten je Brigade. Der virginische „Massa", der bisher Schwarze nur als Sklaven behandelt hatte, kommandierte sie nun als Soldaten.

Ein letzter Blick noch ins Hauptquartier von Cambridge: Nachdem Washington feststellen muß, daß sich die Belagerung von Boston noch hinziehen kann, bittet er seine Frau Martha, ihn zu besuchen. Martha,

die noch nie weit von zu Hause weg war, ja die sogar in der ihr vertrauten Umgebung von Mount Vernon bereits hinter nächtlichem Hunde-
gebell das Schlimmste vermutete, ist tatsächlich bereit, diese „Strapaze"
auf sich zu nehmen. Aber nicht alleine. Sie reist in Begleitung ihres Sohnes John Parke Custis und dessen Frau sowie ihres Neffen George Lewis,
Sohn der Schwester Washingtons, der darauf brennt, in der Armee des
Onkels zu dienen. Martha ist verblüfft über die hohe Aufmerksamkeit,
die ihr der Kongreß bei der Durchreise in Philadelphia zuteil werden
läßt. In Cambridge angekommen, wird sie von Washington verwöhnt.
Er hat zwei Köche angestellt, darunter einen Franzosen, dazu eine
Küchenhilfe, eine Waschfrau und einen Schneider namens Gil Alexander, der ihn den ganzen Krieg hindurch von einem Quartier ins andere
begleiten wird. Hinzu kommen Dienstboten für zeitweilige Aufgaben
und ein kleines Heer an Sklaven, darunter sein Leibsklave Billy Lee, der
zu Washingtons größtem Mißvergnügen mit einer freien Mulattin an-
bändelt.

Die Mittagstafeln im Hauptquartier sind noch reichlicher gedeckt als
die auf Mount Vernon. Um ständige Gäste braucht sich Washington
keine Sorgen zu machen. Seine Offiziere, die gerne in Begleitung ihrer
Frauen auftauchen, speisen mit Vorliebe bei ihm, denn nach dem Haupt-
gericht folgen Desserts und Madeira-Wein in Strömen. Was mag nur in
Washington gefahren sein, daß er so opulent Hof hält?

Erster Erfolg: Boston wird frei

Zur Untätigkeit vor Boston verurteilt, richtet Washington sein Augenmerk im Herbst 1775 auf das nahegelegene Canada. Der Kongreß hat
zwar schon auf diplomatischen Wegen versucht, die Kanadier für die
Revolution und eine gemeinsame Sache zu gewinnen. Washington ist
darüber genauestens informiert. Er steht nahezu täglich mit den Abgeordneten in Philadelphia über reitende Kuriere in Kontakt. Bisher zeigen sich die überwiegend französischen Kanadier jedoch uninteressiert
und kühl abweisend. Sie, die gerade erst zwölf Jahre gewaltsam von ihrem
eigenen Mutterland getrennt sind, vertreten die Ansicht, das Ganze sei
eine rein innerenglische Angelegenheit. Der Hintergrund dieser abwei-
senden Haltung ist, daß die katholischen Franzosen eine tiefe Abneigung gegen die Protestanten Neu-Englands hegen, gepaart mit Furcht,

diese könnten die Krise ausnutzen, ihnen und ihrem Glauben den Todesstoß zu versetzen. Doch ein passives Canada könnte den Briten als riesige Militärbasis dienen, von der aus sie den Amerikanern, ähnlich wie die Franzosen vor zwanzig Jahren, über das weitverzweigte Flußsystem im Hinterland in den Rücken fallen könnten.

Einem solchen Überfall aus dem Norden hat der Draufgänger Benedict Arnold mit der handstreichartigen Eroberung des Forts Ticonderoga bislang einen Riegel vorgeschoben. Doch wie lange noch? Und so erteilt Washington dem wilden Oberst Arnold und seinem noch wilderen Haufen von Waldläufern, die weder Indianer noch den Teufel fürchten, den Befehl, nach Canada einzumarschieren und die britischen Garnisonen und Bastionen anzugreifen. Dieser Auftrag ist ganz nach dem Geschmack Arnolds, der von husarenhaftem Vorwärtsdrang beseelt ist. Auf die Belagerung von Boston blickt er verächtlich herab. Weil Washington über die rauhe Truppe und den hitzköpfigen Anführer aber auch viele haarsträubende Geschichten gehört hat, fügt er seinem Befehl an Arnold eine Mahnung hinzu. Sie sollen die Indianer nicht provozieren, sondern versöhnlich stimmen. Auch sollen sie jegliche Respektlosigkeit gegenüber dem Katholizismus der Kanadier unterlassen: „Während wir um unsere eigene Freiheit ringen, sollten wir sehr vorsichtig sein, nicht die religiösen Überzeugungen anderer zu verletzen. Wir sollten uns vielmehr stets vor Augen halten, daß Gott alleine der Richter über das Gewissen eines jeden Einzelnen ist." Brutales Vorgehen, in welcher Form auch immer, „wird die amerikanischen Truppen entehren und sich gegen unsere gemeinsame Sache richten".[10]

Arnold bricht umgehend auf. In schnellen Kanus steuert die kleine Invasions-Armee über den Kennebec River in Maine und den Chaudière River in Canada Quebec an. Ein zweites Expeditions-Korps wird von Brigadegeneral Richard Montgomery angeführt. Ihm gelingt es im November, Montreal zu besetzen und Arnold vor Quebec zur Hilfe zu eilen. Beide entscheiden sich angesichts des herannahenden Winters gegen eine Belagerung der stark befestigten Stadt und für einen Generalangriff. Doch der Angriff am 30. und 31. Dezember 1775 bleibt in einem heftigen Schneesturm stecken. Die Briten haben leichtes Spiel. Montgomery fällt, Arnold wird schwer verwundet, überlebt aber. Jetzt entschließen sich die Amerikaner doch zur Belagerung. Aber ein Zehntausend-Mann-Heer der Briten, gerade in Canada gelandet, macht im Mai 1776 dem Spuk der Waldläufer ein Ende. Die Amerikaner werden in hastiger Flucht bis zu ihrer Ausgangsstellung Fort Ticonderoga zurückgeschlagen. Im Laufe des Krieges werden zwar mehrfach neue Pläne zur Eroberung Canadas entworfen, doch keiner kommt zur Ausführung. Und so bleibt Canada britisch!

Mehr Glück haben die Revolutionäre im Süden. Der virginische Gouverneur Dunmore versucht einen weiteren Kriegsschauplatz zu eröffnen, indem er alle britischen Schiffe aus der Chesapeake Bay sowie königstreue Virginier und entlaufene Sklaven um sich schart und mit ihnen entlang der Küste zahlreiche Plantagen überfällt und ganze Landstriche verwüstet. Doch der gut organisierten Miliz von Virginia gelingt es am 11. Dezember 1775, die Tories in einer kleinen Schlacht zu schlagen. Dunmore muß außer Landes fliehen. Eine weitere Schlappe erleiden die Briten in der Nachbarkolonie North Carolina. Der dortige Statthalter Josiah Martin schafft es ebenfalls, königstreue Kolonisten um sich zu scharen und zu bewaffnen. Er hofft dabei auf die Unterstützung der Royal Navy und erwartet die Landung britischer Marinesoldaten. Doch diese kommen nicht rechtzeitig. In einer blutigen Schlacht, Amerikaner gegen Amerikaner, werden die 1.000 Tories, die Martins Ruf gefolgt sind, im Februar 1776 an der Moore's Creek Bridge von patriotischen Milizen aufgerieben.

Washington, nun ebenfalls begierig nach Erfolg, trifft Vorbereitungen, den Briten in Boston endlich doch durch eine Aktion den Garaus zu machen. Hintermänner, deren Namen nicht in den Geschichtsbüchern auftauchen, versorgen die Kontinentale Armee mit den nötigen Mitteln. Amerikanische Piraten haben ein englisches Pulverschiff aus Bermuda aufgebracht. Auch militärische Beute aus Canada wird an die Bostoner Front geschafft. Besonders wichtig: Oberst Henry Knox hilft einem schweren Mangel der Belagerer ab. Artilleriegeschütze, von Ticonderoga und anderen Forts entlang der Indianergrenze, hat er auf mühevollen, vereisten Wegen, durch Wälder und Berge, herbeigeschafft. Und Washington läßt sie nun auf den *Dorchester Heights* südlich der Stadt in Stellung bringen. Von hier aus können sie mühelos die gesamte Stadt unter Beschuß nehmen. Weitere Kanonen steuern die erfolgreich operierenden Piraten bei, die ein englisches Kriegsschiff gekapert haben und die Bordkanonen nach Boston schicken.

Am 1. Januar 1776 feiert Washington mit seinen Soldaten nicht nur Neujahr, sondern auch den Geburtstag der amerikanischen Armee: Der Tag wird zum offiziellen Gründungstag ernannt und entsprechend festlich begangen.

Inzwischen hat sich auf Seiten der Briten doch einige Nervosität breitgemacht. Die Londoner Regierung wird ungeduldig. Sie beruft ihren bisherigen Oberkommandierenden General Gage ab und überträgt die Leitung der Truppen General William Howe, bekannt von der Schlacht am Bunker Hill.

Doch auch er kann an der seit Monaten düsteren Stimmung in der Stadt nichts ändern. Nicht alle Schiffe, die die Stadt versorgen sollen, kommen noch durch. Engpässe bei Nahrung und Heizmaterial machen das Leben in Boston ungemütlich. Bald gesellt sich eine schwere Pocken-epedemie, die unter den Soldaten und Bürgern gleichermaßen wütet, hinzu. Etwa ein Drittel der Eingeschlossenen überlebt den Winter nicht. Die Hospitäler und Feldlazarette sind überfüllt. Am Horizont sind die schwarzen Mündungen der Rebellenkanonen zu sehen. In Kürze wird der strenge Winter vorbei sein und dann ist mit einer Offensive Wash-ingtons zu rechnen. Seitdem die Kanonen von den Dorchester Heights herab die Stadt bedrohen, sind die Kapitäne der britischen Kriegsschif-fe sichtlich nervös. Im Umgang mit den Kanonen vertraut, haben sie eine bessere Vorstellung davon, welche Zerstörungen die amerikanische Artillerie anrichten kann, wenn sie nur richtig eingesetzt wird. Kurzum: Sie haben Angst um ihre Schiffe und wollen Boston verlassen. Ihr Vor-schlag lautet, nur noch alle vier Wochen zurückzukehren, um die Ein-geschlossenen mit dem Nötigsten zu versorgen. Unter solchen Überle-gungen trifft Howe plötzlich eine Entscheidung.

Am 17. März 1776, nach neunmonatiger Belagerung, trauen die ame-rikanischen Soldaten von den Höhen aus ihren Augen nicht. Mit dem aufsteigenden Morgennebel sticht die britische Armee mit geblähten Se-geln in See. Auch zweitausend königstreue Bostoner Bürger sind mit darunter, etwa ein Siebtel der Gesamtbevölkerung der Stadt.

Für den Oberbefehlshaber Washington ist die Flucht der Engländer keine Überraschung. Er ist seit Tagen durch Spione von dem Plan un-terrichtet. Während rings um ihn Jubel ausbricht und seine Soldaten unter den Klängen des „Yankee Doodle" in die Stadt einziehen, kann er auf seinen Erfolg nicht so recht stolz sein. Erinnert die ganze Szene-rie nicht an das Ende der französischen Besatzung in Fort Duquesne vor neunzehn Jahren? Damals wußte er nicht, ob er sich als Sieger fühlen konnte. Heute, am 17. März 1776, weiß er es ebensowenig. Der Rück-zug General Howes hat ihn um die Möglichkeit eines militärischen Sie-ges gebracht. Hätten die Engländer über einen guten Spionagedienst ver-fügt, hätten sie erfahren, daß Ende 1775 eine große Chance bestand, die Kontinentale Armee aus ihren Stellungen zu vertreiben. Denn Washington verfügte zu diesem Zeitpunkt kaum über Schießpulver. Es reichte gerade einmal für neun Schuß pro Soldat. Doch von Mängeln, Wenn und Aber kann am 17. März keine Rede mehr sein. Washington macht Meldung an den Kongreß.

Dort feiert man Boston überschwenglich, als sei damit die gesamte englische Herrschaft über Amerika bereits gebrochen. In Philadelphia läuten sogar Siegerglocken. Washingtons Ansehen ist im ganzen Land auf einen neuen Höhepunkt geklettert. Er habe vor Boston Geduld und Nervenruhe bewahrt. Allein dies habe zwei britische Oberbefehlshaber in die Verzweiflung getrieben. Der eine ist aus Unfähigkeit, mit dem Rebellen-Chef fertig zu werden, abgezogen worden. Der andere ergreift von sich aus die Flucht. Sollte jemand an den militärischen Fähigkeiten Washingtons gezweifelt haben – und davon gab es viele, vor allem in seinem Offiziers-Corps – so ist jetzt zumindest jegliche Kritik verstummt. Der einflußreiche John Adams, der es sich zugute schreibt, Washington aufs Schild des Oberbefehlshabers gehoben zu haben, fühlt sich durch den Bostoner Erfolg in seiner Wahl bestärkt und bleibt künftig selbst in schweren Krisen, die Washington noch bevorstehen, stets standhaft an seiner Seite. Er ist es auch, der den Kongreß dazu veranlaßt, in Paris eine Gold-Münze in Auftrag zu geben, die Washington als „Befreier Bostons" feiert – die erste Washington Devotionalie!

Nun: Die neu-englische Hafenstadt ist seither nie mehr von Feindesfuß betreten worden. Auf diese Weise wurde Boston die erste freie, die erste *amerikanische* Stadt.

Independence Day: *„Wenn es nöthig wird, Bande zu trennen"*

„Die Geschichte des jetzigen Königs von Großbritannien ist eine Geschichte von wiederholten Ungerechtigkeiten und gewaltsamen Eingriffen, welche alle die Errichtung einer absoluten Tyranney über diese Staaten zum geraden Endzweck haben. Dis zu beweisen, wollen wir der unpartheyischen Welt folgende Facta vorlegen:

... Er hat unsere Seen geplündert, unsere Küsten verheeret, unsere Städte verbrannt, und unser Volk ums Leben gebracht. Er ist, zu dieser

Zeit, beschäftigt mit Herübersendung grosser Armeen von fremden Mieth-Soldaten, um die Werke des Todes, der Zerstörung und Tyranney zu vollführen, die bereits mit solchen Umständen von Grausamkeit und Treulosigkeit angefangen worden, welche selbst in den barbarischsten Zeiten ihres Gleichen nicht finden, und dem Haupt einer gesitteten Nation gänzlich unanständig sind. ...“[11]

So steht es geschrieben in der „Erklärung durch die Repräsentanten der Vereinigten Staaten von America, im General-Congreß zu Philadelphia versammelt", wie es in der ersten deutschen Übersetzung heißt, bereits am 9. Juli 1776 im „Pennsylvanischen Staatsboten" veröffentlicht. Es ist die *Unabhängigkeitserklärung*, entworfen von dem jungen Thomas Jefferson aus Virginia, am 2. Juli 1776 urkundlich festgehalten und am 4. Juli 1776 offiziell verkündet, unterzeichnet „auf Befehl und im Namen des Congresses" von dessen Präsidenten John Hancock aus Massachusetts. Es sind und bleiben die politischen Kräfte dieser beiden so gegensätzlichen Kolonien – ab jetzt Bundesstaaten –, die die amerikanische Revolution vorantreiben. Der 4. Juli 1776 markiert die Geburt der Nation und legt den Grundstein für die Weltmacht USA unserer Tage.

Doch warum dieser weitreichende Entschluß zu diesem Zeitpunkt? Die Antwort ist in der eben zitierten Passage der Unabhängigkeitserklärung zu finden. Hatte die Mehrheit der amerikanischen Kongreßabgeordneten ein Jahr lang gehofft, König George III. werde sich letztlich für ihre Forderung „No taxation without representation" und andere Rechte zugänglich zeigen und bei Parlament und Premier intervenieren, traf die erste enttäuschende Botschaft vom James Palace noch in den letzten Tagen des Jahres 1775 in Amerika ein. Der König erklärte öffentlich, daß er nicht nur die vom Parlament gegen die Kolonisten verhängte Seeblockade unterstütze, sondern posaunte außerdem, er habe jüngst „allerfreundlichste Angebote für ausländische Unterstützung" erhalten und habe entschieden, diese „kriegerische Rebellion", deren Ziel es ja doch nur sei, „ein unabhängiges Reich" zu errichten, mit militärischer Gewalt zu zerschmettern. Washington erinnerte sich später, daß diese Rede Georges III. bei ihm einen irreversiblen Wendepunkt im politischen Denken markierte.[12]

Mit anderen Worten: Washington gehörte – im starken Gegensatz zu seinen Landsmännern Patrick Henry und Thomas Jefferson – zu den Gemäßigten im Lande. Er hatte gehofft, daß der Kelch an ihm vorübergehen möge. Nun aber ist er aus Sicht des Königs Anführer von Freischärlern, ein Rebell, der, sollte er gefaßt werden, am nächsten Baum aufgeknüpft wird, dessen Güter eingezogen oder zerstört werden – wenn die Briten den Kampf gewinnen sollten.

Genauso wie er, waren all jene entrüstet, die bisher auf eine gütliche Regelung gehofft haben. Die Antwort auf diese Enttäuschung ist die Unabhängigkeitserklärung, von den beiden Adams', Samuel und John, sowie Virginiern wie Patrick Henry schon seit dem „Massaker von Boston" insgeheim herbeigesehnt. Was die Gemüter besonders erregt, ist die Ankündigung König George III., ausländische Söldner gegen seine eigenen Untertanen einzusetzen. Die Amerikaner sind außer sich!

Die Engländer, an sich schon überlegen, bekommen jetzt Zuzug von deutschen Bataillonen: 12.000 Mann aus Hessen-Kassel, 4.300 aus Braunschweig werden in deutschen Häfen nach Amerika eingeschifft. Weitere kleinere Truppenteile aus der mittelfränkischen Markgrafschaft Ansbach und dem kleinen Fürstentum Waldeck werden folgen. George III. von England war in Personalunion auch Herrscher von Hannover und damit selbst ein deutscher Fürst. Und deshalb kannte er sich an den deutschen Kleinfürstenhöfen ganz gut aus. Ihm war bekannt, daß viele von ihnen durch Prunksucht und Ausschweifungen bankrott waren. Und so hatte er mit seinen deutschen Nachbarn leichtes Spiel. Herzog Carl I. von Braunschweig, ein leichtsinniger, prachtliebender Rokoko-Geist, verkaufte seine Soldaten für 220.000 Taler. Dazu sollte er für jedes Kriegsjahr 11.500 Pfund und nach Kriegsende zwei Jahre lang das Doppelte erhalten. George III. war freigiebig mit dem Geld, da er gewiß davon ausging, sich diese Ausgaben von den amerikanischen Kolonien nach deren Niederlage zurückholen zu können. Landgraf Friedrich II. von Hessen-Kassel verstand es, den Preis sogar noch in die Höhe zu treiben. Dafür vermietete er auch das Dreifache an Soldaten. Da die Hessen das größte Söldner-Heer stellten, waren für die Amerikaner in bis heute typisch gebliebener Vereinfachung auch alle anderen deutschen Leih-Soldaten kurzerhand „Hessen".

Nicht alle Söldner, die auf rund fünfhundert Schiffen als billige „Exportware" wie Vieh zusammengepfercht wurden, erreichten ihr Ziel. Viele starben an Skorbut oder anderen, durch mangelhafte Hygiene hervorgerufenen Krankheiten.

Doch noch war es nicht soweit, noch strotzte der Kongreß in Philadelphia vor Selbstsicherheit. Hatte Washington nicht vor kurzem die Briten das Fürchten gelehrt? Benjamin Franklin erinnerte an die jahrelange Unfähigkeit der britischen Militärmaschinerie im Franzosen- und Indianerkrieg, an die Niederlage Braddocks gegen eine Handvoll Franzosen und ihrer indianischen Verbündeten. Thomas Paine, einer der revolutionären Denker, ließ sich angesichts der angekündigten Söldnerheere zu dem propagandistischen Unfug hinreißen: „The harder the conflict, the more glorius the triumph" – je schwerer die Auseinandersetzung, umso ruhmreicher wird [am Ende] der Triumph sein!

Vor dieser euphorischen Stimmung ist die Unabhängigkeitserklärung zu verstehen, deren weitreichende Wirkung und historische Bedeutung natürlich nicht in den Anklagepunkten gegen George III. lag, sondern in dem Satz, „daß alle Menschen gleich erschaffen worden, daß sie von ihrem Schöpfer mit gewissen unveräußerlichen Rechten begabt [ausgestattet] worden, worunter sind Leben, Freyheit und das Bestreben nach Glückseligkeit".[13] Dem voran stellte der Autor der Freiheitserklärung, Thomas Jefferson, den Einleitungssatz: „Wenn es im Laufe menschlicher Begebenheiten für ein Volk nöthig wird, die politischen Bande, wodurch es mit einem anderen verknüpft gewesen, zu trennen, (...) so erfordern Anstand und Achtung (...), daß es die Ursachen anzeige, wodurch es zur Trennung getrieben wird."

Was Washington als Praktiker an der Kriegsfront, war Jefferson als philosophischer Theoretiker an der Heimatfront. Zwei Virginier also, von denen die Geschicke des Landes abhingen.

Washington war von dem Plan der Unabhängigkeitserklärung vorher unterrichtet worden und hatte seine volle Zustimmung erteilt. Als sie veröffentlicht wird, weilt er in New York, wohin er nach dem Abzug der Briten sein Hauptquartier verlegt hat. Die Briten sind wie vom Erdboden verschluckt. Kein Mensch weiß, wohin sich Howe mit seiner Flotte abgesetzt hat, als ihre Segel im Morgennebel vor Boston verschwanden. Eigentlich hatte Washington erwartet, daß Howe New York anlaufen würde. Deshalb verlegt er seine Truppen in aller Hast dahin, in dem Glauben, sofort ins Gefecht ziehen zu müssen. Doch nichts dergleichen. Howe steuert Canada an, wo er dem von Benedict Arnold belagerten Quebec zuhilfe eilen kann. Er wird zurückkehren. Aber wann und wo?

Washington glaubt, daß die Briten nach dem Fall von Boston einen anderen großen Hafen in Neu-England brauchen, um ihre umfangreichen Truppenkontingente ausladen zu können. Für solch ein Unternehmen bietet sich New York förmlich an. Außerdem glaubt Washington, daß die Briten die Strategie verfolgen, mit einem schnellen wuchtigen Schlag von New York aus den Norden zu überrennen, denn dort sitzen die revolutionärsten Geister. Sollte dies gelingen, würden

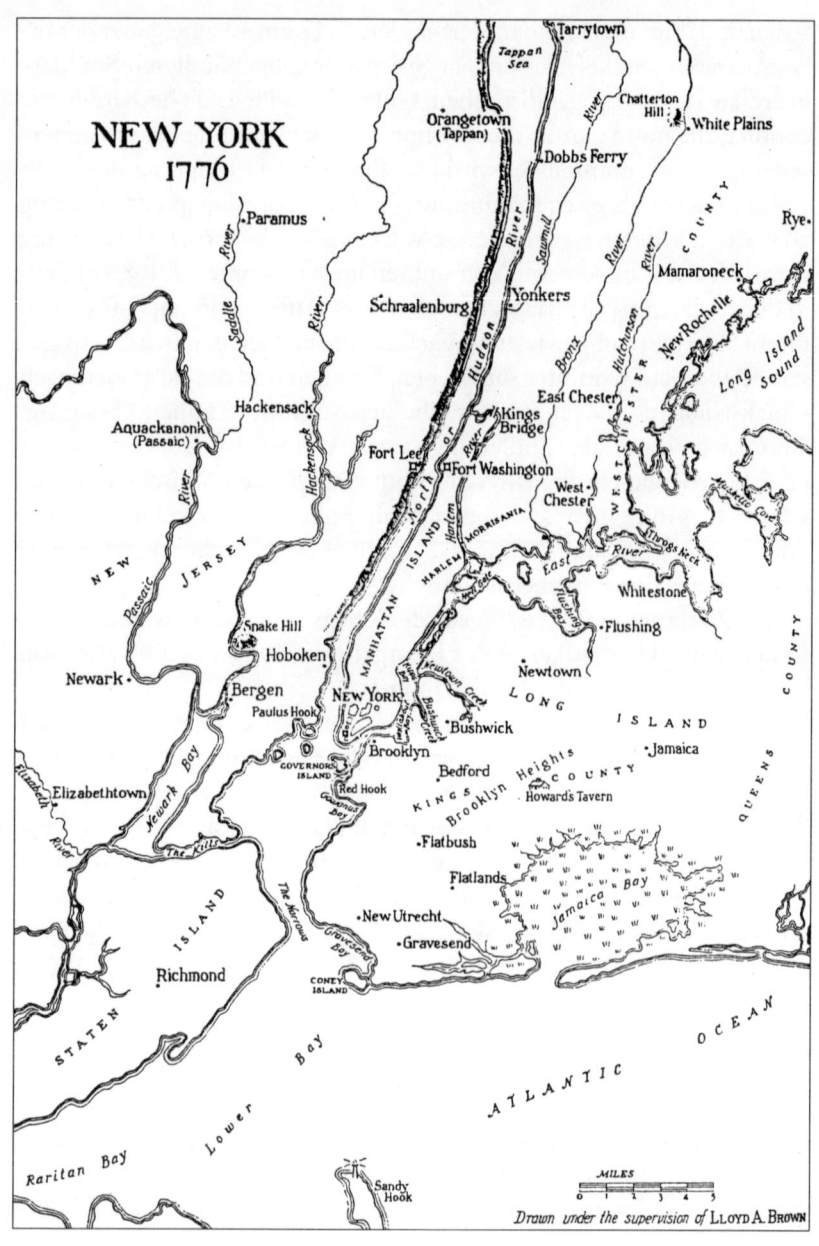

NEW YORK
1776

Tarrytown

Tappan Sea

Orangetown (Tappan)

Chatterton Hill

White Plains

Dobbs Ferry

Paramus

Schraalenburg

Yonkers

Rye

Mamaroneck

New Rochelle

Long Island Sound

WESTCHESTER COUNTY

East Chester

Hackensack

Kings Bridge

Aquackanonk (Passaic)

Fort Lee

Fort Washington

West Chester

Snake Hill

Hoboken

MANHATTAN ISLAND

North or Hudson River

Harlem River

MORRISANIA

East River

Frogs Neck

Whitestone

Flushing

Newark

Bergen

Paulus Hook

NEW YORK

Newtown

LONG ISLAND

NEW JERSEY

Passaic River

Saddle River

Hackensack River

Elizabethtown

Brooklyn

Bedford

Brooklyn Heights

Howard's Tavern

Jamaica

Red Hook

KINGS COUNTY

QUEENS COUNTY

GOVERNORS ISLAND

Flatbush

Flatlands

Jamaica Bay

New Utrecht

Gravesend

STATEN ISLAND

Richmond

CONEY ISLAND

The Narrows

Gowanus Bay

Newark Bay

Elizabeth River

The Kills

Bushwick

Lower Bay

ATLANTIC OCEAN

Raritan Bay

Sandy Hook

MILES
0 1 2 3 4 5

Drawn under the supervision of LLOYD A. BROWN

vielleicht viele Großgrundbesitzer im Süden klein beigeben. Außerdem würden die Briten versuchen, soviele Marinestützpunkte wie möglich in ihre Hand zu bekommen, um ihre Stärke als Seemacht ausspielen zu können. Soweit seine durchaus richtigen Vorstellungen von der britischen Strategie. Da ihm mangels Feinden im Augenblick für eine Militäraktion die Hände gebunden sind, er aber einen Angriff der Briten, wenn er denn kommt, in New York erwartet, hat er hier alle verfügbaren Truppen seiner Kontinentalen Armee zusammengezogen. Viele Soldaten sind es nicht, etwa fünf- bis fünfzehntausend. Die Angaben darüber schwanken drastisch. Bedauerlicherweise kämpft seine Elite, die Waldläufer mit den langen Büchsen, in Canada. Doch die Briten schlagen nicht als erstes in New York zu. Sie unternehmen entgegen der Einschätzung Washingtons unter Sir Henry Clinton einen Anschlag auf Charleston in South Carolina, und Washington schickt den erfahrenen General Charles Lee mit einer schnellen Eingreiftruppe hinunter, um ein Aufrollen vom Süden aus zu verhindern. Die Rechnung geht auf. In einer glänzend geführten Schlacht bringt Lee den Briten eine schwere Schlappe bei und treibt sie zurück ins Meer. Dann kehrt wieder Ruhe ein. Trügerische Ruhe.

Am 12. Juli 1776 zeigt sich dann die Vorhut der Briten, die aufgrund ihres Zögerns nichts Gutes ahnen läßt. Denn zunächst sind es nur Kriegsschiffe der Royal Navy unter dem Kommando von Howes Bruder, Vizeadmiral Lord Richard Howe. Sie kreuzen in der New Yorker Bucht, im Hafen, auf dem Hudson, richten einen Stützpunkt auf *Staten Island* ein, weiter tut sich nichts. Washington hat unterdessen auf der östlich von New York gelegenen Insel *Long Island*, unweit des Dorfes *Brooklyn*, Schanzen aufwerfen lassen, um nicht auf Manhattan eingekreist zu werden. Etwa die Hälfte seiner Kräfte postiert er hier.

In einigem Abstand vor den Schanzen zogen sich bewaldete Hügel hin, die noch heute *Brooklyn Heights* heißen. Hier sind weitere große Truppenteile der Amerikaner versteckt. Doch dann geht alles ganz schnell. Am 26. August ist er so plötzlich wieder da, wie er verschwunden war: General Howe. Und er hat einen genialen Plan im Kopf und 30.000 Soldaten, um ihn auszuführen. Während hessische Söldner frontal gegen die *Brooklyn Heights* und damit in die mörderischen Salven der Amerikaner geschickt werden, umgehen britische Truppen in einem Nachtmarsch vom 26. auf den 27. August in einer großen Zangenbewegung diese bewaldeten Höhen und fallen der Kontinentalen Armee in den Rücken. Washington, der auf den überraschenden Kampflärm

251

hin aus seinem New Yorker Hauptquartier herbeigeeilt ist, sieht von den rückwärts gelegenen Schanzen aus durch sein Fernrohr den verzweifelten Widerstand und dann die Flucht seiner Truppen. Was übrig bleibt, rettet sich nach New York City, das auf der Insel Manhattan liegt, westlich vom Hudson, östlich vom East River geschützt. Washington weiß: Manhattan heißt, in der Falle zu sitzen. Doch er weiß auch, daß seine angeschlagene Kontinentale Armee eine Pause braucht. Außerdem hofft er darauf, daß General Lee mit seinen siegreichen Truppen noch vor dem nächsten Waffengang wieder nach New York zurückkehren wird. Denn schon hat jener im Eilmarsch South Carolina verlassen.

Zur großen Überraschung Washingtons stoßen aber auch die Engländer nach ihrem Sieg auf den Brooklyn Heigths nicht nach, sondern geben sich konziliant. Die beide Howe-Brüder bieten Washington Friedensverhandlungen an. Doch der lehnt ab. Ein gleiches Angebot an den Kongreß wird dahingehend angenommen, daß Benjamin Franklin nach Staten Island reist, um zu hören, was die Briten anzubieten haben. Doch die wollen von der Unabhängigkeit der Kolonien nichts wissen, und so bleibt es beim Austausch von Höflichkeiten. Lord Howe, der Admiral, drückt immerhin sein Bedauern aus, den Kampf weiterführen zu müssen. Washington weiß, daß er Manhatten nicht halten kann. Er bittet den Kongreß, New York City niederbrennen zu dürfen, sollte der Feind anrücken. Doch der Kongreß lehnt empört ab. 1812 sollten die Russen mit der gleichen Taktik – indem sie Moskau anzündeten – Napoleon zum Rückzug zwingen. Der Kongreß empfiehlt Washington indes, mit neuntausend Mann eine Hauptverteidigungslinie auf den *Harlem Heights*, heute heißen sie Washington Heights (!), zu errichten. Dafür werden hastig vier Befestigungen angelegt. Eine davon wird *Fort Washington* genannt. Washington selbst harrt mit fünftausend Milizsoldaten in New York City der Dinge, die da kommen.

Am 15. September setzt sich das Desaster fort. Die Briten landen endlich auf Manhattan, da wo heute die 34. Straße auf den Hudson stößt. Das war noch ziemlich weit weg von den Verteidigungswällen der damaligen Stadt New York. Die begannen nämlich erst an der Wall Street. Washington, auf einem Hügel vor der Stadt, da wo heute die Public Library steht, sieht mit Entsetzen, wie seine Leute schon wieder davonlaufen, obwohl die Feinde nur „gerade einmal sechzig oder siebzig Mann" waren, wie er sich später erinnert, die da am schmutzigen Ufer vom East River her emporklimmen. Wütend gibt er seinem Pferd die Sporen und reitet auf die Fliehenden zu. Empört darüber, daß sie die

Flucht ergreifen „ohne einen einzigen Schuß abzugeben", schlägt er mit seiner Reitpeitsche auf sie ein, um sie zur Umkehr zu bewegen. Doch die Männer ducken sich nur und rennen weiter. Sich völlig vergessend, wirft er seinen Hut auf die Erde und jammert: „Sind das die Männer, mit denen ich Amerika verteidigen soll? Gütiger Gott! Habe ich nur noch solche Soldaten, wie diese hier?"[14]

Nur dem Mut eines Adjutanten ist es zu verdanken, daß Washington den anrückenden Feinden nicht in die Hände fällt. Er reißt den in Raserei verfallenen Washington einfach mit sich. Der Hut indes wird Beutestück der Engländer. Wohin er blickt, alles ist in wilder Flucht aufgelöst. Washington fühlt sich unwillkürlich an die kopflose Flucht nach der verlorenen Schlacht unter Braddock erinnert. Ihm bleibt nichts anderes übrig, als den Schauplatz ebenfalls zu räumen. In seinem neuen Hauptquartier in der Nähe des Dorfes *White Plains* leckt er seine Wunden. Denn „das feige Verhalten unserer Soldaten" hat ihm unersetzbare Verluste beigebracht. Alles, was schwerer als ein Gewehr war, blieb in New York City zurück, Zelte, Baggagewagen, nahezu die Hälfte der gesamten Kanonen der Kontinentalen Armee, „welche hätten leicht gerettet werden können, wenn sie [die Soldaten] nur den leisesten Versuch dazu unternommen hätten", lamentiert Washington.[15]

Nun gibt es zwischen den einzelnen Zusammenstößen mit den Briten keine großen Pausen mehr. Kaum hat er sich mit den verbliebenen Truppen – es ist höchstens noch die Hälfte, denn Tausende von Milizmännern aus Connecticut sind einfach desertiert – aus New York auf einen langgezogenen Höhenrücken auf dem Westufer des Flüßchens Bronx in Stellung gebracht und schöpft neue Hoffnung, da Lee mit seinen Leuten aus South Carolina eingetroffen ist und die Scharte der entlaufenen Connecticuter mehr als auswetzen kann, da fügen ihm die Briten am 28. Oktober bei *White Plains* eine weitere Niederlage zu.

Wieder Rückzug, diesmal auf die Harlem Heights. Und wieder Niederlage. Obwohl die amerikanischen Truppen diesmal heftigsten Widerstand leisten, erobern die Rotröcke am 16. November ausgerechnet Fort Washington. Welch ein Omen! 3.000 Amerikaner gehen in Kriegsgefangenschaft. Die Eroberung Fort Washingtons öffnet den Briten den Weg ins Hinterland. Und sie treiben nun unter der Führung von Generalmajor Charles Cornwallis die verschlissene Kontinentale Armee vor sich her. Durch ganz New Jersey, auf Philadelphia zu. Doch „Washington wird ein erfindungsreicher Odysseus. Nachts läßt er Hunderte von

Feuern anzünden, um die andere Seite über seine Stärke zu täuschen. Briefe und Proklamationen mit falschen Angaben werden dem Gegner in die Hände gespielt.“[16] Und auch dies: Durch Orte, die er der Sympathie mit England verdächtigt, läßt er seine Truppen zweimal marschieren, damit die Einwohner den nachrückenden Engländern eine größere Truppenzahl melden. Denn er hat sich entschlossen, seine Armee zu splitten. Einen Teil läßt er zum Schutze der Neu-England-Staaten zurück. Mit dem Rest zieht er sich hinter den Delaware-Fluß zurück. Aus unerfindlichen Gründen läßt Howe die Verfolgung Washingtons abbrechen. Es ist inzwischen Dezember geworden und er befiehlt seinen Truppen, Winterquartier zu beziehen. Die hessischen Söldner beispielsweise rücken in *Trenton*, New Jersey, ein, um es sich dort gemütlich zu machen. Und Washington?

Es war in der Weihnachtsnacht: Sein größter Coup

Fünftausend Mann sind ihm nur noch geblieben. Und auch die werden ihm innerhalb der nächsten zwei Wochen Adieu sagen. Ganz offiziell. Denn ihr Vertrag wird am 31. Dezember 1776 auslaufen. „Wenn nur die Soldaten bei mir bleiben“, notiert Washington, dann werde er es schon richten.

Um seine Armee zusammenzuhalten, mußte mehr geschehen als ständiger Rückzug. Es ist kurz vor Weihnachten, Washington steht einsam in seinen Mantel gehüllt an den Ufern des Delaware. Eisiger Wind weht ihm in den Rücken. Drüben auf der anderen Seite singen die Hessen wieder Weihnachtslieder in einer Sprache, die er nicht versteht. Aber da kommt dem alten Fuchs eine Idee.

Am Weihnachtstag, dem 25. Dezember, führt er seine Hauptstreitmacht flußaufwärts, weit genug vom Ufer entfernt, um nicht von der anderen Seite aus gesehen zu werden. Hinter einer Uferböschung bei der McKonkey-Fähre liegen sie in Wartestellung, bis es ganz dunkel ist. Dann werden unter tiefhängenden Uferbänken und aus anderen Verstecken Lastboote hervorgeholt, die wie riesige Kanus aussehen. Die Luft ist frostig-kalt und feucht, so als kündigte sie einen Schneesturm an. Washington ist besorgt. Inzwischen besteigt ein Regiment nach dem anderen die Boote, von erfahrenen Seeleuten gesteuert. Das erste Kontingent erreicht das andere Ufer ohne Probleme. Dann frischt der Wind

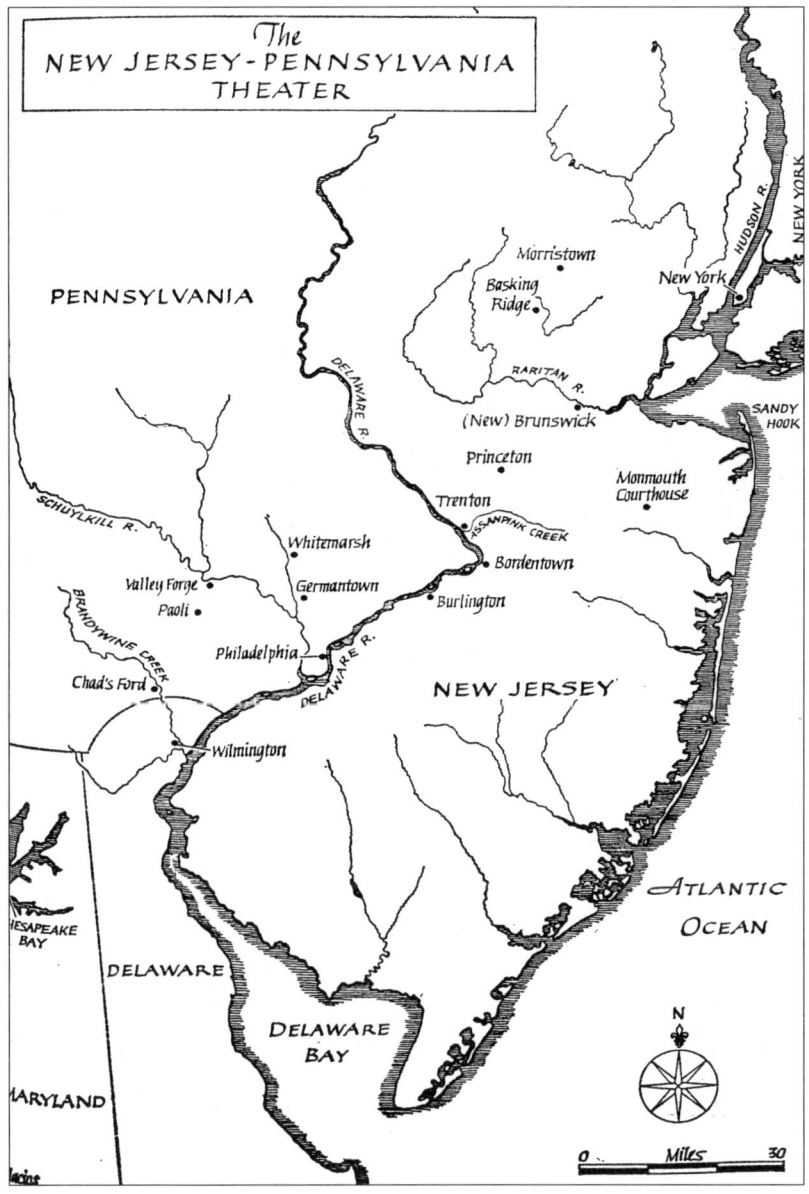

Karte des Kriegsschauplatzes, November/Dezember 1776.

Die Gründungsflagge der Vereinigten Staaten von Amerika aus dem Jahre 1777. Die dreizehn Sterne im Kreis und die dreizehn Streifen stehen für die dreizehn Gründungsstaaten.

Washington überquert den Delaware. Gemälde des Deutsch-Amerikaners Gottlieb Emanuel Leutze, entstanden 1849-1851. Die Darstellung enthält zwei historische Ungenauigkeiten: Washington müßte den Delaware in Richtung Trenton eigentlich von links nach rechts überqueren; die mitgeführte amerikanischer Flagge wurde erst im darauffolgenden Jahr entworfen. Leutze malte die Szene in Düsseldorf als politische Botschaft an die Deutschen: Nach der gescheiterten Revolution von 1848/49 sollte Washingtons Tat symbolisch dazu ermutigen, genauso wie er aus einer verzweifelten Situation heraus das Land entschlossen zur Befreiung zu führen.

auf, Eisschollen treiben den Delaware hinab, die Ufer beginnen zuzu-
frieren. Wer jetzt die zurückgekehrten Boote besteigen will, muß durch
leicht brüchiges Eis waten. Mancher stößt sich die Schienbeine blutig.
Die naß gewordene Kleidung verwandelt sich im kalten Wind umgehend
in steife Rüstungen. Es wird Mitternacht – da wollte Washington eigentlich die ganze Aktion schon abgeschlossen haben. „Diese Verzögerung", so erinnert er sich, „ließ mich befürchten, daß wir die Stadt nicht
mehr durch einen Überraschungsangriff nehmen könnten, zumal ich
wußte, daß wir sie nicht vor Tagesanbruch erreichen konnten".[17] Außerdem hat er mit zwei seiner Regimenter, wovon eines eine Brücke als Über-
gang nutzen soll, einen bestimmten Angriffszeitpunkt vereinbart. Alleine würden diese aber nicht in der Lage sein, gegen die Hessen zu bestehen.

Endlich, weit nach Mitternacht, ist das letzte Boot übergesetzt. Washington reitet an seinen Männern vorbei an die Spitze. Viele darunter sind
ihm durch die Entbehrungen des vergangenen Jahres vertraut geworden: wettergegerbte Falten-Gesichter mit dicken Eiskrusten über den
Schnurrbärten. Der Schneesturm wird schlimmer. Doch genau dieses
Unbill läßt Washington wieder hoffen. Was er an Schutz der weichen-
den Dunkelheit verloren hat, gewinnt er wieder durch das Schneetreiben, in dem man kaum ein paar Meter weit sieht. Außerdem hofft er ja
seit Beginn seines Planes, daß die Hessen als gute Deutsche tags zuvor
tüchtig Weihnachten gefeiert haben und nun ihren Rausch ausschlafen.
Er baut darauf, daß ihr Wunsch nach friedvoller Ruhe sie bei solch einem
Hundewetter in ihren Unterkünften hält.

Der Nachteil ist, daß das Schießpulver durch den Schnee zum Teil naß
und unbrauchbar wird. Er gibt den Befehl aus, die ungeliebten Bajonette
aufzupflanzen. Neben ihm stürzt ein Offizier vom Pferd. Erfroren! Plötzlich kurz vor Trenton Alarm. Schemenhaft sind menschliche Gestalten
vor ihnen zu sehen. Doch sie antworten in bestem Englisch. Zur größten Überraschung wankt eine Kompanie aus Virginia auf ihn zu, deren
Hauptmann ihm berichtet, er habe tags zuvor den Befehl erhalten, den
Delaware zu überqueren und Trenton zu erkunden. Er komme geradewegs von dorther, wo sie einen Wachtposten erschossen hätten. Washington verschlägt es die Sprache. Einen Wachtposten erschossen?

„Sie, Sir, haben mir möglicherweise den ganzen Plan verdorben", flüstert er zornesrot. „Jetzt sind sie natürlich auf der Hut."[18]

Wer immer den Virginiern diesen unsinnigen Befehl gegeben haben
mag, es gibt kein Zurück mehr. Plötzlich tauchen wie aus dem Nichts
die ersten Häuser von Trenton vor und neben ihnen auf. Auch hört

Washington Schüsse. Die Division von Sullivan unten am Fluß ist offenbar in ein Gefecht verwickelt. Das ist gut so, das lenkt von ihm ab. Irrtum.

Die Hessen schwärmen, kaum daß der erste Wachtposten einen Amerikaner entdeckt hat, wie die Bienen aus ihren Unterkünften. Ihr Schießpulver ist trocken. Doch obwohl es viele Soldaten sind, sie schießen schlecht. Denn der Wind, der den Amerikanern in den Rücken weht, bläst ihnen die Schneeflocken ins Gesicht. Irgendwie schaffen die Hessen eine Kanone herbei. Sie wird von den Amerikanern sofort im Nahkampf gewonnen und gegen die Deutschen in Stellung gebracht. Daraufhin ziehen sie sich aus der Stadt zurück, hinaus aufs Feld. Neidisch blickt Washington auf die geordneten Reihen der hessischen Soldaten, die die Befehle der Offiziere unverzüglich und genau befolgen. Von solch einem professionellen Verhalten ist seine Armee noch weit entfernt. Da taucht plötzlich ein Hügel in der Landschaft auf. Sofort läßt Washington dort eine Kanone in Stellung bringen, um auf die geballten hessischen Formationen das Feuer zu eröffnen. Wenig später hört er Kanonendonner durch den eisigen Wind herüberhallen. Ein paar Gewehrschüsse antworten. Dann taucht ein atemloser junger Offizier neben ihm auf.

„Sir", ruft er, „sie haben sich ergeben!"

„Ergeben?"

„Ja, Sir. Sie haben ihre Fahnen gestrichen."

Washington hebt ungläubig das Fernrohr ans Auge und sieht durch einen aufklarenden Spalt der Wetterfront zu den Hessen hinüber.

„Tatsächlich."

Das ist sein einziger Kommentar zu seinem ersten eigenen Sieg seit der Jumonville-Affaire vor mehr als zwanzig Jahren.

Auch an anderen Stellen haben sich Hessen ergeben. Alles in allem gehen mehr als 900 Söldner in Kriegsgefangenschaft. Die übrigen, mehr als doppelt soviele, sind tot. Als sich Washington nach den eigenen Verlusten erkundigt, macht er eine verblüffende Feststellung. Die Kontinentale Armee hat keine! Keinen Gefallenen, keinen Verwundeten.

Zufrieden stellt Washington außerdem fest, daß er bei seinen Leuten diesmal „nicht das geringste Anzeichen für schlechtes Benehmen festgestellt habe, weder bei den Offizieren noch bei den Soldaten. (...) Jeder schien mit dem anderen darum zu wetteifern, wer am schnellsten vorwärts kommt. (...) Wenn dennoch irgendein Fehler unterlaufen ist, dann wegen Übereifer."[19]

Die Schlacht von Princeton. Gemälde von John Trumbull. Im Vordergrund stirbt gerade neben seinem toten Pferd Washingtons Freund, der Arzt Hugh Mercer, während der Feldherr dahinter die Seinen mit gebieterischer Geste hoch zu Roß zum Sieg kommandiert.

Dieser Überraschungssieg hat sie nun zusammengeschweißt. Washington hat endlich eine Armee, die nicht mehr davonläuft. Denn alle Soldaten, deren Vertrag in wenigen Tagen ausläuft, verlängern um weitere drei Jahre. Sie haben das Vertrauen in die Genialität ihres Feldherrn zurückgewonnen. Sie werden ab jetzt mit ihm nicht Tod noch Teufel fürchten. Das bekommen die Briten schon kurz darauf erneut zu spüren. In einem großen Bogen umgeht Washington seinen Verfolger Cornwallis und besiegt am 3. Januar 1777 bei Princeton eine völlig überraschte britische Armee, die auf dem Weg war, sich mit Cornwallis' Truppen zu vereinen.

Washington kann siegen. Amerika und der Kongreß atmen auf. Der Feldherr indes taucht nach Indianerart unter. In Eilmärschen nach Norden, mitten in abgelegene, tief verschneite Berge hinein, wo ihn niemand vermutet, entzieht er sich und seine Armee den Briten. In Morristown, fast auf der Höhe von New York gelegen, bezieht er mit seinen ausgezehrten Männern Winterquartier. Der Fuchs geht in seinen Bau.

Blutspuren im Schnee: Valley Forge

Der Winterschlaf der Armeen beider Seiten hielt im Jahr 1777 erstaunlich lange an. Beide Seiten ließen die Zeit mit Vorbereitungen verstreichen, ohne daß etwas geschah. Den Briten genügte offenbar, daß sie die Stadt New York beherrschten. So schien es. Washington mußte sich Mahnungen anhören, daß er doch Initiative ergreifen solle, statt auf die Manöver Howes zu warten. Doch stellt sich die Frage: Womit sollte er Initiative ergreifen? Abgesehen von einem Kernbestand, mußte er immer wieder abgehende Truppen durch neue ersetzen und ausbilden. Seine – zugegeben etwas phantasielose – Taktik bestand darin, zu warten, was der Gegner tun würde. Lediglich bei günstigen Gelegenheiten, wie in Trenton und Princeton, schlug er habichtartig zu. Berücksichtigen muß man auch, unter welchen Strapazen die Soldaten kämpften: oft schlechtes oder gar kein Essen, Eilmärsche, entweder in brütender Hitze oder Eiseskälte, über riesige amerikanische Entfernungen. Washington operierte gerne mit der „Tiefe des Raumes". Dazu kommen körperliche Anstrengungen, wie mit dem Bajonett Schützengräben ausheben, rasche Verteidigungsanlagen bauen, die dann wieder noch rascher verlassen werden müssen. Ständige Lebensgefahr zehrt im Krieg entweder an den Nerven oder führt zu völliger Abstumpfung. Kampieren im Freien und Ungewißheit, was der nächst Tag bringt. Unter solchen Umständen soll der Oberbefehlshaber mit Hurra-Geschrei ständig schneidige Angriffe gegen die Briten anführen?

Erste Kritik an seiner Heeresleitung wird laut, in Philadelphia und unter seinen Generälen. Washington ärgert sich darüber, tut aber nichts dagegen.

Dafür tun andere etwas. London, noch nie mit brillanten Militärstrategen gesegnet, hat einen neuen Plan entwickelt. Den soll ein neuer Mann ausführen: General John Burgoyne erhält das Kommando über die britischen Truppen in Canada und soll jetzt endlich jene Invasion aus dem Norden durchführen, die Benedict Arnold schon zu Beginn des Krieges versucht hat, mit seinen Waldläufern zu verhindern. Neue Besen kehren gut – nicht immer.

Burgoyne gelingt es zunächst, den Alptraum der Amerikaner wahrzumachen. Er nimmt das bei Nacht und Nebel von einem feigen Offizier Washingtons geräumte „amerikanische Gibraltar" – das Fort Ticonderoga – und stößt bis Albany im Staat New York vor. Einer Vereinigung mit der Armee Howes steht nichts mehr im Wege. Doch der hat völlig andere Pläne. Wieder einmal hat er seine Hauptarmee auf Schiffe verfrachtet und ist aus dem New Yorker Hafen ausgelaufen. Niemand weiß wohin. Statt zu kämpfen, schwimmt Howe auf hoher See. Selbst die amerikanischen Küstenpiraten, die Washington schon so viele nützliche kleine Dienste erwiesen haben, können diesmal nicht weiterhelfen. Was Washington zu Land mit der „Tiefe des Raumes" ausnutzte, war den Briten die „Weite des Ozeans". Dieser scheinbare Trick Howes kostete indes seinen Kameraden Burgoyne den Sieg in Neu-England.

Zwei kleine, aber besonders grausame und blutige Gefechte bildeten den Auftakt. Bei *Oriskany* im mittleren Staat New York trennten sich am 6. August 1777 beide Seiten unentschieden, während einige Tage darauf, am 16. August, ein Regiment der amerikanischen Nord-Armee unter der Führung John Starks, den Washington nach der Schlacht von Trenton zum Brigadegeneral für New Hampshire ernannt hatte, der Truppe Burgoynes bei *Bennington*, an der Grenze von New York zu Vermont, eine schwere Schlappe beibrachte. Beide Male waren es Deutsche, die auf beiden Seiten die Last des Kampfes trugen. Hier deutsche Siedler aus Pennsylvania, die für ihr neues Vaterland fochten, dort hessische Dragoner und braunschweigische Infanterie.

An beiden Schlachten waren außerdem Irokesen beteiligt, die sich für die Engländer als höchst zweifelhafte Verbündete erwiesen. In einem hemmungslosen Blutrausch wüteten sie nämlich unterschiedslos unter Freund und Feind. Um ein Beispiel herauszugreifen: „Die Verlobte eines englischen Offiziers, eine Pfarrerstochter, wurde zu General Burgoynes Entsetzen von verbündeten Indianern skalpiert und ermordet, weil sie unter amerikanischen Siedlern wohnte."[20]

Ohnehin ist der Krieg gegen die Indianer während der Amerikanischen Revolution ein Kapitel für sich. Im Grunde genommen war es nämlich ein Zweifronten-Krieg, den Washington zu führen hatte. Ei-

A Scene on the FRONTIERS as Practiced by the HUMANE BRITISH and their WORTHY ALLIES

Bring me the Scalps
and the King our master
will reward you—

Reward for
Sixteen
Scalps

Arise Columbia's Sons and forward press,
Your Country's wrongs call loudly for redress;
The Savage Indian with his Scalping knife,
Or Tomahawk may seek to take your life,

By bravery aw'd they'll in a dreadful Fright,
Shrink back for Refuge to the Woods in Flight;
Their British leaders then will quickly shake,
And for those wrongs shall restitution make.

Amerikanisches Pamphlet: Ein Engländer zahlt Kopfgeld an irokesische Verbündete. Für sechzehn amerikanische Skalps gab es ein Gewehr, wie das Schild
an der Flinte des Indianers besagt.

nerseits an vielen kleinen Kriegsschauplätzen entlang der Ostküste gegen
die Briten. Andererseits von New York im Norden bis hinab nach Florida ein Krieg gegen die wiedererwachten Waldindianer. Oftmals mußte
er seine besten, erfahrensten Schützen und Offiziere in die Wildnis ab-
kommandieren, um die Westgrenze gegen eine neue „rote Flut" zu verteidigen. So auch seinen Freund Oberst William Crawford, der 1770
mit ihm zum Great Kanawha gereist war und die indianische Weissagung miterlebt hatte. Dieser Oberst Crawford war 1782 im Ohio-Gebiet Delaware-Indianern in die Hände gefallen. Er starb auf grausamste
Weise am Marterpfahl. Worauf Washington seine Waldläufer warnte, es
solle „keiner sich einfallen lassen, in diesen Zeiten lebend den Indianern
in die Hände zu fallen".[21]

Während eine Reihe seiner verstreuten Truppen an verschiedenen Kriegsschauplätzen erfolgreich focht, was tat Washington? In erster Linie hatte er seine Kontinentale Armee wieder auf eine Stärke von über 10.000 Mann gebracht und mit neuesten französischen Waffen ausgestattet. Zudem erhielt er einen ziemlichen Zulauf von Abenteurern aus Europa, vor allem aus Frankreich, Polen und Deutschland. Allesamt auf den europäischen Kriegsschauplätzen von Spanien bis Rußland erfahrene Offiziere oder solche, die sich dafür hielten und nun, da sie von dem sagenhaften Freiheitskampf der Amerikaner vernommen hatten, sich begierig nach Ruhm auf dem „Felde der Ehre" in die neue Welt aufmachten.

Washington wurde aktiv, nachdem er von dem mysteriösen Verschwinden Howes und seiner Armee gehört hatte. Seine Vorstellungskraft reichte aus, zu vermuten, was sein Gegenspieler als nächstes vorhatte: eine Landung weiter im Süden, vielleicht in der Chesapeake-Bay, um ihm in den Rücken zu fallen. Und so verlegte Washington seine Truppen zurück hinter den Delaware-River, in das Städtchen *Germantown*, eine Gründung des deutschen Auswanderers Franz Daniel Pastorius aus Sommerhausen am Main. Heute ist Germantown ein schöner Park- und Villenvorort von Philadelphia. Zum einen wollte Washington mit diesem Zug die amerikanische Hauptstadt Philadelphia schützen. Zum anderen konnte er von hier aus schneller nach allen Richtungen reagieren, sollte Howe doch anderswo angreifen.

Am 31. Juli, Washington hatte gerade sein Frühstück beendet, meldet ein Kurier-Reiter des Kongresses, daß die englische Flotte tatsächlich an der Mündung des Delaware gesichtet worden sei. Also doch! Washington versetzt die Truppe in Alarm. Doch da erreicht ihn eine zweite Nachricht. Die Engländer sind wieder verschwunden. Katz- und Mausspiel, das den Gegner zu Fehlern verleiten soll. Aber der erfahrene Fuchsjäger Washington läßt sich so einfach nicht ins Bockshorn jagen. Noch weiter südlich, in der Chesapeake-Bay, laden zweihundert Segelschiffe Invasionstruppen aus. Nun ist der Plan des Engländers für den amerikanischen Feldherrn zu erkennen. Philadelphia ist das Ziel Howes. Er will zur Höhle des Löwen vorstoßen und der Revolution den Todesstoß versetzen.

Sofort marschiert Washington an einem heißen Augusttag des Jahres 1777 in Philadelphia ein. Zum ersten Mal zeigt er sich und seine Kontinentale Armee der Hauptstadt und den Kongreß-Mitgliedern, damit sie sehen, wofür sie ihr Militärbudget ausgeben. Mag sein, daß Washington auf sein Aufgebot stolz ist – ein junger Ausländer ist von den abgerissenen Strolchen hingegen entsetzt und fasziniert zugleich: Der Franzose Maris Joseph Paul Yves Roch Gilbert du Motier, Marquis de Lafayette. Der Zwanzigjährige ist seiner jungen Frau und der Militärakademie von Versailles durchgebrannt, um quichoteske Abenteuer in Amerika zu erleben, getarnt unter dem Vorwand, „für die Ehre Frankreichs gegen England" zu kämpfen. In seinem Schlepptau hat er weitere junge Franzosen mitgebracht. Lafayette meldete sich nach Ankunft direkt beim amerikanischen Kongreß, wo er wohlwollende Aufnahme fand, da man glaubte, mit dem jungen Heißsporn aus dem französischen Hochadel endlich auch die französische Regierung mit ins Boot gegen England zu bekommen. Denn bislang antichambrierte der amerikanische Gesandte in Paris, Benjamin Franklin, vergeblich am Hofe Ludwigs XVI.

Nun sieht Lafayette in Philadelphia erstmals jene Soldaten, von denen man in Europa begeistert spricht. In seinen Aufzeichnungen, geschrieben in der dritten Person, hält er seinen Eindruck fest: „Rund 11.000 Mann, schlecht bewaffnet und noch schlechter gekleidet, präsentieren sich in den Augen eines jungen Franzosen in einem merkwürdigen Aufzug: ihre Kleidung war bunt zusammengewürfelt und viele von ihnen waren fast nackt. Die Bestangezogensten trugen Jagdhemden: große graue Leinenröcke."[22] Völlig irritiert zeigte sich der an höfischen Pomp Gewöhnte davon, daß er in Washingtons Armee keinerlei Rangabzeichen sah. Es habe „keinen anderen Unterschied als die Körpergröße" des Einzelnen gegeben, hielt er fest, wobei die Kleineren stets in die ersten Reihen gesteckt würden.

Bei einem Abendessen zu Ehren Washingtons in der City Tavern von Philadelphia, lernte Lafayette seinen künftigen Oberbefehlshaber kennen. Es war Zuneigung auf den ersten Blick, ein wenig so, wie damals zwischen Washington und Braddock. Genauso wie einst der alte Haudegen den jungen Washington als unbezahlten Ehren-Adjutanten bei sich aufnahm, bot dieser nun Lafayette das Gleiche an. Und der nahm voller Enthusiasmus an. Eine Freundschaft fürs Leben zwischen „Vater" und „Sohn" war aus der Taufe gehoben, um kurz darauf einer ersten, ernsten Prüfung unterzogen zu werden.

Die Briten unter Howe rücken an. Washington muß sich einer neuen, schweren Schlacht stellen. Und verliert! An dem Flüßchen *Brandywine* kommt es am 11. September 1777 zum Kampf der Giganten. Der amerikanische Oberbefehlshaber, von ungenauen Meldungen seiner Aufklärer und widersprechenden Vorschlägen seines Generalstabs verwirrt, verliert die Übersicht. Eine klare Fehlleistung Washingtons, die der leichtverwundete Marquis mit den Worten auf den Punkt bringt: „Ordre, contre ordre, désordre".

Der Kanonendonner von Brandywine ist in Philadelphia zu hören. Und irgendwie denkt der Kongreß dabei an nichts Gutes. Hastig packen die Abgeordneten ihre Koffer und fliehen nach York in Pennsylvania. Aber Howe läßt sich Zeit. Erst am 26. September rückt er mit „God save the King" in Philadelphia ein. Die Hauptstadt des freien Amerika in Feindeshand – wo ist Washington?

Er greift nach einer weiten östlichen Umgehung des von den Briten besetzten Raumes um Philadelphia am 4. Oktober in Germantown an. Anfänglich sieht alles nach einem Erfolg aus, wird aber wieder durch eigene Fehler verdorben, möglicherweise hervorgerufen durch eine völlige Übermüdung der Truppen, die durch den langen Umgehungsmarsch von Washington an die totale Erschöpfungsgrenze getrieben worden sind. Beispielsweise der polnische Abenteurer Casimir Pulaski. Er ist von Kindheit an ähnlich wie Washington mehr im Sattel zuhause als auf den Beinen. Er kam aus den gleichen Gründen wie Lafayette nach Amerika und regte bei Washington an, eine Kavallerie aufzubauen. Erst seit kurzem, seit Brandywine, führt er eine kleine Reiterei. Die Schlacht von Georgetown hätte er allerdings beinahe verpaßt. Völlig ausgepumpt wurde er nach einigem Suchen schlafend in einer Scheune gefunden. Ebenso der deutsche Söldner Mühlenberg, der während des Gefechts aus dem Sattel fiel, weil er eingeschlafen war. Der irische Offizier Thomas Conway kroch, unfähig zu denken oder zu handeln, in eine Remise und sagte: „Ohne mich!" Ganz klar: Washington hatte in dem Übereifer, die Briten mit einem Überraschungsangriff zu schlagen, seine Soldaten total überfordert. Als der Kampf um Germantown andauerte, waren die Männer kaum mehr in der Lage zu stehen, geschweige denn zu rennen, zu feuern, sich auf irgendetwas zu konzentrieren.

Selbst Washington mit seiner eisernen Natur soll schwer übernächtigt ausgesehen haben, aschgrau und mit eingefallenen Wangen. Nun – es ging ja auch um einiges, nicht nur um die Rückeroberung der Hauptstadt, sondern auch um seinen Ruf. Aber es sollte nicht sein. Die Geschichte zwang ihn, den bitteren Becher des Verlierers bis zur Neige zu leeren.

Nach der Niederlage von Germantown ist er am Tiefpunkt seiner Karriere angelangt. Viele beginnen an ihm zu zweifeln, erste Intrigen werden gesponnen, wovon noch zu sprechen sein wird.

Nicht genug damit, erreicht ihn eine zweischneidige Nachricht vom nördlichen Kriegsschauplatz. Sein General Horatio Gates hat Burgoyne geschlagen, am 17. Oktober bei Saratoga. Und es ist nicht irgendein Sieg. Gates hat den totalen Triumph über die britische Nord-Armee errungen, was die schmachvolle Besetzung Philadelphias wettmacht. Er führt 6.000 Mann in die Kriegsgefangenschaft, darunter den Kommandeur John Burgoyne höchstpersönlich. Der Kongreß ist begeistert. Frankreich zeigt sich beeindruckt, und Benjamin Franklin beeilt sich mit einer neuen Werbe-Initiative am Hof von Versailles. Dies alles, so tönt es landauf, landab, haben die Vereinigten Staaten von Amerika einzig dem Genie Gates' zu verdanken. Von Washington ist – außer in abfälliger Form – nicht mehr die Rede. Voller Schweigen und Bitterkeit zieht sich der geschlagene, inzwischen grau gewordene Fuchs erneut in einen Winterbau zurück. Er liegt wieder in einer stark hügeligen Landschaft, von zwei kleinen Tälern durchzogen, benannt nach einer dortigen Schmiede *Valley Forge*, diesmal aber nicht weit vom Feind entfernt, nur etwa vierzig Kilometer westlich von Philadelphia gelegen.

Valley Forge, dieser Name eines Stückchen Wildnis in Pennsylvania steht nicht nur für den Tiefpunkt Washingtons, sondern in der heutigen amerikanischen Geschichtsschreibung vor allem für die heroische Leidensfähigkeit der Amerikaner, und dafür, aus einer katastrophalen Lage heraus die in London bereits umjubelte Niederlage in einen Sieg zu verwandeln. Valley Forge steht auch dafür, daß eine verlorene Schlacht eben noch keinen verlorenen Krieg bedeutet. Heute ist das gesamte Areal, in dem Washington mit anfänglich nur vier- bis fünftausend Mann Quartier bezog, ein „Patriotic Shrine", ein Nationalheiligtum mit Denkmälern, Museum und wieder aufgefrischten Verteidigungsanlagen. Im Frühjahr und Sommer wirkt die Parkanlage von Valley Forge traumhaft idyllisch, die beiden Täler des kleinen *Schuykill River* und des noch kleineren Valley Creek nachgerade eichendorff-romantisch: „mondenscheinverwirrte Täler, flüsternde Bachquellen im stillen Grund".

Angesichts dieser landschaftlichen Schönheit ist es dann schwer vorstellbar, daß hier dreitausend Mann der Kerntruppe der Kontinentalen Armee zwischen Dezember 1777 und März 1778 elendiglich verhungert und erfroren sind, daß General Winter mit Frost und Eis Washingtons schlimmster Gegner wurde. Doch immer wieder muß man sich vor Augen halten, daß die geschlagene Armee auch körperlich völlig am Ende war. Für den Neunzehn-Meilen-Marsch von Germantown nach Valley Forge benötigten die ausgemergelten Amerikaner eine Woche. Viele sind krank und verwundet, müssen auf Bahren mitgeschleppt werden. Vor Ort endlich angekommen, gibt es außer ein paar Farmhäusern keine Unterkünfte. Und so müssen die armseligen Knochengerippe mit letzter Kraft in den umliegenden Wäldern Bäume fällen und Blockhütten errichten. Das dauert seine Zeit. Inzwischen erfrieren die ersten des nachts, da sie für ihre teilweise bloßen Oberkörper nichts haben, um sich zuzudecken. Und der Winter bricht dieses Jahr früh herein, mit scharfem Eiswind, der immer wieder die kleinen Lagerfeuer ausbläst. Mancher Wachtposten ist bei der Ablösung zur steinharten Mumie gefroren.

Eines Morgens, als Washington einen Inspektionsgang durchs Lager unternimmt, stößt er plötzlich auf Blutspuren in frischgefallenem Schnee. Er folgt ihnen und findet Männer um ein kleines Lagerfeuer geschart, die ihre nackten Füße, von Frostbeulen entstellt, der Wärme entgegenstrecken. Einig haben ihre bloßen Füße in blutige Bandagen gewickelt, da sie inzwischen auf rohem Fleisch laufen. An anderer Stelle steht ein Wachtposten zitternd mit den bloßen Füßen auf seinem Hut, der ihm vor dem frostigen Boden ein wenig Schutz gewähren soll. In zahlreichen Hütten liegen nicht nur Kranke und Verwundete, sondern auch einsatzfähige Soldaten, die jedoch mit bloßen Füßen in Eis und Schnee keinen Dienst tun können.

Schuhe waren damals teure Bekleidungsstücke, die sich arme Grenzer und noch ärmere Soldaten nicht leisten konnten. Eine Schuhindustrie gab es nicht, und der Kongreß sah sich außerstande, für viel Geld teure Importware aus Frankreich zu kaufen. In erster Linie wurden Waffen angeschafft. Die Bekleidung der Soldaten galt als absolut marginal. Washington kann seinen Soldaten nicht helfen. Und dennoch bleiben sie bei ihm. Mit Leichtigkeit hätten sie sich im Schutz der umliegenden Wälder davonstehlen können, was einige auch getan haben. Ein Franzose erinnerte sich viele Jahre später, daß er manche Unterkünfte gesehen habe, aus denen Soldaten herausgeschaut und beim Herannahen eines Offiziers aufgebracht gerufen hätten: „No bread, no Soldier" – Ohne Brot keine Soldaten![23]

Doch das Gros „seiner" Kontinentalen Armee war trotz der Niederlagen, trotz dieses Tals der Tränen namens Valley Forge bereit, Washington auch weiterhin zu folgen, überzeugt, daß nur er der gerechten

Marquis de Lafayette (links) und George Washington in der Winterkälte von Valley Forge. Der Marquis erkennt, was die amerikanischen Soldaten aus Frankreich am dringendsten benötigen: Schuhe.

Sache zum Sieg verhelfen könne. Ein einmaliger Treuebeweis, der nur mit dem Charisma des Heerführers zu erkären ist. Obwohl auch der von den Ereignissen gezeichnet ist. Er findet vor Sorgen kaum Schlaf, das blonde Haar färbt sich grau, am Ende des Krieges ist es schlohweiß. Washington altert sichtlich unter der Verantwortung, die bleischwer auf ihm lastet. Aus dieser Zeit stammt eine der ältesten Geschichten über ihn, die schon zu seinen Lebzeiten kolportiert wird. Ein Quäker will ihn eines Morgens zufällig im Winterwald von Valley Forge beobachtet haben, wie er im Schnee kniete und Gott laut um Hilfe anflehte. „Was ich an diesem Tag gesehen habe, werde ich mein Lebtag nicht vergessen", erzählte der Quäker. „Bis jetzt habe ich geglaubt, daß ein Christ und ein Soldat unvereinbare Charaktere sind. Aber wenn George Washington nicht ein Mann Gottes ist, müßte ich mich schwer irren."[24]

268

Wahrheit oder Legende – besser kann man die Verlassenheit und Ausweglosigkeit Washingtons, der sonst mit Religion nichts am Hut hatte, nicht auf den Punkt bringen. Da er seinen Kniefall vor dem Schöpfer nicht bestritten hat, kann man davon ausgehen, daß dieser Verzweiflungsakt der Wahrheit entspricht. Deshalb steht in Valley Forge heute eine Washington-Kapelle, über deren Eingang ein Buntglasfenster diese Szene festhält.

Obwohl in der Wildnis gelegen, war Valley Forge doch nicht von der Außenwelt abgeschnitten. Der Generalstab korrespondierte mit Gott und der Welt. Deshalb ist uns auch ein Brief des selbsternannten deutschen Barons Johann de Kalb, Söldner-General in Washingtons Armee, überliefert. Er schreibt beispielsweise zu Weihnachten 1777 an einen Freund in Frankreich: „Am 19ten dieses Monats erreichte die Armee diese bewaldete Wildnis, die zweifellos zu den ärmsten Regionen Pennsylvanias zählt. Die Erdkruste ist dünn, unbestellt und die Gegend weitgehend unbewohnt, ohne Futter [für die Pferde] und ohne Proviant! Hier also ziehen wir ins Winterquartier. Das heißt: in Schuppen zu liegen, Generäle und Mannschaften gleichermaßen, um der Armee, wie es heißt, die Möglichkeit zu geben, sich von ihren Entbehrungen zu erholen, neue Männer anzuwerben, die Ausrüstung wieder instand zu setzen und sich auf den kommenden Feldzug vorzubereiten, während gleichzeitig das Hinterland vor feindlichen Ausfällen geschützt werden soll. Über das Ganze wurde lange und ausführlich im Kriegsrat [Generalstab] debattiert. Es wurde in seiner ganzen Länge und Breite diskutiert – eine schlechte Art, an die man hier gewöhnt ist – und [dennoch] wurde guter Rat nicht angenommen."[25]

Ja, mit Ratschlägen von allen Seiten, vom Kongreß, von Offizieren, von Neuankömmlingen, wurde Washington alsbald geradezu überhäuft. Warum Valley Forge? Warum diese gottverlassene Gegend? Es hätte zahlreiche andere Möglichkeiten gegeben, in guten Unterkünften mit genügend Proviant den Winter problemlos zu überdauern. Nun – die Antwort liegt eigentlich auf der Hand. Washington empfindet die Besetzung Philadelphias durch die Briten als Schmach. Und so will er wenigstens in der Nähe bleiben. Ein symbolischer Akt! Der Feind soll wissen: Ich bin zwar geschlagen, aber noch da. Die vierzig Kilometer Entfernung sind nah genug, diesen Anspruch zum Ausdruck zu bringen. Sie sind weit genug entfernt, um nicht in ständige Scharmützel verwickelt zu werden. Und – wie Kalb richtig bemerkte –, er will durch die Präsenz seines Heeres dem britischen Oberbefehlshaber Howe den Schneid abkaufen, in einem Winterfeldzug das Hinterland zu erobern. Umgekehrt sind aber die Pennsylvanier über Washingtons erneute Passivität erbost. Ihre ihm noch nie freundlich gesonnenen Volksvertreter beschweren sich beim Kongreß, daß er der Kontinentalen Armee den Befehl zum „Winterschlaf" erteilt habe, statt einen schneidigen Feldzug zu führen. Washington kann, ja darf jetzt nicht länger schweigen. Er antwortet – passend: „Es gibt also tatsächlich Herren", schreibt er, „die diese Maßregel mißbilligen und sich so stellen, als glaubten sie, unsere Soldaten seien aus Holz oder Stein und fühlten weder Frost noch Schnee, Herren, die es anscheinend für eine Kleinigkeit halten, daß ein an Zahl weit unterlegenes Heer, das unter all den früher beschriebenen Nachteilen leidet, ein größeres, mit allem erdenklichen Bedarf für einen Winterfeldzug voll versehenes in Schach hält und die Staaten Pennsylvania und New Jersey vor Plünderungen schützt ... Ich kann diesen Herren versichern, daß es sehr viel einfacher und angenehmer ist, in einem wohnlichen Raum am flackernden Kamin Proteste zu verfassen, als einen kalten, kahlen Hügel besetzt zu halten und ohne Kleider, Stiefel und Decken im Schnee zu schlafen. Wenn diese Herren aber kein Gefühl für unsere halbnackten, müden Soldaten haben, ich fühle mit ihnen um so mehr und bedaure sie aufs tiefste in dieser Lage, die ich leider nicht ändern kann."[26]

Doch solcherart Empörung reicht nicht aus. Schon seit langem hat sich Böses hinter seinem Rücken zusammengebraut.

Kabale und Liebe

Der Anzeichen waren viele, schon lange, daß es einflußreiche Kräfte im Kongreß und im Generalstab gab, die eine Intrige gegen Washington vorbereiteten. Überrascht konnte er also nicht sein, als die Sache ans Licht kam. Denn der Sieger von Saratoga, General Horatio Gates, hielt damit nicht hinter dem Berg, daß er, im Gegensatz zum derzeitigen Oberbefehlshaber, wisse, wie man den Briten aufs Haupt schlägt. In Gates hatten die Intriganten seither eine vorzeigbare Führungsperson, mit der ihre Aussichten auf Erfolg beträchtlich gestiegen waren. In völliger Verkennung der Ehrfurcht und Ergebenheit, die die Waldläufer

Washington als einem der „ihren" entgegenbrachten, nahm Gates beispielsweise den Führer der Scharfschützen, Oberst Daniel Morgan, nach Saratoga beiseite, um ihn zu testen und die Elitetruppe nach Möglichkeit auf seine Seite zu ziehen. Er habe gehört, sagte Gates, daß Washingtons Offiziere und Mannschaften mit ihrem Feldherrn sehr unzufrieden seien. Man wünsche offenbar eine andere Führung. Worauf der tapfere, getreue Virginier Morgan erklärte, damit sei man bei ihm an der falschen Adresse. Er und seine „Riflemen" würden nie unter einem anderen Oberbefehlshaber dienen als unter Washington. Eigentlich hätte Gates aufgrund Morgans Antwort seine verräterischen Finger von allen weiteren Konspirationen lassen sollen, denn Morgans Ansicht war gewissermaßen Volkes Stimme. Morgan und seine wilden Gesellen haben oder nicht haben, konnte schlachtenentscheidend sein. Washington hatte ihn leider oft genug nicht an seiner Seite, weil er für ihn – um einmal ein Bild aus der Fußballsprache zu nehmen – den Libero spielen mußte, den Ausputzer. Und die Valley Forger, Washington ergeben bis buchstäblich in den Tod, würden sicherlich auch nicht mitmachen.

Dafür zahlreiche „höhere Herren". Allen voran die vom Kongreß ernannten Generäle Philip Schuyler, der sich in New York als Versager herausgestellt hatte, aber seine eigene Unfähigkeit jetzt dem Oberbefehlshaber anlasten will, der ehemalige Quäker Thomas Mifflin, ein Rat tengesicht; das Großmaul Charles Lee, der sich seines Sieges über die britischen Marines in South Carolina rühmt, während Washington New York verlor, der es aber auch fertiggebracht hat, während des Rückzugs durch New Jersey den Briten in die Hände zu fallen und erst kürzlich ausgetauscht worden ist. Und schließlich der irische Söldner Thomas Conway, nach dem merkwürdigerweise das Komplott benannt ist: *Conway Cabal*.

Um eine lange Geschichte abzukürzen: Washington, der sich lange Zeit aus dem Gerede hinter seinem Rücken nichts machte – auch weil er wußte, daß Männer wie Daniel Morgan zu ihm standen – packt den Stier bei den Hörnern, als ihm folgendes bekannt wird: Gates soll vom Kongreß zum Chef des neuen Kriegsamtes, was immer das bedeuten soll, ernannt werden. Conway schreibt daraufhin begeistert an Gates: „Der Himmel hat sich wohl endlich entschlossen, das Land [durch ihn, Gates] zu retten, ehe es durch einen schwachen General und schlechte Ratgeber völlig ins Unglück gestürzt würde".[27] Der Adjutant von Gates, ein Oberst Wilkinson, liest diesen Brief und zitiert ihn in einer Weinlaune in einer Gesellschaft von Offizieren. Washington werden die Aussagen Wilkinsons hinterbracht, und jetzt hat er das untrügliche Gefühl, etwas unternehmen zu müssen. Er sticht zielsicher mitten hinein ins Wespennest, indem er direkt an Conway schreibt:

„Sir: Einem Brief, den ich gestern abend bekommen habe, entnehme ich folgenden Absatz. In einem Brief von Generalleutnant Conway an Generalleutnant Gates schrieb ersterer: ‚Der Himmel hat sich wohl endlich entschlossen, das Land zu retten, ehe es durch einen schwachen General und schlechte Ratgeber völlig ruiniert wird.‘

Ich verbleibe, Sir, Ihr ergebener Diener George Washington.“[28]

Der knappe Brief enthält keine Aufforderung zur Stellungnahme, keinen Vorwurf, keinen Kommentar. Ist wohl auch nicht nötig. Nach hektischem Briefwechsel unter den Intriganten, wird lautstark von allen Seiten geleugnet, daß „irgendetwas" im Gange sei. Conway will nie einen solchen Brief geschrieben, Gates selbstverständlich nie einen solchen Brief empfangen haben. Wilkinson behauptet fest, nie aus irgend einem Brief zitiert zu haben. Jetzt, da sie namentlich in der Öffentlichkeit des Komplotts gegen den Feldherrn bezichtigt werden, treten sie feige den Rückzug an. Denn sie haben zwar mächtige Freunde unter den Politikern, Washington aber auch. Seine stärkste Stütze im Kongreß, John Adams, der lange alle Kritik an Washington von diesem abgewendet hat, ist zwar auf dem Weg nach Paris, um Frankreich zum Kriegseintritt gegen England zu bewegen. Aber es bleiben dem Verleumdeten genügend Sympathisanten oder solche, die Angst davor haben, daß es bei einem Kommandowechsel auf Gates zu Unruhen in der Truppe kommen könnte. Bedacht wird auch, daß Washington die seltene Fähigkeit besitzt, Menschen unterschiedlichster sozialer Herkunft und Religion an sich zu binden. Bei Gates oder Lee, der zeitweilig ebenfalls auf Washingtons Nachfolge hofft, ist dieses Charisma nicht gegeben. Der junge Alexander Hamilton glaubt jedoch, daß die Conway-Kabale ernsthafter war, als Washington sich vorstellen konnte. Hamilton ist überzeugt, daß die Intrige nur scheiterte, weil sie „zu früh demaskiert wurde".[29]

Am Ende der Conway-Kabale scheidet Wilkinson als „falscher Kolportierer" aus dem Dienst. Die Hauptverschworenen bleiben unangetastet, ja Washington wird vom Kongreß sogar aufgefordert, mit allen wieder bestmöglich zusammenzuarbeiten. Ihm bleibt gar nichts anderes übrig, da auch diese – nicht Washington, aber dem Kongreß gegenüber – ihre Loyalität gegenüber dem Oberkommandierenden zum Ausdruck bringen.

Etwa zur gleichen Zeit geistert auch britische Propaganda gegen Washington durch Amerika. Es geht um die *Waschfrau-Kate-Affaire*. Benjamin Harrison, Kongreßabgeordneter aus Virginia und mit Washington befreundet, schrieb mitten im Krieg einen Brief an ihn, in dem es größtenteils um militärische Angelegenheiten ging, versehen mit folgendem leichtsinnigen Hinweis auf ein amouröses Abenteuer:

„Als ich gerade mit der angenehmen Aufgabe beschäftigt war, Dir zu schreiben, hörte ich hinter mir ein Geräusch, wandte mich um, und wer anders war da hereingekommen als die hübsche Kate, die Tochter der Waschfrau von der anderen Straßenseite, blitzsauber, schlank und rosig wie der Morgen. Ich machte mir die feine Gelegenheit zunutze, und wenn es nicht um Sukey, die verwünschte Liebesstörerin, gewesen wäre, hätte ich sie für meinen General für die Zeit nach seiner Rückkehr engagiert. Wir mußten uns trennen, aber erst nachdem wir eine Verabredung getroffen hatten; wenn sie die einhält, werde ich gern noch eine Woche länger hier bleiben.

Ich werde Dir hin und wieder weitere solche Abenteuer zu Deiner Unterhaltung schicken und auch, um Dich ein wenig von Deinen Kriegsaufgaben abzulenken.“[30]

Sukey bedeutet Suschen. Sie war die Frau Harrisons, die ihn da bei seiner Anbändelei störte. Soweit das Problem Harrisons. Das Problem für Washington bestand nun darin, daß der Brief unterwegs von Briten abgefangen und an die Presse weitergegeben wurde. Als erstes veröffentlichte ihn der „Boston Weekly News-Letter". Denn das Pikante an Harrisons Brief war, ob der Kongreßabgeordnete womöglich den Oberbefehlshaber des öfteren mit jungen Mädchen „versorgte". Das „Gentlemens Magazine" in London druckte den Artikel nach. Schließlich wurde die Story Hauptbestandteil eines Theaterstücks am Broadway mit dem Titel „Die Schlacht von Brooklyn: Eine Farce in zwei Akten: So wie es sich am 27ten Tag des Jahres 1776 auf Long Island zugetragen hat. Von den [Autoren] Volksvertretern Amerikas, versammelt in Philadelphia".

Bei der ganzen „Affaire" kam schließlich nichts herum. Weder belastete sie Washington, noch den Urheber Harrison. Zwei seiner Nachkommen stiegen sogar zu Nachfolgern Washingtons auf: Sein Sohn William Henry Harrison wurde der neunte Präsident der Vereinigten Staaten, sein Urenkel Benjamin Harrison der dreiundzwanzigste.

Doch die Briten hielten ihre Sex-Kampagne gegen Washington während des ganzen Krieges aufrecht. Da ist viel Unfug in die Welt gesetzt worden, worüber die Nachwelt rätselt: Was war Dichtung, was war Wahrheit? Fest steht allerdings, daß die britische Propaganda nicht völlig substanzlos war. Der Revolutionskrieg ist an vielen Tagen für den Oberbefehlshaber nicht so schlimm, daß er sich nicht auch ein paar Vergnügungen gönnt, allein oder in Gesellschaft befreundeter Offiziere. So pflegte er sich beispielsweise vorzugsweise in Häuser einzuquartieren, wo hübsche junge Frauen wohnten. Selbst in Valley Forge (!) wohnte er in einem heute noch zu sehenden kleinen Farmhaus einer Frau Deborah Hewes.

In der Regel bat er nach der Einquartierung die Töchter des Hauses, für ihn zu singen, und genoß es, wenn seine Offiziere die Bewunderung der Damenwelt fanden. Selbstverständlich fand er auch Gefallen am eigenen Flirt, wofür es sogar einen eigenhändigen schriftlichen Beleg gibt. Annie Boudinot Stockton, eine stattliche Witwe, aber wohl etwas überspannt, schickte ihm eines Tages ein Gedicht, mit der Bitte, ihr zu vergeben, daß sie Verse schreibe. Washington antwortete ihr, wenn sie mit ihm zu Abend essen würde „und tatsächlich Buße tun möchte, Buße, die noch zu beschreiben sein wird, werde ich mir große Mühe geben, Ihnen dabei zu helfen, diese poetischen Sünden auf der hiesigen Seite des Fegefeuers zu sühnen".[31] An anderer Stelle des Briefes wird er direkt: „Sie sehen, Madam, wenn uns einmal die Frau in Versuchung geführt hat und wir die verbotene Frucht probiert haben, können wir unseren Appetit nicht mehr zügeln, welche Konsequenzen auch immer daraus entstehen mögen."

Es blieb ein Geheimnis der Geschichte, ob und wie er Mrs. Stockton beim Büßen geholfen hat. Daß er nicht jeder Frau gefiel, wissen wir. Daß er dennoch unermüdlich bei vielen sein Glück versuchte, zeigt unter anderem die bekanntgewordene sexuelle Belästigung von Mrs. Olney: Washington ist mit einer Reihe seiner Offiziere zum geselligen Abendessen bei Oberst Clement Biddle, dem Furage-Chef der Revolutionsarmee, eingeladen. Auch Zivilisten sind dabei und haben ihre Gattinnen mitgebracht, darunter der Geschäftsmann George Olney. Nach dem Essen ziehen sich die Damen in einen benachbarten Salon zurück, während die Herren zum fröhlichen Zechen übergehen. Nur nicht Mr. Olney, der sich weigert, an Alkohol auch nur zu denken. Typisch für solch eine Runde wird der Arme dennoch genötigt, den Rumkrug an die Lippen zu heben. In seiner Not flieht der Bedrängte zu den Damen. Washington hinterdrein, doch die Ladies helfen dem armen Kaufmann,

sich hinter ihren Röcken zu verschanzen. Es kommt zu einem spielerischen Handgemenge zwischen den Offizieren und den Frauen, als plötzlich Mrs. Olneys scharfe Stimme die Neckerei beendet:

„Ich werde Ihnen die Augen ausstechen und Ihnen die Haare vom
Kopf reißen, wenn Sie das noch einmal versuchen", kreischt die zur
Furie gewordene Lady wütend in Washingtons Gesicht. Was er nicht
noch einmal versuchen soll, bleibt offen. Sie jedenfalls grollt weiterhin:
Bisher habe sie geglaubt, daß Washington ein General sei. Nun aber wisse
sie, daß er „auch nur ein Mann ist".[32]

Washington brauchte hierzu gar nichts zu sagen, denn nun eilte ihm
zu seiner Verteidigung Kitty Greene zur Hilfe. Sie war die Frau von General Nathanael Greene, zweiundzwanzig Jahre alt, schlank und aufre-
gend attraktiv – eine jüngere Version von Sally Fairfax, wie manche zu
sehen glaubten.[33]

Daß die offensichtliche gegenseitige Zuneigung General Greene überhaupt nicht störte, beweist sein Brief vom März 1779 an einen Freund,
in dem er feststellte, daß Washington anläßlich eines Ballabends in Philadelphia mit seiner Frau Kitty „drei Stunden lang auf und davon tanz-
te, ohne sich auch nur ein einziges Mal zu setzen".[34] Das Pikante an diesem Abend war, daß Washington gemeinsam mit seiner Frau Martha
eingeladen war, und zwar von Samuel Powel, dem letzten vorrevolutionären Bürgermeister der Stadt, und seiner Frau Elizabeth Willing
Powel, einer lasziven Schönheit, wie das von Mathew Pratt gemalte Öl-
bild zeigt. Washington hatte das Ehepaar 1774 während des Ersten Kontinentalen Kongresses kennengelernt. Zu Eliza fühlte er sich besonders
hingezogen. Mit ihr korrespondierte er intensiv viele Jahre lang – ein
Sarah-Fairfax-Ersatz? Er hielt den Kontakt selbstverständlich auch während des Krieges aufrecht, ja ließ keine Gelegenheit aus, sie zu besuchen,
wenn er in der Stadt oder in der Nähe von Philadelphia weilte, obwohl
die Powels verdächtigt wurden, Tories zu sein, also mit den Briten zu
sympathisieren. Über das Verhältnis von Mrs. Eliza Powel zu Washington wird an späterer Stelle mehr zu berichten sein. Indem er sich an jenem
Abend hemmungslos dem Tanzvergnügen mit Kitty Greene hingab,
verletzte er jedenfalls ungeniert sowohl die Gefühle der Gastgeberin als
auch das Ansehen seiner Frau, hatte diese doch zu Beginn des Abends
der ebenfalls anwesenden Enkelin Benjamin Franklins, Mrs. Bache,
strahlend gestanden, daß heute ihr zwanzigster Hochzeitstag sei. Und
nun? Ahnte sie denn überhaupt nichts? Der amerikanische Historiker
James Thomas Flexner ist überzeugt, daß Martha Georges zahlreiche

„Freundschaften" mit der Damenwelt Amerikas „ohne jegliche Eifersucht beobachtete", sie sei „naiv oder besser gesagt, reinen Herzens" gewesen.[35]

Mag sein. Genauso wahrscheinlich ist, daß ihr seine Tändeleien schlichtweg gleichgültig waren. Sie war inzwischen eine reife Frau mit starkem Doppelkinn und ausgeprägten Rundungen, ein klassischer Hausfrauentyp mit vorgezogenen Großmutterneigungen. Zwei französische Offiziere in Washingtons Corps geben ihr in den Revolutionsjahren ausgesprochen schlechte Noten: „Sie ist klein und fett. Ihr Aussehen geht einigermaßen. Sie ist sehr einfach gekleidet und ihr Benehmen war in jeder Hinsicht simpel." Der französische Chevalier de Chastellux machte sie mit den Worten herunter: „Ich finde, daß sie wie eine deutsche Prinzessin aussieht." Deutsche Prinzessinnen – das hieß für französische Höflinge damals: ein draller, plumper Trampel aus der Provinz! Deshalb wohl gefiel sie einem hessischen Kriegsgefangenen. Er fand sie „hübsch".[36]

Kitty Greene hingegen war fünfundzwanzig Jahre jünger als Martha und entwickelte wohl nymphomanische Züge: Nicht nur der reife Washington gefiel ihr, sondern auch seine jungen Offiziere aus Übersee. So hatte sie eine Affaire mit dem exzellenten gleichaltrigen Polen Tadeusz Kosciuszko und dem um zwei Jahre jüngeren Lafayette. Oberst Wadswarth gegenüber, an dem sie wohl auch Interesse zeigte, prahlte Kitty, daß sie „mit dem Marquis geschlafen" hätte. Lafayette hielt mit seinem Abenteuer ebenfalls nicht hinter dem Berg, sondern erwähnt in einem Brief an seine junge Frau in Frankreich ganz offen, wie sehr er sich in Kitty Greene „vernarrt" habe.[37]

Daß Kitty alsbald nach ihrem stundenlangen Tanz mit dem Oberbefehlshaber schwanger wurde und Martha sich danach mütterlich um sie kümmerte, ließ allerdings einige Spekulationen ins Kraut schießen.[38]

Sogar in Valley Forge, wo die Lage ja nun wirklich erbärmlich war, blieb das Winterquartier nicht lange ohne Frauen und Affairen. Dem Faß den Boden schlug der alternde Charles Lee aus. Er hatte während seiner Kriegsgefangenschaft in Philadelphia offenbar die Bekanntschaft einer jungen „Belle" gemacht und schmuggelte diese nun nach seiner Rückkehr ins Lager. Ein Offizier sah das Mädchen eines frühen Morgens aus dem Zimmerfenster Lees klettern, und so kam die Geschichte in den Umlauf.[39]

Washington selbst hatte neben seiner Hauswirtin, der Farmersfrau Deborah Hewes, ebenfalls eine Reihe von Damen um sich. Allerdings erst nachdem Martha, wie jeden Winter während seiner Feldzüge, in Valley Forge aufgetaucht war. Das war im Februar 1778. Da sie als Ehefrau die amourösen Vergnügungen nicht störte, verwundert es nicht, wenn wir hören, daß die attraktive Schauspielerin Peggy Shippen, die spätere Ehefrau von Benedict Arnold, eines Tages dabei beobachtet wird, wie sie um Washingtons verschneites Hauptquartier herumrennt, fast nackt, und dabei ruft, daß sie „ein heißes Bügeleisen auf ihrem Kopf spüre, das einzig und alleine General Washington wieder herunterzunehmen" imstande sei. Angeblich hat Washington ihr helfen können.

Ein französischer Freiwilliger beobachtet den Frauen-Zirkel von Valley Forge ganz genau: Pierre Etienne Du Ponceau stellt fest, daß Martha das Zentrum bildete.

Diesen Franzosen erinnert sie übrigens an „eine römische Matrone". Um Martha herum kreisen vor allem Mrs. Kitty Greene, seiner Meinung nach „eine hübsche, elegante und vollendete Frau", mit der er sich übrigens in Französisch unterhalten konnte. Außerdem bewundert Du Ponceau Mrs. Stirling, Gattin eines Generals, und deren Tochter, Lady Kitty Alexander, fand aber wiederum deren Freundin Miss Nancy Brown die Hübscheste von allen, „eine äußerst bemerkenswerte Schönheit". Dieses „Kaffeekränzchen" – die Damen trafen sich jeden Nachmittag zum Kaffee oder Tee – sei oft in Anwesenheit Washingtons zu sehen, notiert Du Ponceau.[40] Hinzu kommen zahlreiche weitere Offiziersfrauen. Zum Abschluß der Frauengeschichten um „die andere Seite von Valley Forge", sei schließlich aus dem Brief einer Oberstgattin aus Virginia zitiert, die einer Freundin nach Hause schreibt:

„Nun laß mich über unseren ehrenwerten und liebenswürdigen Oberbefehlshaber sprechen, da er beide Geschlechter kommandiert, das eine aufgrund seiner ausgezeichneten Kenntnis militärischer Angelegenheiten, das andere durch seine Fähigkeit, seine Freundlichkeit und Aufmerksamkeit. ... Allerdings kann er auch manchmal frech sein, auf eine Weise, wie Du Fanny und ich es mögen."[41]

Auch auf britischer Seite saßen in diesem Winter 1777/78 keine Trauerklöße. Der englische Oberbefehlshaber William Howe genoß ebenfalls den Ruf eines Lebemannes. Nur hatte er im Unterschied zu Washington bessere Rahmenbedingungen. Während die Revolutionäre in Valley Forge in roh zubehauenen Holzhütten vor Kälte schlotterten, genoß Howe in Philadelphia mit seinem Oberkommando rauschende Bälle in Begleitung junger Mädchen und etwas reiferer Ladies, deren Väter und Männer in der Kontinentalen Armee dienten, oder sich als

Tories zu erkennen gaben. Auch Kartenspiele und Hahnenkämpfe waren angesagt – Spiel- und Wettleidenschaften, die die beiden gegnerischen Oberbefehlshaber teilten. Ohnehin gewinnt man beim näheren Betrachten beider Persönlichkeiten den Eindruck, daß sich Howe und Washington, wären sie sich je begegnet, gut verstanden hätten.

Während hier wie da die Jahreswende mühsam im Schneegestöber verstreicht, schwimmt auf hoher See ein Mann gen Amerika, der diese Winterruhe bald empfindlich stören und Washingtons schartige Lumpenarmee in eine scharfgewetzte, moderne Wunderwaffe umschmieden wird.

Preußens Gloria: Steuben

„Die Waffen in Valley Forge waren in einem schrecklichen Zustand, voller Rost, die Hälfte davon ohne Bajonette, viele darunter, aus denen kein einziger Schuß abgefeuert werden konnte. Die Männer waren buchstäblich nackt, manche von ihnen im vollsten Sinne des Wortes. Die Mäntel jener Offiziere, die welche hatten, wiesen alle Farben und Schnitte auf. Ich sah Offiziere, die während der Abnahme einer großen Parade in Valley Forge eine Art Morgenröcke trugen, aus einer alten Decke oder Bettbezug zusammengenäht. Was die militärische Disziplin anbelangt, so konnte ich eine solche überhaupt nicht entdecken."[42]

Mit dieser Beobachtung kurz nach seiner Ankunft in der verschneiten Wildnis faßte Baron von Steuben die Lage präzise zusammen. Friedrich Wilhelm Augustin Baron von Steuben war Washington bereits durch ein Empfehlungsschreiben von Benjamin Franklin und Silas Deane angekündigt worden. Beide zeigten sich begeistert, daß der ehemalige Generalinspekteur Friedrichs des Großen von Preußen den Kongreß gebeten hatte, ihn ohne Bezüge an dem großen amerikanischen Freiheitskrieg teilnehmen zu lassen. Aus Lust und Tollerei? Gewiß nicht. In einem Begleitschreiben an Washington erläutert Steuben seinen wahren Beweggrund: „Gegenstand meines höchsten Ergeizes ist es, Ihrem Land, soweit es in meinen Kräften steht, einen Dienst zu erweisen und durch Beteiligung am Kampf für die Freiheit den Titel eines amerikanischen Bürgers zu verdienen."[43]

Der 1730 in Magdeburg geborene ostelbische Junkerssohn, der sich, weil es kein anderer tat, einfach selbst den Titel eines Barons verliehen hatte,

General von Steuben. Nach einem Kupferstich von 1783.

hatte allen Grund, die Alte Welt, respektive Preußen, zu verlassen. Bei dem Alten Fritz war er aufgrund eines Duells, das Ehebruch zum Hintergrund hatte, in Ungnade gefallen. Auch bei anderen deutschen Fürstenhöfen konnte er sich danach nicht lange halten. Als Kammerherr des Markgrafen von Baden in Karlsruhe kommt er mit der europäischen Werbezentrale der amerikanischen Kolonien in Kontakt, die ständig aus allen europäischen Kleinstaaten neue Söldner requiriert.

Steuben, ein 47 Jahre altes Schlachtroß aus dem Siebenjährigen Krieg, hat die Katzbuckelei an den deutschen Mikrohöfen satt und will es noch einmal wissen. Schon bei seiner Abreise aus Karlsruhe weiß er, daß er nicht wiederkommen wird. Am 23. Februar 1778 trifft er in Valley Forge ein. Allein die Ankündigung , daß es sich bei Steuben um einen ehemaligen preußischen Offizier handelt, genügt, daß Washington ihm höchsten Respekt zollt. Er reitet ihm ein paar Meilen entgegen, so als begrüße er den Alten Fritz persönlich. Was er dann allerdings zu sehen bekommt, erinnert an indianische Großmannssucht à la Half-King: Umgeben von einer Schar draller junger Mägde, die gewissermaßen Steubens Hofstaat symbolisieren, in Wahrheit aber Mädchen für alles sind, und einen hochbeinigen Windhund an der Seite, thront da ein wohlbeleibter, grimmig dreinblickender älterer Herr hoch zu Roß. Das ganze Bild wirkt nicht gerade kriegerisch, eher burlesk. Auf der breiten Brust Steubens blitzt ein polierter Orden, so groß wie eine Untertasse, sowie ein riesiger, juwelenbesetzter Stern. Als der Baron absteigt, schrumpft er in Washingtons Augen beträchtlich, denn die Beine sind unproportional kurz im Verhältnis zum Oberkörper. Washington kann sich eines Schmunzelns nicht erwehren. Und so wird es allen anderen in Valley Forge gehen.

Vorübergehend gewinnt Washington in den nächsten Tagen den Eindruck, es handele sich bei dem „Preußen" um einen Hochstapler. Denn neben dem pompösen Hoppla-hier-komm-ich-Gebaren stellt sich auch heraus, daß die Angabe über die Stellung eines preußischen Generalinspekteurs falsch ist. Ein Übersetzungsfehler, für den Steuben nichts kann. Aber, wie es so ist: es bleibt immer etwas hängen.

Doch eines Morgens hört Washington durch das Fenster seiner Unterkunft den Fremden dröhnend in unbekannten Lauten schwadronieren, in Deutsch, Französisch, Russisch! So etwas hat Amerika noch nicht gehört und gesehen. Der Baron hat sich hundertzwanzig Soldaten aus allen Regimentern ausgesucht, er hat ein ebenes Exerzierfeld abgesteckt und versucht diesen Kerlen nun tatsächlich mit preußischem Kasernendrill „militärische Manieren" beizubringen. Dabei brüllt er in allen ihm bekannten Sprachen – Englisch zählt nicht dazu – herum wie ein Stier und scheut sich nicht, sämtliche Schritte und Griffe mit dem Gewehr in der Hand selbst vorzumachen, etwas ganz Neues für die amerikanischen Offiziere, die neugierig zusehen. Da er natürlich nicht alles pantomimisch vorexerzieren kann, läßt er sich die gewünschten Kommandos und Erläuterungen ins Englische übersetzen, die er dann Wort für Wort papageienähnlich herunterschnurrt. Sieht er dann die Soldaten hilflos in eine Steinmauer hineinrennen, flucht er erst auf Deutsch, dann auf Französisch, denn er weiß dann, daß er die englischen Befehle, die er selbst nicht versteht, wieder einmal durcheinandergebracht hat. Versessen darauf, sich verständlich zu machen, bittet er schließlich seine Adjutanten zu sich: „Mein lieber Walker und mein lieber Du Ponceau, kommen Sie her und fluchen Sie für mich in Englisch weiter. Diese Kerle machen einfach nicht, was ich ihnen sage!"[44]

Völlig untrainiert im Mann-zu-Mann-Kampf, trauten sich die Soldaten bisher nicht, das Bajonett richtig einzusetzen. Sie benutzten es zu Steubens Ingrimm statt dessen als Bratspieß für Roast Beef. Auch waren die bisherige taktische Ausbildung sowie das Verhalten im Felde von Regiment zu Regiment sehr unterschiedlich, teilweise sogar gegensätzlich. Marschiert wurde überhaupt nicht so wie in Europa. Die vielen Grenzer und Waldläufer in der amerikanischen Armee hatten vielmehr den Indianern vieles abgeguckt. Also marschierten sie auch wie auf einem indianischen Kriegspfad: einer hinter dem anderen, die ganze Armee in *einer* langen Kolonne! Dieser militärische Habitus liefert übrigens eine der Erklärungen für die häufig komplizierten Schlachtpläne Washingtons. Um seinen Angriffen den rechten Schwung zu verleihen, stellte er bisher stets verschiedene Kolonnen nebeneinander.

Mit all dem räumt Steuben nun gründlich auf. Er unterrichtet seine Musterkompanie und das Offizierscorps anhand von Zeichnungen im Schnee oder mittels großer Gesten, Grimassen und holpriger Einzelwörter in allem, was die moderne friederizianische Armee zu bieten hatte: angefangen damit, wie man überhaupt eine Muskete trägt, wie man damit marschiert, wie man sie lädt, abfeuert, ein Bajonett anbringt und damit umgeht – und, wie man diese „Braut des Soldaten" pflegt. Indem er selbst wie eine ganze preußische Kompanie im Schnee herumtrampelt, bringt er Bauernlümmeln und Stadtsöhnchen gleichermaßen bei, wie man Kampfformationen bildet und kleine, aufeinander abgestimmte Manöver mit höchster Präzision durchführt. Und immer wieder Drill. Bei geringsten Kleinigkeiten kann dieser cholerische Mensch mit aufgeblasenen Backen wie ein kollernder Truthahn umherlaufen, um dann irgendwann innezuhalten, herzlich zu lachen, und dann macht er es halt zum hundertsten Mal vor: „Gewehr bei Fuß! Gewehr über! Achtung, präsentiert das – Gewehr! Offiziere grüßen. Nur noch in Reih und Glied marschieren. Wirst Du wohl ...!"

„Wenn Du zu Deinen Soldaten sagst: tut das, so tun sie es, und die Sache ist erledigt", schreibt Steuben in seiner Verzweiflung an einen Freund in der alten Heimat und fährt fort: „Hier aber muß ich den Burschen jedesmal lang und breit erklären, warum sie dieses tun und jenes unterlassen sollen. Du glaubst nicht, wie schwierig und umständlich das manchmal ist."[45]

Nicht nur Historikern drängt sich die Frage auf, warum Washington zuließ, daß Steuben die Kontinentale Armee in eine europäische umexerzierte. Hatte nicht die Schlacht am Monongahela vor Fort Duquesne damals gezeigt, daß die Franzosen und Indianer mit ihrer unkonventionellen Hinterhalttaktik in Unterzahl die konventionelle britische Armee Braddocks vernichtend schlugen?

Es war Charles Lee, der an Washington vorbei dem Kongreß vorschlug, einen Guerrilla-Krieg zu beginnen, mit halb-autonomen Verbänden. Zwar steckte hinter diesem Plan auch die Absicht, Washington als Oberbefehlshaber zu entmachten. Der Vorschlag an sich bleibt dennoch überlegenswert, außerdem hätte er sicherlich der amerikanischen Waldläufermentalität mehr entsprochen. Nachteilig wäre zwar gewesen, daß sich Guerrilla-Kriege immer lang hinziehen und die Zivilbevölkerung aufgrund von Vergeltungsmaßnahmen über Gebühr belasten. Dies war aber bei der Amerikanischen Revolution letztendlich ohnehin der Fall. Washington verwahrte sich aus zwei Gründen gegen eine Guerrilla-Taktik. Zum einen, weil nur durch eine gemeinsam geführte Kontinentale Armee mit Soldaten aus allen Bundesstaaten der gesamtamerikanische Charakter betont werden konnte; nach Lees Vorstellungen aber sollten sich die Guerrilleros vor Ort rekrutieren und operieren. Zum anderen war er überzeugt, daß ein Guerrilla-Krieg zu viele Opfer fordere. In dieser zunächst nicht plausiblen Ansicht wurde er auf traurige Weise im Laufe des Krieges bestätigt: Morgans Gebirgsjäger mußten in den Jahren 1780 und 1781 unter großem Blutzoll mit dieser Taktik den Süden retten.

Neben Steuben trat außerdem der Fremdenlegionär Casimir Pulaski als Militärberater auf. Er träumte – aus den ebenen Weiten Polens stammend – von einer schneidigen Kavallerie mit Dragonern und Husaren. Er schwärmte im Beisein von Washington von Kosaken-Angriffen und schilderte plastisch deren Wirkung. Washington teilte als passionierter Reiter grundsätzlich Pulaskis Vision. Wo möglich, ließ er den Polen in der Ausbildung von Bauernjungen auf Ackergäulen gewähren. Doch wenn es schon an Geld für Kleidung und Schuhe fehlte, war erst recht kein Geld für die teure Kavallerie-Ausstattung in der Kriegskasse: kein Geld für Lanzen, teure Säbel, Karabiner und geeignete Sättel, die es überhaupt erst möglich machten, vom Rücken eines Pferdes aus zu kämpfen. Noch war diese Kampftechnik in Amerika weitgehend unbekannt, da die endlosen Wälder und ausgedehnten Sümpfe entlang der vielen Flüsse den Einsatz von Pferden im großen Stil unmöglich machten. Erst mit dem Vordringen gen Westen bis zu den Prärien Mitte des 19. Jahrhunderts entstand jene berühmte US-Cavalry, wie wir sie aus den Hollywood-Filmen kennen. Die Kontinentale Armee Washingtons hingegen kannte nur zwei Teilstreitkräfte: Artillerie und Infanterie, mit Offizieren auf Pferden vorneweg. Nur selten, wie im Fall Pulaskis, flankierten kleine Reitereinheiten die Kämpfe.

Als Steuben mit seiner Musterkompanie zufrieden war, schickte er die Männer in ihre Regimenter zurück, um dort das Gelernte weiterzugeben. Schneeball-Effekt nennt man das heutzutage. Und immer wieder inspiziert Steuben unverhofft die Truppe. Die ist – nach langem Mißtrauen und Zögern – schließlich begeistert. Auch besondere Kurse für Offiziere veranstaltet der Baron. Und dann immer wieder Überprüfung des Gelernten. Bei einer der Abendgesellschaften in Valley Forge – Herrenabend heißt das heute bei der Bundeswehr – gesteht ein Hauptmann dem Baron: „Sie schrien [heute] so oft zu mir herüber, Sie fluchten und sahen mich so wütend an, als mein Zug sich verlaufen hatte, daß ich in Schweiß gebadet war." Steuben, kein Verständnis für die Ängste des Offiziers, entgegnete in englischem Französisch: „Oh pfui, donc pfui, Capitaine!"[46]

Im Grunde genommen hatten aber alle ihren Spaß an dem dicken kleinen Mann mit dem großen Stern auf der Brust, der sich so wunderbar aufregen konnte. Jeder wußte indes, daß Steuben es nur gut meinte.

Von einem dieser illustren Herrenabende mit dem Baron in Valley Forge berichtet Pierre Etienne du Ponceau noch 1836 einem Journalisten. Vor dem Hintergrund der seinerzeitigen Kleidungsnot in der Armee erzählt der Franzose: „Einmal luden die Adjutanten des Barons mit seiner Erlaubnis eine Reihe junger Offiziere zum Abendessen in unser Quartier ein. Bedingung war, daß nur jene zugelassen waren, die keine ganzen Kniebundhosen mehr hatten. Diese Auflage wurde selbstverständlich als *pars pro toto* verstanden, aber zerschlissene Kleider waren unerläßliche Voraussetzung für die Zulassung zum Abendessen. Nun – diese Bedingung zu erfüllen, fiel damals wahrlich nicht schwer. Das Abendessen fand statt: die Gäste steuerten ihre Rationen bei und so schmausten wir verschwenderisch: Es gab dicke Beefsteaks mit Kartoffeln und Hickory-Nüsse zum Nachtisch. Anstatt Wein gab es eine Art Schnaps, mit dem wir *Salamander* herstellten. Damit ist gemeint: Wenn wir unsere Gläser damit gefüllt hatten, hielten wir den Schnaps übers Feuer und kippten dann das brennende Zeug hinunter. Solch eine

Mannschaft aus zerlumpten, gleichzeitig aber tollen Kerlen hat nie zuvor zusammengesessen. Der Baron sprach noch lange von diesem Dinner und von seinen *Sansculotten*[47], wie er uns nannte. Auf diese Weise wurde diese Bezeichnung eigentlich zuerst in Amerika eingeführt und bezog sich auf die tapferen Offiziere und Soldaten unserer Revolutionsarmee, zu einer Zeit also, als man es noch nicht vorhersehen konnte, daß diese Bezeichnung, die die Nachfolger Washingtons [in Frankreich] ehrte, von solchen Gefolgsmännern wie Marat und Robespierre übernommen werden würde."[48]

Eines Morgens Ende April ist es soweit. Der Generalinspekteur bittet den Oberbefehlshaber zur Truppenabnahme. Vorher folgt ein Schauspiel, das es noch nie auf dem amerikanischen Kontinent zu sehen gab. In voller Divisionsstärke läßt Baron von Steuben vor Washingtons Augen ausschwärmen, schießen, stürmen, angreifen, verteidigen, geordnet zurückziehen, Gegenangriff starten, Verwundete bergen, Nachschub heranholen: kurzum – die ganze preußische Felddienstordnung, für amerikanischen Gebrauch von Steuben etwas aufgelockert. Washington ist beeindruckt, schließlich begeistert. Valley Forge wird zur Wiege der großen amerikanischen Truppenübungsplätze, Steuben zum Gründer-Vater der ultra-zackigen amerikanischen Elitesoldaten, der Marines.

Am Ende der Vorstellung seiner dreimonatigen Arbeit schreitet Steuben so kerzengerade, wie es ihm bei seiner Leibesfülle und den kurzen Igelbeinen möglich ist, auf Washington zu. Mit einem selbstsicheren, verschmitzten Grinsen macht er Meldung: „Mon Général, jetzt haben Sie eine Armee!"[49]

Am gleichen Tag noch erreicht Washington in Valley Forge die zweite freudige Nachricht: Frankreich hat die Vereinigten Staaten von Amerika als souveräne Nation anerkannt und ist an ihrer Seite in den Krieg gegen England eingetreten. Mit lauter Stimme ruft Washington die Neuigkeit über den Exerzierplatz. Nach einem Moment der Stille bricht es aus tausenden von rauhen Kehlen: „Lang lebe der König von Frankreich!" Er lebte genau noch zwölf Jahre. „Selbst seine Exzellenz", so erinnert sich einer der Offiziere, „rief mehrere Male Hurra!" Die meisten Soldaten freuten sich, weil sie dachten, daß der Krieg nun zu Ende sei. So auch Washington. Lange schon wußte er von den Geheimverhandlungen Franklins, Adams' und anderer in Paris. Nun also war der Coup gelungen. England, so das Kalkül, würde wohl nicht noch einmal, wie im Siebenjährigen Krieg, eine Art Weltkrieg mit Frankreich rund um den Globus riskieren und seinen Feldzug in Amerika abblasen, jetzt, wo in Europa „das eigene Haus in Flammen stand".

Und sofort erwachten in Washington die alten vorrevolutionären Geister. Er kehrte in sein Quartier zurück und wies mit einem Eilbrief seinen Stiefsohn an, unter keinen Umständen auch nur einen Acre Land zu verkaufen: „Land ist etwas Beständiges. Es steigt rasch im Wert, besonders wenn unsere Unabhängigkeit allgemein anerkannt ist und man das Gewicht Amerikas besser erkennt."[50] So ist er eben, der George Washington. Ein Landspekulant bis ins Mark. Doch er muß sich noch ein wenig gedulden – fünf Jahre lang.

Verrat

Saratoga war das Zauberwort. Der Sieg von Horatio Gates über Burgoyne hatte die Franzosen von der amerikanischen Sache überzeugt. Ludwig XVI. sah in einem Bündnis mit den amerikanischen Rebellen eine neue realistische Chance, sich an dem Erzfeind England zu rächen. Dennoch dauert es bis Anfang 1778, bis die französische Flotte Richtung Amerika in See sticht.

Saratoga markiert nun auch für König George III. den Wendepunkt, da sich der „Bürgerkrieg in den Kolonien" durch den Kriegseintritt Frankreichs erneut zu einem Kampf der Giganten auszuweiten droht: Die britische Seeblockade nordamerikanischer Gewässer wird durch die französische Flotte zunichte gemacht. Außerdem befürchtet London, daß es auf dem europäischen Kontinent zu militärischen Aktionen kommen könnte und hält nun Truppen in England bereit, die es so nötig für einen Einsatz in den Kolonien gebraucht hätte.

In Amerika selbst verfolgt die Londoner Regierung eine Politik von Zuckerbrot und Peitsche. Sie schickt drei Unterhändler mit umfassenden Verhandlungsvollmachten nach Philadelphia, um den Kolonien unter anderem den Dominion-Status anzubieten. Vergebens: Die „Kolonien" fühlen sich selbstbewußt als neue Nation. Englands Vorschläge hinken weit hinter der Realität her. Mitte Juni 1778 wird die englische Offerte zurückgewiesen, sehr zur Genugtuung Washingtons.

Gleichzeitig mit ihrem diplomatischen Vorstoß zieht die englische Regierung in Amerika militärische Konsequenzen. Zum zweiten Mal schickt sie ihren Oberbefehlshaber nach Hause, der gegen den Rebellenchef mit seiner Lumpenarmee nicht die gewünschten Erfolge verbuchen konnte. William Howe scheint darüber nicht sonderlich betrübt zu sein. Ähnlich wie gegen Washington, sind auch hinter seinem Rücken Intrigen gelaufen. Ihm wird nachgesagt, er würde den Krieg nicht mit dem nötigen Schwung und Ehrgeiz führen. Richtig ist, daß Howe stets davon absah, das ganze Land zu bekämpfen. Er verfolgte eine strikte militärische Strategie: Kampf gegen das Rebellenheer, nicht gegen das Volk. Weil er sich solcherart als Gentleman präsentierte, rankten sich schon zu seiner Zeit, noch mehr aber danach, Gerüchte um die „zögerliche" Kriegsführung Howes. Besonders gerne wird ins Feld geführt, es habe da eine „Verschwörung der Freimaurer" über die Fronten hinweg gegeben. Sowohl Washington als auch Howe waren Freimaurer, wie auch zahlreiche andere hohe Offiziere auf beiden Seiten. Da liegt es für viele Betrachter der Amerikanischen Revolution nahe, zwei und zwei zusammenzuzählen, und heraus kommt, daß das Ganze eine „abgekartete Sache zwischen den Freimaurerlogen" gewesen sein soll.

Solche Ansichten werden bis heute nur von zwei Arten von Spekulanten vertreten: Die einen, weil sie selbst Freimaurer sind und damit die „Leistung der Freimaurer für eine neue Weltordnung" belegen wollen. Die anderen, weil sie extreme Gegner von Freimaurern sind und gerne immer wieder nach historischen Belegen für freimaurerische Verschwörungstheorien suchen. Doch alle seriösen Forschungen auf diesem Gebiet kamen zu dem Resultat: „Es gab tatsächlich keine freimaurerische Verschwörung."[51]

Für Howes relative Zurückhaltung gibt es vielmehr neben seiner Schonungstaktik des amerikanischen Volkes eine andere plausible Erklärung: General Howe hatte eine amerikanische Freundin, Mrs. Loring. Ihr mäßigender Einfluß kann in diesem Zusammenhang durchaus angenommen werden. Auf Howe, der sich wehmütig mit einer rauschenden Ballnacht aus Philadelphia verabschiedete, folgte nun Sir Henry Clinton. Er bevorzugte, ganz im Londoner Sinne, eine völlig andere Art der Kriegsführung: keine Schonung mehr. Das ganze Land ist der Feind, nicht nur Washingtons kleine Armee. Die Taktik Clintons bezeichnete man in unserem Jahrhundert als den „totalen Krieg". Er hetzte jetzt alle verfügbaren Indianerstämme auf, an der Westgrenze loszuschlagen, und zahlte Kopfgelder – für amerikanische Skalps!

Seine Überlegung allerdings, Valley Forge anzugreifen, ließ er flugs fallen, als er hörte, daß französische Schiffe vor New York gesichtet wor-

Heldin der Schlacht von Monmouth: Die resolute Deutsche Molly Pitcher (eigentlich Maria Ludwig) übernimmt kurzerhand die Bedienung eines Geschützes, nachdem ihr Mann von einem Sonnenstich niedergestreckt wurde.

den waren. In aller Stille räumte Clinton Philadelphia und marschierte Tag und Nacht durch New Jersey auf New York zu.

Damit beginnt auch für den alten Fuchsjäger aus Virginia eine neue Saison. Der Winterschlaf im inzwischen nahezu gemütlich gewordenen Valley Forge ist vorbei. Fast neun Monate lang hatte die Armee nicht gefochten. Die Winterstarre ist längst sommerlicher Gluthitze gewichen. Die Kontinentale Armee ist ausgeruht und fit. Clintons Truppen marschieren schnell. Die von Washington marschieren schneller. Am 28. Juni 1778, es ist ein brütend heißer Tag, ist Clinton bei *Monmouth* eingeholt. Es kommt zum Kampf. Am Abend trennen sich beide Armeen unentschieden. In einem Gewaltmarsch setzt sich der Gewaltmensch

Clinton mit seinen Truppen in der Nacht noch ab und erreicht sicher sein Ziel, New York. Die Schlacht von Monmouth an sich wäre nicht bemerkenswert, hätte es da nicht eine heroische und eine niederträchtige Tat auf amerikanischer Seite gegeben.

Der Held des Tages war eine Frau: *Molly Pitcher*. Eigentlich hieß sie Mary Hays, geborene Maria Ludwig, Tochter deutscher Einwanderer, die sich bei Trenton niedergelassen hatten. Als ihr Mann John Hays eines Tages keine Lust mehr hatte, die Haare fremder Männer zu schneiden und seinen Barbierberuf an den Nagel hing, um sich Washingtons durchziehender Armee anzuschließen, folgte ihm auch seine Frau Molly bis nach Valley Forge, wo sie sich als Waschfrau und Köchin nützlich machte. An jenem heißen Junitag nun bediente Mister Hays ein Geschütz. Gerade als Molly mit einem Krug (pitcher) Wasser im Arm den Kanonieren einen kühlen Trunk reicht, bricht ihr Mann unter einem Hitzschlag neben dem Geschütz zusammen.

Weil keiner der verbliebenen Männer die Kanone bedienen kann, richtet die resolute Molly nun, nachdem sie ihren Gatten in den Schatten gezerrt hat, das Rohr aus, stopft die Kugeln hinein und feuert. Sie bedient das Geschütz, bis sich der Abend über das Schlachtfeld senkt. Diese „Heldentat" hat ihr Ruhm, Ehre, den Spitznamen Molly Pitcher sowie eine kleine Kriegsrente eingebracht, mit der sie bis 1832 lebte.

Obwohl in der amerikanischen Geschichtsschreibung zur Schlacht um Monmouth meist nichts weiter zu finden ist als die Molly-Pitcher-Anekdote, hatte für Washington jener Tag eine völlig andere Bedeutung: Zum ersten Mal war er offenkundig heimtückisch verraten worden. Von General Charles Lee. Der hatte sich von Washington das Kommando über die angreifenden Truppen erbeten, obwohl der Oberbefehlshaber zunächst Lafayette dazu ausersehen hatte, da der Franzose auch den Angriffsplan ausgearbeitet hatte. Der Kampf hat kaum begonnen, da beobachtet Washington aus seiner rückwärtigen Kommandostelle, wie sich die amerikanischen Truppen zurückziehen. Entrüstet stellt der Oberbefehlshaber einige Offiziere der fliehenden Einheiten zur Rede und erhält zur Antwort: General Charles Lee habe den Befehl zum Rückzug gegeben. Ein böser Verdacht steigt in ihm auf: daß Lee den Angriff sabotieren und den beneideten Lafayette sowie Washington selbst vor aller Welt als Nieten vorführen will.

Da reitet Washington hinaus aufs Schlachtfeld, mitten hinein ins Kampfgetümmel, und stellt Lee auf der Stelle zur Rede. Was genau er ihm in sein freches Gesicht gebrüllt hat, weiß niemand. Ein anwesender

Offizier berichtet später nur so viel, daß Washington geflucht habe, „bis die Blätter von den Bäumen fielen. Es war eine wahre Pracht! Weder vorher noch nachher habe ich jemanden derart fluchen hören."[52]

Schließlich führt Washington die amerikanischen Truppen selbst in die Schlacht und bewirkt, daß die drohende Niederlage abgewendet wird.

Tags darauf folgt ein heftiger Briefwechsel zwischen dem sich rechtfertigenden Lee und Washington. Der Feldherr klagt ihn darin statt des Verrats der Feigheit und Befehlsverweigerung an und leitet ein Militärgerichtsverfahren gegen den perplexen Lee ein. All dies geschieht, während die Armee in Bewegung bleibt, immer hinter den Briten her. Irgendwo unterwegs Kriegsgericht. Die Anklage lautet verklausuliert: militärischer Ungehorsam, mangelhafte Führung und Aufsässigkeit gegen den Oberbefehlshaber in zwei Briefen. Zwei Monate später wird Lee vom Gericht in allen Punkten für schuldig befunden und für ein Jahr vom Dienst suspendiert. Tief gekränkt kehrt er auf sein Gut in Virginia zurück, wo er nach Ablauf der Frist selbst seinen Abschied einreicht. Nicht lange danach stirbt er. Es könnte Selbstmord gewesen sein. Nicht nur, daß Lee Washington um einen sehr wahrscheinlichen Sieg gebracht hatte, der vielleicht das Kriegsende massiv beschleunigt hätte – es war auch der ganz persönlich gegen ihn gerichtete Verrat, der Washington wütend und traurig zugleich stimmte.

An Intrigen gegen sich, falsche Beschuldigungen und feiges Leugnen war er inzwischen gewöhnt. Selbst einen Entführungs- und Attentatsversuch auf ihn, ausgeführt von seinem Leibwächter im Juni 1776, hatte es gegeben und er hatte ihn weggesteckt. Was er aber dann am 28. September 1780 entdeckte, stürzte ihn vorübergehend in eine Krise:

Bislang waren die Franzosen noch keine große Hilfe gewesen. Ihre Schiffe kreuzten vor der amerikanischen Küste und verschwanden wieder, eingeschüchtert von der Royal Navy. Die Jahre 1778 bis 1780 vergingen, ohne daß es im Norden noch einmal zu einer Schlacht wie bei Monmouth gekommen wäre. Der Kampf gegen die aufgegewachten Irokesen ist jetzt gefragt, viele Einzelaktionen, viele Grausamkeiten, viel Blut. Die Indianer stehen fast vor New York. Wo bleiben die Franzosen? Lafayette hat sich Urlaub genommen, reist in seine Heimat, macht Druck. Auf eigene Kosten kauft er Tausende Paare Schuhe. Die Kontinentale Armee soll nicht länger barfuß gehen. Spanien tritt der franko-amerikanischen Allianz bei. Im Juni 1779 erklärt es England den Krieg – mehr ein symbolischer Akt, denn Soldaten schickt es keine. Erst wieder Hoffnung im Mai 1780. Lafayette ist überraschend aus Frankreich zurückgekehrt und kündigt freudestrahlend an, daß ein großes französisches Heer, Bodentruppen – keine Marinesoldaten –, unterwegs sei.

Im Juli 1780 treffen die Franzosen in Amerika ein. Nach siebzehn Jahren Abwesenheit weht wieder das Lilienbanner in der Neuen Welt. Sie landen in Newport, Rhode Island, südlich von Boston. Ihr Befehlshaber ist ein Graf Rochambeau. Um endlich Tempo in die französisch-amerikanische Zusammenarbeit zu bringen, trifft sich Washington mit Rochambeau. In Hartfort, Connecticut. Der gegenseitige Eindruck ist günstig. Zu tiefer Herzlichkeit zwischen beiden Männern wird es nie kommen. Dazu fehlte die Zeit, denn mit der Ankunft Rochambeaus wird sich der Krieg einem schnellen Ende entgegenneigen. Was bleibt, ist hohe gegenseitige Wertschätzung. Auf dem Rückweg in sein Hauptquartier nach Morristown will er unterwegs bei *Benedict Arnold* und seiner jungen Frau Peggy Shippen vorbeischauen. Arnold ist Kommandant der Festung *West Point*, hoch über dem Hudson River, nördlich von New York gelegen. Dort will Washington kurz nach dem Rechten sehen, vor allem aber mit dem stets geselligen Paar einen fröhlichen Tag verbringen.

Washington trifft am 28. September 1780 am frühen Morgen dort ein. Er reist fast mit seinem gesamten Stab. Henry Knox ist dabei, Lafayette, der junge Alexander Hamilton, viele Offiziere. Obwohl er sich wegen der großen Begleitung angekündigt hat, trifft er den Festungskommandanten überraschenderweise nicht an. Es ist zeitig am Morgen, also wird erst einmal gefrühstückt. Dennoch läßt sich Washington über den Hudson rudern, um auf dem gegenüberliegenden Ufer die Befestigungsanlagen zu inspizieren. Vielleicht ist Arnold dort zu finden. Mit wachsendem Erstaunen trifft er auch hier den Gastgeber nirgendwo an. Bei seiner Rückkehr das gleiche Bild. Er inspiziert die übrigen Festungsteile und kehrt erneut, kurz vor vier Uhr nachmittags, in das Haus der Arnolds zurück. Es soll jetzt Dinner geben.

„Nein, der Kommandant von West Point ward heute nirgends gesehen", erwidert sein junger Adjutant Hamilton den fragenden Blick.

„Und Madam Peggy?"

„Ja, Mrs. Arnold ist zu Hause. Doch sie sei unpäßlich, hat sie ausrichten lassen. Sie hat ihr Zimmer im oberen Stockwerk den ganzen Tag noch nicht verlassen."

Wie kann das sein? So kennt er die Arnolds überhaupt nicht. Washington geht in ein Zimmer, um sich für das Dinner frisch zu machen. Da klopft es an der Tür. Hamilton steckt den Kopf herein. Leichenblaß überreicht er seinem Chef einen Stapel Papiere. Washington ahnt Unheil. Noch aber hat er keine Vorstellung. Seite für Seite beginnt er zu lesen.

Hamilton eilt auf raschen Sohlen zu Lafayette, der gerade ein Nickerchen hält. Er weckt den Marquis.

„Schnell, bitte kommen Sie, Seine Exzellenz braucht Sie dringend!"

Lafayette und Hamilton eilen den Gang hinunter zu Washington – und finden den Oberbefehlshaber in einem Nervenzusammenbruch. Er zittert, ist kalkweiß, die Lippen blutleer.

„Arnold", kreischt er mit tiefem Schluchzer, „Arnold hat uns betrogen!"

Das ganze Haus läuft vor dem Zimmer zusammen. Nur von Peggy Arnold ist nichts zu sehen. Hamilton und Lafayette wimmeln fragende Soldaten, Offiziere und Hausgesinde dezent ab und schließen die Tür. Dann hören sie ihn mit tonloser Stimme fragen:

„Wem können wir jetzt noch trauen?"[53]

Und dies ist es, was Washington aus den Schreiben erfahren hat: Benedict Arnold steht seit Wochen in hochverräterischer Verbindung mit dem Feind. Unter einem Decknamen korrespondiert er mit einem Adjutanten in Clintons Stab, Major John André. Arnold bietet die Übergabe von West Point an. Die Engländer gehen darauf ein, weil sie glauben, daß die Festung eine Schlüsselstellung einnimmt. Am Tag vor der Ankunft Washingtons trifft sich Arnold mit André im neutralen Niemandsland am unteren Hudson, um den Plan für die Übergabe zu besprechen. Arnold soll seine Besatzung so verteilen, daß den Engländern, die zum Schein vom Fluß aus und über Land angreifen, kein großer Widerstand geleistet würde. Sobald Clinton dann mit seiner Hauptarmee erscheint, soll Arnold kapitulieren. Dafür werden ihm zwanzigtausend Pfund und die Stellung eines Brigadegenerals in der britischen Armee versprochen. Das ganze Manöver sollte genau an jenem Tag erfolgen, an dem Washington überraschend in West Point eintrifft.

Der Plan läuft schief, weil André auf seinem Ritt zurück nach New York einer amerikanischen Patrouille in die Hände fällt. Der Unglückliche hat auch noch auf Anraten Arnolds Zivilkleider angelegt. Er wirkt verdächtig.

In seinen Stiefeln finden sich Pläne der Festung und Notizen über die Übergabe. Ein amerikanischer Offizier, der die Papiere studiert, erkennt jedoch den Zusammenhang nicht und schickt zwei Boten los. Der eine soll die gefundenen Dokumente zu Washington bringen. Der andere unterrichtet Arnold davon, daß ein englischer Spion mit Plänen der Festung festgenommen worden sei. Der Kurier an Washington verspätet sich, weil er den Oberbefehlshaber noch in Hartfort wähnt und zunächst dorthin reitet. Der Bote an Arnold hingegen trifft rechtzeitig ein – eine halbe Stunde vor der Ankunft Washingtons in West Point.

Arnold stürmt ins Schlafzimmer und sagt hastig seiner erschreckten Frau, daß er auf der Stelle fliehen müsse, wenn er nicht gehängt werden soll. Während Peggy in Ohnmacht fällt, schwingt sich Benedict Arnold in den Sattel des Pferdes jenes Kuriers, der ihm die schreckliche Nachricht überbracht hat. Er galoppiert zum Fluß, wo er ein stets für ihn bereitstehendes Kanu mit sieben Mann Besatzung besteigt. Und stromabwärts geht die wilde Flucht. Hamilton jagt dem Verräter hinterher, alarmiert die Posten am Fluß. Aber das Kanu ist schneller. Sicher erreicht Arnold das Niemandsland, wo ein englisches Kriegsschiff mitten im Strom ankert, und wird an Bord genommen. Das Kanu rudert zurück und überbringt einen Brief von Arnold, gerichtet an Washington. Darin bittet der Verräter um Schonung und ritterliche Behandlung seiner unschuldigen Frau.

Washington, immer noch ganz entgeistert, fahl und fast schlaganfallähnlich gelähmt, liest und schickt den Brief sodann hinauf zu Peggy, die sich immer noch nicht gezeigt hat. Nach einer kleinen Weile steigt er schließlich selbst die Treppe hinauf zu ihr. Doch Peggy wäre keine Schauspielerin, wüßte sie sich in ihrer Not jetzt nicht in Szene zu setzen. Sie zeigt sich ganz und gar nicht geknickt, sondern bereitet ihm, der groß und unbeholfen in dem niedrigen Raum vor ihr steht, ein gekonntes Schauspiel: Sie beschuldigt ihn, nun wohl ihren Mann und auch sie sowie ihr kleines Kind hinrichten lassen zu wollen. Wie eine Furie fällt sie über ihn her, böse, frech und – schön. Washington, erdrückt von dem Verrat Benedicts, erschlagen von ihrem Wortschwall, denkt sicherlich auch an ihr Flehen vor eineinhalb Jahren in Valley Forge, wo sie ihm freimütig ihre weiblichen Reize darbot und bat, ihr gegen das „heiße Bügeleisen auf ihrem Kopf" behilflich zu sein. Er reagiert wie ein Gentleman und läßt sie wenige Tage später mit einer Eskorte nach Philadelphia ziehen. Von dort aus findet sie irgendwie wieder zu ihrem Mann, dem sie auch im Unglück eine treue Gefährtin bleibt. So wie er auf amerikanischer Seite gekämpft hat, ficht Arnold nun auch für die

Briten: enthusiastisch, rücksichtslos, immer vorneweg. 1781 geht er mit Frau und Kind ins Exil nach London, wo er 1801 stirbt.

Mit dem unglücklichen Major André hingegen wird kurzer Prozeß gemacht. General Nathanael Greene verurteilt den Spion zum Tode. Washington lehnt eine Revision des Urteils ab. André wird gehängt.

„Wem kann ich jetzt noch trauen?" Diese Frage lastet schwer auf Washingtons Gemüt. Denn gerade Benedict Arnold zählte bislang zu den tapfersten und treuesten Offizieren der Revolution. Doch er hat auch viele unverdiente Kränkungen und Zurücksetzungen hinnehmen müssen. Beispielsweise war bekannt, daß er aufgrund seines strategischen Könnens und seines persönlichen Einsatzes in vorderster Front den historischen Sieg bei Saratoga erwirkt hat. Den Ruhm hingegen erntete der Oberkommandierende Horatio Gates, der die Schlacht nur von sicherer Position aus beobachtet hatte, als Vorgesetzter von Arnold jedoch schamlos den Sieg als sein Werk ausgab. Während andere Orden und Beförderungen einheimsten, wurde Arnold mehrfach durch direkten Feindkontakt verwundet. Der Dank dafür – ein Händeschütteln. Das verbittert.

Hier liegt eindeutig auch ein Führungsfehler Washingtons vor. Ihm war der Ärger Arnolds über diese Zurücksetzungen bekannt. Und dennoch hat er sich beim Kongreß, der Beförderungen genehmigen mußte, mit keinem Federstrich für seinen treuen Draufgänger eingesetzt. Seitdem Arnold die leichtsinnige Schauspielerin Peggy Shippen geheiratet hatte, war er zudem ständig überschuldet. Das Paar lebte über seine Verhältnisse, ständig auf Pump.

Arnolds Verrat nun lediglich auf enttäuschte Gefühle und ein paar Silberlinge zurückzuführen, würde indes zu kurz greifen. Er glaubte nämlich, daß Washington umgekehrt Verrat an der amerikanischen Sache übte. Arnold war ein fanatischer Protestant, der Katholiken haßte. Mußte der liberale Washington ihn vor seinem Feldzug nach Canada anno 1775 nicht mahnen, die katholischen Franco-Canadier rücksichtsvoll zu behandeln? Der Kriegseintritt des katholischen Frankreich an der Seite Amerikas bedeutete folgerichtig für Arnold kein freudiges Ereignis, sondern der Pakt mit dem Teufel. Dann erklärte auch noch das katholische Spanien England den Krieg. Arnold sah plötzlich überall nur noch verhaßte Katholiken auf der Seite Amerikas. War nicht auch einer der engsten Berater Washingtons, Lafayette, ein Franzose, ein Katholik?! Wo sollte diese Entwicklung noch enden? Irgendwann im Jahr 1780 jedenfalls gab es eine Stunde im Leben Benedict Arnolds, da ihm der Verrat als fromme Pflicht erschien – und das Schicksal nahm seinen Lauf.

Arnold steht in der amerikanischen Geschichte als Erz-Verräter da, obwohl seine Handlung keinerlei Einfluß oder Auswirkung auf das militärische Geschehen hatte. Anders der wenig bekannte Verrat Charles Lees. Nicht nur vermasselte er die Schlacht von Monmouth, sondern beging echten Hochverrat während seiner vorübergehenden Kriegsgefangenschaft in New York. Erst viele Jahre nach der Revolution wurden von Lee entworfene Schlachtpläne in einem New Yorker Archiv entdeckt, in denen er den Briten die Schwachstellen der amerikanischen Positionen nannte und vor allem auf den „weichen Bauch" im Süden der Vereinigten Staaten hinwies, von dem er wußte, daß dort ein Großteil der Bevölkerung königstreu war und nur wenige Milizen die Küste verteidigen konnten. Mit dieser Tat überbot Lee Arnold in jeder Beziehung.

Yorktown: England kapituliert

Und so entschloß sich der britische Oberbefehlshaber Sir Henry Clinton tatsächlich, den Hauptkriegsschauplatz vom Norden in den tiefen Süden zu verlegen. In einer Überraschungsaktion stürmten am 29. Dezember 1779 britische Landungstruppen Savannah in Georgia und rollten von da aus den Süden systematisch auf. Im Frühjahr 1780 fällt South Carolina. Verzweifelt versuchen die besten Männer Washingtons den Vormarsch der Briten aufzuhalten. Der Krieg im Süden tobt in einer Heftigkeit und Grausamkeit, wie sie der Norden kaum je erlebt hat. Viele persönliche Dramen spielen sich ab, die sich im amerikanischen Bürgerkrieg achtzig Jahre später wiederholen werden. Der Vater kämpft auf britischer Seite gegen den Sohn in der Revolutionsarmee. Bruder gegen Bruder. Nachbar gegen Nachbar. Viele altgediente Weggefährten Washingtons lassen ihr Leben im Kampf um den Süden. Der Pole Casimir Pulaski zum Beispiel findet bei einem Gegenangriff auf Savannah den Tod: mitten in einer schneidigen Attacke hoch zu Roß reißt ihn eine britische Gewehrkugel aus dem Sattel. Auch der deutsche Söldner Baron de Kalb fällt im Gefecht.

General Benjamin Lincoln, Kommandant von Charleston, kapituliert und zieht mit 5.400 Mann in Gefangenschaft. Im September 1780, als Arnolds Verrat entdeckt wird, fällt North Carolina. Sir Clinton, für den nun alles zum Besten steht, kehrt auf dem Seeweg nach New York zurück und überläßt den weiteren Feldzug im Süden seinem Stellvertreter Lord *Charles Cornwallis*. Der treibt die verzweifelten Amerikaner weiter vor sich her und bedroht im März 1781 Virginia. Wer stoppt den Siegeszug der Rotröcke? Ist er überhaupt noch aufzuhalten? Alles sieht jetzt nach einer großen Zangenbewegung aus, die Washington den Garaus bereiten soll: Cornwallis stößt vom Süden her vor, Clinton wird von New York aus Washington angreifen. Ein Glück nur, daß sich der Oberbefehlshaber nicht auch noch um eine dritte Front kümmern muß, den Wilden Westen. Dort hält seit dem Winter 1778/79 ein bis dahin völlig unbekannter Anführer von Waldläufern, George Rogers Clarke, sowohl große Teile der Indianer als auch die Briten in Schach. Ohne Washingtons Wissen ist Clarke mit virginischen Grenzern bis nach Illinois vorgestoßen, ein fernes Indianerland in der Prärie, an dessen Name sich Washington dunkel von seiner ersten Ohio-Reise her erinnert. Clarke hat das gesamte Gebiet kurzerhand besetzt und zum Bestandteil der Vereinigten Staaten erklärt. Washington und der Kongreß können sich nur wundern. Durch Clarkes Handstreich ist es den Engländern indes unmöglich geworden, wie dereinst die Franzosen von Canada aus den Amerikanern in den Rücken zu fallen.

Obwohl der Süden überrannt wird, fühlt sich Washington nach wie vor im Norden unabkömmlich. Zur Verteidigung Virginias schickt er Baron von Steuben, der dort auf den draufgängerischen Arnold trifft. Steuben kann nicht verhindern, daß weite Teile Virginias von Arnolds Truppen malträtiert werden.

Ja, die Briten besetzen sogar die neue Hauptstadt Virginias, Richmond. Und kein geringerer als Thomas Jefferson, seit 1779 Gouverneur des Staates, muß auf einer kleinen Farm im Hinterland Zuflucht suchen. Die Wende leitet Washingtons General Nathanael Greene mit einer genialen Offensive im Süden ein. Bis Sommer 1781 treibt er die hilflos agierenden Briten weitgehend in ihre Ausgangsstellungen zurück. Sie halten jetzt nur noch die Stützpunkte Wilmington, Charleston und Savannah. Und um die Ordnung auch in Virginia wieder herzustellen, schickt Washington seinen letzten Trumpf, Marquis de Lafayette, mit Verstärkung in seine Heimat. Die beiden wesentlich älteren Generäle

Anthony Wayne und Steuben ordnen sich ohne Murren dem französischen Jüngling unter. Allen geht es um die Sache, nicht um eine zweifelhafte Rangordnung.

Einmal in diesen wirren Zeiten ist auch Mount Vernon von britischen Schiffen bedroht. Lund Washington, ein entfernter Cousin und treuer Freund des Feldherrn, verwaltet seit Beginn der Revolution die Güter. Er verhindert durch geschicktes Verhandeln mit den britischen Seeoffizieren jegliche Beschädigung des Anwesens. Doch Washington tadelt ihn aus der Ferne, daß er die Briten mit Nahrungsmitteln versorgt und zugelassen hat, daß sie auch einige seiner Sklaven mit an Bord genommen haben.

Der britische Befehlshaber im Süden, Lord Charles Cornwallis, eröffnet Ende August 1781 das Ende der militärischen Schachpartie. Er wendet sich vom tiefen Süden ab und dem Newcomer Lafayette zu. In einer „erfolgreichen Schlacht" gegen den Franzosen glaubt er, nicht nur Virginia und damit den Süden, sondern „vielleicht ganz Amerika zu gewinnen".[54] Aber Lafayette entzieht sich in vielen Scharmützeln dem Zugriff des Lords und weicht geschickt in Richtung Yorktown an der Chesapeake Bay zurück. Denn Washington und der Kommandant über die französischen Truppen, Graf Rochambeau, haben einen Plan ausgeheckt, der Cornwallis genau dorthin bewegen sollte – nach Yorktown. Warum?

Eigentlich stand Washington im Norden bereit, dort endlich eine Offensive gegen die Briten zu beginnen. Nachdem der tiefe Süden durch Nathanael Greene gerettet worden war, Lafayette in Virginia geschickt agierte, beabsichtigte er, gemeinsam mit den Franzosen New York anzugreifen. Die Vorbereitungen laufen, da informiert ihn Rochambeau, daß in der Karibik ein neuer Admiral das Kommando über die französische Flotte übernommen habe: Graf François Joseph Paul de Grasse. Er habe ihn schon zu Hilfe gerufen und de Grasse sei bereits unterwegs. Der Admiral habe darum gebeten, ihm den Landungsort zu nennen. Was den Zeitpunkt anbelange, so müsse er darauf hinweisen, daß er höchstens bis Mitte Oktober bleiben könne, da er ab dann bereits einen weiteren Auftrag in der Karibik zu erfüllen habe. Rochambeau sagt Washington außerdem, daß er dem Admiral mitgeteilt habe, „an der Chesapeake Bay vorbeizusegeln, denn möglicherweise bietet sich dort eine Gelegenheit, zu einem großen Schlag auszuholen."[55]

Rochambeau begründet seinen Alleingang mit Zeitdruck. Was er nicht sagt ist, daß er sich mit Washington deshalb nicht über Ort und

Zeit einer neuen Offensive abgestimmt hat, weil er um die Schwerfäl-
ligkeit der Entscheidungsfindung des amerikanischen Generalstabs
weiß.

Kein Wunder, daß sich Washington völlig überfahren fühlt.

Er, der all die Jahre gezaudert hat, den südlichen Kriegsschauplatz selbst
zu betreten, da er stets den Norden in größerer Gefahr wähnte, wird nun
von einem französischen General gezwungen, diesen Schritt zu tun. Und
ein anderer Franzose diktiert den Zeitpunkt! Wohl erkennt er, daß ihm
de Grasse mit seiner Verstärkung einen Sieg über den nichtsahnenden
Lord Cornwallis ermöglicht. Doch zaudert er bei dem Gedanken, die
beiden Franzosen de Grasse und Rochambeau könnten nun die ganze
Initiative an sich reißen. Für ihn bliebe nur noch eine Statistenrolle.
Droht nicht die amerikanische Revolution gänzlich in die Hände der
Franzosen zu gleiten? Hat nicht auch Benedict Arnold solches befürchtet? Rochambeau, ganz Edelmann, ahnt Washingtons Zweifel und ge-
winnt den alten Fuchs, indem er sich mit einem freundschaftlichen
Lächeln Washingtons Kommando unterstellt.

Nun gilt es sich zu sputen. Washington unternimmt einen Scheinan-
griff auf Staten Island, um Clinton glauben zu machen, der Angriff auf
New York beginne nun. Dann rücken die alliierten Armeen im Eilmarsch gen Süden. Sie haben 650 Kilometer vor sich.

Lord Cornwallis ist inzwischen von der Richtigkeit seiner Pläne völlig
überzeugt. Die vielen Flüsse Virginias, der James und York River, der
Rappahannock und Potomac, sie alle eröffnen den Briten bislang unge-
nutzte Manövriermöglichkeiten. Die britischen Schiffe können schnell
und tief ins Land vorstoßen, rasch Truppen und Artillerie verlegen. Ein
geradezu ideales Aufmarschgebiet – denkt Cornwallis.

Clinton in New York teilt die Zuversicht des Lords hingegen überhaupt nicht. Nervös und ärgerlich schreibt er an Cornwallis: „In meiner gesamten bisherigen Korrespondenz mit Eurer Lordschaft habe ich
klar dargelegt, daß, bis es soweit ist, eine solide Operation in der Chesapeake [Bay] durchzuführen, ich erst einmal meine Truppen aufgestockt
haben muß. Außerdem wage ich nicht einmal daran zu denken, daß irgendeine militärische Operation dort sicher durchgeführt werden kann,
solange wir keine dauerhafte Seeüberlegenheit haben."[56]

Wie wahr. Allein, Cornwallis war nach seinen eigenen Worten „des
Umherziehens im Lande auf der Suche nach Abenteuern"[57] müde. Ohnehin schien der Lord – salopp gesagt – die Nase voll zu haben. Ein be-

geisterter Krieger gegen die amerikanischen Rebellen war er nie. Als Mitglied des House of Lords hatte er beispielsweise während der Stamp-Act-Debatte als einer von fünf Peers dagegen gestimmt. Und einmal glaubte er sogar, daß der Krieg in Amerika zu Ende sei. Er packte seine Sachen und war schon am Bord eines Schiffes, als ihn die Nachricht von Washingtons Sieg in Trenton erreichte. Daraufhin machte er kehrt, um, wie er sagte, „den alten Fuchs in der Frühe zur Strecke zu bringen".[58] Da kämpfte Washington aber schon bei Princeton.

Nun – Cornwallis zog also recht lustlos in Virginia umher, mal hier gegen Wayne, mal dort gegen Lafayette. Clinton, der von den vielen Geplänkeln überhaupt nichts hielt, ja den Lord sogar beschuldigte, seine Warnungen nicht ernst zu nehmen und seine Befehle nicht auszuführen – ausgerechnet Clinton also, der eine mögliche Katastrophe in Virginia ahnte, riet Cornwallis, „bei nächst bester Gelegenheit eine defensive Stellung zu beziehen, sei es in Williamsburg oder Yorktown".[59] Cornwallis entschließt sich für Yorktown, denn Lafayette lockt ihn förmlich dahin.

Inzwischen hat Clinton in New York Wind von der französischen Flotte bekommen. Spione melden ihm, daß Washington mit einer riesigen Armee bei Trenton den Delaware überquert habe. Clinton ahnt mehr als daß er weiß, was Cornwallis droht. Er jagt alle verfügbaren Schiffe, es sind nur neunzehn, die Küste hinab. Sie sollen Cornwallis notfalls da rausholen, ihm den Rückzug übers Meer ermöglichen.

Doch als die Royal Navy vor der Chesapeake Bucht auftaucht, ist de Grasse mit seiner Flotte schon da. Siebenunddreißig französische Kriegsschiffe kreuzen vor der Einfahrt zur Bucht. Es kommt zu mehreren schweren Seegefechten, doch für die Briten ist kein Durchkommen. Clintons Befürchtung, „solange wir keine Seeüberlegenheit haben", wird wahr. Die Royal Navy muß, stark bedrängt, wieder nach New York abdrehen.

Inzwischen ist Cornwallis auch von der Landseite her eingeschlossen. 17.000 Mann umfaßt Washingtons Gesamtarmee, je ein Flügel kommandiert von Lafayette, Rochambeau und dem Oberbefehlshaber selbst. Am 28. September 1781 beginnt die Belagerung von Yorktown. Am 9. Oktober beschießen Amerikaner und Franzosen die Stadt und die vorgeschobenen Stellungen der Briten mit Artillerie. Am 17. Oktober bietet Cornwallis die Kapitulation an.

Den Abend des Kapitulationstages in Yorktown hält ein amerikanischer Oberst mit den Worten fest: „Ich sah, wie die Offiziere und Soldaten vor lauter Gelächter kaum sprechen konnten. Und sie konnten kaum gehen, vor lauter Freudensprüngen und Tanzen und Singen in den Straßen."[60] Kein Wunder, die Männer haben sieben schreckliche Jahre lang gekämpft. Für diesen Tag.

Washingtons Tagebuch offenbart über diesen Höhepunkt seiner militärischen Laufbahn nur Sachliches: „Am Morgen ließ ich sie [die Kapitulationsbedingungen] abschreiben und sandte Lord Cornwallis Nachricht, daß ich sie bis elf Uhr unterschrieben zurückerwarte und die Garnison um zwei Uhr ausmarschieren solle, was beides entsprechend geschah."[61]

Doch so kühl, wie diese Zeilen es suggerieren, war Washington angesichts dieses Sieges, der ein Endsieg sein sollte, nicht. Im Gegenteil. Er kostete die Kapitulation seines einstigen Jägers aus New Jersey bis zur Neige aus. Welche Klauseln die von ihm aufgesetzten Kapitulationsbedingungen enthielten, konnten Freund und Feind zwei Tage später, am 19. Oktober, erleben. Ein Zeitzeuge, Dr. James Thatcher, berichtet:

„Etwa gegen zwölf Uhr stellten sich die beiden verbündeten Armeen in zwei Reihen auf, die mehr als eine Meile lang waren. Die Amerikaner bildeten eine Reihe auf der rechten Straßenseite, die Franzosen auf der linken. An der Spitze der ersten Reihe befand sich hoch zu Roß auf seinem edlen Pferd der große amerikanische Befehlshaber, begleitet von seinen Adjutanten. An der Spitze der zweiten Reihe stellten sich der ausgezeichnete Graf Rochambeau und sein Gefolge auf. Die französischen Soldaten, in kompletter Uniform, machten einen sehr kriegerischen und noblen Eindruck. Ihre Musikkapelle, in der die Kesselpauke einen [wichtigen] Platz einnahm, war für uns eine wunderbare Neuheit. Sie wirkte sehr beeindruckend während des Aufmarsches der Franzosen."[62]

Sodann begann das „Spießrutenlaufen" der achttausend britischen Kriegsgefangenen. Sie mußten auf Washingtons Wunsch hin dieses Spalier durchschreiten und dahinter ihre Waffen abgeben. Cornwallis war, anders als auf vielen Gemälden dargestellt, nicht bereit, dieses theatralische Schauspiel mitzumachen. Er schützte eine überraschende Krankheit vor und überließ es seinem nächstältesten Offizier, General O'Hara, die britische Armee in die Gefangenschaft zu führen. Auch die Rotröcke boten einen farbenprächtigen Anblick, da Cornwallis an die abgekämpfte Truppe alle neuen Uniformen, die noch vorhanden waren, ausgeben ließ.

Wozu noch aufheben? „Doch", wie der Augenzeuge Dr. Thatcher feststellte, „in ihren Marschkolonnen gab es Unordnung und unsoldatisches Benehmen. Die Soldaten liefen nicht mehr im Gleichschritt und ihre Rangabzeichen waren häufig entfernt."[63]

Cornwallis leistete sich trotz aller Betrübnis mit typisch britischem Humor einen letzten Gag: Die britische Militärkapelle spielte bei ihrem Spalierlauf das alte Lied: „The world turned upside down" – die Welt ist auf den Kopf gestellt.

Inzwischen wird die frohe Kunde von einem galoppierenden Reiter nach Philadelphia getragen. Er soll der Legende nach dort erst deshalb am 22. Oktober eingetroffen sein, weil er – wie Paul Revere auf seinem Mitternachtsritt – unterwegs jedes Haus geweckt hatte. Clinton, der sich mit siebentausend Mann auf allen verfügbaren Kähnen eingeschifft hat, um Cornwallis zu retten, dreht nach der Hiobsbotschaft, die ihn unterwegs erreicht, schleunigst wieder um.

In England erfährt man vier Wochen später von dem „Unglück". Lord North, der Premierminister, soll erschüttert ausgerufen haben: „Oh Gott! Es ist alles aus!" Und so war es auch. Obwohl es ein Jahr lang noch hie und da zu Feuergefechten zwischen Rotröcken und Amerikanern kam, erklärten sich beide Seiten zu Friedensverhandlungen bereit. Sie begannen im April 1782 in Paris. Zu den amerikanischen Unterhändlern zählten unter anderen Benjamin Franklin und John Adams. Mit von der Partie war auch der vierundzwanzigjährige Marquis de Lafayette, der der amerikanischen Delegation in vielerlei Hinsicht beratend oder praktisch zur Hand ging. Lafayette war jetzt ein Held zweier Welten, der alten und der neuen.

Bis heute heften sich die Franzosen hinter vorgehaltener Hand den glücklichen Ausgang der amerikanischen Revolution ans Revers. Wegen Lafayette, Rochambeau, de Grasse. Es ist übrigens ein Treppenwitz der Geschichte, daß ausgerechnet Admiral de Grasse, der so viel für Amerikas Freiheit getan hat, nie amerikanischen Boden betrat.

Britische Historiker hingegen legen sich die Geschichte anders zurecht. Ein Beispiel: „In Wirklichkeit verlor Großbritannien den Krieg in Nordamerika überhaupt nicht aus militärischen, sondern aus ganz anderen Gründen. Es war ein höchst unpopulärer Krieg (etwa wie der Vietnamkrieg, den die Vereinigten Staaten zwei Jahrhunderte später beginnen sollten). Er war unpopulär bei der britischen Öffentlichkeit, beim größten Teil der britischen Regierung, bei fast allen Offizieren und Befehlshabern. (...) Er wurde weniger von den amerikanischen Kolonisten ‚gewonnen‘ als von Großbritannien ‚verloren‘.“[64]

Es dauerte ein Jahr, bis in Paris zwischen Amerika und Großbritannien ein Vor-Friedensvertrag zustande kam, der dann am 3. September 1783 endgültigen Status erlangte. Darin waren unter anderem die Grenzen der Vereinigten Staaten festgelegt. Für die Briten besonders wichtig: der 49. Breitengrad, der im Norden die Grenze zu Canada bildet.

Während dieser beiden Nicht-Kriegsjahre harrte Washington geduldig auf seinem Posten als Oberbefehlshaber der Kontinentalen Armee aus. Gestört wurde er lediglich durch ein unlauteres Ansinnen: Im Mai 1782 erhält er einen Brief, unterzeichnet von Oberst Lewis Nicola, im Auftrag der Offiziere der Kontinentalen Armee. Darin wird lange Beschwerde geführt über die Ungerechtigkeiten des Kongresses gegenüber den Soldaten und Offizieren. Am Ende des Lamentos wird ein Putsch gegen den Kongreß vorgeschlagen. Statt einer Republik wolle man eine Monarchie mit Washington als König ausrufen.

Doch wie schlecht kennen sie ihn! Er schreibt zurück, daß er den Brief „mit Abscheu“ gelesen habe und befiehlt Nicola, „solche Überlegungen aus dem Hirn zu verbannen“. Doch das Offiziers-Corps der Kontinentalen Armee läßt sich so einfach nicht abspeisen. Es bleibt wegen des ausstehenden Solds in meuternder Stimmung. Washington als reichster Mann Virginias hat leicht reden. Er ist auf keinerlei Zuschüsse seitens des Kongresses angewiesen. Aber nahezu alle anderen Offiziere stehen jetzt am Ende des Krieges vor dem finanziellen Ruin. Sie sind bereit für einen Putsch.

Das Problem für den Kongreß bestand darin, daß es keine echte, harte Unionswährung gab. Der eingeführte Dollar erwies sich als wertloses Papiergeld. Der Kongreß hatte nicht die Macht, eigene Steuern zu erheben. Er konnte lediglich die Mitgliedsstaaten bitten, anteilig Kosten zu übernehmen. In Virginia beispielsweise akzeptierte der Steuereintreiber anstatt Geld Tabakballen. Doch dieser Naturaltausch erschwerte jeglichen Zahlungsverkehr. Im Fall des ausstehenden Solds für die Soldaten und Offiziere kam er gar ganz zum Erliegen.

Und so tauchte am 10. März 1783 ein anonymes Flugblatt auf, das nach Flexners Ansicht der jungen Nation ihre „schwerste Stunde“[66] bescherte. Darin heißt es: „Wenn man Euch also solcherart behandelt, während Eure Schwerter, die Ihr tragt, zur Verteidigung Amerikas noch gebraucht werden, was habt Ihr dann erst vom Frieden zu erwarten, wenn Euer Einfluß sinkt und Eure Divisionen aufgelöst werden?"[67]

Die Zeit der Geduld sei vorbei, hieß es dort weiter. Sollte der Kongreß in seinen Herabwürdigungen und Beleidigungen fortfahren, „hat die Armee durchaus eine Alternative". Ein weiteres Flugblatt rief zu einem Treffen am folgenden Tag auf.

Washington untersagte zornig diese Zusammenkunft, räumte aber ein, daß er dem Anliegen der Offiziere zustimme – die Soldaten sollten ihren Sold bekommen – und berief nun selbst ein Treffen ein.

Washingtons Einladung zu dieser Zusammenkunft hatte durch ihre Art der Formulierung darauf schließen lassen, daß er selbst nicht daran teilnehmen werde. Und tatsächlich, als alle Offiziere eingetroffen waren, war das Podium immer noch unbesetzt. Unschlüssig unterhielt man sich in verschiedenen Grüppchen. Da öffnete sich plötzlich eine Seitentür und wie auf ein Stichwort hin betrat Washington die Bühne. Er, der Theaterfreund, spielt nun die beste Laienrolle seines Lebens. Ohne Umschweife greift er den Verfasser der Flugblätter an. Dieser würde „Gefühle ausnutzen, die noch durch die Erinnerung an gemeinsam Erlittenes erhitzt sind, statt sich Zeit zu nehmen, um kühl und in Ruhe über alles nachzudenken".[68]

Und dann sticht er zu, in das Gewissen eines jeden Einzelnen hinein, indem er sich selbst als Beispiel anführt: „War nicht ich der erste, der für die Sache unseres gemeinsamen Landes [in die Armee] eintrat? [Der erste Soldat, der vom Kongreß in die Kontinentale Armee aufgenommen worden war, war der Oberbefehlshaber – d. A.] Bin ich je auch nur einen Augenblick von Ihrer Seite gewichen, seitdem ich in diese öffentliche Position berufen worden bin? [In den vergangenen acht Jahren hatte er im Gegensatz zu den meisten Anwesenden nie Urlaub genommen.] War ich nicht Ihr ständiger Begleiter, der all Ihren Kummer kennt? Und wahrlich nicht der Letzte, der Ihre Verdienste anerkannt und sich darüber gefreut hat! [„Dies ist ein ruhmreicher Tag für unser Land", hatte er angesichts der Leistung seiner Truppe in Trenton seinen Offizieren gesagt.] Habe ich nicht immer meine eigene militärische Reputation als untrennbar verknüpft mit dem Ansehen der Armee angesehen? [„Ich sehe es als unmöglich an, weiter zu dienen, ohne meinen guten Ruf zu verlieren", rief er gequält auf den Harlem Heights]. Mein Herz hat immer freudig geschlagen, wenn die Armee gepriesen wurde, und ich war immer entrüstet, wenn sie verleumdet wurde. Es kann ja wohl kaum jemand ernsthaft annehmen, daß *mir* im Endstadium des Kriegs nun die Interessen der Armee gleichgültig wären."[69]

Sodann nimmt der Burgess von Virginia den Kongreß in Schutz und erläutert, wie eine Volksvertretung funktioniert – „wie in allen großen Körperschaften, wo die unterschiedlichsten Interessen unter einen Hut gebracht werden müssen, dauern die Beratungen lange. Warum also sollten wir ihnen [den Kongreßabgeordneten] mißtrauen? (...) Im Namen unseres gemeinsamen Landes, denken Sie daran: In dem Maße, wie Sie auf Ihre eigene heilige Ehre stolz sind, wie Sie die Menschenrechte respektieren und wie Sie den [alle Staaten übergreifenden] militärischen und nationalen Charakter Amerikas anerkennen, öffnen Sie nicht die Schleusen einer öffentlichen Zwietracht. Überschwemmen Sie nicht unser aufsteigendes Reich mit Blut." Soweit ist Washingtons Rede sehr engagiert. Nun holt er den letzten Trumpf aus dem Ärmel. „Aus Respekt vor mir", beschwört er sie mit leiser Stimme, „sollten Sie von jeglichem dunklen Gedanken Abstand nehmen".

Vielen ist im Laufe der Rede des Generals schon ein Kloß in den Hals gestiegen. Jetzt herrscht betretenes Schweigen. Der Feldherr, sichtlich aufgeregt, zieht noch einige Papiere aus der Jackentasche. Aus Nervosität fällt ihm eine Seite zu Boden. Er braucht eine Weile, bis er alle Blätter wieder in der richtigen Reihenfolge geordnet hat. Er wolle, so sagt er mit leicht zitternder Stimme, den Anwesenden die guten Absichten des Kongresses beweisen und einen Brief aus Philadelphia vorlesen. Doch er hat dabei erneut Probleme. Schließlich holt er etwas verschämt noch eine Brille aus seinem Uniformrock und erklärt, er sei dreiundvierzig Jahre alt gewesen, als er das Kommando als Oberbefehlshaber angetreten habe. Nun sei er einundfünfzig.

„Gentlemen, erlauben Sie mir, meine Brille aufzusetzen, denn ich bin im Dienste meines Landes nicht nur grau, sondern auch fast blind geworden."[70]

Der nun folgende Brief ist eigentlich überflüssig geworden. Es ist diese Szene, es sind diese Sätze, die den letzten Putschwilligen weich werden lassen. Beschämung machte sich im Offiziers-Corps breit. Die Sache ist vom Tisch.

Am gleichen Tag, an dem der letzte britische Soldat New York verläßt – es ist der 25. November 1783 –, marschiert Washington mit seiner Armee in die Stadt ein. Schon ein paar Tage später reicht er seinen Abschied beim Kongreß ein und verabschiedet sich am 4. Dezember in großer Runde von seinem Offiziers-Corps. Er hat dazu in die *Fraunces*

Washington verabschiedet sich am 1. Dezember 1773 in New York von seinem Offizierskorps. Er steigt in ein Fährboot, ein letzter Blick zurück ...

Der Rücktritt Washingtons als Oberbefehlshaber der Kontinentalen Armee vor
dem Kongreß. Gemälde von John Trumbull. Der Künstler vergegenwärtigt hier
das wahrhaft republikanische Verhalten Washingtons, der nach dem gewonne-
nen Krieg in aller Form die ihm verliehene militärische Macht wieder in die
Hände des Gemeinwesens zurückgibt. Auf dem Balkon rechts beobachtet Martha (mit Haube) die Szene.

Tavern eingeladen, Ecke Pearl und Broad Street. Es soll dort zu rühren-
den Szenen gekommen sein. Wehmütige Erinnerungen. Der Schneesturm bei Trenton, ein zitternder Wachtposten, der mit nackten Füßen
auf seinem Hut steht – Valley Forge! Über den Rest deckt die Geschichte
den Mantel des Schweigens.

Schweigend auch ist der Geleitzug der Männer, mit dem sie ihren Chief
vors Haus an den Hudson bringen. Er steigt in ein Fährboot, ein letzter
Blick zurück zum Quai, wo in stiller Wehmut Arme zum Gruß gehoben werden. Dann der Blick nach vorn. Erst Annapolis, dann Mount
Vernon. In Annapolis, wo der Kongreß versammelt ist, wird am 23. Dezember seine Leistung in einer steifen Feierstunde gewürdigt. Anwesend sind auch Heuchler, wie der Intrigant Thomas Mifflin, die alle jetzt

schöne Reden schwingen. Sie bedeuten Washington nichts. Vor dieser Sitzung hat er am Morgen noch seinen letzten offiziellen Generalsbrief geschrieben, gerichtet an Steuben. Die Kontinentale Armee wird aufgelöst. Sie hat ihren Zweck erfüllt, das Land ist frei.

Mögen Franzosen und Briten über das Ende der Amerikanischen Revolution glauben, was sie wollen. In den Augen der amerikanischen Öffentlichkeit war es nur dem Geschick und Können *eines* Mannes zu verdanken, daß die dreizehn Kolonien aus dem acht Jahre dauernden Krieg als international anerkannte „Vereinigte Staaten von Amerika" hervorgingen. Stellvertretend für die zahlreichen patriotischen Lobpreisungen Washingtons im Jahre 1783 sei hier aus einem Fan-Brief an „Seine Exzellenz" zitiert:

„Ihr Name wird verdienstvollerweise, mit Ehre und Respekt versehen, in jedem Geschichtsbuch Amerikas erscheinen. Möge er auch aufgeschrieben werden und für immer bestehen bleiben im Buch des Lebens (...), da Eure Exzellenz das Werkzeug waren, das die Vereinigten Staaten schuf!"[71]

7
Der erste Präsident

Sie können es nicht ablehnen, zum Präsidenten gewählt
zu werden. (…) Im Namen Amerikas, der gesamten Menschheit
und im Namen ihres eigenen Rufes, flehe ich Sie an,
mein lieber General, die Annahme des Präsidentenamtes
für die ersten Jahre nicht abzulehnen.
Denn nur Sie können diese politische Maschinerie in Gang bringen.
MARQUIS DE LAFAYETTE, 1788

„Ich werde sanft den Strom des Lebens hinabgleiten"

„Zu guter Letzt, mein lieber Marquis, bin ich wieder ein Privatmann an den Ufern des Potomac, sitze im Schatten meines eigenen Weines und meines eigenen Feigenbaumes", schreibt Washington gedankenverloren am 1. Februar anno 1784 von Mount Vernon aus an seinen jungen Freund in Frankreich. „Fern vom Getümmel eines Soldatenlagers und dem geschäftigen Getue eines öffentlichen Amtes, tröste ich mich mit jenen ruhigen Freuden, von denen ein Soldat, der hinter Ruhm und Ehre herläuft, von denen ein Politiker, dessen angestrengte Tage und schlaflose Nächte damit angefüllt sind, Pläne für das Wohlergehen seines Landes oder für den Untergang anderer Länder zu entwerfen – so als genüge diese Weltkugel nicht für uns alle, von denen auch der Höfling, der immer auf das Wohlergehen seines Fürsten bedacht sein muß, in der Hoffnung, dafür ein dankbares Lächeln geschenkt zu bekommen, nicht die leiseste Vorstellung hat. Ich habe mich nicht nur von allen öffentlichen Ämtern zurückgezogen, sondern auch im Grunde genommen von mir selbst. Ich werde einsame Spaziergänge genießen und die Pfade des Privatlebens mit tiefempfundener Genugtuung entlangschreiten. Auf niemanden neidisch, bin ich entschlossen, mit allem zufrieden zu sein. Dies, mein lieber Freund, ist jetzt mein Marschbefehl: Ich werde sanft den Strom des Lebens hinabgleiten, bis ich den Schlaf meiner Vorväter teile."[1]

Ein Brief voller Wehmut, der wie kein anderer der vielen Briefe, die er jetzt wieder schreibt, die Einsamkeit Washingtons verdeutlicht. Sein landwirtschaftlicher Betrieb, seine Güter, Plantagen, seine Pferde – all dies scheint ihm nichts mehr zu bedeuten. Jetzt, da die große Anspannung von ihm abgefallen ist, scheint er vom Leben nichts mehr zu erwarten. Einsame Spaziergänge will er genießen! Von heimischem Glück mit Martha ist nicht die Rede. Auch nicht von Theaterbesuchen, Bällen, Ausritten, Fuchsjagden. 1785 reitet er das letzte Mal hinter einer Meute her. Die Zeilen an Lafayette machen glauben, dieser energische Mann sei nur noch der Schatten seiner selbst.

Besorgt eilt der Freund über den großen Teich, begleitet von seiner quirligen Frau, die neugierig jenen großen Mann kennenlernen will, von dem ihr Gatte ununterbrochen schwärmt. Vierzehn Tage lang weilt das Ehepaar Lafayette auf Mount Vernon. Während sich die Marquise über die ländliche Einöde wundert und in der hausmütterlichen Martha sicherlich keine adäquate Gesellschaft hat, streift der Marquis mit seinem ehemaligen Chef durch Wiesen und Wälder. Ausgedehnt unterhalten sie sich über die Zukunft Amerikas. Was wird aus dem Land, für dessen Freiheit sie ihr Leben riskiert haben? Keiner weiß es.

Auch die Sklavenfrage wirft der Franzose auf. Er hat sie vor Jahren schon einmal mit Washington diskutiert. Nun dringt er erneut in den Südstaatler, „das Experiment zu versuchen, die Neger freizulassen und sie als Pächter einzusetzen".[2] Zwei Jahre später geht der Marquis mit gutem Beispiel voran und kauft sich in der französischen Kolonie Cayenne eine Plantage, innerhalb deren Gebiet er die Sklaven frei wirtschaften läßt. Aus dem Glückwunschschreiben Washingtons an Lafayette vom 10. Mai 1786 kann man entnehmen, was er dem Franzosen wohl schon bei dessen Besuch im Sommer und Winter 1784 entgegnet hat:

„Die Güte Ihres Herzens, mein lieber Marquis, ist bei allem, was Sie tun, so offenkundig, daß ich mich nie wundere, wenn Sie sie neuen Prüfungen unterziehen. Ihr jüngster Ankauf eines Landstückes in der Kolonie von Cayenne, im Hinblick darauf, die Sklaven dort zu emanzipieren, ist wirklich eine großzügige und edle Prüfung Ihrer Humanität. Wenn Gott nur einen ähnlichen Geist unter den Menschen hierzulande verbreiten würde! Indes, ich verzweifle darüber, hier nichts entsprechendes zu sehen. In der letzten Versammlung [der neuen Abgeordnetenkammer in Richmond] wurden zwar einige Petitionen zur Abschaffung der Sklaverei eingebracht, aber kaum jemand hat sie gelesen. Wenn man die Sklaven über Nacht freilassen würde, bin ich fest davon überzeugt, daß dies große Schwierigkeiten und Unheil hervorrufen würde; aber möglicherweise wird es einmal, und sollte sicherlich auch Schritt für Schritt, geschehen, genehmigt von der gesetzgebenden Gewalt."[3]

Ein lauer Brief, in dem sich Washington um eine persönliche Entscheidung herumdrückt. Immerhin ist es ein Dokument dafür, daß es ihm zunehmend schwerfällt, die Sklaverei vor sich selbst zu rechtfertigen. Und dann wieder dies: Ein Jahr später bietet er für den Ankauf neuer Sklaven am Auktionsblock, aber nicht, um sie freizulassen, wie Lafayette! Das Experiment des Marquis in Cayenne scheitert übrigens. Vergeblich setzt er sich in der Französischen Revolution von 1789 für die Gleichstellung der Schwarzen und Farbigen als Bürger ein. Lafayette, zunächst ganz Revolutionär, muß 1793 nach Österreich fliehen, da er aufgrund ungeschickten Taktierens sowohl das Volk als auch die neuen Mächtigen gegen sich aufgebracht hat. In Österreich wird er aber verhaftet und bleibt bis zu seiner Befreiung durch Napoleon 1797 dort im Gefängnis. In der Zwischenzeit hat die Revolutionsregierung seine Güter konfisziert und seine „emanzipierten" Sklaven in Cayenne verkauft.

Das Schicksal will es, daß sich Vater und Sohn – Washington und Lafayette – nie mehr begegnen werden. Erst im Jahr 1824 wird der Marquis noch einmal als Greis nach Amerika reisen. In New York City läßt er es sich nicht entgehen, die African Free Schools zu besuchen, die von der Manu-Missionsgesellschaft betrieben werden. Deren erster Präsident, John Jay, hatte Lafayette zum Ehrenmitglied der Gesellschaft ernannt. Als der Marquis im Jahr 1834 starb, wurde sein Grab auf dem Picpus-Friedhof in Paris mit Erde vom Bunker Hill bedeckt.
Als habe ihm der Besuch des jungen Paares aus Europa neuen Lebensmut geschenkt, rüstet nicht lange danach im Herbst 1784 der Herr von Mount Vernon für eine letzte Reise westwärts. Er will seine zusammengekauften Ländereien im Shenandoah-Tal und jenseits der Blauen Berge, am oberen Ohio, inspizieren. Das zumindest ist die offzielle Begründung für seine letzte Reise in die Wildnis, die schon keine mehr ist. Squatter haben sich einfach auf seinen Besitzungen breit gemacht, denen er jetzt wenigstens einen gehörigen Pachtzins abverlan-

gen will. Obwohl die Begründung für den letzten „Waldlauf" Washingtons plausibel klingt, kann man sich des Eindrucks nicht erwehren, daß er in erster Linie vor der engen, häuslichen Welt von Mount Vernon flieht. Das ruhige Pflanzerdasein ist nicht mehr seine Bestimmung, war es wahrscheinlich auch nie. Er hat sich in den vergangen Jahren an ein anderes Leben gewöhnt, unter Männern, unter freiem Himmel. Der Arzt Dr. Craik ist wieder begeistert mit von der Partie. Doch wie hat sich die Wildnis verändert! Überall werden Lichtungen aus den dunklen Wäldern gehackt. Reißende Sturzbäche werden gezähmt und treiben nun klappernde Mühlräder an. Wo vor kurzem noch die Indianer schweiften, ziehen Pennsylvania-Deutsche Pflüge durch den fruchtbaren Boden. Doch Washington ist kein Romantiker. Mit Stolz blickt er auf die Erschließung des Westens. Wie kaum ein anderer in seiner Position erkennt er in kühnen Visionen, daß die Zukunft des Landes jenseits der Appalachies liegt. Während gebildete Männer wie Franklin, Jefferson, Madison, Adams und sogar der junge Hamilton ihren Blick gewissermaßen nach rückwärts in die Alte Welt wenden, sieht er, der nie Griechisch, Latein oder Französisch gelernt hat, der nie staunend vor den Altertümern Europas stand, von all dem unbelastet dorthin, wo die glutrote Sonne versinkt – nach Westen.

Und er macht sich Gedanken darüber, wie man diese Weiten noch besser erschließen könnte als mittels Schneisen durch den Wald.

In den achtziger Jahren des 18. Jahrhunderts erfolgte der Warenaustausch und Handel in Nordamerika nahezu ausschließlich über die weitverzweigten Wasserwege, angefangen beim kleinen Kanu des Trappers bis hin zum Schoner auf den großen Flüssen und Seen. Zwar reiste man über große Entfernungen auch auf dem Pferderücken oder in kleinen Überlandkutschen. Aber die tausende von Tabak-Hogsheads, Fässer voller Reis oder Whisky und andere unhandliche Güter konnten nur auf dem Wasserweg transportiert werden. Ein Blick auf die damaligen Landkarten genügte, um jedermann zu verdeutlichen, welche Bedeutung dieses Wassernetz für Handel und Siedeln hatte. Washington und ein paar andere kluge Köpfe sahen aber auch beim Blick auf die Karte, daß man dieses natürliche Wassergeflecht durch Kanäle verbinden und damit den Handel und die Siedlungsstruktur beträchtlich beflügeln konnte. Einmal mit dieser Idee befaßt, stürzte sich der „Privatmann" Washington ab 1785 zur Überraschung seiner gesamten Umgebung leidenschaftlich auf alle möglichen Kanalprojekte.

Vor allem die Idee, einen Kanal quer durch die Alleghenies zu bauen, um damit das Ohio-Fluß-System mit dem Potomac zu verbinden, ging ihm nicht mehr aus dem Kopf. Der alternde Washington hatte eine neue Herausforderung entdeckt, ein neues Ziel vor Augen, statt auf der Veranda von Mount Vernon zu sitzen, wo die Zeit nur wie zähflüssige Melasse eintönig vor sich hin tropfte. Der einstige General war nach Aussagen von Zeitzeugen von diesem Kanalprojekt geradezu besessen. Besucher aus jenen Jahren beklagen sich enttäuscht darüber, daß mit dem Revolutionshelden weder über militärische noch politische Angelegenheiten zu sprechen gewesen sei. Stur habe er sie endlos mit seinen Kanalplänen gelangweilt: „Zwei Tage lang war kaum von etwas anderem die Rede."[4]

Selbst Nachbarn und Freunde begannen sich erst zu wundern, dann lustig zu machen. Wann immer sich ein paar Leute trafen, um auf einem Gut oder in einer Taverne die Köpfe zusammenzustecken und Pläne für einen Kanalbau zu schmieden, galoppierte nach James Madisons Worten der Herr von Mount Vernon im Sturmritt dorthin. Madison an Jefferson: „Die Ernsthaftigkeit, mit der er das ganze Unternehmen betreibt, ist schwer zu beschreiben und zeigt, daß ein Typ wie er, der zu großem, weitsichtigem Denken fähig ist und lange damit beschäftigt war, keine Leere ertragen kann."[5]

Und Benjamin Franklin erhält aus dieser Zeit die ehrlichen Zeilen von Washington, „daß der Rückzug aus den öffentlichen Wegen des Lebens ins Privatleben nicht jene Freude und Freizeitvergnügung gebracht hat, wie zuvor erwartet".[6]

Im Grunde genommen wären diese Wasserstraßenpläne nicht weiter von Bedeutung, hätten sie nicht einen politischen Prozeß in Gang gesetzt, an dessen Ende die Wahl zum Präsidenten der Vereinigten Staaten stand. Washington und allen Gleichgesinnten war rasch klar, daß es für ein Ohio-Potomac-Projekt staatenübergreifender Zusammenarbeit bedurfte. Maryland bot sich förmlich an, grenzte es doch genauso wie Virginia an den Potomac. Im März 1785 verabredeten sich also Verbindungsleute aus beiden Staaten, das Projekt in Alexandria zu besprechen. Washington war anfangs nicht als Unterhändler für Virginia vorgesehen. Doch flugs lud er die gesamte Gesellschaft in seine „Taverne" Mount Vernon ein. Folglich ist dieses erste Treffen, bei dem es in erster Linie um Zolltarife und Fischereirechte ging, als *Konferenz von Mount Vernon* in die Geschichte eingegangen. Zuhause legten die Unterhändler die be-

sprochenen Punkte ihren Abgeordnetenhäusern vor. In Virginia übernahm James Madison den Vorsitz im Ausschuß, der sich mit der weitreichenden Zusammenarbeit zwischen Maryland und Virginia befaßte.
Typisch Ausschuß, kam zunächst nichts weiter dabei heraus als der Beschluß, sich einmal im Jahr mit dem Nachbarn zusammenzusetzen und
alle den Fluß betreffenden wirtschaftlichen Probleme ganz allgemein zu
besprechen.

Madison, der sich schon lange Gedanken darüber machte, wie nach
der erfochtenen Freiheit die dreizehn einzelnen Staaten weiterhin über-
greifend zusammenarbeiten könnten, erblickte von Anfang an in diesem bilateralen Treffen eine weitergehende politische Dimension. Denn
die 1781 vom Kongreß verabschiedeten „Konförderations-Artikel" erwiesen sich bislang nur als schwaches Bindemittel für die amerikanischen
Staaten. Eine Konföderation – das ist nichts weiter als ein loser Bund
von unabhängigen Staaten, in diesem Fall schicksalhaft verbunden durch
den gemeinsam geführten Freiheitskrieg. Doch in vielerlei Hinsicht
standen sie sich nach wie vor sehr fremd gegenüber.

Nachdem er die Angelegenheit mit Washington besprochen hatte,
schlug Madison im Abgeordnetenhaus von Virginia vor, man möge den
inzwischen fast eingeschlafenen Kongreß in Philadelphia dazu drängen,
den amerikanischen Handel als Ganzes in die Hand zu nehmen. Die virginischen Politiker waren, wie in allen anderen amerikanischen Staaten
auch, eifersüchtig darauf bedacht, ihre Macht nicht eingeschränkt zu
sehen. Aber schließlich nahmen sie eine Resolution an, in der dazu aufgefordert wurde, eine Konferenz aller Staaten einzuberufen. Auf dieser
Konferenz sollten Richtlinien für den Umgang mit wirtschaftlichen Angelegenheiten ausgearbeitet werden, die dann dem Kongreß als Empfehlung vorgelegt werden sollten. Dieser Beschluß aus Virginia bringt
den Stein nun ins Rollen. Die Konferenz wird für September 1786 nach
Annapolis, der Hauptstadt Marylands, einberufen. Eingeladen sind alle
dreizehn Staaten. Das offizielle Thema lautet: amerikanischer Handel.
Doch die Begeisterung der Virginier und Marylander für diese Konferenz wird in den meisten Staaten überhaupt nicht geteilt. James Madison, der soviel mehr bei diesem Treffen bewirken möchte, ahnt im Vorfeld den Grund für das geringe Interesse: „Obwohl ich mir nichts
sehnlicher wünsche, als solch' ein Ereignis [die Konferenz], zweifle ich
doch in der jetzigen Krise sehr an ihrem Zustandekommen und wage
gar nicht, über das Thema Handel hinauszudenken."[7]

Die jetzige Krise – das war zur Überraschung der reichen Großgrundbesitzer im Süden und der Kaufleute im Norden ein Aufstand völlig verarmter Farmer in Massachussetts, bezeichnet nach dem Rädels-
führer Daniel Shays als *Shays-Rebellion*. Thomas Jefferson sympathisiert
mit dem Bauernaufstand und verspricht sich von Shays' Aufruhr „eine
belebende und korrigierende Wirkung"[8], wohingegen Washington
darin nur „Anarchie und Verwirrung" erkennen kann. Während die
junge Konföderation derart auf wackligen Füßen steht, treffen am 4. September 1786 dann doch ein paar Delegierte aus verschiedenen Staaten
in Annapolis ein. Auch Alexander Hamilton aus New York ist darunter, jedoch ohne Stimmrecht für seinen Staat. Lediglich der Gastgeber
Maryland sowie Virginia, Delaware und New Jersey haben offizielle Verhandlungsvollmachten.

Für das Ausbleiben der anderen sieben Staaten liefert die Shays-Rebellion keine ausreichende Begründung. Gerade die Südstaaten fühlen
sich von den Bauerninteressen überhaupt nicht betroffen. Bei ihnen standen vielmehr regionalpolitische Interessen im Vordergrund. Die Staats-
parlamente fürchteten darum, Einfluß und Macht an eine höhere Bundesebene abgeben zu sollen und erschienen erst gar nicht, um sich der
Diskussion zu stellen. Sie hatten schlichtweg Angst. Bemerkenswert ist,
daß der „Kanal-Fanatiker" Washington nicht an der Konferenz in Annapolis teilnahm, die er immerhin auf seiner Mount-Vernon-Konferenz
mit ins Leben gerufen hatte. Als Grund hierfür ist wohl anzunehmen,
daß es den treibenden Kräften darum ging, in Annapolis erst einmal die
Stimmung abzuklopfen, gerade in unruhigen Zeiten; eine Art Vorkon-
ferenz für etwas Größeres. Und Washington, mit seinem guten Ruf und
seinem weithin berühmten Namen, sollte in den kleinlichen Debatten
eines solchen Treffens nicht verschlissen, sondern als Trumpf aufgespart
werden.[9]

Und tatsächlich beschlossen die zur *Wirtschaftskonferenz in Annapolis*
zusammengekommenen fünf Staaten kaum ein nennenswertes Papier
über die Regulierung von Flüssen, über Kanalverbindungsstücke oder
andere kommerzielle Notwendigkeiten. Was dort wirklich diskutiert
wurde, kann heute nur angenommen werden. Es war wohl von der politischen Zukunft der Konföderation die Rede. Denn am Ende gingen
die Teilnehmer mit dem Beschluß auseinander, für den Mai 1787 eine
Konferenz aller dreizehn Staaten nach Philadelphia einzuberufen, bei der
die Grundfrage des Weiterbestehens der „Vereinigten Staaten" aufge-
rollt und breit diskutiert werden sollte.

Dieser Beschluß ist nicht nur ganz im Sinne Washingtons. Er dürfte ihn vielmehr im Vorfeld zur Konferenz von Annapolis selbst mit vorbereitet und beeinflußt haben.

Denn angesichts der Shays-Rebellion war in Washington die Erkenntnis früherer Jahre weiter gefestigt worden: daß nur eine Zentralgewalt für Ordnung und Stabilität nach innen wie nach außen hin sorgen kann. So schreibt er beispielsweise an den gleichgesinnten John Jay aus New York, der derzeit für den Kongreß in der Funktion eines Außenministers tätig ist:

„Ihre Befürchtungen, daß unsere Angelegenheiten rasch auf eine Krise zutreiben, teile ich. Was dabei wohl herauskommt, liegt jenseits meiner Vorstellungskraft. Wir müssen allerdings Fehler korrigieren. Wir hatten wahrscheinlich eine zu gute Meinung von der menschlichen Natur, als wir unsere Konföderation gründeten. Die Erfahrung hat uns gelehrt, daß die Menschen auch die besten Maßnahmen nicht annehmen und zu ihrem eigenen Besten ausführen, wenn nicht ein gewisser Zwang dahintersteht. Ich kann es mir nicht vorstellen, daß wir lange als eine Nation existieren werden, ohne nicht irgendwo eine Instanz einzurichten, die über die ganze Union soviel Macht besitzt, wie sie die Staatsregierungen in den einzelnen Staaten haben. Davor Angst zu haben, den Kongreß mit einer solchen Machtfülle auszustatten, scheint mir ein Gipfel öffentlicher Torheit und Verblendung. Denn wie könnte der Kongreß damit das Volk schädigen, ohne sich selbst in noch höherem Maße zu schaden?"[10]

Und an seinen ehemaligen Reiteroberst Henry Lee – nicht direkt verwandt mit dem Verräter Charles Lee –, jetzt Kongreßabgeordneter für Viriginia, schrieb er: „Laßt uns eine Regierung haben, die uns Leben, Freiheit und Eigentum schützen kann, oder laßt alles zusammenstürzen."[11]

Der Winter geht ins Land. Die aufständischen Bauern in Massachusetts, die die Reichen und Mächtigen im Jahr 1786 so sehr das Fürchten gelehrt haben – und letztlich zur Bildung der Union, praktisch gesehen, mehr beitrugen als die theoretischen Politdenker –, ergeben sich in den verschneiten Bergen von New Hampshire einer Miliz. Bei den Puritanern im Norden ist die Ordnung wieder hergestellt, aber auch der Gedanke gereift, eine Zentralmacht einzurichten, die einer Rebellion von Habenichtsen beispielsweise damit begegnen kann, daß sie sie mit billigem Land im Westen beruhigt und

Aufrührer von der Enge der Ostküste in die amerikanischen Weiten um-
dirigiert.

Die Staatsdelegationen für die Konferenz in Philadelphia werden zu-
sammengestellt. Jetzt ist auch Washington dabei. Er wird im Dezember
1786 zu einem der Abgeordneten Virginias gewählt. Ein Ruck geht
durch den General. Der Rücken strafft sich. Martha, abgelenkt durch
ihre Enkelkinder, um die sie sich seit geraumer Zeit auf Mount Vernon
kümmert, fügt sich seufzend in das Schicksal, das ihr Mann ihr nun wieder bereitet.

Doch klingt da nicht einiges an Verbitterung über die Rastlosigkeit ihres
George an, wenn sie klagt, daß sie, sobald der Krieg zu Ende war, nicht
im geringsten daran gedacht hätte, daß „irgendein Umstand es möglich
machen würde, ihn wieder in die Öffentlichkeit zurückzurufen. Ich hatte
vielmehr angenommen", so Martha, „daß wir von diesem Augenblick
an gemeinsam in Ruhe und Abgeschiedenheit alt würden".[12]
Bevor sich der Blick nun ganz der Politik zuwendet, sei noch einmal
an Washingtons Wirken auf Mount Vernon erinnert, an einige Anek-
doten und an seine Familienbande in der Umgebung.
In den Jahren 1784 bis Ende 1788 erwachte in Washington eine gärt-
nerische Ader. Er kümmerte sich intensiv um die natürliche Verschö-
nerung seines Anwesens. So verband er das Haupthaus links und rechts
der Eingangsfront mittels zweier Loggien mit der Küche und einem
Gesindehaus. Die Loggien wiederum verschönerte er mit den immer-
grünen einheimischen Trompetenblumen, den „Honeysuckles" (Geiß-
blatt), die von weitem wie Kletterrosen aussehen. Bis heute betört ihr
süßer Duft sowohl Kolibris als auch die Besucher aus aller Welt. Während seiner letzten Reise in den Westen, im Herbst 1784, war er auf seinen eigenen Ländereien im Shenandoah-Tal und anderswo stets auch
auf der Suche nach Bäumen für seine „Gehwege, Haine und Wildnis"
auf Mount Vernon. So brachte er von jenseits der Blauen Berge „einige junge Holzapfelbäumchen und Nadelbaumschößlinge" mit sowie
„eine Reihe sehr zarter, junger Poplars-Locusts-Sassafras [Pappeln] und
Dogwoodbäume. Ebenso einige Ahornbäume aus höheren Lagen und
2 oder 3 Büsche aus sumpfigem Grund, von denen ich annehme, daß es
Saumbäume sind", wie er in seinen Notizen festhielt.[13] Dogwood übrigens ist neben dem Ahorn *der* amerikanische Baum schlechthin. Lady
Bird Johnson, die Frau Präsident Lyndon B. Johnsons, hat während der

Washington im Alter mit seinem Gärtner und Gartensklaven auf Mount Vernon. Die altmodisch-streng eingefaßten Blumenbeete erinnerten den Architekten Latrobe 1796 an Deutschland.

Amtszeit ihres Mannes beispielsweise einen kleinen Dogwood-Park unterhalb des Friedhofs von Arlington, direkt am Potomac-Ufer, anlegen lassen – als „blühendes Denkmal" einheimischer Gewächse. Weitere Baum- und Strauchpflanzen, die sich Washington nach Mount Vernon holte, waren Catalpas (Trompetenbäume), Linden aus New York, Hollies, Ulmen, Eichen und Walnußbäume aus Virginia. Begeistert zeigte er sich von 46 großwüchsigen Magnolien-Schößlingen, die ihm ein Neffe aus South-Carolina mitbrachte. Er experimentierte mit Sumpfrosen, die allerdings nicht gediehen, sowie mit einer Reihe unbekannter Raritäten. Lange nach seinem Tod entdeckte beispielsweise zufällig ein Besucher vom Ohio 1844 auf Mount Vernon eine kräftige gelbe Augusta-Rose, die aus Washingtons Experimenten stammen muß. Ein Bayer namens Joseph Prestele hat sie im Jahr 1859 auf einer Lithographie festgehalten.[14]

Benjamin Henry Latrobe, der erste professionelle amerikanische Architekt, rümpfte 1796 bei einem Besuch etwas die Nase über Washingtons altmodisch angelegten Blumengarten: „Zum ersten Mal, seitdem ich Deutschland verlassen habe, habe ich hier wieder regelmäßig angelegte Blumenbeete angetroffen, mit unendlicher Sorgfalt geschnitten, in die Form eines prächtig blühenden Fleur-de-Lis getrimmt. Ich hoffe, daß dieser Garten den letzten Seufzer der pedantischen Zeit unserer Großväter darstellt", äußerte er vernichtend.[15]

Positiv äußerte sich Latrobe hingegen über das „hängende Gehölz", das Washington auf dem zum Fluß hin abfallenden Hang hinter dem Haus angepflanzt hatte: „Es ist niedrig gehalten, damit es einen schönen Abschluß [zum Rasen] bildet."

Außerdem importierte der Herr von Mount Vernon Wild aus England und ließ es scheinbar frei äsen. Scheinbar, weil er niedrige Abgrenzungszäune so im Boden versteckte, daß man sie beim flüchtigen Blick nicht erkennen konnte. Washington freute sich darüber, daß Gäste glaubten, seine Rinder und sein Wild liefen frei herum und würden von sich aus ehrerbietig Abstand vom Haus halten!

Am Haus selbst brachte er 1787 die letzte Änderung an: Auf der Cupola ließ er als „Wetterfahne" eine Friedenstaube anbringen.

Diese friedlichen und gleichzeitig umtriebigen Jahre werden immer wieder auch durch Überraschungen aufgeheitert. Der spanische König Karl III. etwa hatte davon gehört, daß Washington Maultiere züchtete – das damals wichtigste Last- und Transporttier für die Überquerung der zahlreichen Bergketten. Also schickte er ihm zwei Eselshengste und zwei Stuten. Jedoch nur ein Hengst überlebte die Überfahrt. Er wurde „Königliches Geschenk" genannt und brachte dem stolzen virginischen Züchter durch seine sagenhafte Deckfähigkeit allein in einem Sommer siebenhundert Dollar ein.

Auch Lafayette sandte dem Freund einen Eselshengst aus Malta für die Zucht leichter Maultiere sowie eine Hundemeute zur Fuchsjagd. An der hatte Washington allerdings keine große Freude. Die französischen Hunde verloren leicht die Spur und bereiteten insgesamt durch ihr Verhalten große Schwierigkeiten.

Mehr noch als das Züchten von Pferden und Maultieren, mehr als die Fuchsjagd oder ein schöner Garten bedeutete Washington der Zugewinn von Land. Wie groß diese irrationale Landgier eines Mannes war, der schon längst zu den bedutendstn Großgrundbesitzern Virginias zählte, beweist der teuerste Pferdehandel aller Zeiten: Der einstige Kavallerieoberst Henry Lee, von seinen Soldaten „Light Horse Harry" genannt, bot Washington für seinen Hengst Magnolia fünftausend Acres Land in Kentucky zum Tausch an – und der Landspekulant Washington nahm an!

Was sein Ohio-Kanal-Projekt anbelangt, so wurde es tatsächlich in die Tat umgesetzt, und zwar von der Potomac Company, an der Washington Anteile hielt. Allerdings erzielte er mit seinen Aktien zeit seines Lebens keine Dividende, ja die morbide Gesellschaft wurde 1827 sogar von der „Cheseapeake und Ohio Canal Company" für fast nichts übernommen. Ihr gelang es dann schließlich, eine Verbindung auf dem Wasserwege zwischen Fort Cumberland und dem Potomac herzustellen.

Kenmore: Die Washingtons in Fredericksburg

Neben dem großen Herrensitz Mount Vernon finden sich in der Gegend eine Reihe weiterer Orte, die eng mit Washingtons Leben verknüpft sind. Auf der Route 235 ein wenig stromabwärts, liegt kurz hinter der Kreuzung mit der Route 1 *Woodlawn Plantation*. Die Ländereien gehörten zu Mount Vernon, bis Washington sie seiner „Enkelin" Nelly Custis Lewis und seinem Neffen Lawrence Lewis großzügig zu deren Hochzeit schenkte. Das elegante Ziegelhaus, bis 1806 in seiner heutigen Form vollendet von William Thornton, einem der Architekten des

Capitols, ist heute als Museum eingerichtet, in dem die Atmosphäre einer typischen virginischen Plantage des 18. Jahrhunderts nachempfunden wurde. Eindrucksvoll ist vor allem der Blick von der Veranda aus, hinüber zum drei Meilen entfernten Mount Vernon und hinab auf den träge dahinfließenden Potomac.

Belvoir, einst zu rechter Hand gelegen, existiert nicht mehr. Es heißt heute Fort Belvoir und beherbergt Kasernen und einen großen Truppenübungsplatz. Ein wenig weiter südlich, bei Lorton, liegt die *Pohick Church*, jene Kirche, in die George Washington zum Gottesdienst zu gehen pflegte. Es ist die einzige erhalten gebliebene Kirche der einstigen Truro-Gemeinde aus der Kolonialzeit. Offiziell versah Washington hier das Amt des Meßners, an das damals gleichzeitig das Amt des Friedensrichters gebunden war. Gebaut wurde die Pohick-Kirche 1770 sowohl unter Leitung Washingtons als auch unter der des befreundeten Nachbarn George Mason, dessen äußerst repräsentatives Gut *Gunston Hall*, über die Route 242 erreichbar, fast am Ende der malerisch in den Strom hineinragenden Halbinsel *Mason Neck* liegt. Washington weilte oft in dem 1755 errichteten Landschloß. Es war hier in diesen mit feinsten Holztäfelungen versehenen hohen Räumen, wo Washingtons politisches Denken seinen letzten Schliff erhielt, denn keiner hat ihn so stark auf den revolutionären Weg gebracht wie der hochintelligente, intellektuelle George Mason. Daß dieser virginische „Pflanzer" einen erlesenen Geschmack hatte, beweisen bis heute nicht nur der schöne, großzügige Barockgarten, sondern vor allem die edlen, mit dekorativen chinesischen Motiven verzierten Täfelungen im Speisezimmer, die ersten und damit ältesten ihrer Art in Amerika.

Weiter nach Süden, quer durch das Gebiet der Quantico Marine Corps Base, liegt 35 Meilen südlich von Alexandria das Provinzstädtchen *Fredericksburg*, die eigentliche Hochburg der Washington-Sippe.

Der erste Washington-Sproß, der von der Ferry Farm auf das gegenüberliegende Ufer in die „Stadt" zog, war Washingtons einzige Schwester Betty. Sie heiratete mit sechzehn Jahren den begüterten Gewehrfabrikanten Fielding Lewis, der von 1770 bis 1776 auf seiner Plantage das Gutshaus *Kenmore* errichten ließ. Der repräsentative Herrensitz ist bemerkenswert aufgrund seiner reichen, handgeformten Stuckdeckenarbeiten eines unbekannten Künstlers, der auch zwei Räume auf Mount Vernon dekoriert hat. Der Legende nach soll Washington, der Kenmo-

319

Fredericksburg um 1780, vom Rappahannock aus gesehen. Im Zentrum das herrschaftliche Anwesen Kenmore. Diarama.

Kenmore, Wohnsitz der Schwester Betty Washington Lewis. Heutiger Zustand.

re hin und wieder besuchte, die Muster für die Stuckarbeiten mitentworfen haben. Die grazilen Blumenmuster – Girlanden, Bouquets, Rosetten – und Früchtemotive an den Decken sowie die Kamine gelten als die schönsten ihrer Art aus der Zeit des kolonialen Amerika. Die Plantage umfaßte einst 1.300 Acres mit einem Lager unten am Rappahannock, mit Tabak-, Mais- und Weizenfeldern. Der heutige Besitz, nunmehr mitten in Fredericksburg gelegen, besteht nur noch aus vier Acres.

Mit der Lewis-Familie verstand sich George von allen Verwandten am besten. Seine Schwester Betty pflegte gelegentlich Georges Frisur nachzuahmen. Und wenn sie dann noch einen Dreispitz aufsetzte und einen Umhang als Mantel trug, war die Täuschung – vor allem zur Belustigung ihrer elf Kinder – perfekt. Gelegentlich konnte sie mit dieser Verkleidung auch Fredericksburger Bürger verblüffen. Sie muß darin so echt ausgesehen haben, daß alle Welt sie für „Oberst Washington" hielt. Daraus kann geschlossen werden, daß auch Betty von beträchtlicher Größe gewesen sein muß. Ihr Mann Fielding erwies sich bei Ausbruch der amerikanischen Revolution als echter Patriot. Er ließ Schiffe für Truppentransporte bauen, versorgte die Kontinentale Armee mit Gewehren, Pulver, Blei, Proviant und Kleidung. Auch Betty half manchen Tag an der Seite vieler Fredericksburger Frauen in der Fabrik ihres Mannes bei der Schießpulverproduktion. Während des Krieges bekleidete er den Rang eines Oberst. Zynischerweise ereilte ihn dann aber das gleiche Schicksal wie John Parke Custis, den Stiefsohn Washingtons: Obwohl Fielding Lewis nie an einer Schlacht teilgenommen hatte, starb er 1781 kurz nach dem Sieg bei Yorktown an einem Fieber.

Nach dem Tod von Betty im Jahr 1797 wurde das schöne Anwesen verkauft. Erst einer der Nachbesitzer gab Kenmore Jahre später seinen Namen: benannt nach Schloß Kenmuir in Schottland. Während des Bürgerkrieges diente es 1864 als Lazarett.

Von der Rückseite Kenmores aus gelangte man, ein paar Rasenterrassen hinabsteigend, zur Rückfront eines anderen Hauses der Washington-Familie, dem *Mary Washington House*.

Erst 1772 war es George Washington gelungen, seine Mutter davon zu überzeugen, ihm endlich sein Erbe und seinen ursprünglichen ersten Besitz, die Ferry Farm, zu übergeben. Nicht, weil die alte Dame sich eines Besseren besonnen hatte, sondern weil sie die Farm durch Unfähigkeit und Mismanagement völlig auf den Hund gebracht hatte. Am 17. September 1771 war George von seiner Schwester Betty nach Fredericksburg gerufen worden, wo sie gemeinsam mit ihrem Mann und

Das Haus von Washingtons Mutter in Fredericksburg. Gartenseite, heutiger Zustand.

dem jüngeren Bruder Charles Kriegsrat hielten, wie die resolute Mama dazu gebracht werden könnte, die Ferry Farm zu übergeben. Auf die Bitte, zu einem von ihnen zu ziehen, antwortete sie:

„Ich danke Euch für Euere pflichtbewußten und lieben Angebote, doch was ich vom Leben will, ist wenig, und ich fühle mich wirklich in der Lage, für mich selbst zu sorgen."[16] Doch der Schwiegersohn Fielding Lewis zeigte sich hartnäckig. Er bot ihr großzügig an, die gesamte Leitung und Aufsicht der Ferry Farm zu übernehmen. Da kam er aber an die rechte Person. Mit funkelnden Augen schleuderte sie ihm entgegen:

„Von mir aus, Fielding, hältst Du meine Buchführung in Ordnung, weil Dein Augenlicht besser ist als meines. Aber laß bloß die Hände weg von der Führung [meiner Farm]. Das mache ich selbst!"

Als alles gute Zureden nichts half, einigten sich die Geschwister darauf, daß die geizige und stets über ihre finanzielle Not lamentierende Mutter am besten über Geld zu ködern war. Und richtig, Mary Ball Washington biß an – aber nur, weil ihr das Wasser bis zum Halse stand. Und sie ließ sich die Aufgabe der Ferry Farm, obwohl sie ihr gar nicht gehörte, teuer bezahlen. George kaufte ihr als Kompensation zwei Häu-

322

Die Mutter, Mary Ball
Washington. Gemälde von
Robert Edge Pine, dem
von Zeitgenossen
hohe Authentizität atte-
stiert wurde.

ser in der Charles Street in Fredericksburg, die er für viel Geld renovie-
ren und in ein großes Stadthaus umbauen ließ. Stilvolle Möbel und eine
jährliche üppige Rente sollten ihren Klagen ein Ende bereiten. Vergebens. Zwar ließ sich Mary Ball Washington herab, den Bitten ihrer Kinder Folge zu leisten, doch hatte Betty nun einiges auszuhalten – die Mutter ab jetzt nur einige Minuten hinter dem eigenen Park!

Und wenn sie nicht Betty herumkommandieren konnte, versuchte sie
aus der Ferne nach wie vor in die Angelegenheiten der Ferry Farm hin-
einzuregieren. In Fredericksburg hält sich beispielsweise hartnäckig das
höchst glaubwürdig klingende Gerücht, daß sie nur das Wasser aus einer
ganz bestimmten Quelle auf der Ferry Farm zu trinken bereit war. Also
mußte täglich ein Sklave oder Dienstbote mit einem Krug die zwei Meilen zur Farm laufen, obwohl beispielsweise Kenmore über eine ausgezeichnete Quelle verfügte.

Was das Gerücht indes zum Ausdruck bringen will, ist, daß die Mutter Washingtons einen ausgeprägten Hang zum Schikanieren hatte. Die ganze Welt, vor allem aber ihre Kinder, sollten nur für sie da sein. Washington zog aus diesem besitzergreifenden Egoismus seiner Mutter die Konsequenz, sie zu meiden wie die Pest. Immer wenn er jedoch die Geschwister Betty und Charles, der seit 1760 ebenfalls hier wohnte, sowie Freunde in der Gegend besuchte, brachte er es nicht fertig, die Mutter einfach links liegen zu lassen. Auch gab es einen triftigen Grund, ihr hin und wieder seine Aufwartung zu machen. Sie erzählte nämlich Gott und der Welt, wie furchtbar sie von ihren Kindern im Stich gelassen werde und wie schlecht es ihr ginge. Und obwohl dies dreist gelogen war, steckte George ihr zusätzlich zur Rente immer wieder Extrageld zu, stets aber im Beisein von Zeugen, meist von Betty![17] Siebzehn Jahre lang ging das so. Sie, die für George nie den Finger krumm gemacht hatte – sieht man einmal davon ab, daß sie ihm das Reiten beigebracht hat –, nimmt ihren Sohn skrupellos aus, und wenn der nicht genauestens aufpaßt, behauptet sie auch noch, er ließe sie verarmen.

Dabei tat Washington alles, um Dritten gegenüber seine Mutter als liebevolle Person darzustellen. Diesen Eindruck hatte zumindest auch der Marquis de Lafayette gewonnen, der sich kurz nach dem Ende der Revolution von der Mutter seines hochgeschätzten väterlichen Freundes persönlich verabschieden wollte. Im Garten von Mary Washingtons Haus zeigt immer noch jene alte Sonnenuhr die Zeit an, die damals schon ihren Schatten warf, als sich der junge Marquis dem Haus näherte. Er sah eine ältere Frau in einfacher, selbstgenähter Kleidung, auf dem Kopf einen Strohhut, unter dem silberweißes Haar hervorlugte. Sie war gerade damit beschäftigt, kleine Zierbuchsbaum-Sträucher als Beetumrandung zu setzen, als der vornehme Fremde seinen Dreispitz lüftete und sich mit einer galanten höfischen Verbeugung vorstellte. „Ah, Marquis!" rief sie überrascht, „sehen Sie, ich bin eine alte Frau. Aber kommen Sie nur, kommen Sie ruhig herein in meine armselige Wohnung. Sie werden entschuldigen, daß ich mich nicht extra umziehe."

Wieder also nutzte die alte Matrone eine Gelegenheit gegenüber einer hochrangigen Persönlichkeit, mit kleinen, spitzen Bemerkungen auf ihre angeblich mißliche Lage hinzuweisen. Es muß ein kurioses Gespräch gewesen sein. Hier die Mutter des Revolutionshelden, die seinem Kampfgefährten und Freund gegenüber nichts besseres zu tun hat, als nur über sich zu reden und mit jedem Wort unterschwellig den eigenen Sohn anzuschwärzen. Dort der von Washington begeisterte junge Franzose, der eigentlich nur gekommen war, der Mutter Komplimente über ihren Sohn zu machen. Als ihr Lafayettes Lobpreisungen zuviel wurden, unterbrach sie den Edelmann mit den trockenen Worten: „Ich bin nicht überrascht über das, was George alles getan hat. Denn er war immer ein guter Junge."[18] Damit war für sie das Anliegen des Marquis erledigt und jener trollte sich kurz darauf, verwirrt und enttäuscht über solch eine Frau.

Am 1. September 1789 saß Washington mit mehreren Gästen beim Dinner beisammen, darunter der Baron von Steuben. Der Baron war an diesem Abend bester Laune und unterhielt jedermann mit lustigen Bemerkungen und Witzen. Gerade als wieder einmal eine laute Lachsalve durch den Salon hallte, öffnete Washington einen hereingereichten Brief, der das bunte Treiben jäh beendete. Betty schrieb ihrem Bruder, daß die Mutter am 10. August die Sprache verloren habe, am 20. August das Bewußtsein. Am 25. August war sie tot. Sie starb im Alter von 81 Jahren.

Zwei Parallel-Straßen weiter Richtung Fluß, in der Caroline Street, befindet sich die *Apotheke von Dr. Hugh Mercer*, einem schottischen Arzt, der in der Armee des Bonnie Prince Charlie gedient hatte und nach der Niederlage in der Schlacht von Culloden nach Amerika floh. Während des Franzosen- und Indianerkrieges kämpfte er als Freiwilliger unter dem Kommando George Washingtons und ließ sich danach, wohl auf Anraten Washingtons, in Fredericksburg nieder. Washington pflegte bei seinen Besuchen die Apotheke des Freundes stets als Büro zu benutzen, wo er Geschäftspartner empfing, Korrespondenzen erledigte, Angelegenheiten der Region besprach.

Die Apotheke ist heute ein Museum, zu dessen Bestand an zahlreicher Originalausstattung auch ein Pillendreherkasten aus Deutschland zählt. Mercer behandelte fünfzehn Jahre lang Patienten in Fredericksburg, darunter Washingtons Stieftochter sowie seine Mutter. Als die Revolution begann, verließ er seine Apotheke und Praxis, um nie mehr zurückzukehren. Hugh Mercer hatte hohe militärische Fähigkeiten. Er schloß sich der Kontinentalen Armee an und diente als Kommandeur unter Washington in der Schlacht von Trenton 1776. In der Schlacht von Princeton wenige Tage darauf fiel der fanatische Freiheitsheld im Rang eines Brigade-Generals. Im Zweiten Weltkrieg focht einer seiner Nachkommen ebenfalls als amerikanischer General: George S. Patton.

Drei Straßenzüge weiter, Ecke Hanover Street/Princess Anne Street befindet sich das alte Freimaurer-Gebäude, in dem sich die Fredericksburger Loge Nr. 4 traf. Heute heißt das Haus *Geoge Washington Masonic Museum* und zeigt eine Reihe von Memorabilia und Hinterlassenschaften, die sich auf Washingtons Mitgliedschaft beziehen. Wenige Schritte entfernt, George Street, Ecke Charles Street, ist der Freimaurer-Friedhof dieser Loge erhalten geblieben. Auf ihm sind die Gräber mehrerer Revolutions-Helden zu sehen sowie das von Robert Lewis, Sohn von Fielding Lewis und Betty Washington Lewis. Dieser Neffe diente Washington mehrfach als Sekretär während dessen Präsidentschaft.

Auf dem gegenüberliegenden Ufer des Rappahannock stehen nicht nur die Reste der Ferry Farm, sondern auch das Gut Chatham, ein ehemaliges, im Georgia-Stil errichtetes Herrenhaus, wo Washington bei den damaligen Besitzern Fitzhugh gerne einkehrte und auch übernachtete, wie aus seinen Tagebüchern hervorgeht.

Der Vollständigkeit halber sei hier noch ein Kuriosum der Washington-Familie erwähnt. Der nächstjüngere Bruder Washingtons, Samuel, lebte nicht in Fredericksburg, sondern auf einer Farm in den Blue Ridge Mountains. Er entpuppte sich als rechter Hallodri. Er brachte es fertig, fünfmal zu heiraten – ein Rekord für damalige Verhältnisse – und vier Kinder zu zeugen. Doch diese vielen Ehen trieben den Frauenfreund in den Ruin. Er verlor sein gesamtes Hab und Gut und hinterließ nach seinem Tod im Jahr 1781 solch einen Schuldenberg, daß George ausrief: „In Gottes Namen, wie konnte es mein Brunder Samuel nur fertig bringen, derartige Schulden anzuhäufen?"[19] Pikant an Samuels Frauengeschichten ist zudem, daß seine zweite Frau, Mildred Thornton, nach der Scheidung den jüngsten Washington-Bruder, Charles, heiratete und mit diesem bis an ihr Lebensende zusammenblieb.

Wahl zum Präsidenten

Wie ein altes Schlachtroß beim Klang der Trompeten galoppierte Washington Ende April 1787 im Sturmritt nach Philadelphia, wo er für den 25. Mai zu einer *Constitutional Convention* eingeladen worden war. Es war ein fürchterlicher Ritt, durch regengepeitschte Landstriche mit vom Hochwasser angeschwollenen Flüssen. Doch beim Eintritt in die Stadt wurde Washington bereits für die Unbilden, die er auf sich genommen hatte, entlohnt: „Bei meiner Ankunft läuteten die Glocken", hielt er begeistert fest.

Insgesamt fünfundzwanzig Delegierte aus zunächst sieben, im Laufe des Konvents zwölf Staaten hatten sich eingefunden. Lediglich Rhode Island blieb der Versammlung fern. Die Volksvertreter waren überwiegend junge Männer. Washington bildete mit seinen fünfundfünfzig Jahren fast eine Ausnahme. Er wurde aufgrund seines hohen Ansehens und seines Alters zum Vorsitzenden gewählt und thronte die nächsten vier Monate entrückt von den anderen auf einem Stuhl, dessen Lehne eine große Sonne zierte. Welch ein Symbol! Auch ein würdiger Greis war dabei, der 81jährige Benjamin Franklin. Er galt als zu alt, um ein Amt auszuüben, beteiligte sich aber rege an den hitzigen Debatten. „Von der sozialen Herkunft her gesehen, war die oligarchische Oberschicht überrepräsentiert. Die meisten Teilnehmer gehörten der Bildungselite an und waren von der aufklärerischen politischen Philosophie Europas inspiriert."[20]

Elf dieser *Founding Fathers - Gründerväter*, wie sie am Ende dieser Nationalversammlung genannt werden, waren Sklavenhalter; einfache Bürger und Bauern waren nur mit einem Vertreter aus Georgia repräsentiert.

Ursprünglich hatte die Versammlung in Philadelphia keinerlei Auftrag zur Ausarbeitung einer Verfassung. Ihr Mandat beschränkte sich auf eine Überarbeitung der Grundlagenartikel der Konföderation. Auf massives Betreiben der Delegation aus Virginia hin, der die Heißsporne Patrick Henry, James Madison und Henry Lee sowie die graue Denkereminenz George Mason angehörten, beschloß der Konvent am 30. Mai 1787 jedoch, eine völlig neue Verfassung zu entwerfen. „Während man sich schnell über wichtige Punkte, die die Aufrechterhaltung einer Armee und Marine und die völkerrechtliche Vertragsschlußkompetenz des Bundes betrafen, einigen konnte, wurde wochenlang über andere kontroverse Themen diskutiert, die die Constitutional Convention fast auseinanderbrechen ließen."[21]

Washingtons Kommentar dazu nach Hause: „Ich sehe kein Ende meines Aufenthalts hier. Alle zufrieden zu stellen, wird wohl unmöglich sein." Als Präsident des Konvents schaltete er sich nahezu in keine Diskussion mit eigenem Beitrag ein. Von Historikern wurde ihm später jenes Schweigen – vor allem als es um die Sklavenfrage ging – als Taktik vorgeworfen. Indem er nicht bereit war, Stellung zu beziehen, habe er sich die Position eines idealen Kompromißkandidaten für das spätere Präsidentenamt „erschwiegen". Diese Annahme soll hier nicht ausgeschlossen werden, denn spätestens seit dem Revolutions-Krieg verstand er sich aufs Taktieren. Vielleicht aber wird in dieser Diskussion ein ganz banaler Grund außen vorgelassen: Washington, so bescheinigen ihm die Zeitgenossen, war nie ein großer Redner. Was er an Wichtigem zu sagen hatte, teilte er meist in Briefen mit. Er war schon als großer Schweiger im House of Burgesses bekannt, so daß ein anderer Grund für die Zurückhaltung Washingtons vorliegen muß als reines politisches Taktieren: „Er litt, seine Tagebücher klagen darüber, an schlechten Zähnen, wahrscheinlich hatte er sich infolge einseitiger Fleischnahrung bei seinen früheren Hinterlandexpeditionen ein skorbutähnliches Leiden zugezogen, das zum vorzeitigen Ausfall der Zähne führte."[22]

Schon 1760 bemerkte sein Freund George Mercer „ein paar defekte Zähne" bei ihm. Ein Jahr zuvor, 1759, ließ er sich beispielsweise in Winchester einen Zahn extrahieren. Obwohl er sehr auf Mundpflege bedacht war – er besaß Dutzende von Zahnbürsten, nicht mit Borsten, sondern mit kleinen Schwämmchen versehen; dazu Tinkturen aus Myrrhe und anderen Zahnpasten und Pulvern –, half seine Sorgfalt nichts. Nahezu jährlich tauchen in seinen Tagebüchern Bemerkungen wie diese auf: „Unpäßlich aufgrund von Zahnschmerzen und geschwollenem und entzündetem Zahnfleisch".[23] Die übliche Therapie bestand damals in der Extraktion, so daß Washington mit vierzig Jahren schon eine schlecht sitzende Brücke trug, in der Zeit des Konvents in Philadelphia zeigte er sich in der Öffentlichkeit nur mit einer Vollprothese aus Holz. Wie sollte man damit feurige Reden schwingen?

Gerade als sich im heißen Sommer von 1787 die Gemüter zunehmend erhitzten, betrachtete es Washington als seine Aufgabe, die Versammlung zusammenzuhalten. Dazu braucht es immer einen, der die Ruhe bewahrt. In diesem Fall war es Washington.

Heftig gerungen wurde in Philadelphia um die Vertretung der einzelnen Staaten im neuen Kongreß, ob diese nach Steueraufkommen oder Bevölkerungszahl zu berechnen sei. Das größte Hindernis, an dem beinahe das ganze Verfassungswerk zu scheitern drohte, lag in einem uralten Problem begründet. James Madison: „Die Staaten waren in zwei völlig konträre Lager gespalten, nicht aufgrund ihrer unterschiedlichen Größen, sondern (...) hauptsächlich aufgrund der Tatsache, ob sie Sklaven hielten oder nicht."[24] Die Diskussion entzündete sich erstmals, als es darum ging, ob die Staaten aufgrund ihrer Bevölkerungszahl im Kon-

James Madison. Nach einem Gemälde von Gilbert Stuart.

Benjamin Franklin. Kupferstich nach einem Gemälde von A. Scheffer.

greß vertreten sein sollten. Dem bevölkerungsschwachen Süden mit seinen großen Flächenstaaten schwante Übles. Flugs bestanden South Carolina und Georgia darauf, daß auch ihre Sklaven mitgezählt werden müßten. Darüber erregten sich die Vertreter von Pennsylvania. Sie waren nicht bereit, ihre nahezu völlig weiße Bevölkerung mit schwarzen Sklaven auf die gleiche Stufe stellen zu lassen. Waren die Sklaven nun lediglich mobiler Besitz oder Bürger?

Bei einer Pattstellung angelangt, konnte man sich schließlich auf einen Kompromiß einigen: Die nördlichen Staaten stimmten dem Sklavenhandel für weitere zwanzig Jahre zu, und die Südstaaten erklärten sich im Gegenzug mit einer Regelung einverstanden, nach der der Kongreß

Handelsgesetze mit einfacher Mehrheit verabschieden konnte. Am 17. September 1787 unterzeichneten neunundreißig der fünfundfünfzig Delegierten die neue Verfassung, die mit den Worten beginnt: „We, the People ... – Wir, das Volk der Vereinigten Staaten, von der Absicht geleitet, unseren Bund zu vervollkommnen, die Gerechtigkeit zu verwirklichen, die Ruhe im Innern zu sichern, für die Landesverteidigung zu sorgen, das allgemeine Wohl zu fördern und das Glück der Freiheit uns selbst und unseren Nachkommen zu bewahren, setzen und begründen diese Verfassung für die Vereinigten Staaten von Amerika.“[25]

Zwar war kein Delegierter rundum mit der Verfassung zufrieden, doch stimmte die Mehrheit der Abgeordneten mit Benjamin Franklin überein, der, an den Konvent-Präsidenten Washington gewandt, feststellte: „Ich stimme, Sir, dieser Verfassung zu, weil ich keine bessere erwarte, und weil ich nicht sicher bin, ob dies nicht doch die beste ist. Die Ansichten, die ich über ihre Fehler hatte, opfere ich dem allgemeinen Wohl.“[26] Washington selbst äußerte sich folgendermaßen: „Es gibt da einige Dinge in dieser neuen [Verfassungs-] Form, (...) die ich nie anerkannt habe, und ich bin überzeugt, die ich nie mit ganzem Herzen mittragen werde; aber ich konnte mir vorstellen und glaube auch jetzt fest daran, daß es alles in allem die beste Verfassung ist, die es in dieser Epoche gibt.“[27]

Und dann setzte er als erster seine Unterschrift unter den Schlußartikel:

„Die Ratifikation durch neun Staatskonvente ist ausreichend, diese Verfassung für die ratifizierten Staaten in Kraft zu setzen. Gegeben im Konvent mit einmütiger Zustimmung der anwesenden Staaten am 17. Tage des Monats September im Jahre des Herrn 1787 und im 12. Jahre der Unabhängigkeit der Vereinigten Staaten von Amerika; zu Urkund dessen wir hier unsere Namen unterzeichnen.

Go. Washington
Präsident und
Abgeordneter von Virginia“

Es war Washingtons Aufgabe als Präsident, die Verfassung an alle Staaten zwecks Ratifizierung zu versenden. Danach kehrten alle Delegierten nach Hause zurück. Es dauerte bis zum 21. Juni 1788, bis die erforderlichen Zustimmungen von neun Staaten vorlagen. Ausgerechnet Virginia und New York indes taten sich schwer mit der Annahme und befanden sich noch nicht unter den neun. Weil diese wichtigen Staaten fehlten, zögerte man das Inkrafttreten der Verfassung hinaus. In New York setzte sich vor allem Alexander Hamilton als „Föderalist" für Zustimmung zum Bundesstaat ein. In Virginia war es übrigens nicht Washington, sondern der junge James Madison gewesen, der die Verfassung in ihren Hauptzügen entworfen hatte.

Die Staaten New York, Virginia und Massachusetts machten die Ratifikation schließlich davon abhängig, daß an die Verfassung ein Grundrechtekatalog, die *Bill of Rights,* angefügt werde, was 1791 mit den ersten zehn *Amendments* geschah. Dennoch ratifizierten auch sie die *Constitution* noch im Jahre 1788. North Carolina folgte erst im November 1789 und Rhode Island gar erst am 29. Mai 1790, nachdem der Kongreß angedroht hatte, den Staat wie eine ausländische Macht zu behandeln.

Die Verfassung der Vereinigten Staaten ist heute die älteste noch geltende und damit ein lebendiges Zeugnis für die politische Weitsicht der „Gründerväter". Sie ist inzwischen um sechsundzwanzig Amendments (Zusatzartikel) bereichert, der letzte stammt aus dem Jahre 1971.

Mittlerweile löste sich der alte Kongreß, der im Frühjahr 1776 einberufen worden war, auf. Seine letzte wichtige Aktion datiert vom 13. September 1788. An diesem Tag beschloß er, daß die Wahl der Delegierten für die Präsidentenwahl der Republik im ganzen Gebiet der Vereinigten Staaten am ersten Mittwoch des Jahres 1789 erfolgen solle und die Wahl des Präsidenten schließlich am ersten Mittwoch im Februar 1789. Dann solle eine Regierung gebildet werden, die am ersten Mittwoch im März ihr Amt antritt. Als vorläufiger Regierungssitz wurde New York bestimmt.

Aufgrund von Anreiseschwierigkeiten und einigen anderen Zeitverschiebungen traten beide Häuser des neuen Kongresses jedoch erst am 2. April in New York zusammen. Am 6. April 1789 wurden die Stimmen zur ersten Präsidentenwahl der Vereinigten Staaten ausgezählt.

Die Kirschbaumblüte auf Mount Vernon liegt in ihren letzten Zügen. Erste warme Tage wechseln sich mit gelegentlichen Kälteeinbrüchen ab. Da rollt eine feine Kutsche in den Hof, der Mister Charles Thomson entsteigt, der Sekretär des Kongresses, sowie einige Begleiter. Seine Exzellenz, der Oberbefehlshaber General a.D. empfängt die Herren im Wohnzimmer des Parterres. Der Hausherr steht im langen grauen Rock am Tisch, sein weißes Haar frisch gepudert, mit einer Hand auf eine Stuhllehne gestützt. Mr. Thomson verliest würdevoll ein Schriftstück, an dem ein großes rotes Kongreßsiegel hängt und übergibt es sodann. Es ist das Schreiben des Kongreßvorsitzenden, in dem Washington seine einstimmige Wahl zum Präsidenten der Vereinigten Staaten mitgeteilt wird. Es gab keinen Gegenkandidaten.

Den Hausherrn von Mount Vernon trifft diese Nachricht nicht unvorbereitet. Seit einem Jahr ist er von vielen Seiten bedrängt worden, sich für dieses hohe Amt zur Verfügung zu stellen. Und tatsächlich bedurfte es einigen sanften Druckes von guten Freunden, von George Mason, von Henry (Harry) Lee, von Lafayette, Washington dazu zu bewegen, sich für dieses von ihm als ungewisses Unterfangen empfundene Amt bereit zu halten. Ein weiteres Indiz dafür, daß er während des Konvents in Philadelphia nicht taktiert hat! Mit bangem Herzklopfen vernimmt Martha im Hintergrund, wie ihr Gatte mit wohlgesetzten, vorbereiteten Worten die Wahl annimmt. Im Stillen ist auch die Plantage von Mount Vernon seit geraumer Zeit auf eine erneute Abwesenheit des Herrn vorbereitet. Zwei Tage nach Thomsons Besuch schon tritt Washington die lange Reise nach New York an. Er muß sich dafür aber von einem guten Freund einhundert Pfund besorgen, da er knapp an Bargeld ist. Ein Abstecher noch nach Fredericksburg, wo die Mutter im Sterben liegt. Es wird ein Abschied für immer.

Die Reise danach, von Mount Vernon bis New York, gestaltet sich zu einem einzigen Triumphzug. So etwas hat Amerika noch nie gesehen. Glockengeläut und Böllerschüsse, wo immer seine Kutsche durchrollt. Bald wird er von einem Ort zum anderen von wechselnden Ehrenkavalkaden begleitet. Baltimore, Chester, Philadelphia – von Mal zu Mal eine Steigerung der Ovationen. Obwohl Philadelphia trauert, daß es die Hauptstadtfunktion an New York abtreten muß, berauscht es sich ein letztes Mal – an dem größten Fest, das die Stadt je veranstaltet hat. Vor der Stadt besteigt Washington seinen Schimmel, damit er wirkungsvoll durch den für ihn errichteten Triumphbogen aus Lorbeer und Immergrün in Philadelphia einreiten kann. Außerdem ist die Kavallerie ihm zu Ehren zu einer Parade angetreten. Von weißgekleideten Mädchen wird er mit Blumen überschüttet.

Gleiches Bild in Trenton. Dreizehn Jungfrauen, jede allegorisch einen Staat repräsentierend, geleiten ihn hier am 21. April 1789 über eine neue Delawarebrücke, streuen Blumen auf seinen Weg, der diesmal nicht von

Eisschollen gefährdet wird. Und mitten auf der Brücke dann erneut ein Triumphbogen aus Immergrün, auf dreizehn Pfeilern aus Kränzen ruhend, von Frauen aus Trenton geflochten. Der Bogen selbst ist mit Lorbeer und leuchtenden Frühlingsblumen geschmückt und trägt an der Frontseite die Inschrift „Der Verteidiger der Mütter wird auch der Beschützer der Töchter sein", wie einer der Journalisten, die Washington auf seinem Triumphmarsch begleiten, wenige Tage später in der „Gazette of the United States" schreibt.

Diese Zeitung wurde damals in allen amerikanischen Staaten verbreitet. Gierig verschlangen die Leser die Artikel über Washingtons ruhmreiche Reise nach New York. Kein Detail durfte ausgelassen werden. Damals begann, was heute üblich ist. Jeder Schritt des Präsidenten wird beobachtet. Wem gibt er die Hand? Mit wem spricht er? Worüber hat er gelacht? Was hat er gegessen? Welche Kleidung trägt er? All diese Fragen zu beantworten, wird der aufblühenden Presse nun wichtig, denn das Volk dürstet nach Neuigkeiten über das neue Staatsoberhaupt, das im Gegensatz zu den einstigen englischen Königen nun viele persönlich kennen. Washington ist und bleibt ein Mann zum Anfassen, zumindest wenn er unterwegs ist.

Am Triumphbogen auf der Delaware-Brücke zu Trenton bereiten ihm die Mütter und Töchter des Ortes aber noch weitere Überraschungen. Sie haben ein „Sonata" auf ihn gedichtet, die sie ihm mit viel Pathos vortragen. Es ist das erste von hunderten von Gedichten, Oden und Liedern auf den ersten Präsidenten:

Welcome, mighty Chief! Once more,	Sei uns noch einmal willkommen, mächtiger Oberbefehlshaber,
Welcome to this grateful shore:	Sei willkommen an diesem dankbaren Ufer
Now no mercenary foe	Jetzt zielt kein feindlicher Söldner [Hesse]
Aims again the fatal blow –	Mehr mit einer verhängnisvollen Kugel
Aims at thee the fatal blow.	Mit einer verhängnisvollen Kugel auf Dich.
Virgins fair, and Matrons grave,	Reine Jungfrauen und gesetzte Mütter,

Those thy conquering arms did save	Jene, die seine erobernden Waffen gerettet haben,
Build for thee triumphal bowers.	Errichten ihm Triumph-Bögen.
Strew, ye fair, his way with flowers –	Streuen ihm rein seinen Weg mit Blumen –
Strew your Hero's way with flowers.	Streuen den Weg ihres Helden mit Blumen.

Bei dem Refrain „Streuen den Weg ihres Helden mit Blumen" greifen die dreizehn weißgekleideten jungen Sängerinnen, die sich Blumenkränze ins Haar geflochten haben, in ihre Körbchen am Arm und streuen in großer Geste Blumen vor die Füße Washingtons.

Der Präsident zeigt sich tief gerührt und bedankt sich mit zitternder Stimme bei den Mädchen und Frauen. Es wird ein ausgelassener Tag in Trenton, ein Ort, den Washington stets mit Freude im Herzen trägt.

Die Journalisten vermerken auch, daß die Leichte Kavallerie-Eskorte des Präsidenten, die ihn aus Philadelphia hierher begleitet hat, „vollständig ausgerüstet und mit kompletten Uniformen ausgestattet ist". Vorbei die Zeit der Lumpenarmee, an die sich die Trentoner Bürger allerdings mit Stolz erinnern.[28]

Schließlich an der Bucht von New York angekommen, wird er auf eine eigens für ihn gebaute Barke geleitet, deren Besatzung aus dreizehn Matrosen in weißen Uniformen besteht. Weitere farbenprächtig geschmückte Schiffe bilden das Geleit. An allen Ufern große Mengen von Schaulustigen. Alle Schiffe, die in der Bucht ankern, feuern Salut, sobald die Präsidenten-Barke vorbeifährt. Am Abend dann ein buntes Feuerwerk sowie Lichterketten aus zahlosen winzigen Talglämpchen, Fackelzug und Festball. Indem die Amerikaner derart überschwenglich ihren ersten Präsidenten feierten, ehrten sie sich eigentlich in erster Linie selbst – eine Haltung, die sie sich bis heute bewahrt haben.

Die *Inauguration*, die Amtseinführung mit Ablegung des Amtseides, findet später als ursprünglich vorgesehen am 30. April 1789 statt. Einer der Gründe für die Verzögerung war die Diskussion im Kongreß um die Anrede des Staatsoberhaupts. Washington etwa sprach sich für die Titulierung „His Mightyness the President" aus, mußte sich am Ende aber doch mit der schlichteren Form „The President of the United States" zufrieden geben. Er erhob aber auch keinen Widerspruch, wenn ihn künftig besonders Beflissene von sich aus als „Majestät" oder „Exzellenz" anredeten.

Amtseinführung des ersten Präsidenten der USA, 30. April 1789: Washington leistet auf dem Balkon der Federal Hall vor aller Augen seinen Amtseid.

Am Inaugurationstag schließlich ist ganz New York mit seinen nunmehr rund zwanzigtausend Einwohnern auf den Beinen. Die Feierlichkeiten beginnen um neun Uhr mit parallelen Gottesdiensten in allen Kirchen der Stadt. Um zwölf Uhr versammelt sich eine große Menschenmenge vor der Federal Hall in der Wall Street. Die Vereidigung Washingtons wird vor den Augen des Volkes auf dem Balkon vorgenommen. John Adams, der alte „Kampfgefährte" aus dem Kongreß, der damals gemeinsam mit Tom Johnson seine Ernennung zum Oberbefehlshaber durchgesetzt hatte, hebt ihn heute gewissermaßen erneut aufs Schild. Er ist vom Kongreß zum Vizepräsidenten gewählt worden und mit der Durchführung der Zeremonie betraut. Der Kanzler des Staates New York, Robert R. Livingstone, ebenfalls ein längjähriger Bekannter aus den Tagen der Revolution, spricht in lauten Worten die Eidesformel vor. Die linke Hand Washingtons ruht auf einer großen Bibel, die rechte auf seinem Herzen. Er trägt einen dunkelbraunen Anzug mit Kniebundhose, weißen Strümpfen, einen kurzen Salondegen an der Seite, und spricht in die plötzlich eingetretene tiefe Stille: „I swear, so help me God – Ich schwöre, so wahr mir Gott helfe!" Dann beugt er sich über die Bibel und küßt sie, während Livingstone der jubelnden Menge zuruft: „Lang lebe George Washington, der Präsident der Vereinigten Staaten!" Von den Stadtwällen feuert die Artillerie Salut. Hände zum Glückwunsch strecken sich ihm auf dem Balkon entgegen: der verschmitzte Steuben ist da, General Henry Knox und der einstige Sekretär Alexander Hamilton, inzwischen ein politisches Schwergewicht in New York.

Washington verneigt sich vom Balkon demutsvoll viele Male vor der begeisterten Volksmenge. Danach erfolgt die *Inaugurationsrede* vor beiden Häusern des Kongresses: dem Repräsentantenhaus, in das jeder Staat gemäß seiner Bevölkerungszahl anteilig Abgeordnete wählt, und dem Senat, in den jeder Staat ungeachtet der Einwohnerzahl je zwei Vertreter entsendet. Beide Häuser zusammen bilden den Kongreß, also die gesetzgebende Gewalt im politischen System der Vereinigten Staaten.

„Unter den Unannehmlichkeiten, die das Leben gelegentlich mit sich bringt, hätte mich kein Ereignis mit größerer Beklemmung erfüllen können als jenes, das mir durch Ihre Anordnung (...) übermittelt worden ist", beginnt Washington seine Rede.[29] Er spricht davon, daß er nur, weil „die Stimme meines Landes" ihn gerufen habe, seinen „Zufluchtsort", der ihm „jeden Tag wichtiger als auch lieber wurde" verlassen habe. Er ruft für seine „verantwortungsvolle Aufgabe" den Beistand „jenes allmächtigen Wesens" an, „welches das Universum regiert". Sodann geht er auf die Rechte und Pflichten ein, die sich aus der Verfassung ergeben, appelliert an die Anwesenden, sich nicht von „lokalen Vorurteilen oder Parteienabneigungen" leiten zu lassen, verzichtet erneut, wie schon als Oberbefehlshaber, auf „jede finanzielle Entschädigung" und endet mit einer wiederholten „demütigen Bitte" um „göttlichen Segen".

Diese Auftaktrede seiner Präsidentschaft ist weitgehend unpolitisch. Er präsentiert sich dem Kongreß ganz als Mann der Mitte und des Ausgleichs. In der Tat war seine Wahl zum Präsidenten ein Kompromiß zwischen den Nord- und Südstaaten. Washington war der einzige Delegierte des verfassungsgebenden Konvents, der sich nicht durch politische Parteinahme für die eine oder andere Seite diskreditiert hatte. Obwohl ein sklavenhaltender Südstaatler, war er auch für den gegen die Sklaverei engagierten Norden tragbar: weil er sich während seines Aufenthaltes im Norden in den Revolutionsjahren ein hohes Ansehen in der Bevölkerung „erdient" hatte; weil er als gemäßigter Sklavenhalter galt; weil die streng gegen die Sklaverei eingestellten Quäker seit Valley Forge das Bild eines gottesfürchtigen Mannes von ihm verbreitet hatten. Die Südstaaten hingegen wären nach den hitzigen Sklaverei-Debatten in Philadelphia niemals mit einem Präsidenten aus dem Norden einverstanden gewesen. In Washington aber erblickten sie selbstredend einen der ihren, der die zahlenmäßige Übermacht der Nordstaatenbevölkerung im Kongreß an der Spitze des Staates wettmachen konnte. So war Washington der ideale Kompromißkandidat – der richtige Mann zur rechten Zeit am rechten Ort.

Washington, D. C.

Der Präsident bezog alsbald in New York ein repräsentatives Gebäude in der Cherry Street, das der New Yorker Bürger Samuel Osgood zur Verfügung gestellt hatte. Doch Washington litt binnen kurzem unter dem Mangel an kolonialer Südstaatenbequemlichkeit, wurde zudem krank und schrieb folglich an Martha, ob sie ihn nicht besuchen könne. Und so machte sich die Matrone von Mount Vernon mit Sack und Pack auf, die Unbilden in der Ferne mit ihrem Gatten zu teilen, wie dereinst während der Revolution. Martha schleppte alles an, was das Leben in New York angenehmer gestalten konnte, vor allem treue Sklaven für Küche und Keller, für die Wäsche und den Pferdestall. Und auch ihre beiden kleinen Enkelkinder Nelly (Eleanor) Parke Custis und den nach dem Großvater benannten George Washington Parke Custis brachte Martha ungeniert mit in das Präsidentenhaus am Hudson – New York staunte nicht schlecht. Erst mit dem 35. Präsidenten John F. Kennedy wuselten wieder kleine Kinder im Präsidentenhaus herum. Insofern gehörte Washington also zur Avantgarde.

Weil mit soviel Personal und Gesellschaft um ihn herum das Haus in der Cherry Street zu klein geworden war, zog Washington Anfang 1790 in ein größeres Gebäude am Broadway. Doch auch hier sollte die Präsidentenfamilie nicht lange verweilen. Der Kongreß hatte eine neue Entscheidung über den Regierungssitz gefällt.

Um die Jahreswende 1789/90 hat sich der von Washington in sein Kabinett berufene Finanzminister Alexander Hamilton zum Ziel gesetzt, aus dem Nichts ein funktionierendes Finanzsystem aufzubauen, das die Nation im In- und Ausland kreditfähig machen soll. Er führt gegen viele Widerstände eine Nationalbank ein, die der vor sich hinkränkelnden Dollar-Währung Gewicht verschaffen soll. Er setzt Steuern und Zölle für die Bundesregierung durch und klügelt ein System aus, die Schulden der vorangegangenen Konföderation tilgen zu können. Der Hauptgläubiger im Ausland ist Frankreich, dem die USA acht Millionen Dollar schulden. Dieses Finanzloch in der Kasse des französischen Königs hat den Sturm auf die Bastille am 14. Juli 1789 übrigens mitausgelöst. Makaber, daß Ludwig XVI. mit der Unterstützung der amerikanischen Revolution sich gewissermaßen sein eigenes Grab schaufelte. Aber auch im Inland sind große Beträge rückständig – für Waffenlieferungen, Kriegsdarlehen, Sold für Offiziere und Soldaten. Es steht die Frage im Raum: Sollen die Schulden der Einzelstaaten, die ihnen während des Krieges im Kampf um die Freiheit entstanden sind, von der Union übernommen werden?

Doch die Staatsschulden sind unterschiedlich hoch. Massachussetts hat am meisten geopfert, Maryland und Georgia am wenigsten. Hamilton möchte all diese Schulden auf die Bundesebene übertragen wissen und zwar so, daß alle Staaten gemeinsam die Gesamtlast übernehmen. Selbstverständlich stimmen alle großen Schuldner – also die Staaten des Ostens und Nordens – für diesen Vorschlag. Die geringverschuldeten Südstaaten sind dagegen. Die Einigung in dieser Frage gelingt schließlich, indem

dem Süden ein Angebot unterbreitet wird: das Versprechen nämlich, die Hauptstadt der Union in den Süden zu verlegen. Bis der Platz dafür ausgewählt und die Regierungsgebäude errichtet sind, soll die Regierung wieder in das südlichere Philadelphia verlegt werden. Für die Errichtung der neuen Hauptstadt ist ein Zeitraum von zehn Jahren festgelegt. Genau im Jahr 1800 werden der Kongreß und der Präsident dort tatsächlich ihre Regierungsgeschäfte aufnehmen.

Obwohl Washington weiß, daß er zu alt ist, um je in der neu zu schaffenden Hauptstadt sein Amt auszuüben, investiert er in die Planung der *Federal City*, der Bundesstadt, viel Zeit und Energie. Und so ist es kein Zufall, daß die Grenzen, Straßen und Gebäude der Federal City in der Nähe von Mount Vernon abgesteckt werden, konkret: in einer Sumpflandschaft am Zusammenfluß des Potomac und des Anacostia-Flüßchens. Die beiden Staaten Maryland und Virginia erklärten sich nach zähen Verhandlungen dazu bereit, jeweils die Hälfte an Land für den Federal District – den Bundesbezirk, in dem die Hauptstadt enstehen soll, angesiedelt zwischen den beiden Hafenstädten Alexandria und Georgetown – zur Verfügung zu stellen.

Washington berief nach seiner erneuten Umsiedelung nach Philadelphia ein Komitee, das die Planung der Stadt und der Regierungsgebäude betreuen sollte. Als Architekt wurde der französische Major Pierre Charles L'Enfant beauftragt. Doch Washington mußte zunächst sein ganzes Gewicht in die Waagschale werfen, um die Grundstücksbesitzer vor Ort davon zu überzeugen, ihr an sich wertloses Sumpfland für diese große Aufgabe abzutreten. Selbst Landspekulant, wußte Washington natürlich, daß diese jetzt versuchen würden, die Grundstückspreise in die Höhe zu treiben. Erst als er verärgert damit drohte, die Hauptstadt in Philadelphia zu belassen, lenkten die sturen Besitzer ein. Vereinbart wurde, daß die Bundesregierung für die Grundstücke ihrer Regierungsgebäude voll bezahlen werde.

Der Erlös für Grundstücke, die an Privatpersonen oder Kaufleute gingen, mußte hingegen hälftig geteilt werden zwischen Regierung und Besitzer. Grundstücke für öffentliche Plätze, Alleen und Straßen mußten kostenlos zur Verfügung gestellt werden.

Diese mit großer Mühe erzielte Einigung wäre beinahe wieder rückgängig gemacht worden, als der Architekt L'Enfant erstmals seinen Plan der Stadt vor den Augen der Grundstücksbesitzer entrollte. Da war ein Netz aus riesen Diagonalen und breiten Alleen vorgesehen, und eine großzügige Mall, eine Meile lang vom Capitolshügel aus hinab in die

Stadt. Und für diese Verschwendung sollten sie ihr Land kostenlos zur Verfügung stellen!

Doch der sonst nicht redselige Washington verstand es am Ende, die erschrockenen und wütenden Gemüter zu beruhigen und zu überzeugen – eine Leistung, die von vielen seiner Biographen nicht genügend gewürdigt wurde. Denn alles, was er für die Planung und den Bau der neuen Hauptstadt tat, geschah für seine Nachfolger und nachfolgende Generationen. Er selbst konnte in den wenigen, ihm noch verbleibenden Jahren nur ahnen, was aus der Wildnis zwischen Potomac und Anacostia dereinst entstehen würde.

Der Plan L'Enfants war teilweise den Anlagen von Versailles entlehnt, er enthielt praktische und ästhetische Gesichtspunkte gleichermaßen. Einerseits ermöglichten die endlos lang erscheinenden Diagonalen, daß das Zentrum der Stadt rasch erreicht werden konnte. Andererseits boten sie einen majestätischen Blick, zumeist auf das Capitol, das Zentrum der politischen Macht des neuen Amerika. Hatte sich Washington als Präsident um die Planung und Anlage der Stadt als Ganzes gekümmert, nahm sich Außenminister Thomas Jefferson den Regierungsgebäuden an. Gebildet durch seinen Europaaufenthalt, bevorzugte er den Palladio-Stil, verwarf Vorstellungen L'Enfants und entwarf eigene Pläne. Weitere Architekten wurden hinzugezogen. Kein Wunder, daß es am Ende zwischen Washington, Jefferson und L'Enfant zum Krach kam, bei dem der Franzose den kürzeren zog. Dessen Plan wurde nur in groben Zügen ausgeführt, Alleen verkleinert und der Rest zu den Akten gelegt. Erst 1901 befreite man den L'Enfant-Plan vom Staub der Geschichte und setzte ihn nahezu im vollen Umfang um. Auf diese Weise posthum doch noch zu Ehre gelangt, verneigte sich die Hauptstadt vor ihrem Planer, indem sie ihm ein adäquates Denkmal setzte. L'Enfant wurde 1909 exhumiert und vor dem einstigen Robert-E.-Lee-Haus auf dem Heldenfriedhof von Arlington beigesetzt. Sein Plan der Stadt ist in der Hochgrabplatte eingraviert. Seither liegt ihm sein Werk buchstäblich zu Füßen.

Was von L'Enfant noch zu seinen Lebzeiten umgesetzt wurde, ist das Capitol, eindrucksvoll auf einem Hügel mitten in der Stadt errichtet.

Es war am 18. September 1793, als Washington, aus Philadelphia herbeigeeilt, sich seine Freimaurerschürze, die ihm die Marquise de Lafayette geschenkt hatte, umgürtete und zu einem höchst feierlichen Akt

Das Grab von Pierre Charles L'Enfant. Er entwarf die Pläne für die Hauptstadt Washington, D. C.

schritt: der Grundsteinlegung für das Capitol. Ein Zeitungsbericht schildert das Ereignis:

„Am Mittwoch fand eine der größten Freimaurerprozessionen aus Anlaß der Grundsteinlegung des Capitols der Vereinigten Staaten statt. So etwas hat es noch nie zuvor bei ähnlichen Anlässen gegeben. Gegen zehn Uhr trafen sich die Logen Nr. 9 (Maryland) und Nr. 22 von Virginia (Alexandria), die ganzen Offiziere im vollen Ornat. Unmittelbar danach zog auf dem Südufer des großen Potomac-Flusses eine der glänzendsten Freiwilligen-Artillerie-Kompanien auf, die man seit längerem gesehen hat. Sie traten zur Parade für den Empfang des Präsidenten der Vereinigten Staaten an (...). Und kurz darauf überquerte seine Exzellenz den Fluß und wurde in Maryland von den Offizieren und Mitgliedern der Loge Nr. 22, Virginia, und Nr. 9, Maryland, empfangen. Der Präsident setzte sich an die Spitze, begleitet von einer Musikkapelle (...) und marschierte zum President's Square der City of Washington, beobachtet von einer riesigen Zuschauermenge beiderlei Geschlechts.

Von da an marschierte die Prozession in Zweierreihen in größter feierlicher Würde, unter Musikklängen, Trommelwirbel, dem Wehen von Fahnen und Zurufen der Zuschauer zum Capitol, wo der Großmarschall anzuhalten befahl."[30]

Danach formierten sich die Freimaurer zu einem Rechteck und Washington schritt an die künftige Ostecke des Capitols, wo ein riesiger Stein aufgerichtet war. Dann ein Moment der Stille. Die Artillerie am Flußufer feuerte Salut. Danach präsentierte der Großmarschall eine Silberplatte mit der Inschrift:

„Dieser südöstliche Eckstein des Capitols der Vereinigten Staaten von Amerika in der City of Washington wurde am 18. Tag des Monats September 1793 gelegt, im dreizehnten Jahr der amerikanischen Unabhängigkeit, im ersten Jahr der zweiten Amtszeit von Präsident George Washington, dessen Tugenden in der zivilen Verwaltung seines Landes ebenso deutlich und wohltuend hervortreten wie seine militärische Tapferkeit und Umsicht wichtig war für die Erlangung der Freiheit; im 5793. Jahr der Freimaurerei, durch den Präsidenten der Vereinigten Staaten, gemeinsam mit der Großloge von Maryland, einigen weiteren Logen unter deren Rechtsprechung sowie der Loge Nr. 22 von Alexandria, Virginia. Gezeichnet Thomas Johnson, David Steuart [sic] und Daniel Carrol, Komissare; Joseph Clark, James Hoban und Stephen Hallate, Architekten; Colin Williamson, Freimaurer-Meister."[31]

Nun schoß die Artillerie erneut Salut. Die Silberplatte wurde Washington überreicht, der damit, begleitet vom Großmeister und den hochgradigsten übrigen Freimaurermeistern, wenige Meter zu dem Eckstein schritt, um sie darauf abzulegen. Sodann wurde Mais, Wein und Öl auf die Silberplatte gelegt und die versammelten Freimaurer entrichteten ein Gebet, gefolgt von freimaurerischen Ehrengesängen unter den erneuten Salutschüssen der Artillerie aus dem Tal. Nach dem Einmauern der Silberplatte folgten Reden und Ovationen. Schließlich wurde die Feierlichkeit mit einem riesigen Barbecue abgeschlossen. Ein mächtiger Ochse hing am Bratspieß. Unheiliger, würziger Duft erfüllte den Capitol Hill, und die gesamte Freimaurergesellschaft ließ den Tag in fröhlicher Runde ausklingen.

Ihre Namensgebung verdankt die Bundeshauptstadt der Vereinigten Staaten nicht einer Entscheidung des Kongresses, sondern den drei Komissaren des Planungskomitees Johnson, Carroll und Stewart. Sie schrieben nach einer Besichtigung des Baugeländes am 9. September 1791 an den damals noch mit der Planung betrauten L'Enfant:

„Sir: Wir sind darin übereingekommen, daß der Bundesbezirk Territorium von Columbia und die Bundesstadt City of Washington genannt werden soll."[32]

Das erste Kabinett: v. l. Präsident Washington, Kriegsminister Henry Knox, Finanzminister Alexander Hamilton (stehend), Außenminister Thomas Jefferson und Justizminister Edmund Randoph.

Empfang beim Präsidenten. Gemälde von Henry A. Ogdan.

Damit ehrten die Komissare zum einen den Entdecker Amerikas, Kolumbus, denn es gab damals weder in Nord- noch in Südamerika irgendeinen Landstrich, der nach ihm benannt war. Columbia – Kolumbien – steht hier also als Synonym für Amerika. Zum anderen ehrten sie mit der Namensgebung ihren Revolutionshelden und ersten Präsidenten.

Zeit seines Lebens brachte es jedoch George Washington nicht fertig, die Bundesstadt bei ihrem neuen Namen zu nennen. Für ihn blieb sie stets die Federal City. Nach seinem Tod bürgerte sich aber rasch im Sprachgebrauch die Bezeichnung *Washington, District of Columbia*, kurz *Washington, D. C.* ein.

Er allein hält Nord und Süd zusammen

„Ich wandle auf unbetretenem Boden", umriß Washington zu Beginn seiner Präsidentschaft die vor ihm liegenden Aufgaben. „Es wird wohl alles, was ich jetzt tue, später als Präzedenzfall angesehen."

In sein erstes Regierungskabinett, das er im September 1789 zusammenstellte, berief Washington den bisherigen amerikanischen Botschafter in Frankreich, Thomas Jefferson, als Außenminister, den bisherigen Chef der Artillerie Henry Knox als Kriegsminister, seinen langjährigen Adjutanten Alexander Hamilton als Finanzminister und den früheren Gouverneur von Virginia, Edmund Randolph, als Justizminister. Während seiner ersten Amtszeit vertraute er besonders Hamilton und holte, so oft es nur ging, dessen Rat ein. Denn Hamilton war ein engagierter Förderalist. Er strebte, genauso wie der Präsident, eine starke Zentralgewalt an. Als größter Widersacher im Kabinett entpuppte sich alsbald Jefferson. Er wandte sich vehement gegen alles, was nach Machtkonzentration auf Bundesebene aussah. Sein Schreckgespenst war die Monarchie. Und ihm schien es, als treibe das Land unter Washington und Hamilton schleichend auf diese Staatsform zu. Jefferson war bekannt, daß Washington vor einigen Jahren von seinen Offizieren die Monarchenkrone angeboten worden war. Auch nach dessen Zurückweisung hielten sich jahrelang Überlegungen, wenn nicht Washington, so einen europäischen Fürstensohn auf den Thron Amerikas zu hieven. Ein Alptraum für Jefferson und Gleichgesinnte, die in Überreaktion auf diese Gerüchte nun alles bekämpften, was nur im Ansatz nach einer konstitutionellen Monarchie aussehen könnte. Da fügte es sich günstig, daß Washington kinderlos war – ein weiterer Grund für seine Wahl zum Präsidenten. Denn, so die Überlegung der Anti-Föderalisten: Die Gründung einer Dynastie war damit ausgeschlossen. Offen angesprochen wurde dieser Aspekt bereits vor der Präsidentenwahl. So konnte man am 26. März 1788 im „Massachusetts Centinel" lesen: „Indem er keinen Sohn hat, setzt er uns auch nicht der Gefahr einer Erbmonarchie aus."[33]

Die großartigen Pläne für die Hauptstadt, der riesige Amtssitz des Präsidenten, das White House, die Prachtalleen und protzigen Avenues erweckten nun wieder das ganze Mißtrauen Jeffersons. Maßgeblich auf sein Betreiben hin wurden viele Ideen L'Enfants verworfen. Den Gegenpol dazu verkörperte Hamilton. Und so beklagte sich Jefferson einmal mit Ingrimm, er und Hamilton fänden sich jeden Tag im Kabinett wie zwei Kampfhähne einander gegenübergestellt.[34]

Da sowohl Hamilton als auch Jefferson ihre Anhänger hatten, vertieften sich alsbald die politischen Spannungen, die im Grunde auf den alten, bereits im Konvent aufgetretenen Nord-Süd-Gegensatz hinausliefen. Die Nordstaaten hielten es überwiegend mit Hamilton, der Süden mit Jefferson und Washington lavierte nach außen hin dazwischen, im Innersten war er aber ein überzeugter Föderalist.

Auf einmal gab es in Amerika zwei politische Parteien, mit Hamilton als geistigem Führer der Föderalisten, aus denen später die Republikaner hervorgingen, und mit Jefferson als geistigem Urheber der Partei der Demokraten. Der Gegensatz ließe sich auch noch anders charakterisieren: Die Föderalisten repräsentierten die reichen Banker, Kaufleute, den Handel und die aufkommende Kleinindustrie – vorzugsweise im Norden. Hinter Jefferson standen Kleinbauern und Grenzsiedler ebenso wie Großgrundbesitzer – im Süden.

Washington, der peinlich bemüht war, in der Öffentlichkeit keine der beiden Parteien zu unterstützen, war über diese innenpolitische Entwicklung bestürzt. Vergeblich versuchte er Hamilton und Jefferson in seiner „Gruppe", wie er sein Kabinett nannte, zu versöhnen. Enttäuscht über sein Scheitern, bereitete er gegen Ende der ersten Amtszeit seine Abschiedsrede vor. Er bat im Mai 1792 den Autor der Bundesverfassung, James Madison, ihn beim Abfassen dieser „Farewell Address" zur Hand zu gehen. Madison folgte zwar dem Wunsch Washingtons, zeig-

Thomas Jefferson.
Lithographie nach
einem Gemälde
von Gilbert Stuart.

te sich aber über dessen Absicht, sich aus der Politik zurückzuziehen,
höchst beunruhigt und alarmierte die Kabinettsmitglieder. Daraufhin
bedrängten ihn Hamilton, Knox, Jefferson und Randolph einzeln oder
zu zweit, von diesem Ansinnen Abstand zu nehmen. Er allein sei in der
Lage, die gefährdete Einheit des Landes zu bewahren. Das vielleicht
stärkste und ausschlaggebende Argument kam ausgerechnet von Jefferson, der an den Präsidenten schrieb: „Solange Sie an der Spitze stehen,
ist dies die beste Antwort auf jedes Argument, welches die Menschen in
verschiedene Lager treibt und Gewalt oder die Teilung des Landes her-
vorruft. Nord und Süd bleiben zusammen, wenn auch Sie [im Amt] bleiben."[35]

Wieder einmal beugte sich Washington dem Wunsch der Öffentlichkeit, weil er einsah, daß andernfalls sein Lebenswerk an einem seidenen
Faden hing.

So trat er im Februar 1793 seine zweite Amtszeit an, erneut einstimmig und ohne Gegenkandidat gewählt. Auch Adams blieb weiterhin Vizepräsident und das Kabinett unverändert. Einundsechzig Jahre alt war Washington nun, als er seinen Amtseid erneuerte, diesmal in der Kongreß-Halle von Philadelphia. Waren die ersten vier Jahre überwiegend von innenpolitischen Problemen gekennzeichnet gewesen, zogen schon im April 1793 tiefschwarze Gewitterwolken in der Außenpolitik auf, die die gesamten nächsten vier Jahre überschatteten.

In Europa war wieder einmal Krieg ausgebrochen. England, Spanien, Österreich und Preußen hatten sich gegen das revolutionäre Frankreich verbündet, weil die Jakobiner unter Leitung Robespierres am 21. Januar 1793 ihren König Ludwig XVI. aufs Schafott geschickt hatten. Die Monarchen der alten Welt erzitterten. Obwohl der gegenseitige Beistandsvertrag zwischen Amerika und Frankreich aus dem Jahr 1778 noch in Kraft war, bestand Washington darauf, „strikte Neutralität zu wahren".

Jefferson, der Feuer und Flamme für die Französische Revolution war, drängte hingegen, an der Seite Frankreichs in den Krieg einzutreten. Doch Washington setzte sich durch und unterzeichnete am 22. April 1793 die *Neutrality Proclamation*, in der die USA allen Kriegsparteien die „Fortführung freundschaftlicher und unparteiischer Beziehungen" ankündigten. Washington bestand außerdem darauf, daß es keinem amerikanischen Schiff erlaubt war, Waffen an die Kriegsparteien – hier ging es in erster Linie um Frankreich – zu liefern, eine Art Waffenembargo also.

Für diese Neutralitätserklärung erntete der Präsident zuhause massive Kritik. Sie galt vielen verständlicherweise als Verrat an dem französischen Verbündeten. Was wäre ohne die Franzosen 1781 in Yorktown geschehen? Doch Washington hatte mehrere gute Gründe, keine amerikanischen Truppen auf den europäischen Kriegsschauplatz zu schicken.

Erstens waren die staatlichen Kassen leer, die Schulden vom eigenen Krieg noch nicht abgetragen, die damaligen Soldaten noch nicht bezahlt. Wovon sollten jetzt die Vereinigten Staaten ein großes Expeditionsheer finanzieren?

Zweitens führte die Bundesregierung ohnehin ständig Krieg im eigenen Land – im Westen, gegen die Indianer. Die Budgetbelastung hierfür war beträchtlich. Seit dem Ende der Revolution war die amerikanische Bevölkerung durch starke Einwanderungswellen von 2,5 Millionen auf rund 4 Millionen gestiegen, wie eine Volkszählung im Jahr 1790 ergeben hatte. Monat für Monat drängten Siedlergruppen mit ihren schweren Planwagen gen Westen. Gerade in den neunziger Jahren des 18. Jahrhunderts entstand ein enormer Bevölkerungsdruck auf die Jagdgründe der Indianer. Die Weißen wollten bis zum Mississippi vorstoßen. Die Indianer wehrten sich – wie immer blutig und grausam, in der vergeblichen Hoffnung, auf diese Weise die Weißen abzuschrecken. Jahr für Jahr verloren die Indianer jedoch beträchtliche Landstriche ihrer „dunklen und blutigen Gründe". 1792 etwa hatte sich im Westen ein neuer Staat gegründet, Kentucky, der der Union beitrat. Ein anderer war in Vorbereitung, Tennessee, das 1796 in die Union eintrat. Mit anderen Worten: Das aufstrebende junge Amerika hatte nach Washingtons Ansicht genug Aufgaben daheim zu erledigen. Und war nicht auch die Einheit des Landes durch den Nord-Süd-Konflikt gefährdet? Gab es nicht auch auf diesem heiklen innerpolitischen Gebiet noch viel zu kitten und zusammenzuhalten, bevor man sich in einen ausländischen Konflikt hineinziehen ließ?

Und schließlich fühlte sich Washington auch gar nicht mehr an das Abkommen mit Frankreich gebunden. Es war mit König Ludwig XVI. geschlossen und der war Anfang des Jahres enthauptet worden. Mit der Schreckensherrschaft Robespierres aber wollte der Präsident nichts zu tun haben. Genau dieses Argument schürte jedoch wieder das alte Mißtrauen Jeffersons gegen Washington, der es aus seiner Sicht eben doch mit den Monarchisten hielt. Und so trieb der europäische Krieg die Föderalisten und Demokraten weiter auseinander.

Diese innenpolitische Krise glaubte das revolutionäre Frankreich schamlos ausnutzen zu können. Es entsandte als Botschafter Edmond Genêt nach Philadelphia. Und der unternahm alles, um Amerika doch noch auf seiten Frankreichs in den Krieg hineinzuziehen. In geheimen Treffen versuchte er im Frühjahr und Sommer 1793 die Parteigänger Jeffersons für die französische Sache zu gewinnen. Washington erfuhr davon, war erbost, aber wartete ab, da er keinen Eklat herbeiführen wollte, solange der Franzose nur redete. Diese zögerliche Haltung des Präsidenten stieg dem Botschafter jedoch zu Kopf. Er schwadronierte davon, sich über Washington hinweg direkt an das amerikanische Volk wenden zu wollen. Bei diesen Worten wurde auch Jefferson nervös und glaubte, daß Genêt zu weit ginge. Doch der ging noch weiter. Er begann dreist damit, die Brigantine „Little Sarah", die im Hafen von Philadelphia lag, als Kriegsschiff auszustatten. Das englische Schiff war noch vor der Neutralitätserklärung von Amerikanern gekapert worden und stellte Washington ohnehin vor diplomatische Probleme.

Dessen ungeachtet, vergab Genêt außerdem Kaperbriefe an amerikanische Piraten, die seit dem Ende der Revolution schlechte Zeiten erlebt hatten. Sie sollten die britische Royal Navy stören und Seekräfte binden. Jetzt schritt Präsident Washington energisch ein. Nach einer stürmischen Kabinettssitzung, die vermuten läßt, daß Jefferson trotz allem um Verständnis für die Franzosen warb, forderte Washington im Juli 1793 die französische Republik auf, ihren Botschafter umgehend abzuberufen, da er die amerikanische Neutralität gefährde. Paris reagierte prompt. Genêt wurde allerdings gestattet, sich als Privatperson weiterhin in den USA aufzuhalten.

Mit seiner für ihn typischen konsequenten und energischen Haltung meisterte Washington wieder einmal eine Krise und bewahrte Frieden und Wohlstand für sein Land. Jefferson zog aus der Querele und den ständig anhaltenden Auseinandersetzungen mit Hamilton unmittelbare Konsequenzen. Am 31. Juli 1793 ließ er Washington wissen, daß er bis Ende September als Außenminister zurücktreten und sich „in ruhigere Gewässer zurückziehen" wolle.[36] Washington teilte ihm daraufhin mit, daß auch Hamilton um seine Entlassung nachgesucht habe und er ihn bitte, solange im Amt zu bleiben, bis er für beide Posten geeignete Nachfolger ernannt habe. Dies war im Laufe des Herbstes 1793 der Fall. Edmund Randolph hieß der neue Außenminister. Daraufhin blieb Hamilton weiter auf seinem Posten!

Im folgenden Jahr wurde Washington innenpolitisch bis zum Äußersten herausgefordert: von der *Whisky-Rebellion*. Sie wurde zum ersten ernsthaften Test für die Zentralgewalt auf Bundesebene. Im westlichen Pennsylvania kam es wegen einer von der Bundesregierung erhobenen Steuer auf die Herstellung von Whisky – eine Art Mehrwertsteuer – zum offenen Aufruhr. Symbolträchtig versammelten sich sage und schreibe siebentausend Whisky-Brenner auf dem alten Braddock-Schlachtfeld, um zu einem großangelegten Streich gegen die Steuereinnehmer und die örtliche Polizeigewalt auszuholen. Die Miliz von Pennsylvania sah sich überfordert, den Mob in Schranken zu halten und rief die Bundesregierung um Hilfe an. Mancherorts hatte sich die Lage so gefährlich zugespitzt, daß alles nach einer Wiederholung der Shays-Rebellion aussah. In dieser brenzligen Lage entschloß sich der Präsident, seine Generalsuniform wieder anzulegen und höchstpersönlich an der Spitze eines von vier Staaten aufgebotenen Heeres gegen die Aufständischen zu ziehen. Denn wenn die Bundesregierung jetzt einknicken würde, so seine Überlegung, würde sie in keinem anderen Fall mehr eine Bundessteuer erheben können und das ganze Werk einer Zentralregierung müßte mangels Geld in sich zusammenfallen.

Doch bevor er leibhaftig gegen die Whisky-Rebellen zu Felde ziehen konnte, mußte er sich zurück nach Philadelphia begeben, um die neue Sitzungsperiode des Kongresses zu eröffnen, was er bisher immer persönlich getan hatte. Er trat das Kommando über das Bundesheer an Harry Lee ab. Dieser ließ die fünfzehntausend Mann starke Streitmacht eindrucksvoll in Pennsylvania aufmarschieren. Und siehe da – die meisten Whisky-Brenner streckten sofort die Waffen. Washington ordnete eine weitgehende Amnestie an. Nur die Hartnäckigsten wurden angeklagt. Außerdem erhielt der treue Morgan mit seinen langen Büchsen den Auftrag, eine Zeit lang in der zur Ruhe gebrachten Gegend präsent zu bleiben.

Mit Ausnahme der latent anhaltenden Indianerkriege blieb die Whisky-Rebellion während Washingtons Amtszeit der letzte innenpolitische Konflikt.

Ab November 1794 konzentrierte sich Washington fast ausschließlich auf außenpolitische Angelegenheiten. Vor allem ging es ihm um eine Verbesserung der Beziehungen zu Großbritannien. Denn was London betraf, so herrschte nach wie vor ein äußerst gespanntes Klima, da die Briten einige Bestimmungen des Friedesvertrages von 1783 partout nicht einhielten. So stand zum Beispiel die finanzielle Entschädigung für Sklaven aus, die die Briten einfach mitgenommen hatten. Auch unterhielt London nach wie vor eine Reihe von Forts an der amerikanischen Westgrenze, hetzte die Indianer auf und versorgte die Stämme mit Waffen, Pulver, Blei und Brandy. Und schließlich brachte die überlegene Royal Navy ungeniert auf hoher See amerikanische Schiffe auf, die Lebensmittel aus Amerika nach Frankreich transportieren wollten.

Um all diese Probleme auf einen Schlag aus der Welt zu räumen, schickte Washington seinen gewieften Justizminister John Jay, der 1782/83 den Friedensvertrag mitausgehandelt hatte, als Sonderbotschafter nach London. Dieser unterzeichnete am 19. November 1794 den neuen Vertrag mit England, nach ihm *Jay Treaty* – Jay-Vertrag genannt. Weil einige Abschriften davon auf dem Postweg verloren gegangen waren, hielt Washington das Vertragswerk erst im März 1795 in der Hand. Jay hatte tatsächlich einiges erreicht. Die Briten erneuerten beispielsweise ihr Versprechen, ihre Forts auf amerikanischem Boden bis 1796 aufzugeben. Jedoch war kein Übereinkommen erzielt worden, was das Kapern amerikanischer Schiffe anbelangte.

Washington kamen ernste Zweifel. Er berief eine Sondersitzung des Senats ein, um den Jay-Vertrag zu diskutieren. Rasch zeichnete sich wieder die typische Konfrontation zwischen Föderalisten und Antiföderalisten, die sich jetzt Democratic-Republicans nannten, ab. Die Föderalisten waren für, die „Demokraten" gegen die Annahme des Vertrages. Da die Föderalisten im Senat die Mehrheit stellten, wurde der Vertrag mit zwanzig zu zehn Stimmen angenommen, mit Ausnahme eines Passus. Darin ging es um die Öffnung des Handels mit British West-Indien für amerikanische Kauffahrer. Gleichzeitig sollten sich amerikanische Schiffe aber harten Restriktionen unterwerfen.

Unschlüssig, ob der Präsident unter solch einen Vertrag seine Unterschrift setzen sollte, entschloß sich Washington zu einer Denkpause – auf Mount Vernon. Doch dort war ihm nicht lange die ersehnte Ruhe und Stille vergönnt. Ein aufgeregter Meldereiter überbrachte ihm die Nachricht, daß es in weiten Teilen des Landes zu Protesten und Ausschreitungen gegen den Jay-Vertrag gekommen sei. In New York habe ein Mob den Befürworter Hamilton gesteinigt. In Philadelphia seien die Fensterscheiben der britischen Botschaft eingeworfen worden.

Ohne Zögern eilte Washington am 11. August 1795 zurück nach Philadelphia, wo ihm als erstes eine geheime Nachricht hinterbracht wurde: Die Engländer hätten eine französische Verbalnote abgefangen, aus der hervorgehe, daß Außenminister Edmund Randolph ein Verräter sei. Randolph war der älteste politische Weggefährte seines Kabinetts. Sollte er wirklich ein zweiter Fall Arnold sein? Die ihm vorgelegte Übersetzung der französischen Note indes weckte in Washington starke Zweifel an Randolphs Treue. Überzeugt von dessen Verrat war er jedoch noch nicht. Wie konnte er Gewißheit erlangen?

Ohne dem Außenminister etwas von seinem Verdacht mitzuteilen, berief Washington eine Kabinettssitzung ein, um den Jay-Vertrag offen zu diskutieren. Randolph argumentierte arglos lang und breit gegen die Unterzeichnung des Vertrages, weil darin nicht die Beschlagnahmung amerikanischer Schiffe, die Frankreich mit Lebensmitteln versorgten, untersagt sei. Aufgrund dieser Argumentation gewann Washington die

Überzeugung, daß Randolph tatsächlich von den Franzosen bestochen worden war und unterzeichnete den Jay-Vertrag!

Erst nachdem das Abkommen dem britischen Botschafter überstellt worden war, ließ Washington seinen Außenminister zu sich rufen und unterbreitete ihm die abgefangene französische Note. Randolph zeigte sich außer sich, bestritt jegliche Anschuldigung, reichte aber umgehend seinen Rücktritt ein, da die Vertrauensbasis zum Präsidenten nicht mehr gegeben sei. Er schwor Washington, daß er den Verrats-Vorwurf nicht auf sich sitzen lassen und seine Unschuld beweisen werde. Obwohl Randolph später ein Buch veröffentlichte, in dem er versicherte, nie Landesverrat begangen zu haben, konnte er außer dieser Behauptung nichts zu seiner Entlastung vorlegen.

Während Randolph unter dem Verlust seines guten Rufes litt, mußte auch Washington die bitterste und härteste Kritik seiner Präsidentenlaufbahn hinnehmen: Landesweite Zeitungen, die den Democratic-Republicans nahestanden, warfen ihm vor, naiverweise einem Komplott der Föderalisten auf dem Leim gegangen zu sein. Wegen seiner Unterschrift unter dem Jay-Vertrag forderte die Presse sogar dazu auf, gegen den Präsidenten ein Amtsenthebungsverfahren einzuleiten. Schlimmer hätte man Washingtons Stolz nicht treffen können. Von Thomas Paine mußte sich Washington sagen lassen, er sei „als persönlicher Freund ein Verräter und in der Öffentlichkeit ein Heuchler (...) Die Welt wird es schwer haben zu entscheiden, ob Ihr ein Abtrünniger oder Hochstapler seid, ob Ihr gute Grundsätze aufgegeben oder ob Ihr je welche besessen habt".[37]

Erbittert, ja verzweifelt rief Washington damals aus: „Ich möchte lieber im Grabe liegen als Präsident bleiben!"[38] Und gegenüber Jefferson, dessen Rat ihm trotz vieler Meinungsverschiedenheiten stets wichtig war, klagte er:

„Ich werde bezichtigt, der Feind Amerikas zu sein und dem Einfluß einer fremden Macht zu unterliegen (...) und jede Handlung meiner Regierung wird mit derart übertriebenen und schmutzigen Ausdrücken bedacht, wie sie kaum auf einen Nero oder einen notorischen Bankrotteur oder selbst auf einen gewöhnlichen Taschendieb angewendet werden könnten."[39]

Hundertsechzig Jahre später rühmte der angehende Präsident John F. Kennedy in seinem Buch „Zivilcourage" den ersten Präsidenten für seine Standhaftigkeit: „Präsident Washington hielt an dem Jay-Vertrag mit Großbritannien fest, um die junge amerikanische Nation vor einem Krieg zu bewahren, den sie nicht überstanden hätte. Dies tat er, obwohl er wußte, daß der Vertrag bei dem kampfbereiten Volk verhaßt sein würde."[40] Nur sehr wenige weitsichtige Politiker vermochten damals allerdings diese Dimension des Jay-Vertrages zu erkennen.

Washingtons letzte beide Präsidenten-Jahre waren davon gekennzeichnet, daß er gegen die öffentliche Meinung regierte. Daran konnten auch Erfolge nichts ändern. Washington hatte Friedensverträge mit einer Reihe von Indianerstämmen unterzeichnet. Die meisten Amerikaner glaubten jedoch nicht an deren Dauerhaftigkeit, denn der Präsident hatte den Spaniern auch die Zusage abgerungen, den Mississippi für amerikanischen Handel zu öffnen. Damit setzten die Amerikaner gewissermaßen ihren Fuß auf das Westufer dieses mächtigen Stromes. Der nächste Konflikt mit den immer weiter zurückgedrängten Indianern war abzusehen.

Tief gekränkt über diesen Undank der Nation verkündete Washington, daß er auf keinen Fall für eine erneute Wiederwahl zur Verfügung stünde. Und siehe da, diesmal war niemand da, der ihn bedrängte, seinen Entschluß zu überdenken. Jefferson auf seinem entfernten Refugium Monticello bereitete sich selbst auf seine Kandidatur vor. Und im Repräsentantenhaus hielten die Democratic-Republicans die Mehrheit. Sie machten ihm aus Verärgerung über den Jay-Vertrag respektlos nahezu jeden Tag das Leben schwer. Kurzum: Washington war die Lust am Präsidieren vergangen. Es war das erste Mal, daß er sich selbst als alt empfand; zu alt für ein öffentliches Amt. Genug ist genug – das hat er immer schon im richtigen Augenblick erkannt.

Farewell

Im Mai 1796 entstaubte Washington seine Abschiedsrede, die er gemeinsam mit James Madison vier Jahre zuvor ausgearbeitet hatte. Er sandte sie nun auch an John Jay und Alexander Hamilton, mit der Bitte um Anregungen und stilistische Abrundung. Dann übergab er sie zur Veröffentlichung an den „American Daily Advertiser", eine Zeitung in Philadelphia, die die Farewell Address am 19. September 1796 druckte. Es handelte sich dabei offensichtlich um die Abschiedsbotschaft des Staatsmanns Washington an sein Volk, nicht gedacht zum mündlichen Vortrag im Kongreß, sondern als geistiges Erbe an die gesamte Nation.

Selbst Zeitungen, die ihn in letzter Zeit scharf attackiert hatten, priesen dieses Vermächtnis – vielleicht auch nur deshalb, weil er darin klar zum Ausdruck gebracht hatte, daß er kein drittes Mal kandidieren werde. Damit schuf er – wie vorausgeahnt – einen Präzedenzfall, der bis zur zwölfjährigen Amtszeit Franklin Delano Roosevelts Gültigkeit hatte.

Daß sich die politischen Konstellationen in der jungen Nation geändert hatten, war George Washington wahrlich nicht verborgen geblieben, hatte er doch für beide Legislaturperioden als einziger Kandidat zur Verfügung gestanden und war jeweils einstimmig gewählt worden. Nun aber standen sich der Kandidat der Föderalisten, nämlich John Adams, und der der Democratic-Republicans, Thomas Jefferson, im Wahlkampf um seine Nachfolge gegenüber. Eindringlich warnte Washington daher vor den Gefahren, die das Parteienwesen in sich barg. „Es war aber vor allem die außenpolitische Seite seiner Abschiedsbotschaft, auf die die Amerikaner in Krisenzeiten immer wieder zurückgreifen sollten. Da sich das amerikanische Staatsgefüge noch als zu schwach und zu wenig gefestigt erwies, riet George Washington seinen Mitbürgern, sich von der europäischen Politik fernzuhalten und legte so den Grundstein zur Politik des Isolationismus.“[41]

Erst 1917 mit dem Eintritt der USA in den Ersten Weltkrieg, wurde dieser Rat Washingtons aufgegeben. „Lafayette, wir sind da“, sagte ein Stabsoffizier General Pershings beim Eintreffen des amerikanischen Expeditionskorps in Paris.[42]

Die nachhaltige Wirkung seiner Ratschläge hätte Washington wohl selbst erstaunt. Sie ergibt sich aus der Tatsache, daß sich alle Nachfolger Washingtons des Problems der Identitätsfindung des amerikanischen Volkes bewußt waren, so wie Washington es von Anfang an gesehen hatte.

„Die Einheit der Regierung, welche Euch zu einem Volk macht, (...) ist ein Eckpfeiler im Gebäude Eurer wahren Freiheit“, gemahnte er. „Besteht Zweifel darüber, ob eine gemeinsame Regierung ein so ausgedehntes Gebiet umfassen kann? – Laßt die Erfahrung es erweisen.“ Zur Verfassung sagte er: „Die Basis unseres politischen Systems ist das Recht des Volkes, seine Staatsverfassung zu schaffen und zu ändern. Aber die Verfassung, die es zur Zeit gibt, ist, solange sie nicht durch einen ausdrücklichen und gesetzmäßigen Beschluß des ganzen Volkes geändert wird, für alle heilig und verpflichtend." Bezüglich Religion und Moral belehrte der scheidende Präsident „das Volk der Vereinigten Staaten", daß sie seiner Ansicht nach „unentbehrliche Stützen" seien, „für all die Anlagen und Gewohnheiten, die politisches Wohlergehen zur Folge haben. (...) Seid vorsichtig gegen die Meinung, daß Moral ohne Religion erhalten werden könnte. (...) Vernunft und Erfahrung, beide verbieten uns, zu erwarten, daß nationale Moral unter Ausschluß religiöser Grundsätze vorherrschen könne."

Schließlich ein Plädoyer gegen Nationalismus und Fremdenfeindlichkeit: „Übt Treue und Redlichkeit gegen alle Länder! Haltet Frieden und Einklang mit allen! Religion und Moral leiten Euch auf diesem Weg. (...) Es ist einer freien, aufgeklärten und in nicht zu ferner Zeit großen Nation würdig, der Menschheit das hochherzige, neue Beispiel eines Volkes zu geben, das ständig von hohem Gerechtigkeitssinn und Wohlwollen geleitet ist. (...) In der Durchführung eines solchen Vorgehens ist nichts wichtiger, als daß dauernde verwurzelte Abneigungen gegen bestimmte Nationen und leidenschaftliche Zuneigung zu anderen ausgeschlossen (...) werden. Die Nation, die sich gegen eine andere einen gewohnheitsmäßigen Haß oder Vorliebe erlaubt, ist in gewissem Sinne ein Sklave (...) ihrer selbst."[43]

Viele Grundsätze und Ratschläge dieses politischen Manifests Washingtons sind bis heute offizieller Bestandteil des politischen Handelns jedweden amerikanischen Präsidenten. Als im März 1797 der Wunschkandidat Washingtons, John Adams, mit knapper Mehrheit zum Nachfolger gewählt worden war und das Amt antrat, schrieb er irritiert an seine Frau: „Es schien mir, als ob er [Washington] sich darüber freute, einen Triumph über mich davonzutragen. Mich dünkt als habe ich ihn sagen hören: ‚Ah! Ich bin jetzt fein raus und Sie sind voll drin! Mal sehen, wer von uns beiden der Glücklichere ist!' "[44]

Als Washington am 5. März 1797 von Philadelphia nach Hause ritt, war er 65 Jahre alt. Zahlreiche Freunde waren erschrocken darüber, daß er während der anstrengenden zweiten Amtszeit stark gealtert war. Nun, da er die ganze politische Last abgelegt hatte, wirkte er auf viele in seiner Umgebung noch älter. Eingefallene Wangen, tiefe Tränensäcke unter den Augen, grau nicht nur die Haare, sondern auch die Gesichtsfarbe. Zwar kümmerte er sich auf Mount Vernon, das er während seiner ganzen Präsidentenjahre oft besucht hatte, wieder intensiver um die Verwaltung der Güter. Aber er schien oft auch geistesabwesend, ritt häufig nach Washington D. C., um dort den Fortgang der Bauten zu beobachten und hielt auch nach wie vor interessiert Kontakt zur Politik.

So kam, was kommen mußte: In seiner Not bat Präsident Adams den alten Freund, noch einmal das Oberkommando über eine neu aufzustellende Armee zu übernehmen. Die Beziehungen zu Frankreich hatten sich dramatisch verschlechtert. Washington brauchte indes nicht lange gedrängt zu werden. Martha dürfte nur mit dem Kopf geschüttelt haben, als er sich am 4. Juli 1798 erneut zum General und Oberkommandierenden der amerikanischen Streitkräfte ernennen ließ. Fleißig ging er daran, die zehntausend Mann, die man ihm fürs erste genehmigt hatte, zu strukturieren, suchte sich Generäle und Obristen aus – und ließ seine Familie auf Mount Vernon im Ungewissen. Vielmehr freute er sich, wieder Teil der High Society von Philadelphia sein zu können. Und er hatte mehr als nur militärische Gründe.

„Die glücklichsten Augenblicke meines Lebens"

Seit den Tagen des alten Kongresses, mehr noch, seitdem in Philadelphia der Sitz der Regierung angesiedelt war, befand sich die Stadt in einem Rauschzustand. Alle waren „halb verrückt", wie ein Zeitgenosse es ausdrückte.[45] Der aus allen Teilen des Landes zusammengewürfelte Kongreß, die bunte und exotische Welt der diplomatischen Vertretungen – sie zogen Lobbyisten, wohlhabende Müßiggänger, Journalisten, Künstler und Musiker an. Dieses ganze, durch verschiedene Abhängigkeiten miteinander verflochtene Gemenge entwickelte sich binnen kurzem zu einem mondänen Mikrokosmos mit frivolem Unterton. Denn in dieser illustren Politik- und Finanzwelt gaben zahlreiche schöne Frauen den Ton an, die oft genug mittels eines tiefen Dekolletés oder eines scheinbar zufällig etwas hochgezogenen Rocksaums ausschlaggebende, weitreichende Entscheidungen der Politik bewirkten. Die Democratic-Republicans um Jefferson vermuteten zum Beispiel, daß Washington den Jay-Vertrag zugunsten Englands unterschrieben habe, weil er dem Charme von Henrietta Liston, der Frau des britischen Botschafters in Philadelphia, erlegen war. Henrietta war eine feurige Schottin, beträchtlich jünger als ihr Mann und als Washington. Die Gesellschaft von Philadelphia nahm rasch wahr, daß sie dem Präsidenten Zugang gewährte wie keinem anderen Mann der Stadt.

Auch in Begleitung der am meisten gefeierten Schönheit Philadelphias, Mrs. William Bingham, ward der Präsident so oft gesehen, daß sie von einigen als „Washingtons Hofdame" tituliert wurde. Mrs. Bingham, von der ein beeindruckendes Porträt des Malers Gilbert Stuart erhalten geblieben ist, galt als die schönste Frau „in der amerikanischen Geschichte"[46], als eine Art Marylin Monroe ihrer Zeit.

Seine große Altersliebe hingegen, mit der ihn eine jahrzehntelange Freundschaft verband, war Mrs. Eliza Powel. Bereits auf dem ersten Kontinentalen Kongreß im Jahr 1774 hatte er ihre Bekanntschaft gemacht, besuchte sie in allen Folgejahren, wann immer sich die Gelegenheit bot und intensivierte diese Freundschaft mit dem Beginn seiner präsidialen Amtsgeschäfte in Philadelphia im Jahr 1790. Daß beide verheiratet waren, störte die Verbindung offenbar nicht besonders. Martha Washington, die oft als „First Lady" in Philadelphia weilte, mochte Eliza nicht, fragte sie in ihrer mütterlichen Sorge um ihre Enkelkinder aber öfter um Rat in der Erziehung.

Eliza Powel war – wie nicht anders zu erwarten – Martha an Intellekt und Bildung weit überlegen. Auch sie war schon reich geboren und hatte nach allerlei Flirts mit verschiedenen namhaften Männern Amerikas – darunter den schneidigen Henry Lee – den reichsten Mann Philadelphias, Samuel Powel, geheiratet. Für Washington pikant waren ihre verwandtschaftlichen Beziehungen zu zwei Frauen, die auch ihm hinlänglich bekannt waren: So war Eliza sowohl die Tante der frivolen Mrs. Bingham als auch die Cousine von Peggy Shippen, der Frau des Erzverräters Benedict Arnold. Ein Bild aus jener Zeit zeigt Eliza Powel als reifere Dame. Sie war nur zehn Jahre jünger als Washington. Ihr voluminöses Haar ist hochgesteckt und gibt den Blick frei auf einen schlanken Hals. Das nur mit wenigen Rüschen besetzte, fast schlichte Kleid liegt gerade noch so auf den Schulterspitzen, daß es nicht herabgleitet. Der sehr tiefe ovale Ausschnitt gewährt einen freimütigen Blick auf den Busen. Alles in allem eine freizügige Darbietung einer selbstbewußten Frau, die um ihre Reize weiß und sie auch nicht verbergen möchte.

Beschrieben wird Eliza Powel als „eine auffällige Brünette, von blühendem Aussehen, attraktiv, lustig und kokett"[47] – also alles, was Washington an einer Frau besonders schätzte. Und sie erfüllte ihm auch sein starkes Verlangen nach Zustimmung. Niemals widersprach sie ihm und gab ihm das Gefühl, daß sie als attraktive Frau stets zu ihm aufblickte. Daß sie, diese Gefühle nutzend, ihn dabei manchmal unbemerkt um den Finger wickelte, ist leicht anzunehmen. Ihr jedenfalls wird nachgesagt, daß sie es war und nicht Jefferson, die ihn 1792/93 maßgeblich zur zweiten Amtszeit seiner Präsidentschaft überredete. Und sei es nur aus dem Grund, weiter in seiner Nähe weilen zu können. In einem seiner Briefe an sie läßt er durchblicken, daß es ihm egal sei, wenn man ihn beim Ehebruch erwischen würde. Was er hingegen fürchte, sei, „das Vertrauen einer Lady hintergangen zu haben", was immer diese Verklausulierung auch bedeuten mag.[48]

Als im August 1793 Philadelphia von einer Gelbfieber-Epidemie heimgesucht wurde, bedrängte Washington das Ehepaar Powel, auf Mount Vernon Zuflucht zu nehmen. Doch die Powels lehnten ab und so blieb auch Washington in der Stadt. Kurz darauf jedoch steckte sich Samuel Powel an und starb wenige Tage später.

Dem Ehepaar Powel war Mount Vernon ein Begriff. Vielleicht hatten sie deshalb die Einladung dorthin abgelehnt, denn das Gut Washingtons war im Vergleich zu ihrem mondänen Stadthaus von erschreckender Einfachheit und ländlicher Einsamkeit. Die Powels hatten Washington im Herbst 1787 am Potomac besucht, und in einem Anflug von Romantik zeigte er ihnen dabei auch einen nahegelegenen Ort, den er sonst tunlichst mied: Belvoir. Das stattliche Herrenhaus der Fairfax' war während des Krieges in Brand geraten. Als Washington Ende 1783 nach Hause zurückgekehrt war, hatte er den so sehr verehrten Ort nur noch in schwarzen Ruinen vorgefunden. Warum nur führte er die Powels ausgerechnet dorthin? „War es vielleicht deshalb, weil er seine Seelenverwandtschaft mit Eliza Powel und Sally Fairfax, der Liebe seiner Jugend, fühlte?" fragt der Washington-Experte James Thomas Flexner.[49]

Der Kontakt zu den königstreuen Fairfax' in England war trotz des Krieges nie abgerissen. Auf dem Briefweg, über den Atlantik hinweg, war der Fortbestand der Freundschaft all die Jahre aufrecht erhalten worden. Und so berichtete Washington im Februar 1785 an George William Fairfax, wie er Belvoir angetroffen hatte: Obwohl noch einige Wände und Kamine stünden, „wird das Ganze sehr bald nur noch ein Haufen Ruinen sein. Als ich sie betrachtete", fuhr Washington fort, „als ich mir vergegenwärtigte, daß ich hier die glücklichsten Augenblicke meines Lebens verbracht habe, als ich nicht in der Lage war, auch nur ein Zimmer des Hauses wiederzufinden – jetzt alles in Schutt –, das mich an eine angenehme Situation erinnert hätte, mußte ich den Ort fliehen". Gleichzeitig beteuerte Washington in dem Brief seinen „aufrichtigen Wunsch, Sie und Mrs. Fairfax erneut in diesem Land angesiedelt zu sehen; und bitte Sie, Mt Vernon solange als Ihr Heim anzusehen, bis Sie wieder in Ruhe [auf]bauen können (...). Ich blicke nie nach Belvoir hinüber, ohne an diese Möglichkeit zu denken." Für den Mann Sallys, George William, stand es jedoch außer Frage, nach der Revolution in das abtrünnige Amerika zurückzukehren. Vielleicht stand dahinter aber auch die Überlegung, keinen direkten Kontakt mehr zwischen Washington und Sally zu ermöglichen. Denn George William hätte schon mit ungewöhnlicher Blindheit geschlagen sein müssen, wenn ihm nie ein Verdacht gekommen wäre.

Und so vergehen die Jahre und mit ihnen die Träume. Erst im Jahr 1798, nach dem Tode Williams, schöpft Washington ein klein wenig Hoffnung, gegen Ende seines Lebens das grausame Schicksal doch noch wenden zu können.

Es ist ein freundlicher Juli-Morgen im englischen Bath. In einem großzügigen Haus am Landsdowne Crescent steht eine grauhaarige alte Dame an ihrem Schreibpult. Noch immer sind Spuren einstiger Schönheit in ihrem faltigen Gesicht zu ahnen. Sie vergißt plötzlich für einen Augenblick ihre aristokratische Haltung, ihre Augen blitzen freudig erregt, als sie eines Briefcouverts gewahr wird, dessen Schriftzüge ihr seit mehr als einem halben Jahrhundert vertraut sind. Ist es das Alter oder die Aufregung, die ihre Finger zittern lassen, während sie das Siegel des eben angekommenen Briefes erbricht? Leicht erschöpft sinkt sie in einen hohen Ladies Chair und liest:

„Mt Vernon, 16. Mai 1798

Meine liebe Madam:

Es sind nahezu fünfundzwanzig Jahre vergangen, seitdem ich mich dauerhaft hier niedergelassen habe und der Sitte fröne, in familiärer Weise mit meinen Freunden zu verkehren, brieflich oder auf andere Art. Während dieses Zeitabschnitts haben sich so viele wichtige Dinge ereignet, haben sich Menschen verändert und Ereignisse stattgefunden, daß der Umfang eines Briefes nicht ausreichen würde, Ihnen einen angemessenen Eindruck davon zu verschaffen.

Keines dieser Ereignisse jedoch, auch nicht alle zusammengenommen, waren in der Lage, aus meinem Gedächtnis die Erinnerung an jene glücklichen Augenblicke auszulöschen, die die glücklichsten meines Lebens waren und die ich in Ihrer Gegenwart genossen habe. (…)

Immer wenn ich Richtung Belvoir blicke, was ich oft tue, schmerzt es mich, an seine ehemaligen Bewohner zu denken, mit denen wir in solcher Harmonie und Freundschaft zusammenlebten, bedauere ich, daß sie nicht mehr dort wohnen und die Ruinen nur noch als Gedenken an vergangene Freuden gesehen werden können. Erlauben Sie mir hinzuzufügen, daß ich mich oft gefragt habe, warum Sie es nicht vorziehen, Ihren Lebensabend hier in diesem Land zu verbringen, wozu Sie die engsten Bande haben, anstatt dem Monduntergang in einem fremden Land entgegenzusehen, so zahlreich Ihre Bekanntschaften dort auch sein mögen und die Freundschaften, die Sie dort geschlossen haben."[51]

Die stolze, einsame alte Frau hat möglicherweise den Brief mit Tränen in den Augen beiseite gelegt, bewirkt hat er bei ihr nichts, außer daß sie ihn für die Nachwelt aufgehoben hat.

Und so wandte sich Washington jenen Freuden zu, die ihm in Philadelphia offenherzig zugänglich waren. Eliza Powel empfing im Sommer 1798 den gerade einmal ein Jahr Abwesenden überschwenglich. Hatte sie noch im Februar und März 1797 bei seiner Haushaltsauflösung in Philadelphia eine Kutsche mit zwei Pferden sowie seinen Präsidentenschreibtisch von ihm erworben (so wie er einst Sallys Kissen gekauft hatte), so lagen sie sich nun vier Wochen lang in den Armen, während Washington Martha gegenüber vorgab, seine Pflichten als neuer alter Oberkommandierender hielten ihn in Philadelphia länger als geplant fest.

Pikanterweise hatte Eliza per Zufall in einer geheimen Schublade des Schreibtischs ein großes Bündel an „Liebesbriefen einer Lady", wie sie es nannte, entdeckt. Obwohl sie ihm die Briefe umgehend zuleitete und schwor, sie nicht gelesen zu haben, bestritt Washington, daß es sich bei den Briefen um „Liebesgeständnisse" handele. „Wenn dies der Fall gewesen wäre", schrieb er ihr, „hätte ich sie den Flammen übergeben."[52]

Nun – Eliza hatte sich über dieses sein Herunterspielen nur amüsiert und mit ihm selbst erneut ein Jahr lang eine lebhafte Korrespondenz begonnen. Jetzt aber ist der Griff zur Feder überflüssig. Eliza sagte während des gesamten Sommeraufenthalts von Washington im Jahr 1798 alle Einladungen der Saison ab. Sie war nur für ihn da. Man sah beide ungeniert bei langen gemeinsamen Spaziergängen, sogar an einem kalten, regnerischen Sonntag. Es blieb kein Geheimnis, daß er auch bei ihr frühstückte, und so hatte die High Society von Philadelphia für eine Saison ein neues begehrtes Klatschthema.

Doch irgendwann mußte auch diese Romanze zu Ende gehen, da die Aufgaben des Generals erledigt waren. Trotz Kriegserklärung seitens

Frankreichs kam es, mit Ausnahme einiger Schußwechsel auf See, zu keinerlei kriegerischen Handlungen. Und so kehrte Washington abermals nach Mount Vernon zurück – endgültig zum letzten Mal.

Sonnenuntergang: 1799

Zu Hause am Potomac ist er umgeben von Jugend, die Frische und Farbe in sein Heim bringt. Sein „Enkelkind", die junge Nelly Custis, ist ein sehr hübsches Mädchen geworden, das Verehrer anzieht. Sie sorgt für etwas Romantik in der traurigen Atmosphäre von Mount Vernon, wo der alte General, umgeben von seinen mit ihm gealterten Dienern und Sklaven, allzuoft gedankenverloren längst vergangenen Zeiten nachhängt. Besucher des Ex-Präsidenten beschreiben Nelly als die Seele des Hauses, als „die Perfektion weiblicher Schönheit und Freundlichkeit".[53]

Und auch Washington ist von der inzwischen neunzehnjährigen „Enkelin" ganz angetan. Ihr nach dem „Großvater" benannter Bruder George Washington Parke Custis kommt nur in den Ferien nach Hause. Denn Mount Vernon war nach dem Tod des Vaters im Jahr 1781 ihr Heim, da sich die Mutter neu vermählte und Martha darauf bestanden hatte, daß die Kinder ihres Sohnes unter ihre Fürsorge gestellt würden. Landauf, landab galten die Custis-Kinder somit als die „Präsidenten-Enkel" und versprachen eine gute Partie abzugeben. Schmunzelnd stellt Washington fest, daß so mancher junger Mann ihm auf Mount Vernon seine Aufwartung mache, im Grunde genommen aber nur Nelly besuchen möchte.

Das erste große Ereignis des Jahres 1799 wird der 22. Februar. Es ist Washingtons 67. Geburtstag. Doch nicht er steht an diesem Tage im Mittelpunkt, sondern sein Liebling Nelly, die heute auf Mount Vernon Lawrence Lewis heiratet. Auch der Bräutigam ist ein Verwandter: einer der Söhne von Washingtons verstorbener Schwester Betty – also sein Neffe. Er hat alle anderen Verehrer aus nah und fern ausgestochen. Die Hochzeit bleibt, ohne daß eine biologische Verwandtschaft vorläge, gewissermaßen in der Familie. Auf Nellys ausdrücklichen Wunsch hin zieht Washington zur Feier des Tages noch einmal seine Gala-Uniform an und präsidiert als General über die Gäste.

Das junge Paar wohnt zunächst noch einige Jahre auf Mount Vernon. Nellys erstes Kind namens Frances hält Washington noch in seinen

Washington als Fünfundsechzig-
jähriger.
Scherenschnitt von Nelly Custis.

Armen. Erst 1806 wird das neue Heim der jungen Lewis-Familie fertig
sein: die Woodlawn Plantation, deren Ländereien Washington den beiden zur Hochzeit schenkt.

Der General, wie er jetzt in der Gegend wieder überall genannt wird,
reitet täglich über seine Güter, inspiziert seinen Besitz, verbringt Tage
mit Korrespondenzen. Damals soll er dem französischen Prinzen Louis
Philippe, der ins Exil nach Amerika geflohen war, den schwergewichti-
gen Satz geschrieben haben: „Ich habe nie etwas gesagt oder geschrieben, das ich zurücknehmen müßte, noch je etwas getan, das ich bedauern würde."[54] Anderen teilt er mit, daß er sich in seinem Ruhestand
darüber freue, mit seiner Grist Mill „hin und wieder etwas Mehl herzustellen und zu verkaufen, (...) Gebäude zu reparieren, die schnell verfallen (...), mich an der Landwirtschaft und ländlicher Beschäftigung zu erfreuen, (...) und Freunde zu treffen, die ich schätze".[55]

Doch die Freunde werden weniger. Im Juni des Jahres stirbt Patrick
Henry, vier Jahre jünger als Washington, im September sein Bruder
Charles, der letzte der Geschwister. Er selbst fühlt sich zunehmend un-
ruhig. Des nachts, sagt er, fühle er sich „zu müde und willenlos", um
wie bisher zu schreiben oder zu lesen. Nebenbei äußert er jetzt mehrfach, er werde wohl bald „in das Buch des Jüngsten Gerichts" blicken.

Ist es nur das typische Gerede eines Greises oder hat er tatsächlich nach Indianerart Todesahnungen?

Ein scharfer Wind pfeift über Virginia. Der Dezember des Jahres 1799 läßt sich rauher an als seit vielen Jahren. Der General fühlt sich an Valley Forge erinnert. Trotz klirrender Kälte reitet er weiter über seine Pflanzungen, obwohl es jetzt im Winter nicht viel zu sehen gibt. Ist es nur Gewohnheit, die ihn hinaustreibt, oder gibt es einen anderen Grund, den niemand kennt?

Am 12. Dezember hat er seinem Sekretär Thomas Lear noch einen langen Brief an Hamilton diktiert. Um zehn Uhr steigt er in den Sattel und reitet los – niemand weiß, wohin. Sorgenvoll registriert man auf Mount Vernon, daß es um ein Uhr nachmittags anfängt zu schneien. Später hagelt es sogar und Regen mischt sich dazu. An diesem Nachmittag kehrt der Hausherr spät zurück. Lear, der ihn mit einem Bündel Briefen empfängt, stellt fest, daß sein Mantel völlig durchnäßt ist. Schnee sitzt im grauen Haar und im Nacken zwischen Haar und Mantelkragen. Er fühle sich kalt und unwohl, sagt er zu Lear, wechselt aber nicht, wie es sonst seine Gewohnheit ist, die Kleidung, sondern setzt sich, weil es schon spät ist, gleich zu Tisch.

Tags darauf zeigt sich, daß Washington sich erkältet hat. Er reitet heute nicht aus, sondern sitzt mit Martha und Lear zusammen, liest Zeitung und, wie er es gerne tut, kommentiert laut einige Artikel, soweit es seine heisere Stimme erlaubt. In der Nacht weckt er Martha. Er hat ernste Atembeschwerden. Am Morgen des 14. Dezember kann er kaum mehr sprechen. Er bleibt im Bett in der kleinen Stube im Obergeschoß. Martha schickt sogleich nach Dr. James Craik, dem langjährigen Freund und Leibarzt Washingtons. Doch der wohnt in Alexandria und es wird wohl eine Weile dauern, bis er herbeigeeilt ist. In der Zwischenzeit soll Rawlins, der Verwalter eines der Güter, weiterhelfen. Er steht in dem Ruf, etwas von Heilkunde zu verstehen. Als Craik um neun Uhr eintrifft, muß er feststellen, daß der Verwalter Washington professionell zur Ader gelassen hat. Etwa eine Tasse voll Blut. Doch weder diese Maßnahme noch ein heißes Fußbad und Zugpflaster am Hals haben dem Kranken Erleichterung verschafft. Im Gegenteil: Craik trifft Washington in einem schlimmen Zustand an. Da er aber auch keinen Rat weiß, läßt er seinen Freund abermals zur Ader und schickt nach zwei weiteren Kollegen. Auch die wissen kein anderes Mittel als erneuten Aderlaß. Da muß man schon eine „Pferdenatur" wie Washington haben, um nach solchem Blutverlust nicht gleich den Geist aufzugeben. Am Nachmittag bittet er

Martha, ihm aus seinem Schreibtisch zwei Testamente zu bringen, die er Monate zuvor schon verfaßt hat. Er liest sie beide nochmals sorgfältig durch und gibt ihr eines danach zum Verbrennen. Das andere, mit Datum vom 9. Juli 1799, soll sie erneut wegschließen. Es ist ein sehr umständlich geschriebenes, dickes Bündel, das selbst im Kleindruck noch weit über zwanzig Seiten umfaßt, eigenhändig von ihm geschrieben und offenbar die geistige Arbeit vieler Tage.

„Ich weiß, daß ich sterbe", sagt er gegen Abend mühsam zu Lear. Er gibt ihm noch einige Anweisungen für seine Papiere und Abrechnungen und fragt den Sekretär, ob er noch etwas Dringendes wisse, was erledigt werden müsse, was dieser beruhigend verneint. Gegen zehn Uhr abends flüstert er seinem Sekretär, der ihm die ganze Zeit am nächsten steht, zu:

„Es geht zu Ende. Lassen Sie mich in der Familiengruft begraben, aber nicht ehe zwei Tage nach meinem Tod vergangen sind. Haben Sie verstanden?"

„Ja, Sir."

„Dann ist es gut."

Washington zieht seine Hand aus der Lears und fühlt damit den eigenen Puls. Dann ist er tot.[56]

In seinem Testament offenbart er sich noch einmal ganz so, wie ihn jeder zeit seines Lebens gekannt hat. Peinlich genau führt er die Verteilung seines Hab und Guts auf, bis hin zum Wein im Keller und den Vorräten in der Speisekammer. Neben seiner Frau, der eigentlich ohnehin mindestens die Hälfte des Besitzes gehört, da sie ihn ja mit in die Ehe gebracht hat, bedenkt Washington am stärksten seinen Neffen Bushrod Washington, Sohn seines Bruders John Augustine. Dann, für viele nicht überraschend, die Verfügung über seine schwarzen Sklaven: sie sollen alle nach dem Tod seiner Frau ihre Freiheit erlangen. In umständlichen Worten fühlt er sich bemüßigt, zu erklären, warum sie nicht schon nach seinem eigenen Ableben freigesetzt werden können: wegen der Ehen nämlich, die zwischen vielen seiner Sklaven und denen im Besitz seiner Frau geschlossen worden sind. Dies könnte andernfalls zu großen Schwierigkeiten führen, wenn ein Ehepartner frei, der andere aber noch Sklave sei. Ausdrücklich untersagt er aber den Verkauf seiner Sklaven.

Erst gegen Ende der sechziger Jahre dieses Jahrhunderts hat James T. Flexner bei seinen Archiv-Recherchen herausgefunden, daß Washington bereits während seines Aufenthalts in Philadelphia klammheimlich eine Reihe von Sklaven freigelassen hatte. Hierfür nutzte er die Gesetzgebung Pennsylvanias, die besagte, daß Sklaven, die sich eine bestimmte Zeit lang in diesem Staate aufgehalten haben, automatisch ihre Freiheit erlangten. Washington nun ließ, als im März 1797 seine Präsidentschaft endete, alle seine Haussklaven in Philadelphia zurück, was de facto ihrer Freilassung entsprach. Er machte, nach Flexner, darum jedoch kein Aufhebens, damit er sich keinen Anfeindungen seitens der Südstaaten-Vertreter aussetzte. Und so blieb diese Geste des Sklavenhalters Washington lange – beinahe für immer – verborgen.[57] Daß sein Testament einmal die Öffentlichkeit interessieren könnte, scheint Washington vorausgesehen zu haben, denn es beginnt sehr formal und pathetisch: „Ich, George Washington von Mount Vernon, ein Bürger der Vereinigten Staaten und ehemals deren Präsident, bestimme und erkläre dies (...) als meinen letzten Willen und mein Testament ...“

Über die Todesursache Washingtons gab es schon kurz nach seinem Ableben die wildesten Gerüchte und Spekulationen. Hartnäckig hält sich die Annahme, er sei bei einem amourösen Abenteuer erwischt worden, habe Hals über Kopf nackt oder halbnackt die Flucht ergreifen müssen und sich dabei in der Eiseskälte des 12. Dezember eine Erkältung zugezogen. Während es in Amerika Historiker gibt, die glauben, einer seiner Aufseher habe ihn zusammen mit dessen Frau im Bett gestört, ist beispielsweise ihr britischer Kollege Arnold Toynbee überzeugt, Washington habe sich die Erkältung „während des Besuchs im Quartier seiner Sklavinnen“ zugezogen.[58] Diese Theorien scheinen mir mehr von Wunschdenken getragen zu sein. Denn Washington war bekanntermaßen gegen harte Witterungsunbilden so gut wie gefeit. War er nicht als junger Mann auf der Rückreise von Fort Le Boeuf in einen eiskalten Fluß gefallen, ohne irgendeine Folgeerscheinung? War er nicht noch im Jahr vor seinem Tod mit Eliza Powel an einem kalten Regentag spazieren gegangen ohne auch nur einen Schnupfen davonzutragen?
    Plausibler scheint da schon die Annahme, die Herren Doktores mit ihren Aderlässen hätten „den kräftigen Mann zu Tode geblutet“.[59] Ärzte unserer Tage vertreten jedoch die These, daß es sich entweder um eine Tuberkulose oder um eine Streptokokken-Infektion des Kehlkopfes gehandelt haben könnte.

Die Gruft liegt wenige Schritte unterhalb des Herrenhauses von Mount Vernon, auf einem dicht bewaldeten Hang. Sie wird für den Leichnam

George Washington wird im Freimaurer-Ritus beerdigt.

Washingtons jedoch nur eine vorübergehende Ruhestätte. Er fand sie nämlich zu schäbig und bestimmte in seinem Testament den Bau einer neuen Gruft aus Backsteinen, da, wo sie auch heute noch zu sehen ist.

Der Mahagoni-Sarg für den toten Präsidenten wird am 17. Dezember aus Alexandria gebracht. Tags darauf findet die Beisetzung statt. Eigentlich sollte die Zeremonie morgens beginnen. Als aber bekannt wurde, daß noch viele Trauergäste unterwegs waren, wurde die Beisetzung auf den Nachmittag verschoben. Ab elf Uhr versammelte sich die Trauergemeinde im runden Hof vor dem Haus. Freunde von benachbarten Gütern, Pächter, Militärs. Später stoßen aus Philadelphia Diplomaten und führende Politiker des Landes hinzu. Ein Schiff der Kriegsmarine ankert unten auf dem Potomac, um Abschiedssalut zu schießen. Auch Freimaurer in voller Regalia sind erschienen. Gegen drei Uhr nachmittags setzt sich der Trauerzug in Gang. Vorneweg Vertreter der Kavallerie, dann eine Ehrenwache der Infanterie und eine Musikkapelle, gefolgt von einem Geistlichen. Als nächstes kommt das Lieblingspferd Washingtons, voll aufgesattelt, mit Pistolen in den Sattelholstern, geführt von den beiden Stallsklaven Cyrus und Wilson, und so weiter. Man fragt sich, wenn man die Örtlichkeiten kennt, ob sich dieser lange Trauerzug überhaupt bewegt oder nur aufgestellt hat, denn die Entfernung vom Haus zur alten Gruft ist wirklich nur ein Sprung. Merkwürdig auch, daß bei der Schilderung der Sterbeszene und der Beisetzung von Martha Washington – wenn überhaupt – nur beiläufig die Rede ist. Sie scheint völlig in den Hintergrund getreten zu sein. Der Manager dieser letzten Tage war der Sekretär Thomas Lear.

Vor der Gruft dann bildet das Militär ein Ehrenspalier. Der Sarg wird davor abgesetzt und der Geistliche spricht das Totengebet: „Ich bin die Auferstehung und das Leben, spricht der Herr …" Nach den Gebeten und einer Grabrede kommen die Freimaurer aus Alexandria zum Zuge und führen ihren Totenritus durch. Nach einem Augenblick der Stille schießt das Kriegsschiff Salut. Unsichtbar hinter dem Grabeshügel antworten elf Geschütze der Artillerie. Langsam verzieht sich der beißende Pulverdampf durch die entlaubten winterlichen Bäume, während das Echo vom kalt dahinfließenden Potomac verschluckt wird. Dann geht die Trauergemeinde still auseinander.

Ausklang

Wir werden nicht vergessen:
Das geistige Erbe der Freiheitsrechte des einzelnen
haben wir von Franklin, von Jefferson, von Washington.
Bundeskanzler Helmut Schmidt 1982

Washington im Gedächtnis der Nation

Der vielleicht schlimmste Kitsch im Zuge der amerikanischen Verherr-
lichung des ersten Präsidenten ist mitten im Capitol von Washington,
D. C. zu sehen. Gottlob schwebt das Fresko des italienischen Malers
Constantino Brumidi jedoch 54 Meter hoch über den staunenden Besuchern, ganz oben in der Kuppel, so daß es nicht von jedermann in seinem blasphemischen Ausmaß wahrgenommen wird. Washington thront
dort gottvatergleich auf Wolken zwischen den Allegorien Lady Liberty
und Lady Victory, als habe er zum Jüngsten Gericht gerufen. Und so
heißt dieses 1865 vollendete Werk denn auch ungeniert: „Die Vergötterung Washingtons".

Wenn man nur mit Washington im Kopf durch das Capitol streift, sieht
man auch nur Washington wohin man blickt. Plötzlich steht er hinter
einem, als Bronzefigur in der Retunde unterhalb der Kuppel. Schräg gegenüber zur linken Hand sitzt er auf seinem tänzelnden Braunen in Uniform, leicht in den Hintergrund eines riesigen Ölgemäldes gerückt, auf
dem der amerikanische Historienmaler John Trumbull die Kapitulation
der Briten in Yorktown verewigt hat. Ein weiteres Retunden-Bild
Trumbulls zeigt Washington bei seinem Rücktritt als Oberbefehlshaber
im Dezember 1783. Obwohl die Gemälde nach 1815 entstanden sind,
kann angenommen werden, daß die abgebildeten Gesichtszüge Washingtons dem Original sehr nahe kommen, da Washington Trumbull
mehrfach in verschiedenem Lebensalter Modell saß.
    Gleiches kann man von dem 1940 vom Kongreß erworbenen Öl-
gemälde des Künstlers Howard Chandler Christy nicht sagen. Es hängt
im östlichen Treppenaufgang und hat die Unterzeichnung der Verfas-

sung am 17. September 1787 zum Thema. Während man problemlos den dem Betrachter zugewandten Benjamin Franklin im Vordergrund erkennt, muß schon erklärt werden, daß der entrückt in die Ferne blickende Herr auf dem Podium George Washington sein soll.

Bevor man in das Treppenhaus gelangt, muß man durch eine schwere Bronzetür gehen, auf der unter anderem als Relief der Abschied Washingtons von seinen Offizieren in New York dargestellt ist. Zu guter Letzt begegnet man dem Helden sogar auch noch beim Essen – sofern man einen Kongreßabgeordneten kennt, der einen zum Menü in das Senate Restaurant einlädt. Dort prunkt im schweren Goldrahmen ein Ölgemälde Brumidis, auf dem noch einmal Washington mit arroganter Geste die britische Kapitulation in Yorktown entgegennimmt.

Von der Rückseite des Capitols schweift der Blick dann hinüber zur Pennsylvania Avenue, der großen Achse, die zum anderen Machtzentrum führt, dem *Weißen Haus*. Washington hat die Pläne für den Präsidentensitz noch gesehen. Sie wurden ihm 1792 von James Hoban vorgelegt. Der erste Präsident jedoch, der von hier aus die Geschicke des Landes lenkte, war sein Nachfolger John Adams. Dennoch begegnet man auch hier selbstverständlich George Washington in Form zweier Ölgemälde. Das eine, ein Altersporträt von Gilbert Stuart, erst 1805 entstanden, hängt in der Bibliothek über dem Kamin. Das zweite, vom gleichen Maler, zeigt im East Room einen düster gekleideten Washington in voller Größe, der die rechte Hand einladend ausstreckt, dabei aber ins Nirgendwo blickt. Obwohl aus dem Jahre 1797 stammend, ist es eine der grauenvollsten Abbildungen Washingtons. Er wirkt darauf schrecklich entstellt: angefangen von den ins Leere blickenden dunklen Augen (die in Natura grau waren), über die unnatürlich rot geschminkten Wangen bis hin zur aufgequollenen Mundpartie. Stuart hatte, um den eingefallenen zahnlosen Mund zu kaschieren, den Gaumen seines Modells mit Watte ausgepolstert und genauso gemalt. Washington sieht auf dem Stuart-Gemälde aus, als müsse er sich jeden Augenblick übergeben. Und ausgerechnet dieses Bild fand in zahlreichen Kopien die größte Verbreitung! Es ist gleichzeitig das älteste Bild und der älteste „Einrichtungsgegenstand" des Weißen Hauses, da es dort seit dem Jahr 1800 hängt. Lediglich während des zweiten Krieges mit Großbritannien von 1812 wurde es kurzzeitig entfernt.

Das Washington Monument, vollendet 1884, ist seither eines der markantesten Wahrzeichen der Bundeshauptstadt Washington, D. C. Im Hintergrund die Kuppel des Capitols.

Vom Capitol Hill aus hat man aber auch einen der schönsten Blicke zur Mall hinunter, in deren Mitte sich auf grünem Rasen eine steinerne Nadel 170 Meter in den Himmel reckt: das *Washington Monument*, noch vor dem Capitol und dem Weißen Haus *das* Wahrzeichen der nach ihm benannten Hauptstadt. Von 1848-1884 in seiner heutigen Form vollendet, steht dieses schlichte aber mächtige Kunstwerk im krassen Gegensatz zur Brumidi-Verehrung im Capitol. In seiner abstrakten Form ehrt es unaufdringlich jenen großen Mann, so, wie er es wohl selbst am ehesten akzeptiert hätte.

Zu welchem Überschwang in der „Vergötterung" seiner Person die amerikanische Nation fähig war, hatte Washington ja noch zu Lebzeiten erfahren, bei seinem Triumphzug nach New York im Frühjahr 1789. Die erste Stadt, die nach ihm benannt wurde, war Forks of Tar River in North Carolina, die bereits 1775 ihren Namen in Washington änderte.

George Washington Masonic National Memorial, die nach ihm benannte Freimaurer-Gedenkstätte in Alexandria.

In der Gedenkstätte sind eine Reihe von Washington-Memorabilia zu sehen, darunter sein Bibliothekssessel, den er 1788 seiner Loge vermachte, als er selbst Logen-Meister war. Darüber ein Bildnis Washingtons.

Es folgte 1780 ein weiteres Washington in Georgia, dann die Hauptstadt Washington, D. C. 1791 und schließlich der Bundesstaat Washington an der Westküste, der 1889 als 42. Staat in die Union eintrat.

Inzwischen sind zahlreiche Counties, Dörfer und Städte, Straßen, Brücken, Plätze, Seen, Parks, Schulen, Universitäten und sogar ein Flugzeugträger nach ihm benannt. Mitten in der romantischen Wildnis der Black Hills im Sioux-Staat South Dakota meißelte zwischen 1925 und 1941 der Künstler Gutzon Borghum die riesigen Portraits von vier Präsidenten in einen auf Fernwirkung angelegten Granitfelsen: von Washington, Jefferson, Lincoln und Theodore Roosevelt. Und in Alexandria beherrscht von einem Hügel aus das Freimaurer-Denkmal für George Washington die Stadt. In dem auf einen hallenförmigen Sockel stehenden Turm treffen sich bis heute die örtlichen Logen. Für die Freimaurer aller Länder gilt das 1932 vollendete George Washington Masonic National Memorial als Mittelpunkt ihrer Welt. Hier ist neben der Familienbibel auch die Standuhr aus dem Sterbezimmer von Mount Vernon zu sehen.

Die nationale Washington-Hysterie setzte schon wenige Tage nach dem Tod des Präsidenten ein, eingeleitet von Henry „Light Horse Harry" Lee mit seiner Rede zur offiziellen Trauerfeier des Kongresses am 26. Dezember 1799, in der er Washington pries als: „Erster im Krieg, Erster im Frieden, Erster im Herzen seiner Landsleute". Im ganzen Land trugen Männer und Frauen fast ein Jahr lang Trauerflor. Selbst in Frankreich ordnete Napoleon Bonaparte zehn Tage lang Nationaltrauer an! Im Capitol begannen Übereifrige mit der Errichtung einer Gruft für den ersten Präsidenten. Sie blieb bis heute leer. Martha hatte zwar der Überführung des Leichnams zugestimmt, starb aber am 22. Mai 1802 noch vor Fertigstellung der Gruft im Capitol. Der Erbe von Mount Vernon, Bushrod Washington, zog diese Zustimmung wieder zurück, weil sie seiner Meinung nach nicht dem Willen George Washingtons entsprach. Und so ruhen seither Martha und George einträchtig nebeneinander in der Backsteingruft von Mount Vernon.

Bushrod vererbte Haus und Hof von Mount Vernon an seinen Neffen John Augustine Washington, der den Onkel jedoch nur um drei Jahre überlebte. Im Jahr 1850 übertrug dessen Witwe das Anwesen auf ihren Sohn John Augustine Washington, Jr. Dieser Urgroßneffe George Washingtons war der letzte Besitzer von Mount Vernon, denn er überließ das vom Verfall bedrohte und landwirtschaftlich unproduktive Gut mit einigen Acres Land der „Mount Vernon Ladies' Association of The Union", einer Vereinigung patriotrischer Frauen, die das einstige Heim des ersten Präsidenten in eine nationale Wallfahrtsstätte umzuwandeln verstanden. Seit 1950 liegt die jährliche Besucherzahl von Mount Vernon bei rund einer Million oder mehr. Das Anwesen präsentiert sich heute in einem exzellenten Zustand. Die Ladies haben in den vergangenen hundertfünfzig Jahren viele originale Gegenstände des Hauses, die nach dem Tod Marthas in unterschiedlichste Erbenhände gefallen waren, zusammengetragen, darunter beispielsweise einen Originalschlüssel von der Bastille in Paris, den Lafayette seinem Freund schickte als Symbol dafür, daß auch in Frankreich die „Ketten der Sklaverei" gebrochen worden waren.

Die Französische Revolution von 1789 dürfte die nachhaltigste Auswirkung der erfolgreichen Amerikanischen Revolution auf internationaler Bühne gewesen sein. Sie fegte die glänzendste Monarchie der Alten Welt mit einem Donnerschlag hinweg. Der Marquis de Lafayette war zwar keiner der Erzrevolutionäre auf den Barrikaden von Paris, stand aber nicht nur in Frankreich, sondern in ganz Europa als Symbolfigur für den amerikanischen Erfolg. Er galt gewissermaßen als verlängerter europäischer Arm seines spiritus rector Washington. In Lafayettes Person lebte sozusagen der Geist Washingtons noch lange über dessen Tod hinaus fort. Vor diesem Hintergrund ist denn auch Heinrich Heines Hoffen von Helgoland aus im Jahr 1830 zu verstehen: „Der Name Lafayette klingt mir wie eine Sage aus der frühesten Kindheit. Sitzt er wirklich jetzt wieder zu Pferde, kommandiert die Nationalgarde? (...) Es muß prächtig aussehen, wenn er dort durch die Straßen reitet, der Bürger beider Welten. (...) Es sind jetzt sechzig Jahr, daß er aus Amerika zurückgekehrt mit der Erklärung der Menschenrechte, den zehn Geboten des neuen Weltglaubens, die ihm dort offenbart wurden unter Kanonendonner und Blitz. (...) Lafayette, die dreifarbige Fahne, die Marseillaise (...) Ich bin wie berauscht."[1]

Fatal für die deutsche Geschichte bleibt, daß die Bedeutung der Amerikanischen Revolution im Gegensatz zu Frankreich hierzulande nicht erkannt wurde. Im Gegenteil, im 18. und 19. Jahrhundert ist sogar ein ausgesprochenes politisches Desinteresse an Amerika festzustellen. Die zurückgekehrten „hessischen Söldner" brachten nichts von dem aufklärerischen Geist mit nach Hause. So bedurfte es erst der größten Invasion in der Geschichte der Menschheit, der Landung zigtausender amerikanischer Soldaten im Morgengrauen des 6. Juni 1944 in der Normandie, um „das geistige Erbe der Freiheitsrechte des Einzelnen", die wir „von Franklin, von Jefferson, von Washington" haben, auch hierzulande nachhaltig zu etablieren, wie Bundeskanzler Helmut Schmidt 1982 in Bonn vor Diplomaten unterstrich.[2]

In Amerika erlebte die Washington-Verehrung nach dem Bürgerkrieg 1865 eine überraschend neue Dimension. Die Nordstaaten hatten vier Millionen schwarze Sklaven des Südens befreit. Üblicherweise wurden die Sklaven nur bei Vornamen genannt. Manche übernahmen nun nach ihrer Freisetzung den Nachnamen ihrer ehemaligen Besitzer. Die meisten entschieden sich jedoch für die Nachnamen der ersten Präsidenten des Landes: Washington, Jefferson und Jackson. Einige Historiker glauben, daß den freigesetzten Sklaven , die ja bewußt ungebildet gehalten worden waren, überhaupt nicht bekannt war, daß Washington auch ein Sklavenhalter gewesen war. Vielmehr sahen sie in dem ersten Präsidenten den Begründer jener Union, die die sklavenhalterische Konföderation der Südstaaten zerschlagen hatte. Außerdem dürfte damals durch Nordstaatenpropaganda hinlänglich bekannt gewesen sein, daß Washington in seinem Testament die Freilassung seiner Sklaven verfügt hatte. Bis heute ist aber in der amerikanischen Öffentlichkeit kaum verbreitet, daß sich diese Freilassung erst auf die Zeit nach dem Tod seiner Frau bezog. Meistens glaubt man, sie sei unmittelbar nach seinem eigenen Tod in Kraft getreten.

Insgesamt tragen heute 116.000 Afro-Amerikaner den Nachnamen Washington.Der bekannteste von ihnen dürfte der Schauspieler Denzel Washington sein. Der normannische Name des ersten Präsidenten ist damit gleichzeitig der häufigste Nachname unter der schwarzen Bevölkerung Amerikas. Deshalb wundert sich so mancher „schwarze Washington", wenn er überhaupt einen „weißen Washington" trifft. Etwa nur sieben Prozent aller Amerikaner mit dem Nachnamen Washington sind Weiße. Meiner Kenntnis nach reklamiert keiner von ihnen, ein Sproß aus dem weitverzweigten Washington-Clan vom Potomac zu sein. Schon zu Lebzeiten George Washingtons gab es zahlreiche Namensvettern, hauptsächlich in England und Holland, die nicht direkt mit ihm verwandt waren, so wie auch nicht jeder, der Kennedy heißt, mit der Präsidentenfamilie John F. Kennedys verwandt ist.

Noch in seinem letzten Lebensjahr verwahrte sich George Washington in einem Brief vom 20. Januar 1799 an einen James Washington, wohnhaft in Berlin (!), gegen verwandtschaftliche Beziehungen: „Zwei-

375

fellos, Sir", schrieb er nach Deutschland, „sind wir wohl vom gleichen Stamm, da unsere Herkunft ins gleiche Land zurückführt. Zu welcher Zeit Ihre Vorfahren England verlassen haben, haben Sie nicht erwähnt. Meine jedenfalls kamen vor rund hundertfünfzig Jahren nach Amerika."[3] Damit war für ihn der Anbiederungsversuch des James Washington aus Berlin erledigt.

Ob Washington noch, wie Henry Lee 1799 behauptete, nach zweihundert Jahren, „der Erste im Herzen seiner Landsleute" ist, darf getrost bezweifelt werden. Daß er stattdessen „der Erste" in ihrer Brieftasche ist, ist allerdings gewiß, ziert er doch mit seinem Konterfei sowohl die 25-Cent-Münze als auch die Ein-Dollar-Note.

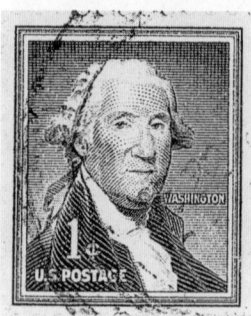

Immer wieder auch Motiv für US-Briefmarken: der erste Präsident.

In den letzten Jahrzehnten sind in Amerika und England viele kritische Bücher über George Washington erschienen. Man mokiert sich über die Kirschbaum-Geschichte („Vater, ich kann nicht lügen"), über seine Frauen-Affären – vermeintliche oder tatsächliche. Man bezweifelt seine militärischen Fähigkeiten, da er als General mehr Schlachten verloren als gewonnen hat, und diejenigen, die er für sich entschied, werden als unbedeutend für den Ausgang der Revolution abgetan. Er sei lediglich stets ein mittelmäßiger Kompromißkandidat gewesen, im Krieg wie im Frieden.

Das alles mag man mit vielen Quellenhinweisen aus den rund 20.000 Schriftstücken Washingtons belegen können. Vergessen wird von solcherart forschen Historikern jedoch das, was von Washington als Erbe bleibt: Er war nicht nur der erste, greise Präsident, so wie er in Amerika auf allzuvielen Abbildungen in Lesebüchern, an Klassenwänden und in öffentlichen Gebäuden zu sehen ist. Er war auch einmal ein ganz normaler junger, dynamischer Mann gewesen, voller Romantik und Leidenschaft für das schwache Geschlecht und für große Aufgaben. Er ließ sich jedoch als Politiker nicht zu vorschnellen, heißblütigen Entscheidungen hinreißen. Seine Entwicklung zum Rebellen gegen die englische Krone nahm mehr als zehn Jahre in Anspruch. War er aber einmal von einer guten Sache überzeugt, dann verfocht er sie mit eisernem Willen bis zur Selbstaufgabe – um sich nach errungenem Erfolg sogleich wieder vom öffentlichen Amt zurückzuziehen.

Vielleicht ist diese, heute in der Politik nirgendwo mehr anzutreffende Haltung sein nachhaltigstes Vermächtnis.

Quellennachweis

Die Übersetzung der amerikanischen Quellen stammt, sofern nicht anders angegeben, vom Autor.

Kapitel 1: Der kleine George

1   zit. nach Hagen, Victor von: Der Ruf der Neuen Welt. München/Zürich 1970, S. 19.

2   Cooke, Alister: Amerika. Stuttgart/Zürich 1975, S. 62 – *im folgenden zit. als Cooke.*

3   vergl. Fisher, Allan C.: My Chesapeake – Queen of Bays. In: National Geographic, Washington, D.C., Bd. 158, No. 4, Oktober 1980, S. 431.

4   Ivor Noel Hume: First Look at a Lost Virginia Settlement. In: National Geographic, Washington, D.C., Bd. 155, No. 6, Juni 1979, S. 747.

5   zit. nach ebenda, S. 756.

6   zit. nach ebenda, S. 764.

7   Voigts, Rudolf E.: Die Vereinigten Staaten von Amerika. Informationen zur politischen Bildung Nr. 211, Bonn 1990, S. 5.

8   vergl. Schambeck, Herbert; Widder, Helmut; Bergmann, Marcus (Hrsg.): Dokumente zur Geschichte der Vereinigten Staaten von Amerika. Berlin 1993, S. 19f. – *im folgenden zit. als Schambeck et al.*

9   Cooke, S. 68.

10 Haberland, Wolfgang: Das gaben sie uns – Indianer und Eskimos als Erfinder und Entdecker. Hamburg 1989, S. 46.

11 Cooke, S. 67.

12 ebenda., S. 90.

13 Reinhardt, Walter: George Washington. Frankfurt/M. 1965, S. 17 – *im folgenden zit. als Reinhardt.*

14 vergl. Padover, Saul K. (Hrsg.): The Washington Papers. New York 1955, S. 23 – *im folgenden zit. als Padover.*

15 ebenda, S. 21.

16 vergl. Hart, Albert Bushnell (Hrsg.): George Washington Year by Year. Washington, D. C. 1932, S. 4.

17 vergl. Moore, Charles: Wakefield – Birthplace of George Washington. Washington, D. C. 1932, S. 6; sowie Flexner, James Thomas: George Washington – The Forge of Experience. Boston, New York, Toronto, London 1965, S. 9 – *im folgenden zit. als Flexner (1).*

18 The Mount Vernon Ladies' Association of the Union: Mount Vernon – A Handbook. Mount Vernon 1985, S. 11 – *im folgenden zit. als MVLA*.

19 Flexner (1), S. 10 sowie Moore, S. 7.

20 vergl. The American Heritage pictorial History of the Presidents of the United States: George Washington. Bd. I, o. O. 1968, S. 12 – *im folgenden zit. als Heritage*.

21 vergl. Andrist, Ralph K. (Hrsg.): The Founding Fathers. George Washington. A Biography in his own words. New York 1972, S. 15 – *im folgenden zit. als Andrist*.

22 Reinhardt, S. 19

23 Freeman, Douglas Southhall: Washington – an abridgment in one volume. London 1970, S. 5 – *im folgenden zit. als Freeman*.

24 zit. nach Padover, S. 9.

25 vergl. Freeman, S. 6.

26 zit. nach ebenda, S. 7.

27 Reinhardt, S. 23.

28 Custis, George Washington Parke: Recollections and Private Memoirs of Washington. With a Memoir of the author by his Daughter and explanatory notes by Benson J. Lossing. Philadelphia 1861, S. 131 – *im folgenden zit. als Custis*.

29 vergl. Freeman, S. 9.

30 Reinhardt, S. 23f.

31 zit. nach Flexner (1), S. 23.

32 Heritage, S. 13.

33 Koch, Adrienne/Peden, William (Hrsg.): The Life and Selected Writings of Thomas Jefferson. New York 1944, S. 174 – *im folgenden zit. als Koch/Peden*.

34 zit. nach Freeman, S. 17.

35 vergl. Brown, Charles E.: Little Stories about George Washington. Madison (Wisc.) 1932, S. 6.

36 Reinhardt, S. 28.

37 O'Neil, Paul: Der Weg nach Westen. o. O. 1980, S. 77 – *im folgenden zit. als O'Neil*.

Kapitel 2: Der jugendliche Waldläufer

1 zit. nach Padover, S. 25.

2 ebenda.

3 O'Neil, S. 23.

4 ebenda, S. 32.

5 zit. nach ebenda.

6 zit. nach Padover, S. 25f.

7 zit. nach Andrist, S. 22.

8 vergl. O'Neil, S. 67.

9 zit. nach Andrist, S. 22.

10 O'Neil, S. 23.

11 vergl. Phillips, Angus: Simple Gifts of the Shenandoah. In: National Geographic, Washington D.C., Bd. 190, No. 6, Dezember 1996, S. 54.

12 zit. nach Andrist, S. 24.

13 Reinhardt, S. 32.

14 vergl. Cawthorne, Nigel: Sex Lives of the U.S. Presidents. London 1996, S. 5 – *im folgenden zit. als Cawthorne.*

15 zit. nach Cawthorne, S. 5 und Reinhardt, S. 27; leicht verändert bei Andrist, S. 26.

16 vergl. Andrist, S. 25f.

17 zit. nach Freeman, S. 26.

18 Hooker, Richard J. (Hrsg.): The Carolina Backcounty on the Eve of the Revolution: The Journal and other writings of Charles Woodmason. University of North Carolina Press 1953; hier unter Verwendung der Übersetzung in O'Neil, S. 29f.

19 vergl. Cawthorne, S. 5 und Reinhardt, S. 27.

20 vergl. Cary, Wilson Miles: Sally Cary – A long hidden Romance of Washington's Life. New York 1916, S. 50 (*im folgenden zit. als Cary*) sowie Cawthorne, S. 6.

21 vergl. z. B. Reinhardt, S. 28.

22 vergl. Andrist, S. 26.

23 vergl. Reinhardt, S. 70.

24 vergl. Freeman, S. 28.

25 zitiert nach ebenda, S. 25.

26 vergl. Cawthorne, S. 7.

27 ebenda

28 zit. nach Freeman, S. 29.

29 zit. nach Padover, S. 29.

30 zit. nach Andrist, S. 28.

31 zit. nach Gagern, Friedrich von: Das Grenzerbuch. Berlin 1927, S. 147 – *im folgenden zit. als Gagern.*

32 ebenda, S. 113.

33 vergl. Hopp, Otto Ernst: Bundesstaat und Bundeskrieg in Nordamerika. Berlin 1886, S. 133.

34 zit. nach Flexner (1), S. 54.

35 vergl. z. B. Freeman, S. 35.

36 vergl. Flexner (1), S. 55.

37 ebenda.

38 Washington, George: Writings. New York 1997, S. 18 – *im folgenden zit. als Washington.*

39 ebenda, S. 21.

40 Gagern, S. 79.

41 ebenda, S. 86.

42 Washington, S. 25.

43 vergl. Flexner (1), S. 72.

44 Washington, S. 27.

45 ebenda.

46 ebenda.

47 ebenda, S. 28.

48 zit. nach Flexner (1), S. 72.

49 ebenda, S. 73.

50 ebenda.

51 Lossing, Benson J. (Hrsg.): Washington's Journal of a Tour to the Ohio in 1753, with Notes by John G. Shea. New York 1860, S. 241 f.

52 Washington, S. 33.

53 ebenda, S. 34.

Kapitel 3: Der ehrgeizige Oberst

1 Andrist, S. 36.

2 zit. nach Flexner (1), S. 81.

3 zitiert nach ebenda, S. 82.

4 vergl. ebenda, S. 81f.

5 Washington, S. 48.

6 ebenda, Anmerkung Nr. 48.19, S. 1096.

7 Reinhardt, S. 49.

8 Das heute im Royal Ontario Museum, Division of Art and Archaeology, aufbewahrte Original-Dokument ist von James Mackay, George Washington und dem Franzosen Coulon de Villiers unterzeichnet. In der vierten Zeile des zweiten Paragraphen liest man deutlich das Wort „L'assassin" (Mörder), an anderer Stelle „L'assassinat" (Mord).

9 zit. nach Flexner (1), S. 107.

10 zit. nach ebenda, S. 91.

11 zitiert nach ebenda, S. 92.

12 Knollenberg, Bernhard: George Washington. The Virginia Period. Durham 1964, S. 29.

13 zit. nach Freeman, S. 66.

14 Franklin, Benjamin: The Autobiography of Benjamin Franklin. Mineola, N.Y. 1996, S. 102 – *im folgenden zit. als Franklin.*

15 ebenda, S. 103.

16 zit. nach Flexner (1), S. 119.

17 vergl. Cawthorne, S. 8.

18 zit. nach ebenda.

19 Franklin, S. 112.

20 zit. nach Cawthorne, S. 8.

21 laut Gagern, S. 36 und Reinhardt, S. 59.

22 Mack Faragher, John: Daniel Boone. New York 1992, S. 38.

23 ebenda.

24 Meltzer, Milton [Hrsg.]: The American Revolutionaries – A History in their own words 1750-1800. New York 1987, S. 26 – *im folgenden zit. als Meltzer.*

25 zit. nach ebenda, S. 28.

26 Franklin, S. 112.

27 ebenda.

28 zit. nach Flexner (1), S. 132 f.

29 zit. nach Custis, S. 304.

30 Reinhardt, S. 62.

31 Washington, S. 75.

32 Douglas R. Porter, Washington D.C., in einem Gespräch mit dem Autor, August 1997.

33 Reinhardt, S. 64.

34 vergl. Shaw, Elton Raymond: The Love Affairs of Washington and Lincoln. Berwyn 1923, S. 62 f.

35 zit. nach Flexner (1), S. 157.

36 Reinhardt, S. 66 f.

37 vergl. Flexner (1), S. 174.

38 zit. nach Flexner (1), S. 185.

39 z. B. Douglas Southall Freeman und „Heritage".

40 vergl. Flexner (1), S. 191 und Cawthorne, S. 11.

41 vergl. Reinhardt, S. 75 und Shaw, S. 66.

42 Reinhardt, S. 75.

43 zit. nach Freeman, S. 141.

44 vergl. Cary, S. 4.

45 vergl. Freeman, S. 120.

46 zit. nach Padover, S. 63.

47 Washington, S. 96; dieser Brief wurde erstmals am 30. März 1877 in der Zeitung „New York Herald" veröffentlicht.

48 zit. nach Cary, S. 40.

49 auszugsweise veröffentlicht bei Cary, S. 30.

50 Reinhardt, S. 82.

51 zit. nach Padover, S. 401.

52 zit. nach Flexner (1), S. 200.

53 Reinhardt, S. 78.

54 ebenda.

55 zit. nach Flexner (1), S. 200.

56 ebenda, S. 84.

57 vergl. ebenda, S. 227.

58 vergl. ebenda, S. 231

Kapitel 4: Der reiche Plantagenbesitzer

1 Washington, S. 102 f.

2 Mazyck, Walter H.: George Washington and the Negro. Washington, D.C. 1932, S. 4 – *im folgenden zit. als Mazyck.*

3 ebenda, S. 9.

4 ebenda.

5 ebenda.

6 ebenda, S. 124.

7 Brookhiser, Richard: Founding Father. Rediscovering George Washington. New York 1996, S. 181 – *im folgenden zit. als Brookhiser.*

8 Mazyck, S. 15.

9 vergl. Flexner (1), S. 157.

10 vergl. Brookhiser, S. 8, 177 u. 181.

11 zit. nach ebenda, S. 181.

12 Die tabellarischen Angaben beruhen auf: Wellenreuther, Hermann: Der Aufstieg des ersten Britischen Weltreiches – England und seine nordamerikanischen Kolonien 1660-1763. Düsseldorf 1987, S. 22.

13 Washington, S. 118.

14 Stedman, Emilie T.: Hammet Achmet – A servant of George Washington. Middletown (Conn.) 1900, S. 3.

15 Flexner (1), S. 228.

16 zit. nach ebenda, S. 229.

17 vergl. Cawthorne, S. 13.

18 zit. nach Flexner (1), S. 241.

19 zit. nach ebenda, S. 227.

20 zit. nach ebenda, S. 273.

21 ebenda, S. 274.

22 ebenda, S. 240.

23 zit. nach MVLA, S. 17, 19 u. 21.

24 zit. nach Flexner (1), S. 266.

25 Conkling, Margaret C.: Memoirs of the mother and wife of Washington: Memoir of Martha Washington. New York 1857, S. 174 – *im folgenden zit. als Conkling.*

26 Washington, S. 129; deutsch unter Verwendung der Übersetzung von Reinhardt, S. 100 f.

27 zit. nach Reinhardt, S. 101 f.

28 ebenda, S. 91.

29 vergl. Aikmann, Lonelle: Mount Vernon Lives on. In: National Geographic, Washington, D.C., Bd. 104, No. 5, November 1953, S. 663.

30 zit. nach MVLA, S. 93.

31 ebenda, S. 95.

32 zit. nach Reinhardt, S. 93 ff.

33 Roberts, Allen E.: George Washington – Master Mason. Richmond 1976, S. 16 – *im folgenden zit. als Roberts.*

34 Baigent, Michael/Leigh, Richard: Der Tempel und die Loge. Bergisch Gladbach 1990, S. 245 – *im folgenden zit. als Baigent/Leigh.*

35 ebenda, S. 330 f.

36 ebenda, S. 345.

37 Flexner (1), S. 243.

38 vergl. ebenda, S. 244.

39 beide Zitate nach Heritage, S. 17.

40 vergl. Brown, William Moseley: George Washington Freemason. Richmond 1952, S. 13.

41 Bieberstein, Johannes Rogalla von: Der Mythos von der Weltverschwörung. In: Geheimgesellschaften. Freiburg/Br. 1987, S. 37 (= Herderbücherei Initiative, Nr. 69).

42 zit. nach Flexner (1), S. 289.

43 Washington, S. 136 f.

44 zit. nach Flexner (1), S. 295.

45 Übernommen von Custis, S. 300-305.

Kapitel 5: Der zaudernde Rebell

1 zit. nach Flexner (1), S. 310.

2 Reinhardt, S. 106.

3 zit. nach Flexner (1), S. 310 f.

4 Richter, Werner: Geschichte der Vereinigten Staaten. Frankfurt/M. 1966, S. 24.

5 Washington, S. 130.

6 Reinhardt, S. 109.

7 Flexner (1), S. 315.

8 zit. nach ebenda, S. 316.

9 zit. nach ebenda, S. 323.

10 zit. nach ebenda, S. 324.

11 Reinhardt, S. 115.

12 „Give me Liberty or give me Death!" lautet das Originalzitat, das bis heute in den Vereinigten Staaten als beliebter Slogan in der Werbung benutzt wird. Patrick Henrys berühmter Ausspruch diente auch als Vorlage für die Parole „Socialismo o muerte – Sozialismus oder Tod" der Kubanischen Revolution.

13 Revere, Paul: Brief an Dr. J. Belknap von 1798, abgedruckt in: Commager, Henry Steele/Morris, Richard (Hrsg.): The Spirit of Seventy-Six – The Story of the American Revolution as told by Participants. New York 1995 (1958), S. 67 – *im folgenden zit. als The Spirit.*

14 zit. nach ebenda, S. 70.

15 zit. nach Flexner (1), S. 330.

16 zit. nach ebenda, S. 333.

17 Reinhardt, S. 125.

18 zit. nach ebenda, S. 127f.

19 ebenda, S. 128.

20 zit. nach Mazyck, S. 31.

Kapitel 6: Der geschickte Feldherr

1 vergl. Reinhardt, S. 134.

2 zit. nach Flexner, James Thomas: George Washington in the American Revolution. Boston, New York 1967, S. 50 – *im folgenden zit. als Flexner (2).*

3 zit. nach ebenda.

4 vergl. O'Neil, S. 26.

5 Reinhardt, S. 139.

6 zit. nach Mazyck, S. 46.

7 vergl. ebenda, S. 36 f.

8 vergl. ebenda, S. 42.

9 rückübersetzt nach Mazyck, S. 46.

10 zit. nach Flexner (2), S. 52.

11 Obwohl in antiquiertem Deutsch, wird hier wegen ihrer besonderen historischen Authentizität aus der am 9. Juli im „Pennsylvanischen Staatsboten" erschienenen Übersetzung des deutschen Auswanderers Heinrich Miller (Müller) zitiert, nach Schambeck et al., S. 115 u. 117.

12 vergl. Flexner (2), S. 65.

13 zit. nach Schambeck et al., S. 114.

14 zit. nach Flexner (2), S. 123.

15 ebenda, S. 125.

16 Reinhardt, S. 183.

17 zit. nach Flexner (2), S. 174.

18 zit. nach ebenda, S. 176.

19 zit. nach ebenda, S. 179.

20 Reinhardt, S. 231.

21 zit. nach O'Neil, S. 72.

22 zit. nach Flexner (2), S. 213.

23 zit. nach The Spirit, S. 648.

24 zit. nach Walker, Howell: Washington Lives Again at Valley Forge. In: National Geographic, Washington, D. C., Bd. 105, No. 2, Februar 1954, S. 202.

25 zit. nach The Spirit, S. 646.

26 zit. nach Reinhardt, S. 246f.

27 Washington, S. 280.

28 ebenda.

29 vergl. Flexner (2), S. 271.

30 zit. nach Cawthorne, S. 18, teilweise unter Verwendung der Übersetzung bei Reinhardt, S. 72.

31 zit. nach Cawthorne, S. 19.

32 erzählt nach ebenda, S. 19f.

33 vergl. ebenda, S. 20.

34 zit. nach Flexner (2), S. 336.

35 Flexner, James Thomas: George Washington and the New Nation. Boston, New York 1969, S. 316 – *im folgenden zitiert als Flexner (3).*

36 alle Zitate bei Flexner (2), S. 283.

37 vergl. Cawthorne, S. 20.

38 vergl. Flexner (2), S. 358.

39 vergl. Reinhardt, S. 200.

40 vergl. Flexner (2), S. 283.

41 zit. nach Cawthorne, S. 21.

42 zit. nach Chesapeake and Ohio Lines (Hrsg.): The George Washington Booklet of Colonial History. Richmond 1932, S. 30 – *im folgenden zit. als GW Booklet.*

43 zit. nach Reinhardt, S. 259.

44 zit. nach Flexner (2), S. 288.

45 zit. nach Reinhardt, S. 262.

46 zit. nach Flexner (2), S. 288.

47 Sansculotten, franz. Sans-culottes: in der Französischen Revolution von 1789 Spottname für die Revolutionäre, die im Gegensatz zu den Aristokraten keine Culottes (Kniebundhosen) trugen, sondern lange Hosen. Später gleichbedeutend mit Republikaner.

48 The Spirit, S. 648.

49 zit. nach GW Booklet, S. 29.

50 zit. nach Flexner (2), S. 291.

51 Baigent/Leigh, S. 358; siehe auch: Du Chatenet, Madeleine: Washington, La Fayette, Jefferson, Franklin: des frè res entre terre américaine. In: Historia Special: Les francs-mayons. Paris 1997, S. 30 ff.

52 GW Booklet, S. 40.

53 nacherzählt anhand der Angaben bei Flexner (2), S. 384-386.

54 Morill, Dan L.: Southern Campaigns of the American Revolution. Baltimore 1993, S. 172 – *im folgenden zit, als Morill.*

55 zit. nach ebenda, S. 178.

56 zit. nach ebenda, S. 173.

57 zit. nach ebenda, S. 172.

58 zit. nach GW Booklet, S. 47.

59 zit. nach Morill, S. 176.

60 zit. nach Meltzer, S. 178.

61 zit. nach Reinhardt, S. 329.

62 zit. nach Meltzer, S. 174.

63 zit. nach ebenda, S. 177.

64 Baigent/Leigh, S. 352 u. 347.

65 zit. nach Brookhiser, S. 41.

66 Flexner (2), S. 497-508.

67 zit. nach Brookhiser, S. 42.

68 zit. nach ebenda, S. 43.

69 zit. nach ebenda, S. 43f.

70 zit. nach ebenda, S. 44.

71 zit. nach Kaminski, John P./Mc Caughan, Jill Adair: A great and good Man – George
    Washington in the Eyes of his Contemporaries. Madison 1989, S. 16f. – *im folgenden
    zit. als Kaminski/Mc Caughan.*

Kapitel 7: Der erste Präsident

1 Washington, S. 553.

2 zit. nach Mazyck, S. 91.

3 Washington, S. 597.

4 zit. nach Flexner (3), S. 81.

5 zit. nach ebenda, S. 82.

6 zit. nach ebenda.

7 zit. nach Collier, Christopher/Collier James L.: Decision in Philadelphia – The Constitutional Convention of 1787. New York 1993 (1986), S. 42.

8 vergl. Reinhardt, S. 366.

9 vergl. Flexner (3), S. 95.

10 Washington, S. 605f.

11 zit. nach Reinhardt, S. 369.

12 zit. nach Flexner (3),S. 108.

13 vergl. Hobhouse, Penelope: Gardening Through The Ages. New York 1997 (1992),
    S. 280.

14 vergl. ebenda, S. 281.

15 zit. nach ebenda.

16 zit. nach Conkling, S. 57.

17 vergl. Freeman, S. 196.

18 erzählt nach Conkling, S. 59.

19 zit. nach Flexner (3), S. 35.

20 Schambeck et al., S. 167.

21 ebenda.

22 Reinhardt, S. 68.

23 vergl. Flexner (1), S. 192.

24 zit. nach Mazyck, S. 107.

25 Schambeck et al., S. 169.

26 zit. nach ebenda, S. 168.

27 zit. nach Mazyck, S. 112.

28 nacherzählt anhand des Gazetten-Artikels, wiedergegeben bei Kaminski/Mc Caughan, S. 117-121.

29 zit. nach Padover, S. 262ff.

30 zit. nach „Columbian Mirror and Alexandria Gazette" vom 23. September 1793, abgedruckt in: Roberts, S. 134-137.

31 ebenda.

32 zit. nach: Junior League of Washington (Hrsg.): The City of Washington – Illustrated History. New York 1985, S. 6.

33 zit. nach Kaminski/McCaughan, S. 97.

34 vergl. Reinhardt, S. 399.

35 Koch/Peden, S. 514.

36 ebenda, S. 526.

37 zit. nach: Kennedy, John F.: Zivilcourage. München 1983, S. 235 – *im folgenden zit. als Kennedy*.

38 zit. nach ebenda.

39 Washington, S. 952.

40 Kennedy, S. 235.

41 Schambeck et al., S. 226.

42 vergl. Reinhardt, S. 405.

43 Washington, S. 962-977, teilweise unter Verwendung der Übersetzung bei Schambeck et al., S. 226-242.

44 zit. nach Freeman, S. 708.

45 vergl. Flexner (3), S. 310.

46 vergl. ebenda.

47 Cawthorne, S. 23.

48 zit. nach ebenda, S. 24.

49 Flexner (3), S. 315.

50 Washington, S. 573 f.

51 zit. nach Cary, S. 54 f. – Es spricht für sich, daß dieser Schlüsselbrief zur Seelen- und Gefühlswelt Washingtons in der jüngsten Ausgabe von Washington-Schriftstücken, die gleichzeitig eine der umfangreichsten ist („Washington Writings", erschienen 1997 in der Reihe „The Library of America"), nicht enthalten ist!

52 vergl. Flexner, James Thomas: George Washington – Anguish and Farewell. Boston, New York 1972, S. 338 – *im folgenden zit. als Flexner (4).*

53 ebenda, S. 151.

54 vergl. Reinhardt, S. 447.

55 zit. nach Heritage, S. 28.

56 erzählt nach Reinhardt, S. 448-451.

57 vergl. Flexner (4), S. 432 ff.

58 vergl. Cawthorne, S. 25.

59 Reinhardt, S. 449.

Ausklang

1 Heinrich Heine am 6. August 1830 auf Helgoland.

2 Schmidt, Helmut: Menschen und Mächte. Berlin 1987, S. 155.

3 Sparks, James (Hrsg.): The Writings of George Washington; being his Correspondences, Addresses, Messages, an other Papers, Offical and Private. Bd. XI, New York 1848, S. 393.

Danksagung

Dem Ehepaar Cecilia und Douglas Porter in Washington, D.C. bin ich zu größtem Dank verpflichtet. Sie haben das vorliegende Buch während meines ersten Besuches von Mount Vernon im Jahr 1991 angeregt. Sie ermöglichten mir eine intensive Recherche vor Ort und nahmen in zahlreichen abendfüllenden Gesprächen Anteil am Werden des Projekts. Ihre umfangreiche Privat-Bibliothek ersparte mir manchen Gang in die Library of Congress. Sogar in Antiquariaten suchten und fanden sie für mich seltene Bücher, darunter eine Veröffentlichung aus dem Jahr 1848. Wo sie nicht weiterhelfen konnten, haben sie mir Kontakte vermittelt, die ohne ihre Hilfe wahrscheinlich nicht oder nicht so rasch zustande gekommen wären.

Bei Karl und Elisabeth Brand aus New Market in Maryland bedanke ich mich für ihre großzügige Gastfreundschaft, die es mir ermöglicht hat, einige Wirkungsstätten Washingtons in diesem Bundesstaat kennenzulernen. Karl Brand unternahm mit mir außerdem eine Fahrt in das Shenandoah-Tal in West-Virginia, wo wir auf den Spuren der ersten Reise des jungen Washington wandelten. Seine botanischen Kenntnisse der Gegend sind in das vorliegende Buch eingeflossen.

Dem Ehepaar Barbara und Stuart Johnson aus Port Washington, Long Island, bin ich für mehrmalige Aufenthalte in New York und Umgebung dankbar, wo ich mir einen Eindruck über das militärische Geschehen der ersten Revolutionsjahre verschaffen konnte. Stuart Johnson hat außerdem eine gemeinsame Reise nach Fredericksburg, Virginia, gesponsort.

In der Library of Congress in Washington, D. C. wurde ich mit größter Hilfsbereitschaft und Freundlichkeit bedacht. Für ihre außergewöhnliche Mühe und Hilfestellung danke ich namentlich Mrs. Jennifer Brathovde und Mrs. Maja Keech.

Auch das Amerika-Haus Köln war mir bei der Recherche und zahlreichen Details außerordentlich hilfreich.

Frau Jutta M. Fischer hat das Manuskript zum Buch in vielen Stunden auf Computer erfaßt. Sie ist somit die erste Leserin und hat mich in einer Reihe von Gesprächen auf manchen Aspekt hingewiesen, den ich daraufhin vervollständigt habe. Ihr und Karl-Heinz Nagelschmidt, der die Genealogie Washingtons erstellte, sei an dieser Stelle für die viele Mühe Lob und Dank ausgesprochen.

Meiner Frau Petra schließlich danke ich besonders herzlich für die jahrelange Geduld, die sie für die Entstehung dieses Buches gezeigt hat. Sie hat mich auf einigen Reisen an die Wirkungsstätten Washingtons begleitet und mich auf viele Details, insbesondere auf Mount Vernon, aufmerksam gemacht, die ohne sie in diesem Buch keinen Niederschlag gefunden hätten.

Bonn-Bad Godesberg, im Herbst 1998

Die Familie Washington

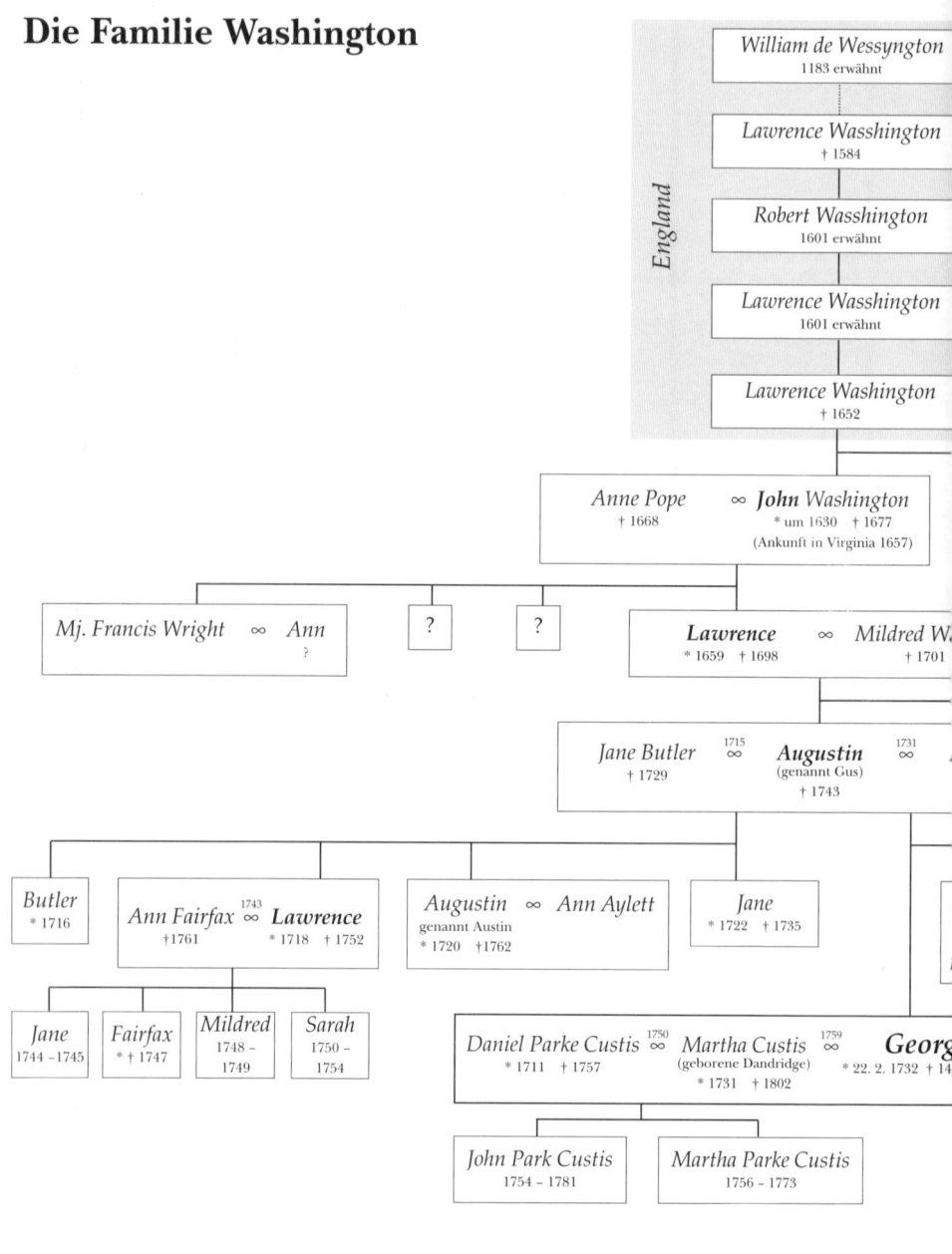

England

William de Wessyngton
1183 erwähnt

Lawrence Wasshington
† 1584

Robert Wasshington
1601 erwähnt

Lawrence Wasshington
1601 erwähnt

Lawrence Washington
† 1652

Anne Pope ∞ **John** Washington
† 1668   * um 1630 † 1677
(Ankunft in Virginia 1657)

Mj. Francis Wright ∞ Ann
?

?

?

Lawrence ∞ Mildred W.
* 1659 † 1698   † 1701

Jane Butler $\overset{1715}{\infty}$ **Augustin** $\overset{1731}{\infty}$
† 1729   (genannt Gus)
† 1743

Butler
* 1716

Ann Fairfax $\overset{1743}{\infty}$ **Lawrence**
†1761   * 1718 † 1752

Augustin ∞ Ann Aylett
genannt Austin
* 1720 †1762

Jane
* 1722 † 1735

Jane
1744 –1745

Fairfax
* † 1747

Mildred
1748 –
1749

Sarah
1750 –
1754

Daniel Parke Custis $\overset{1750}{\infty}$ Martha Custis $\overset{1759}{\infty}$ **Georg**
* 1711 † 1757   (geborene Dandridge)   * 22. 2. 1732 † 14
* 1731 † 1802

John Park Custis
1754 – 1781

Martha Parke Custis
1756 – 1773